Persönlichkeitsrecht und
Meinungsfreiheit im Internet

Europäische Hochschulschriften

European University Studies

Publications Universitaires Européennes

Reihe II Rechtswissenschaft

Series II Law

Série II Droit

Band/Volume **5501**

Mirko Andreas Wieczorek

Persönlichkeitsrecht und Meinungsfreiheit im Internet

Kollision und Abwägung bei Internetangeboten – eine verfassungsrechtliche Analyse

PL ACADEMIC RESEARCH

Bibliografische Information der Deutschen Nationalbibliothek
Die Deutsche Nationalbibliothek verzeichnet diese Publikation in der Deutschen Nationalbibliografie; detaillierte bibliografische Daten sind im Internet über http://dnb.d-nb.de abrufbar.

Zugl.: Heidelberg , Univ., Diss., 2013

D 16
ISSN 0531-7312
ISBN 978-3-631-64147-7 (Print)
E-ISBN 978-3-653-03177-5 (E-Book)
DOI 10.3726/978-3-653-03177-5

PL Academic Research ist ein Imprint der Peter Lang GmbH.
Peter Lang – Frankfurt am Main · Bern · Bruxelles · New York · Oxford · Warszawa · Wien

www.peterlang.de

Meiner Familie

Vorwort

Der Konflikt zwischen Meinungsfreiheit und Persönlichkeitsrecht im Internet ist im Prinzip nicht neu. Auch zwischen Einreichen dieser Dissertation (2010/2011) und (Zweit-) Begutachtung, Annahme durch die rechtswissenschaftliche Fakultät der Universität Heidelberg und Erscheinen (jeweils 2013) ist er in vielfacher Hinsicht thematisiert und fortgeschrieben worden. Erwähnenswert sind insbesondere die parallel entstandenen Dissertationen von *Mamuka Andguladze*: „Kollision zwischen Medienfreiheiten und Allgemeinem Persönlichkeitsrecht", *Johannes Kamp*: „Personenbewertungsportale" und *Michaela Weigl*: „Meinungsfreiheit contra Persönlichkeitsschutz am Beispiel von Web 2.0-Applikationen" (jeweils 2011). Um die Unterschiede und Gemeinsamkeiten zu diesen und anderen Bearbeitungen nachvollziehbar zu belassen, hat sich der Verfasser bewusst dazu entschieden, die vorliegende Dissertation auf dem Stand der Einreichung (2010/2011) zu belassen. Mit der sogenannten *EU-Datenschutz-Grundverordnung*[*] deutet sich ferner eine wichtige Kodifikation im Bereich des Persönlichkeitsrechts an. Zahlreiche der hier thematisierten Aspekte werden dort aufgegriffen.[**] Die Arbeit soll deshalb auch dazu beitragen, den Entstehungsprozess und Hintergrund dieser Verordnung zu veranschaulichen und die Auslegung derselben zu erleichtern.

Mein herzlicher Dank gebührt meinem verstorbenen Doktorvater, Herrn Prof. Dr. *Winfried Brugger*, LL.M. (Berkeley). Auch wenn ihn dieser Dank leider nicht mehr zu Lebzeiten erreicht, hat er mir doch die nötige Zuversicht und Unterstützung gegeben, das Projekt anzugehen. Kein geringerer Dank gebührt meiner Doktormutter, Frau Prof. Dr. *Ute Mager*. Sie hat die Promotion in den persönlich wie akademisch schwierigen Zeit nach Professor Bruggers Tod über-

* Vorschlag für eine Verordnung des Europäischen Parlaments und des Rates zum Schutz natürlicher Personen bei der Verarbeitung personenbezogener Daten und zum freien Datenverkehr (Datenschutz-Grundverordnung) vom 25. Januar 2012 /* KOM/2012/011 endgültig - 2012/0011 (COD), abrufbar unter: http://eur-lex.europa.eu/LexUriServ/LexUriServ.do?uri=COM:2012:0011:FIN:DE:HTML, zuletzt abgerufen am: 26. April 2013.

** Vgl. exemplarisch Pkt. 2.6.4 dieser Diss. und Art. 4 II und IV VO-Entwurf zur Unterscheidung von Datum und Information (wenngleich die VO statt der hier vorgeschlagenen zwei Tatbestandsmerkmale (mindestens) drei einführt („personenbezogene Daten", „personenbezogene Informationen" und „Dateien")), Pkt. 2.5 dieser Diss. und Art. 18 VO-Entwurf zur sog. „Datenportierbarkeit" sowie Pkt. 2.6.4.5-6 dieser Diss. und Art. 11 ff. VO-Entwurf zu den Anforderungen an eine transparente Daten- bzw. Informationsverarbeitung.

nommen, in vorbildlicher Weise bis zum Schluss betreut und das Erstgutachten sehr zügig erstellt. Herrn Prof. Dr. *Bernd Grzeszick*, LL.M. (Cambridge), danke ich für die Erstellung des Zweitgutachtens, Herrn Prof. Dr. *Peter Axer* dafür, dass er sich für die Prüfungskommission zur Verfügung gestellt hat. Bedanken möchte ich mich auch für die Förderung durch die Friedrich-Naumann-Stiftung für die Freiheit. Schließlich danke ich meiner Familie, insbesondere meinen Eltern und Großeltern, die mich während meiner gesamten juristischen Ausbildung – nicht nur finanziell – unterstützt haben. Ihnen ist diese Arbeit gewidmet.

Frankfurt am Main im Jahr 2013,

Mirko Andreas Wieczorek

Inhaltsübersicht

Inhaltsverzeichnis

Abkürzungsverzeichnis

A.A.	Andere(r) Ansicht
A.a.O.	An angegebenem Ort
A.a.S.	An anderer Stelle
A.E.	Am Ende
ABl.	Amtsblatt
AcP	Archiv für die civilistische Praxis (Zeitschrift)
AfP	Zeitschrift für Medien- und Kommunikationsrecht (Zeitschrift)
AG	Amtsgericht
AktG	Aktiengesetz
Allg.	Allgemein
ALR	Allgemeines Landrecht für die preußischen Staaten
Alt.	Alternative
Anm.	Anmerkung
AöR	Archiv des öffentlichen Rechts (Zeitschrift)
ArbG	Arbeitsgericht
ARD	Arbeitsgemeinschaft der öffentlich-rechtlichen Rundfunkanstalten- der Bundesrepublik Deutschland
Art.	Artikel
AT	Allgemeiner Teil
Aufl.	Auflage
Az.	Aktenzeichen
BAG	Bundesarbeitsgericht
BAGE	Entscheidungen des Bundesarbeitsgerichts (Urteilssammlung)
BB	Betriebs-Berater (Zeitschrift)
Bd.	Band
BDSG	Bundesdatenschutzgesetz
BeckRS	Beck Rechtsprechung
Begr.	Begründung / Begründer
BGB	Bürgerliches Gesetzbuch
BGH	Bundesgerichtshof
BGHSt	Sammlung der Entscheidungen des BGH in Strafsachen (Urteilssammlung)
BGHZ	Sammlung der Entscheidungen des BGH in Zivilsachen (Urteilssammlung)
BNetzA	Bundesnetzagentur
BRD	Bundesrepublik Deutschland
BSI	Bundesamt für Sicherheit in der Informationstechnik

Bsp.	Beispiel
Bspw.	Beispielsweise
BT	Besonderer Teil
BT-Drucks.	Bundestagsdrucksache
BVerfG	Bundesverfassungsgericht
BVerfGE	Entscheidungen des Bundesverfassungsgerichts (Urteilssammlung) / Bundesverfassungsgerichtsentscheidung(en)
BVerfGG	Bundesverfassungsgerichtsgesetz
BVerwG	Bundesverwaltungsgericht
BW	Baden-Württemberg
Bzw.	Beziehungsweise
Ca.	Circa
CD(s)	Compact Disk(s)
CR	Computer und Recht (Zeitschrift)
D.h.	Das heißt
Dagg.	Dagegen
Der Staat	Der Staat – Zeitschrift für Staatslehre, öffentliches Recht und Verfassungsgeschichte (Zeitschrift)
Ders.	Derselbe
Dies.	Dieselbe(n)
Diss.	Dissertation
DÖV	Die öffentliche Verwaltung (Zeitschrift)
DPI	Deep Packet Inspection
DRiZ	Deutsche Richterzeitung (Zeitschrift)
DSB	Datenschutzbeauftragte(r)
Dt.	Deutsch
DuD	Datenschutz und Datensicherheit (Zeitschrift)
DVBl	Deutsches Verwaltungsblatt (Zeitschrift)
DVD(s)	Digital Versatile Disc(s)
Ebd.	Ebenda
Ed.	Edition
EG	Europäische Gemeinschaft
EGBGB	Einführungsgesetz zum Bürgerlichen Gesetzbuch
EGMR	Europäischer Gerichtshof für Menschenrechte
EGV	Vertrag zur Gründung der Europäischen Gemeinschaft
Einf.	Einführung
Einl.	Einleitung
Engl.	Englisch
Entsch.	Entscheidung
Erg.-Lief.	Ergänzungslieferung

Etc.	Et cetera
EU	Europäische Union
EUGH	Europäischer Gerichtshof
EuGRZ	Europäische Grundrechte Zeitschrift (Zeitschrift)
Evtl.	Eventuell
EWS	Europäisches Wirtschafts- und Steuerrecht (Zeitschrift)
F. / Ff.	Folgende
FAZ	Frankfurter Allgemeine Zeitung (Zeitung)
FG	Festgabe
Fn.	Fußnote
FS	Festschrift
FTP	File Transfer Protocol
Gem.	Gemäß
GenG	Genossenschaftsgesetz
GewO	Gewerbeordnung
GG	Grundgesetz für die Bundesrepublik Deutschland
Ggf.	Gegebenenfalls
GmbHG	Gesetz betreffend die Gesellschaften mit beschränkter Haftung
GS	Gedächtnisschrift
H.L.	Herrschende Lehre
H.M.	Herrschende Meinung
HChE	Herrenchiemsee-Entwurf
Hd	Handbuch
HdStR	Handbuch des Staatsrechts (Monografie)
HdDStR	Handbuch des Deutschen Staatsrechts (Monografie)
HdMMR	Handbuch Multimedia-Recht (Monografie)
HdPR	Handbuch des Persönlichkeitsrechts (Monografie)
HdVBRD	Handbuch des Verfassungsrechts in der BRD (Monografie)
HH	Hansestadt Hamburg
Hlbb.	Halbband
Hrsg.	Herausgeber
HS.	Halbsatz
Http	Hypertext Transfer Protocol
I.d.F.	In der Fassung
I.d.R.	In der Regel
I.d.S.	In diesem Sinne
I.E.	Im Ergebnis
I.e.S.	Im engeren Sinne
I.H.v.	In Höhe von
I.S.d.	Im Sinne des/der

I.S.e.	Im Sinne einer/eines
I.S.v.	Im Sinne von
I.V.m.	In Verbindung mit
I.w.S.	Im weiteren Sinne
IMAP	Internet Message Access Protocol
Insbes.	Insbesondere
Int.	International
IPR	Internationales Privatrecht
IPRax	Praxis des Internationalen Privat- und Verfahrensrechts (Zeitschrift)
IRC	Internet Relay Chat
ISO	International Organization for Standardization
ITRB	IT-Rechtsberater (Zeitschrift)
IuKDG	Informations- und Kommunikationsdienstegesetz
JA	Juristische Arbeitsblätter (Zeitschrift)
JBl	Juristische Blätter (Zeitschrift)
Jh.	Jahrhundert
Jhrg.	Jahrgang
IPR	Internationales Privatrecht
JR	Juristische Rundschau (Zeitschrift)
Jura	Juristische Ausbildung (Zeitschrift)
JuS	Juristische Schulung (Zeitschrift)
JuSchG	Jugendschutzgesetz
JZ	Juristenzeitung (Zeitschrift)
K&R	Kommunikation und Recht (Zeitschrift)
Kap.	Kapitel
Krit.	Kritisch
KUG	Kunsturheberrechtsgesetz
Lat.	Lateinisch
LG	Landgericht
Lit.	Litera / Literatur
LMG	Landesmediengesetz
LPresseG	Landespressegesetz
LS	Leitsatz / Leitsätze
M.a.w.	Mit anderen Worten
M.E.	Meines Erachtens
M.M.	Mindermeinung
M.w.N.	Mit weiteren Nachweisen
MDStV	Mediendienste-Staatsvertrag
MMR	MultiMedia und Recht (Zeitschrift)

MüKo	Münchener Kommentar zum BGB (Kommentar; herausgegeben von Kurt Rebmann u.a.)
N.F.	Neue Fassung
Nachw.	Nachweis
NJW	Neue juristische Wochenschrift (Zeitschrift)
NJW-RR	NJW-Rechtsprechungs-Report (Zeitschrift / Urteilssammlung)
NStZ	Neue Zeitschrift für Strafrecht (Zeitschrift)
Nr.	Nummer
NRW	Nordrhein-Westfalen
NVwZ	Neue Zeitschrift für Verwaltungsrecht (Zeitschrift)
O.	Oben
O.ä.	Oder ähnliche
O.w.	Ohne weiteres
Öff.	Öffentlich
OLG	Oberlandesgericht
OSI	Open Systems Interconnection Reference Model
PET	Privacy Enhancing Technologies
PKV	Paulskirchenverfassung
PolG	Polizeigesetz
POP	Post Office Protocol
RabelsZ	Rabels Zeitschrift für ausländisches und internationales Privatrecht (Zeitschrift)
RG	Reichsgericht
RGZ	Sammlung der Entscheidungen des Reichsgerichts in Zivilsachen (Urteilssammlung)
Rn.	Randnummer
RS	Rechtssache
Rspr.	Rechtsprechung
RStV	Rundfunk-Staatsvertrag
S.	Satz / Seite / Siehe
S.a.	Siehe auch / So auch
S.o.	Siehe oben
S.u.	Siehe unten
SJZ	Süddeutsche Juristen-Zeitung (Zeitschrift)
SMTP	Simple Mail Transfer Protocol
Sog.	Sogenannt(e/en/er/es)
Spkt.	Schwerpunkt
SSH	Secure Shell Netzwerkprotokoll
St.	Ständig(e/er)
Stellv.	Stellvertretend

Str.	Strittig
TB	Tätigkeitsbericht
TKG	Telekommunikationsgesetz
TMG	Telemediengesetz
TOS	Terms of Service
Tw.	Teilweise
U.	Unten
U.a.	Und andere / Unter anderem
U.ä.	Und Ähnliche
U.U.	Unter Umständen
UFITA	Archiv für Urheber- Film- und Theaterrecht (Zeitschrift)
UGC	User Generated Content
UrhG	Urheberrechtsgesetz
Usw.	Und so weiter
Uvm.	Und viele(s) mehr
UWG	Gesetz gegen den unlauteren Wettbewerb
Var.	Variante
Verf.	Verfasser/in
VersR	Zeitschrift für Versicherungsrecht, Haftungs- und Schadensrecht (Zeitschrift)
VerwArch	Verwaltungsarchiv (Zeitschrift)
VerwR	Verwaltungsrecht
VG	Verwaltungsgericht
Vgl.	Vergleiche
VO	Verordnung
Vs.	Versus
VVDStRL	Veröffentlichungen der Vereinigung der Deutschen Staatsrechtsle-rer (Zeitschrift)
WRV	Weimarer Reichsverfassung
WWW	World Wide Web
Z.B.	Zum Beispiel
Z.T.	Zum Teil
Z.Zt.	Zurzeit
ZDF	Zweites Deutsches Fernsehen
ZRP	Zeitschrift für Rechtspolitik (Zeitschrift)
ZUM	Zeitschrift für Urheber- und Medienrecht (Zeitschrift)
ZUM-RD	ZUM-Rechtsprechungsdienst (Zeitschrift / Urteilssammlung)
Zust.	Zustimmend
Zutr.	Zutreffend
ZVglRWiss	Zeitschrift für Vergleichende Rechtswissenschaft (Zeitschrift)

Einleitung

„Das Internet formt die Welt zu einem globalen Dorf"[1]. Es „eröffnet uns eine Vielzahl von Möglichkeiten, Inhalte neu zu erfinden, Interaktion neu zu erfinden"[2].

Das Internet[3] ist für die einschneidensten Veränderungen der Kommunikation seit langer Zeit verantwortlich. Die Angebote des *World Wide Web (WWW)*[4] machen die Interaktion der Individuen vielseitiger, unkontrollierbarer, schneller und einfacher. Die Gruppe der „Digital Natives" (die Menschen, die mit dem Internet aufgewachsen sind) nutzt das Medium zu 96 Prozent in regelmäßigen Abständen, meistens mehrmals täglich.[5] Auch wirtschaftlich nimmt das Internet einen immer größeren Stellenwert ein: Fast ein Viertel aller deutschen Unternehmen nutzt es als Vertriebsweg für die eigenen Produkte, Tendenz steigend;[6] und nicht erst seit dem Internetboom der Jahrtausendwende gibt es zahlreiche Unternehmen, darunter auch viele, die das Platzen der „Dotcom-Blase" im Jahr 2000 überstanden haben oder erst danach gegründet wurden, die ihren Umsatz

---

1 Im Original: „The new electronic interpendence recreates the world in the image of a global village" (*Herbert Marshall McLuhan*, kanadischer Philosoph).

2 Im Original: „The network is opening up some amazing possibilities for us to reinvent content, reinvent collaboration" (*Tim O'Reilly*, US-amerikanischer Blogger).

3 „Internet": Abgeleitet vom engl. Begriff „interconnected network"; dezentralisiertes Rechennetz mehrerer miteinander verknüpfter Einzelnetze, das über den Austausch von Daten die Nutzung von Internetdiensten ermöglicht (*Wikipedia*, Stichwort „Internet", zuletzt abgerufen am 18. Februar 2011, abrufbar unter: http://de.wikipedia.org/wiki/Internet; weitere Details unter Pkt. 1.1).

4 „World Wide Web": (Teil-) Dienst des Internets, der über ein Hypertext-System elektronische Dokumente mithilfe von Links verknüpft und über den viele (Sekundär-) Dienste abgewickelt werden (z.B. Websites). Der Begriff wird häufig fälschlicherweise synonym für das Internet an sich verwendet, findet aber auf dessen „Anwendungsebene" statt (*Wikipedia*, Stichwort „WWW", zuletzt abgerufen am 18. Februar 2011, abrufbar unter: http://de.wikipedia.org/wiki/Www; mehr dazu unter Pkt. 1.1).

5 *Beyer/Kirchner/Kreuzberger/Schmeling*, DuD 2008, S. 597 (598); *Kube*, in: Isensee/Kirchhof (Hrsg.), HdStR, Bd. IV, § 91 Rn. 5; bei der Gesamtbevölkerung liegt der Anteil (Stand 2010) bei ca. 75% der Menschen über zehn Jahren (*Statistisches Bundesamt*, zuletzt abgerufen am 18. Februar 2011, abrufbar unter: http://www.destatis.de/jetspeed/portal/cms/Sites/destatis/Internet/DE/Content/Statistiken/Informationsgesellschaft/PrivateHaushalte/Aktuell,templateId=renderPrint.psml.

6 *Statistisches Bundesamt*, zuletzt abgerufen am 18. Februar 2011, abrufbar unter: http://www.destatis.de/jetspeed/portal/cms/Sites/destatis/Internet/DE/Content/Statistiken/Informationsgesellschaft/Unternehmen/Aktuell,templateId=renderPrint.psml.

weit überwiegend mit Internetdiensten erzielen (zum Beispiel *Google* oder *Facebook*).

In rasender Geschwindigkeit hat das Internet die Gesellschaft, ihre Individuen und ihre Kommunikation vereinnahmt und Informationen allgegenwärtig gemacht. „*John Archibald Wheeler*, Pionier auf dem Gebiet der Atomspaltung [...], Namensgeber der Schwarzen Löcher“[7] und bekannt für seine markigen Sprüche, drücke es im Jahr 1989 so aus: „*It from Bit*[8]“ – *alles* entsteht aus der Information.[9] Das Internet ist deren „Hauptumschlagplatz“ und das Bit die Maßeinheit, um den Informationsgehalt zu messen. Es ist das alles dominierende Medium der Informationsgesellschaft und es verändert die Lebensweise und das Kommunikationsverhalten aller Individuen.

1996 betrug das Volumen des weltweiten Internetverkehrs überschaubare zwei Petabyte (1 Byte[10] ≈ 8 Bit)[11].[12] Ein Petabyte sind 10^{15} Byte. Laut einer Vorhersage der Firma *Cisco* soll der weltweite Datenverkehr zwischen 2010 und 2015 auf etwa ein Zettabyte anschwellen (1 Zettabyte = 10^{21} Byte).[13] Allein in Deutschland wird der Datenverkehr laut *Cisco*-Bericht etwa 50 Exabyte ausmachen (1 Exabyte = 10^{18} Byte). Ein Exabyte entspricht 1.000 Petabyte, 1.000.000 Terabyte oder 1.000.000.000 Gigabyte. Eine handelsübliche DVD besitzt ca. 4,5 Gigabyte, so dass in Deutschland zurzeit jährlich etwa Informationen im Volumen von 22,2 Millionen DVDs über das Internet zirkulieren.

Bit, die Maßeinheit für Informationen, geht wiederum zurück auf *Claude Elwood Shannon*, den Begründer der Informationstheorie. Als ursprünglich rein mathematische Theorie, dient die Informationstheorie heutzutage auch zur Beschreibung von Kommunikationssystemen in anderen Bereichen, wie zum Beispiel der Biologie. Dies war allerdings nicht im Sinne des Erfinders; *Shannon*

---

7 *Gleick*, Information, S. 386.

8 „Binary Digit“ (auch: „Bit“): Maßeinheit für den Informationsgehalt; ein Bit ist der Informationsgehalt, der in einer Auswahl aus zwei gleich wahrscheinlichen Möglichkeiten (ja/nein; an/aus; 0/1) enthalten ist (*Gleick*, Information, S. 284 f.).

9 Nach *Gleick*, Information, S. 386.

10 „Byte“: Kleinste Datenmenge (i.S.v. Menge an Bit) in einem informationstechnischen System.

11 Die Zusammenstellung von Bits zu Bytes erfolgt nicht bei allen informationstechnischen Systemen einheitlich; ein „Paket“ von acht Bit („Oktett“) ist die formale, ISO-konforme Bezeichnung für ein Byte.

12 *Gleick*, Information, S. 458.

13 *Cisco*, White Paper zum Internet-Nutzerverhalten, abgerufen am 17. November 2011, abrufbar unter: http://www.cisco.com/en/US/solutions/collateral/ns341/ns525/ns537/ns705/ns827/white_paper_c11-481360_ns827_Networking_Solutions_White_ Paper.html.

zeigte sich besorgt und äußerte: „Unsere wissenschaftlichen Kollegen auf vielen unterschiedlichen Gebieten [...] verwenden diese Ideen in ihren eigenen Problemstellungen. [...] Wenngleich diese Popularitätswelle mit Sicherheit für diejenigen von uns, die auf diesem Gebiet tätig sind, erfreulich und aufregend ist, birgt sie gleichzeitig auch eine gewisse Gefahr".[14] Er befürchtete, dass sich die Auseinandersetzung mit der Information zu sehr von ihrem Kern lösen würde – der Frage nach der Informations*dichte* in Nachrichten (ohne direkten Bezug zum Inhalt). Diese Befürchtung hat sich in einigen Wissenschaftsbereichen auch bewahrheitet. Nichtsdestotrotz ist die Idee der Information als Bindeglied zwischen kommunizierenden Parteien jedweder Art (Zellen, Menschen, Rechnern uvm.) auch dort, abseits ihrer streng mathematischen Bedeutung, ein verfolgenswerter Ansatz. Sie erleichtert die Auseinandersetzung mit Kommunikation in jeder Hinsicht.

Insofern erscheint es einen Versuch wert, die informationstheoretischen Ansätze *Shannons* auch in die Rechtswissenschaft einfließen zu lassen. Denn nicht nur die Gesellschaft mit ihren zusehends IT-gestützten Abläufen befindet sich im Umbruch, auch die Rechtsordnung sieht sich vor neue Herausforderungen gestellt. Kommunikation und Interaktion zwischen den Individuen der Gesellschaft verändern sich. Es ist schon heute absehbar, dass in Kürze dort, wo Technologie den Meinungsaustausch begleitet, die gesamte Kommunikation ausschließlich über das Internet abgewickelt werden wird.[15] *McLuhan*, *O'Reilly* und *Shannon* ist insofern zuzustimmen: Interaktion und Kommunikation erfinden sich neu. Dem ist ein entscheidender Punkt hinzuzufügen: Auch das Recht muss sich bisweilen neu erfinden, um jenen Veränderungen Rechnung zu tragen.

Im Kern dieser Untersuchung geht es dabei um die Kollision der bei der internetgestützten Kommunikation aufeinanderprallenden Interessen der verschiedenen Rechtssubjekte.[16] Die Abhandlung läuft darauf hinaus, den Konflikt zwischen der Meinungsfreiheit aus Art. 5 I 1 GG und dem allgemeinen Persönlichkeitsrecht der Art. 2 I, 1 I GG unter den besonderen Gegebenheiten des Internets sowie dessen Auflösung zu untersuchen. Die Meinungsfreiheit steht dabei für die Interessen derjenigen, die über das Internet ihre Ansichten äußern wollen; das allgemeine Persönlichkeitsrecht steht für die Interessen derjenigen, die sich durch diese Äußerungen in ihrem Persönlichkeitsrecht verletzt fühlen. Hierbei handelt es sich um ein altbekanntes Problem – die genannten Grundrechte sind „*klassische Kontrastrechte*"[17] – in einem neuen Gewand. Die Kommunikations-

14 Nach *Gleick*, Information, S. 286 f.

15 *Rost*, in: Bäumler/von Mutius (Hrsg.), Anonymität, S. 62 (72).

16 Vgl. Pkt. 1.2, 1.3.

17 *Hufen*, FS BVerfG, 2001, Bd. 2, S. 105 (111).

partner „Äußernder“ (Art. 5 I 1 GG) und „Betroffener“ (Art. 2 I, 1 I GG) wurden jedoch noch nicht umfassend – unter Zugrundelegung informationstheoretischer Ansätze – im Kommunikationsumfeld Internet untersucht. Dieses soll deshalb um die (Kommunikations-) Einheit der Information erweitert werden, wobei sich Kollision und Auflösung derselben letztlich auch durch zahlreiche andere Besonderheiten auszeichnen:

Erstens ist das durch Schutzbereich und Eingriff geprägte Kollisionsumfeld einzigartig. Die Dominanz der Technik, die unbeschränkte Öffentlichkeit und fehlende Verkörperung der Persönlichkeit sind nur einige dieser Besonderheiten. Sie bestimmen, worauf bei der Herstellung praktischer Konkordanz zu achten ist. *Zweitens* ist der Einfluss der Kollision auf das Alltagsleben der in der Gesellschaft lebenden Rechtssubjekte evident. Durch die objektiv-rechtliche Funktion der konfligierenden Grundrechte beeinflusst sie besonders viele Bereiche der Rechtsordnung und Lebensbereiche der Grundrechtsträger. *Drittens* sind die bestehenden Ansätze zur Auflösung des Konfliktes vor dem Hintergrund der geänderten Rahmenbedingungen des Kollisionsumfeldes teilweise unzureichend und kritisch zu hinterfragen. Die Untersuchung soll auch dazu beitragen, dort Schwachstellen ausfindig zu machen, Lösungsansätze aufzuzeigen und bestehende Lösungen zu systematisieren und verständlicher zu machen.

Als Ergebnis dieser Arbeit soll in der Darstellungsform eines Modells festgehalten werden, an welchen Kriterien und Regeln sich die Auflösung einer Kollision zwischen allgemeinem Persönlichkeitsrecht und Recht auf freie Meinungsäußerung im Internet orientieren kann. Solange Kollisionen durch mangelnde Objektivität und Unvorhersehbarkeit geprägt sind, führt dies zu einer großen Schwankungsbreite und geringen Akzeptanz der Ergebnisse.[18] Ungeachtet des Kollisionsumfeldes Internet konnte sich die Rechtswissenschaft bislang nicht auf ein solches prüfungsleitendes Regelungs- und Kriteriengerüst für die Auflösung von Kollisionslagen verständigen.[19] Dies führt zu Unklarheiten in der Rechtsprechung, die über das Zusammenleben der Individuen im Streitfall letztlich entscheidet; gleichzeitig führen die gesellschaftlich und normativ nicht zufriedenstellend gelösten Konflikte zu einer Flut von Verfahren, die die Gerichte zu überlasten drohen.[20] So hat das Bundesverfassungsgericht „in fast keinem anderen Bereich [...] so viel Kritik erfahren wie in dem Konfliktfeld von Kommunikationsfreiheit und Persönlichkeitsschutz“[21]. Deshalb wird auch angestrebt, einen Beitrag zu mehr Rechtsklarheit zu erbringen.

---

18 *Lenski*, Massenkommunikation, S. 179 f., 295.

19 Vgl. *Lenski*, Massenkommunikation, S. 179 f.

20 *Lenski*, Massenkommunikation, S. 195 ff.

21 *Hoffmann-Riem*, AöR 128 (2003), S. 173 (174).

Die Untersuchung soll in drei Schritten vonstatten gehen: *Erstens* gilt es die Rahmenbedingungen zu ermitteln, die das Kollisionsumfeld ausmachen und deren Faktoren in den Abwägungsprozess einfließen (Erstes Kapitel). Sie sind notwendig, um die Abwägung mediumstypisch untersuchen zu können und dienen sozusagen als Steinbruch zum Bau eines Abwägungsmodells. *Zweitens* ist es notwendig, die Konfliktpositionen selbst zu untersuchen, um auch ihre mediumstypische Gestalt im vorher beschriebenen Sinne in den Abwägungsprozess einbringen zu können (Zweites und Drittes Kapitel).[22] Unter Rückgriff auf die gewonnenen Erkenntnisse kann sodann *drittens* praktische Konkordanz hergestellt werden (Viertes und Fünftes Kapitel). Das Resultat ist ein prüfungsleitender Maßstab, der an die Situation im Internet angepasst ist.

Im Mittelpunkt dieses (informationstheoretischen) Ansatzes steht hierbei die Information. Sie wird an der Stelle in die Untersuchung eingeführt, an der sich erste Defizite bisheriger Untersuchungen zeigen: Als (Maß-) Einheit für den Gehalt persönlichkeitsrelevanter Inhalte (Art. 2 I, 1 I GG), bei ihrer Rolle im Kommunikationsprozess (Art. 5 I 1 GG) und im Bereich der Abwägung. Denn auch im Bereich der Rechtswissenschaft und der dieser Untersuchung zugrundeliegenden Abwägung bildet die Information die „Brücke zwischen Information und Chaos."[23] So führte sie zunächst „zu CDs und Faxgeräten, Computern und dem Cyberspace, Moores Gesetz und allen Silicon Valleys dieser Welt"[24] und soll nun dazu dienen, eine Brücke zwischen den kollidierenden Grundrechten aus den Art. 2 I, 1 I GG sowie Art. 5 I 1 GG zu schlagen. Hierbei ist „die Etablierung [einer rechtswissenschaftlichen Dimension der Information] [...] keine triviale Frage der Übersetzung von Wörtern für einen neuen Geltungsbereich, sondern eher der langsame und mühselige Prozess der Entwicklung von Hypothesen und der experimentellen Verifizierung."[25] Mit der nun folgenden Untersuchung ist hoffentlich der Anstoß eines solchen Prozesses für die Rechtswissenschaft geglückt.

22 Da der Konflikt der Grundrechte regelmäßig dadurch geprägt ist, dass die Stoßrichtung der Angriffe gegen das allgemeine Persönlichkeitsrecht gerichtet ist, und dieses zudem durch seine Entwicklungsoffenheit und Fragmentiertheit weitere Berücksichtigungen erfordert, ist der Auseinandersetzung mit dieser Rechtsposition ein größerer Rahmen einzuräumen.

23 *Gleick*, Information, S. 14.

24 *Gleick*, Information, S. 14.

25 *Shannon* nach *Gleick*, Information, S. 287.

1. Kapitel: Informationsgesellschaft und Internet als Kollisionsumfeld

Beim allgemeinen Persönlichkeitsrecht und der Meinungsfreiheit handelt es sich um *„klassische Kontrastrechte“*[26]. Das Aufeinandertreffen dieser gegenläufigen Interessen ist nicht neu, aber stets maßgeblich davon geprägt, in welchem Umfeld sich die Kollision ereignet. Das Umfeld wird wiederum durch eine Vielzahl von Faktoren bestimmt, die sich nicht bis in das kleinste Detail vorab benennen lassen. Deshalb wird es für eine Abwägung letztlich immer darauf ankommen, die Umstände des Einzelfalles entsprechend abzubilden. Die das Kollisionsumfeld stark beeinflussenden Besonderheiten des Internets müssen dementsprechend angemessen berücksichtigt werden. Das Internet beeinflusst die Abwägung vor allem durch seine Technik und seinen soziokulturellen Status im Leben der Individuen. Dieser Einfluss wird nicht erst bei der Abwägung sichtbar, sondern bereits bei der Entstehung der Grundrechtskollision. Dabei spielt insbesondere der grenzüberschreitende Charakter des Internets und die Wirkung der Grundrechte unter Privaten eine entscheidende Rolle, da sie die Auswirkungen in viele Bereiche des einfachen Rechts tragen, die wiederum viele Lebensbereiche der Normadressaten prägen.

1.1 Gesellschaftliche und technische Grundlagen

Internetangebote, wie beispielsweise *Twitter* oder *Facebook*, sind von einer so einschneidenden Bedeutung für die Gemeinschaft der Individuen, dass diese beginnt, ihr Selbstverständnis nach ihnen anzupassen. Den Angeboten ist gemeinsam, dass sie die Bandbreite der derzeitigen technischen Möglichkeiten optimal zu nutzen verstehen und weiter ausbauen. Um ihre rechtliche Tragweite und ihren Einfluss auf die Abwägung zu verstehen, muss man also die technische Funktionsweise verstehen.

1.1.1 Die Informationsgesellschaft

Das Kollisionsumfeld des Internets ist beheimatet in der Informationsgesellschaft. Eine Gesellschaft ist eine inhaltlich mit Beschreibungen angereicherte Selbstbezeichnung einer Gemeinschaft, die eine Vielzahl ereignis- oder situati-

---

26 *Hufen*, FS BVerfG, 2001, Bd. 2, S. 105 (111).

onsgebundener Erkenntnisse zum Anlass nimmt, sich selbst zu definieren.[27] Da sich eine fortentwickelte Gesellschaft über mehrere Merkmale zugleich definiert, gilt es jedoch auch, eine Abgrenzung zu anderen Selbstbeschreibungen zu finden.

1.1.1.1 Eigenschaften und Charakteristika, Risiken und Chancen

Nach dem amerikanischen Psychotherapeuten *Rollo May* zeichnet sich die Informationsgesellschaft durch ein seltsames Paradoxon aus:[28] „Niemals zuvor wurden wir mit so vielen Informationen überflutet, gleichzeitig hatten wir niemals zuvor so wenig innere Sicherheit über unser eigenes Sein. Je mehr die objektive Erkenntnis wächst, desto mehr sinkt unsere innere Gewißheit."[29] Damit ist das wesentliche Merkmal der Informationsgesellschaft benannt: Die *Information* selbst.[30] Allerdings steigen nicht nur Masse an und Nachfrage nach Informationen, sondern auch Fluktuation, Geschwindigkeit und Verbreitungsgrad.[31] Territorialität spielt lediglich eine untergeordnete Rolle,[32] was damit zusammenhängt, dass das Internet als „Netz der Netze" oder auch „System der Systeme"[33], das heißt als wichtigstes und zugleich durch seine Protokollsprache die anderen Netze kombinierendes Zentrum[34], alle Territorialbezüge einebnet.[35] Zeit spielt in

---

27 *Luhmann*, Gesellschaft, S. 879 ff.; siehe *Vowe*, in: Raabe/Stöber/Theis-Berglmair/Wied (Hrsg.), Wissensgesellschaft, S. 46 (48), der nach sachlicher, sozialer und zeitlicher Dimension trennt.

28 Nach *Scherzberg*, in: Hoffmann-Riem/Schmidt-Aßmann (Hrsg.), Informationsgesellschaft, S. 195 (195).

29 *Scherzberg*, in: Hoffmann-Riem/Schmidt-Aßmann (Hrsg.), Informationsgesellschaft, S. 195 (195); vgl. auch *Baller*, in: Haratsch/Kugelmann/Repkewitz (Hrsg.), Informationsgesellschaft, S. 33 (33); *Merten*, in: Tauss/Kollbeck/Mönikes (Hrsg.), Informationsgesellschaft, S. 82 (86 f.).

30 *Albers*, Rechtstheorie 33 (2002), S. 61 (62) und *Heckmann*, Vorgänge 4/2008, S. 20 (21 f.).

31 *Fierdag*, in: Götting/Lauber-Rönsberg (Hrsg.), Entwicklungen, S. 51 (54 ff.); *Ladeur*, in: Götting/Schertz/Seitz (Hrsg.), HdPR, § 9 Rn. 6; *Nitsch*, ZRP 1995, S. 361 (364 f.); *Kutscha*, in: Roggan (Hrsg.), Online-Durchsuchungen, S. 157 (159); *Merten*, in: Tauss/Kollbeck/Mönikes (Hrsg.), Informationsgesellschaft, S. 82 (82).

32 *Beyer/Kirchner/Kreuzberger/Schmeling*, DuD 2008, S. 597 (598); *Fierdag*, in: Götting/Lauber-Rönsberg (Hrsg.), Entwicklungen, S. 51 (54 ff.); *Trute*, JZ 1998, S. 822 (822).

33 *Vesting*, in: Hoffmann-Riem/Schmidt-Aßmann/Voßkuhle (Hrsg.), Verwaltungsrecht, § 20 Rn. 38 f.; *Ladeur*, in: Ladeur (Hrsg.), Regulierung, S. 101 (111 f.); *Vesting*, in: Ladeur (Hrsg.), Regulierung, S. 155 (178 f., 197 ff.); *Vesting* (a.a.O.) spricht von einem „Modell überlappender Netzwerke" bzw. einem „Transmedium".

34 *Albers*, Rechtstheorie 33 (2002), S. 61 (65).

den Informationstransfers der Gegenwart keine Rolle mehr, da nennenswerte Verzögerungseffekte bei der Datenübertragung nicht entstehen („*just in time*"-*Kommunikation*).[36] Ein einmal in Gang gesetzter Prozess entzieht sich weitgehend der Kontrolle der inhaltlich betroffenen Subjekte.[37] Darüber hinaus wird das viel gerühmte, „nichts vergessende" Gedächtnis des Internets ständig mit neuem Material versorgt – und die sich fortschreibenden und überlagernden Prozesse perpetuieren die Unauslöschbarkeit der hinterlegten Informationen.[38] Die Informationsgesellschaft zeichnet sich also vor allem durch ihr *(Über-) Angebot an Informationsmaterial* aus, das verschiedene, z.T. noch einschneidendere – und vor allem persönlichkeitsrechtsgefährdendere – Sekundärfolgen nach sich zieht, die sich in den diese Inhalte auswertenden *Informationsverarbeitungsprozessen* vollziehen.[39] Nichtsdestotrotz sind auch die Chancen und Vorteile dieses (Über-) Angebotes offenkundig: Es stattet alle informationsabhängigen Abläufe, egal ob im privaten, wirtschaftlichen oder auch öffentlich-rechtlichen Bereich, mit einer breiteren Wissensgrundlage aus und trägt somit dazu bei, diese Prozesse effektiver und effizienter zu machen.[40] Zwar wird nicht zwischen nützlichem und unnützen Wissen unterschieden, jedoch bietet die Möglichkeit, auf umfassendes Informationsmaterial bei der Entscheidungsfindung zurückzugreifen, grundsätzlich bessere Chancen, sachgerechte Entscheidungen zu treffen.

1.1.1.2 Abgrenzung zu anderen Selbstbeschreibungen

Nicht jede Gesellschaft ist eine Informationsgesellschaft und nicht jede Informationsgesellschaft ist ausschließlich eine Informationsgesellschaft; hinzu kommen andere Selbstbeschreibungen, die eine fortschrittliche Gemeinschaft kennzeichnen.[41] Hierbei sind – neben vielen anderen Definitionsansätzen[42] – insbesondere die *Medien-, Risiko-* und *Wissensgesellschaft* hervorzuheben.

---

35 *Trute*, JZ 1998, S. 822 (822); *Kutscha*, in: Roggan (Hrsg.), Online-Durchsuchungen, S. 157 (159); vgl. *Fierdag*, in: Götting/Lauber-Rönsberg (Hrsg.), Entwicklungen, S. 51 (55).

36 *Fierdag*, in: Götting/Lauber-Rönsberg (Hrsg.), Entwicklungen, S. 51 (55 f.); *Luhmann*, Gesellschaft, S. 1091.

37 *Fierdag*, in: Götting/Lauber-Rönsberg (Hrsg.), Entwicklungen, S. 51 (56); *Vesting*, in: Ladeur (Hrsg.), Regulierung, S. 155 (178 ff.); mehr dazu unter Pkt. 2.6.

38 *Fierdag*, in: Götting/Lauber-Rönsberg (Hrsg.), Entwicklungen, S. 51 (56).

39 Ausführlicher Pkt. 2.6.

40 Vgl. *Hoffmann-Riem*, AöR 123 (1998), S. 513 (514, 522, 525); *Vesting*, in: Hoffmann-Riem/Schmidt-Aßmann/Voßkuhle (Hrsg.), Verwaltungsrecht, § 20 Rn. 36 ff.

41 Vgl. *Luhmann*, Gesellschaft, S. 1088 ff.

Vor allem die Begriffe der Informations- und Wissensgesellschaft weisen Überschneidungen auf, können allerdings nicht gleichgesetzt werden. Information ist nicht gleichbedeutend mit Wissen[43]; der schier unbegrenzte Zugang zu Informationen vermittelt allenfalls eine Illusion von Wissen.[44] Dieses setzt voraus, Informationen verstehen und sich aneignen, in den richtigen Kontext einordnen und Schlüsse aus dem sich ergebenden Gesamtbild ziehen zu können.[45] Während das Angebot an Informationen in der Informationsgesellschaft steigt, steigt die Fähigkeit zur Rezeption und Umsetzung derselben in gefestigtes Wissen nicht in gleichem Maße.[46] Die Informationsgesellschaft zeichnet sich deshalb auch durch den Zwang zur Aktivität aus, da aus dem Übermaß an Informationen selektiert werden muss.

Hier verdeutlicht sich das Zusammenwirken und Überschneiden mit einer weiteren Selbstbeschreibung, der sogenannten *Mediengesellschaft*.[47] Ihr maßgebliches Charakteristikum ist das Vorhandensein vieler leistungsstarker und dynamischer Medien, die durch ihre kanalisierende Funktion dazu beitragen, die Komplexität der Informationsgesellschaft zu verringern.[48] Das Internet als ein solches Medium, vielleicht sogar das mittlerweile bedeutendste unter ihnen,[49] fördert nicht nur in bedenklicher Weise die Informationsentstehung,

---

42 *Raabe/Stöber/Theis-Berglmair/Wied*, in: Raabe/Stöber/Theis-Berglmair/Wied (Hrsg.), Wissensgesellschaft, S. 9 (9 f.), *Hömberg*, in: Raabe/Stöber/Theis-Berglmair/Wied (Hrsg.), Wissensgesellschaft, S. 25 (27 f.) mit weiteren Beispielen.

43 *Hömberg*, in: Raabe/Stöber/Theis-Berglmair/Wied (Hrsg.), Wissensgesellschaft, S. 25 (37 ff.), gliedert verschiedene Wissenstypen auf; vgl. *Rohrbach*, in: Raabe/Stöber/Theis-Berglmair/Wied (Hrsg.), Wissensgesellschaft, S. 87 (88 f.), die die „Trends“ der Wissensumschreibung auf drei Aussagen festlegt (Diffusion der Informations- und Kommunikationstheorien, Erhöhung der Bildungsbeteiligung und -dauer sowie die Entstehung einer „Wissensökonomie“).

44 *Hömberg*, in: Raabe/Stöber/Theis-Berglmair/Wied (Hrsg.), Wissensgesellschaft, S. 25 (36).

45 *Hömberg*, in: Raabe/Stöber/Theis-Berglmair/Wied (Hrsg.), Wissensgesellschaft, S. 25 (36).

46 Vgl. *Merten*, in: Tauss/Kollbeck/Mönikes (Hrsg.), Informationsgesellschaft, S. 82 (86 f.), der die von ihm attestierte Informationsüberlastung mit einem Quotienten beziffert.

47 Grundlegend: Vowe, in: Raabe/Stöber/Theis-Berglmair/Wied (Hrsg.), Wissensgesellschaft, S. 46 (52 ff.).

48 *Hömberg*, in: Raabe/Stöber/Theis-Berglmair/Wied (Hrsg.), Wissensgesellschaft, S. 25 (52 ff., insbes. 56 f.).

49 Das Internet gilt als das am schnellsten wachsende Medium aller Zeiten: *von Hinden*, Persönlichkeitsverletzungen, S. 6; siehe hierzu bereits die Ausführungen in der Einleitung.

-verbreitung und -verarbeitung, sondern ist auch dazu fähig, die Inhalte verständlich und zu einer nachhaltigen Wissensentstehung geeignet aufzubereiten. Es bleibt aber am Individuum, den Schritt der Selektion vorzunehmen.

Eine Gesellschaft, die sich durch technische Errungenschaften und komplexe soziale Strukturen auszeichnet, kommt ferner nicht ohne Risiken aus und kann deshalb auch stets als *Risikogesellschaft* bezeichnet werden.[50] Ihr zentrales Selbstbeschreibungsmerkmal, die Wahrnehmung von Risiken[51], tritt, da sich die Individuen einer komplexen Gesellschaft mit einem gewissen Niveau latenter Risiken zwangsläufig abfinden müssen, aber zunehmend in den Hintergrund. Es bleibt festzuhalten, dass die Informationsgesellschaft eine – aller Voraussicht nach die substanziellste, jedenfalls aber nicht die einzige – Möglichkeit der Umschreibung aktueller moderner Gesellschaftsorganisationen darstellt.

1.1.2 Das Internet – „Netz der Netze“

1.1.2.1 Das Internet als technisches Medium und Funktionssystem

„Vor einigen Jahren sagten Zukunftsforscher voraus, das Internet werde eines Tages dieselbe Rolle spielen wie die Gas-, Strom- und Wasserversorgung. Diese Situation ist heute [...] weitgehend Realität.“[52] Die „Digital Natives“ nutzen die verschiedenen Dienste des Internets täglich; außerhalb dieser Gruppe nutzen immerhin weit über zwei Drittel das Internet in ungefähr der gleichen Häufigkeit und Intensität (siehe oben). Dabei stellt auch das Internet grundsätzlich „nur“ ein Netzwerk dar, das, serverbasiert[53] wie alle anderen, verschiedene informationstechnische Systeme miteinander verknüpft. Im Gegensatz zu anderen Netzwerken, wie zum Beispiel Intranets in Betrieben, Behörden oder auch dem privaten

---

50 *Hoffmann-Riem*, AöR 123 (1998), S. 513 (528); mit weiteren Informationen zur Risikogesellschaft: *Hömberg*, in: Raabe/Stöber/Theis-Berglmair/Wied (Hrsg.), Wissensgesellschaft, S. 25 (27 f.).

51 Vowe, in: Raabe/Stöber/Theis-Berglmair/Wied (Hrsg.), Wissensgesellschaft, S. 46 (50 f.).

52 *Kube*, in: Isensee/Kirchhof (Hrsg.), HdStR, Bd. IV, § 91 Rn. 6; *Dix*, in: Roggan (Hrsg.), Online-Durchsuchungen, S. 71 (74).

53 Es lassen sich Software- und Hardware-Server unterscheiden: Während es sich beim Software-Server um ein Programm handelt, das mit dem Nutzer (Client) kommuniziert, handelt es sich beim Hardware-Server um ein informationstechnisches System (eine Recheneinheit), auf dem ein oder mehrere Software-Server laufen. Hardware-Server zeichnen sich i.d.R. durch große Kapazitäten aus, die eine individuelle Recheneinheit – meist bereits aus Platzgründen – nicht zur Verfügung stellen kann (*Wikipedia*, Stichwort „Server“, zuletzt abgerufen am 11. Oktober 2010, abrufbar unter: http://de.wikipedia.org/wiki/Server).

Bereich, die hierarchisch um einen zentralen Server herum organisiert sind, operiert es aber *dezentral*.[54] Das Internet ist nicht auf das Funktionieren eines oder mehrerer Server angewiesen. Im „Netz der Netze" schließen sich die dezentralen Einheiten laufend neu zu einem einheitlichen System zusammen und trennen sich wieder (*„anarchistisches Netzwerk"*).[55] Wegen seines militärischen Ursprungs ist es so konzipiert, dass es sogar einen Atomschlag übersteht.[56] Selbst ein Datenverlust bei Ausfall eines Servers droht nicht, da Daten singulär und als Pakete verschickt werden.[57] Das Internet ist besonders dynamisch und kann sich technisch leicht erneuern, weshalb es auf Dauer andere Medien und Kommunikationsformen integrieren und womöglich ganz ablösen wird.[58] Durch handliche Lesegeräte, wie *Tablets* oder *eBook-Reader*, droht beispielsweise Printmedien das Aus. Das Internet leitet dabei ständig und in deutlich stärkerer Form den Austausch von Daten ein als andere Kommunikationformen und ist diesen dadurch überlegen.[59] Dabei nimmt es keine Rücksicht darauf, ob der Einzelne diesen Datenaustausch begrüßt oder nicht; es erfasst, verbreitet und verarbeitet Daten sogar regelmäßig vom Einzelnen unbemerkt.[60] Das Internet steht hierbei im Zentrum der Informationsgesellschaft. Es ermöglicht und fördert den grenzenlosen, zeitnahen und quantitativ unbeschränkten Informationsaustausch in nie dagewesenem Maße.

1.1.2.2 Begrifflichkeiten, Funktionsweise und Anwendungsformen

Das Internet ist mit seiner dezentralen Struktur Grundlage einer Vielzahl verschiedener Dienste. Für die Kommunikationsabläufe der Informationsgesellschaft sind beispielsweise der E-Mail-Verkehr[61], das World Wide Web und die datenpaketgestützte (Internet-) Telefonie zu nennen. Bei der Vernetzung der Netze wird dabei auf das *TCP/IP* zurückgegriffen (*Transmission Control Protocol / Internet Protocol*). Über TCP/IP werden Daten in Pakete einer bestimmten

---

54 *Hoffmann-Riem*, AöR 123 (1998), S. 513 (533); *Kube*, in: Isensee/Kirchhof (Hrsg.), HdStR, Bd. IV, § 91 Rn. 3; *Vesting*, in: Ladeur (Hrsg.), Regulierung, S. 155 (178 f.).

55 *von Hinden*, Persönlichkeitsverletzungen, S. 6 m.w.N.; *Vesting*, in: Ladeur (Hrsg.), Regulierung, S. 155 (178).

56 *von Hinden*, Persönlichkeitsverletzungen, S. 5 f.

57 *von Hinden*, Persönlichkeitsverletzungen, S. 5 f.

58 Bspw. den Rundfunk, das Fernsehen und Printmedien; *Vesting*, in: Ladeur (Hrsg.), Regulierung, S. 155 (178 f.) betont die Sonderstellung des Internets dadurch, dass er es als ein „Medium zweiter Ordnung" bezeichnet (s.o.).

59 *Beyer/Kirchner/Kreuzberger/Schmeling*, DuD 2008, S. 597 (598); *Heckmann*, Vorgänge 4/2008, S. 20 (21).

60 *Heckmann*, Vorgänge 4/2008, S. 20 (21).

61 „E-Mail": Kurzform des engl. Begriffs „electronic mail".

Größe unterteilt und über festgelegte Routen an andere Rechner versandt („*Hosts*").[62] Das TCP/IP ist praktisch unabhängig von der Übertragungsmethode (zum Beispiel Kabel oder kabellose Verbindung, wie beispielsweise W-LAN[63] und UMTS[64]).[65] *Router*[66] fungieren als Schaltstellen bei der Weiterleitung in den miteinander verknüpften Netzen. Die *IP-Adresse*, eine Zahlenfolge, die den jeweiligen Rechner identifiziert (ähnlich einer Fahrgestell- oder Seriennummer), begleitet die Datenpakete bei der Übertragung.[67] Das *DNS* (*Domain*[68] *Name System*) verwandelt die sperrigen IP-Adressen in griffige (Domain-) Namen.[69] Dies macht Internetpräsenzen greifbarer, einprägsamer und leicht handhabbar.

Die Prozesse des Internets können über zwei Modelle erklärt werden: Das ISO/OSI-[70] und das TCP/IP-Referenzmodell.[71] Beide Modelle teilen die Abläufe schichtweise auf und weisen die technischen Vorgänge verschiedenen Ebenen zu.[72] Das TCP/IP-Modell unterteilt in Verbindungsschicht, Internetschicht, Transportschicht und Anwendungsschicht, das ISO/OSI-Modell in Bitübertragung, Sicherung, Vermittlung, Transport, Sitzung, Darstellung, Anwendung.[73] Auf der Verbindungsschicht bestehen keine Unterschiede zu Intranets.[74] Die technische Abschichtung ermöglicht die Übertragung und sichert den Netzzugang. Dies geschieht beispielsweise durch den Einsatz von *Token*[75], die den Zugriff auf Daten synchronisieren. Erst auf den darüberliegenden Schichten treten internettypische Akteure auf, wie zum Beispiel *Provider*, die Kanäle zwischen den Rechnern und Rechennetzen öffnen (*Access-Provider*) oder die Ver-

---

62 *Koreng*, Zensur, S. 44.

63 „Wireless Lan": Funknetzwerkverbindung / funkbasierter Zugang zu Intra- und Internet.

64 „Universal Mobile Telecommunications System": Mobilfunkstandard.

65 *Koreng*, Zensur, S. 44 f.

66 „Router": Netzwerkgeräte, die Rechennetze koppeln / trennen.

67 *Koreng*, Zensur, S. 44.

68 „Domain": Teilbereich des „Domain Name System". Durch dieses System kann die Domain in eine IP-Adresse (ähnlich einer Fahrgestellnummer der Recheneinheit für den digitalen Datenverkehr) aufgelöst werden.

69 *Koreng*, Zensur, S. 44.

70 Auch: „OSI-Schichtenmodell" (engl.: „Open Systems Interconnection Reference Model"): Modell der Internationalen Organisation für Normung (ISO).

71 Nach *Koreng*, Zensur, S. 45 f.

72 *Koreng*, Zensur, S. 45.

73 *Koreng*, Zensur, S. 45.

74 *Koreng*, Zensur, S. 45.

75 „Token": Hilfsmittel zur Synchronisierung paralleler verlaufender Datenverarbeitungsprozesse durch Zuweisung von Zugriffsrechten.

bindungswege zur Verfügung stellen (*Network-Provider*).[76] Auf der Transportschicht werden die unterschiedlichen Dienste, die das Internet in der uns bekannten Funktionsvielfalt möglich machen, über verschiedene Kanäle (*Ports*) angesprochen (das World Wide Web funktioniert beispielsweise über das über Port 80 angesteuerte *http*[77]).[78] Auf der obersten Schicht, der Anwendungsebene, können auf der hergestellten Verbindung basierend weitere Dienste des Internets aktiviert werden, wie zum Beispiel SMTP[79], POP3[80] und IMAP[81] (alle für E-Mail-Dienste), FTP[82] (für Dateiübertragungen und das Betreiben von Servern), IRC[83] (Chat[84]-Protokoll) oder auch SSH[85] (für Telefonie).[86] Gerade der Anfang der 90er-Jahre entwickelte WWW-Dienst, der basierend auf dem *http* sowie der *html*[87] die einfache Übermittlung von Texten, Bildern und Klängen möglich machte, hat das Internet zum einfach zu bedienenden, populären Massenmedium und „kommunikativen Alleskönner“ gemacht – und ihm dadurch zum Durchbruch verholfen.[88]

1.1.3 Web 2.0-Applikationen und Social Software

Das Internet bietet eine schier unüberschaubare Anzahl an Nutzungsmöglichkeiten auf seiner Anwendungsebene, die als *Internetdienste* oder auch *Internetan-*

76 *Koreng*, Zensur, S. 45 f. mit weiteren Details.

77 „Hypertext transfer protocol“: Hypertext-Übertragungsprotokoll; hauptsächlich eingesetzt zum Laden von Websites in einen Browser.

78 *Koreng*, Zensur, S. 45 f. mit weiteren Details.

79 „Simple Mail Transfer Protocol“: Internetprotokoll, das hauptsächlich zum Einspeisen von E-Mails in das Internet verwendet wird.

80 „Post Office Protocol“: Internetprotokoll, das hauptsächlich zum Abrufen von E-Mails aus dem Internet in die lokale Computerumgebung verwendet wird.

81 „Internet Message Access Protocol“: Internetprotokoll, das sowohl das Einspeisen als auch Abrufen von E-Mails, genauso wie deren Verwaltung und Zugriff, steuern kann.

82 „File Transfer Protocol“: Netzwerkprotokoll zur Übertragung von Dateien.

83 „Internet Relay Chat“: Textbasiertes Chat-Protokoll, basierend auf einem „Chat-Client“ (Chat-Programm).

84 „Chat“ (engl.: „to chat“ (sich unterhalten, miteinander „plaudern“)): Form der elektronischen, meist internetbasierten Kommunikation über in Datenpakete integrierte Mitteilungen in Schriftform und Echtzeit (*Wikipedia*, Stichwort „Chat“, zuletzt abgerufen am 11. Oktober 2010, abrufbar unter: http://de.wikipedia.org/wiki/Chat).

85 „Secure Shell Netzwerkprotokoll“.

86 Nach *Koreng*, Zensur, S. 46.

87 „Hypertext Mark-Up Language“: Auf TCP/IP, HTTP und WWW basierende Programmiersprache.

88 *Kube*, in: Isensee/Kirchhof (Hrsg.), HdStR, Bd. IV, § 91 Rn. 4.

gebote bezeichnet werden können.[89] Dazu zählen Funktionen wie das Verschicken von E-Mails genauso wie Internetpräsenzen (zum Beispiel *Google*) und viele weitere Applikationen. Bei dem Begriff der *Social (Media) Software*[90] handelt es sich um einen Oberbegriff für Internetangebote des *Web 2.0*[91] beziehungsweise in diese Angebote integrierte Applikationen (zum Beispiel die Käuferbewertung bei *eBay*). Sie erzeugen einen sogenannten *User Generated Content*[92] und können deshalb auch als „partizipatives Netz"[93] bezeichnet werden.[94] Insbesondere die „Wiki"-Plattformen, zum Beispiel die Online-Enzyklopedie *Wikipedia*, sind auf die Beteiligung ihrer Nutzer angewiesen. Der Begriff des „Web 2.0" wurde ursprünglich vom US-amerikanischen Autor und Blogger[95] *Tim O'Reilly* als Marketingschlagwort lanciert; er beschreibt keine technische Fortentwicklung gegenüber einem wie auch immer gearteten „Web 1.0", sondern ein gewandeltes Verständnis von Internet und Internetnutzung, das diesen „Mitmachcharakter" aufgreift.[96] Typische Social-Software-Funktionen[97] sind beispielsweise die Möglichkeit, Nachrichten zu verschicken, ein Profil und Kontakte anzulegen und zu pflegen etc. Viele der Funktionen erleichtern die Kommunikation

---

89 *von Hinden*, Persönlichkeitsverletzungen, S. 6 f.; *Kube*, in: Isensee/Kirchhof (Hrsg.), HdStR, Bd. IV, § 91 Rn. 3 f.; *Koreng*, Zensur, S. 46.

90 Hierzu *Blumauer/Pellegrini*, in: Blumauer/Pellegrini (Hrsg.), Social Semantic Web, S. 3 (7 ff.; 12 ff.); *Raabe*, in: Blumauer/Pellegrini (Hrsg.), Social Semantic Web, S. 44 (44 ff.); *Stegbauer/Jäckel*, in: Stegbauer/Jäckel (Hrsg.), Social Software, S. 7 (7 ff.).

91 Hierzu *Blumauer/Pellegrini*, in: Blumauer/Pellegrini (Hrsg.), Social Semantic Web, S. 3 (7 ff.; 12 ff.); *Bettel*, in: Blumauer/Pellegrini (Hrsg.), Social Semantic Web, S. 23 (23 ff.); *Stocker/Tochtermann*, in: Blumauer/Pellegrini (Hrsg.), Social Semantic Web, S. 63 (63 ff.); *Fierdag*, in: Götting/Lauber-Rönsberg (Hrsg.), Entwicklungen, S. 51 (52 f.).

92 „User Generated Content" (kurz: „UGC"; auch: „User Driven Content"): Inhalte von Internetdiensten, die nicht vom Anbieter des Dienstes, sondern größtenteils von dessen Nutzern erzeugt werden (*Wikipedia*, Stichwort „User-generated Content", zuletzt abgerufen am 11. Oktober 2010, abrufbar unter: http://de.wikipedia.org/wiki/User-Generated-Content).

93 *Koreng*, Zensur, S. 32 f.

94 Zum UGC: *Blumauer/Pellegrini*, in: Blumauer/Pellegrini (Hrsg.), Social Semantic Web, S. 3 (13 f.); vgl. *Schröder*, VerwArch 2010, S. 205 (205 f.).

95 „Blog": Abkürzung des engl. Begriffes „Weblog"; wortkreuzender Neologismus der Wörter „World Wide Web" und „Log" (für Logbuch), der ein öffentlich im Internet geführtes Tagebuch oder Journal beschreibt (*Wikipedia*, Stichwort „Blog", zuletzt abgerufen am 11. Oktober 2010, abrufbar unter: http://de.wikipedia.org/wiki/Blog).

96 *Fierdag*, in: Götting/Lauber-Rönsberg (Hrsg.), Entwicklungen, S. 51 (52); siehe auch *Koreng*, Zensur, S. 47.

97 Hierzu: *Stegbauer/Jäckel*, in: Stegbauer/Jäckel (Hrsg.), Social Software, S. 7 (7).

des Nutzers: Bei *Twitter*, einem Kurznachrichtendienst, zum Beispiel mit der Öffentlichkeit; bei *Facebook*, einem sozialen Netzwerk, mit einem Kreis ausgewählter Leute (Freunde, Bekannte, Kollegen etc.). Nutzer von Web 2.0-Applikationen sind eng in die Angebote involviert. Die Angebote definieren sich letztlich darüber, dass es ihr Haupt- oder Nebenbestandteil ist, die Nutzer aktiv am Angebot selbst zu beteiligen. Je nach Charakter der Angebote sind die Äußerungen dabei mal mehr, mal weniger stark auf andere natürliche Personen ausgerichtet. Dritte werden jedenfalls willentlich oder unwillentlich, wissentlich oder unwissentlich in die Angebote eingebunden. Für Social-Software-Funktionen ist es geradezu bezeichnend, dass Personen miteinander interagieren und konfligieren.[98] Dabei wird in rechtlicher Hinsicht in gleichem Maße von Kommunikationsfreiheiten Gebrauch gemacht, wie auf der anderen Seite Persönlichkeitsinteressen betroffen sein können.

Je nach Grad der Partizipationsbereitschaft der Beteiligten sind jedoch große Unterschiede bei Web 2.0-Angeboten feststellbar. So beteiligen sich die angemeldeten Nutzer sozialer Netzwerke in der Regel freiwillig am Kommunikationsprozess und sind zumindest grundsätzlich damit einverstanden, dass auch über sie gesprochen wird, selbst wenn im Einzelfall eine Äußerung als zu weit gehend empfunden werden kann. Demgegenüber zeichnen sich *Bewertungsplattformen* regelmäßig dadurch aus, dass es von den Betroffenen gerade nicht erwünscht ist, Gegenstand der Erörterung zu sein; hier wird also jede Äußerung – zumindest dem subjektiven Empfinden nach – als persönlichkeitsrechtsverletzend erachtet. Dementsprechend lassen sich Abstufungen bei den Angeboten des Web 2.0 feststellen: Von Diensten wie Bewertungsplattformen, in denen eine Verletzung von Persönlichkeitsinteressen am leichtesten ausfindig gemacht werden kann, da hier die Fronten am ehesten „unversöhnlich“ und „verhärtet“ sind, hin zu Diensten, die stark vom freiwilligen Engagement aller Beteiligter geprägt sind, denn dort wird regelmäßig bereitwillig akzeptiert, dass die eigene Persönlichkeit zumindest teilweise zum Gegenstand der Erörterung gemacht wird. Deshalb eignen sich die Bewertungsportale besonders gut dazu, um als Beispiel für die hier zugrundeliegende Kollision zu dienen, denn hier werden die Positionen nicht dadurch unscharf, dass der Inhaber auf eine Geltendmachung seiner Rechte konkludent verzichtet.

98 In der „Reinform“ in den sozialen Netzwerken (auch: „Social Networks“), wie z.B. *„Facebook“* oder *„StudiVZ“*; allgemein beim sog. „Instant Messaging“; hierzu: *Tipp*, in: Stegbauer/Jäckel (Hrsg.), Social Software, S. 175 (175 ff.).

1.1.4 Bewertungsportale und -funktionen als induktives Beispiel des Web 2.0

Bewertungsforen und in andere Internetangebote eingebettete Bewertungsapplikationen stellen eine der vielfältigen Erscheinungsformen des Web 2.0 dar.[99] Neben den typischen Social-Software-Funktionen, wie zum Beispiel Instant Messaging, steht vor allem die *Bewertung von natürlichen Personen* in ihrer Eigenschaft als Nachbar[100], Professor[101], Lehrer[102] oder auch lediglich als natürliche Person, unabhängig von einer spezifischen Fähigkeit[103], im Vordergrund.[104] Seit geraumer Zeit nimmt die Anzahl an Bewertungsplattformen rapide zu und erfreut sich in den unterschiedlichsten Lebensbereichen großer Beliebtheit.[105] Dabei lassen sich drei Arten von Bewertungsfunktionen unterscheiden:[106] Bewertungsfunktionen, die nur auf persönliche Attribute ausgerichtet sind, solche, die kommerzielle Leistungen in den Vordergrund stellen und auf die Vertrauenswürdigkeit der Person als Vertragspartner abzielen (zum Beispiel bei *eBay*) und solche, die nicht kommerzielle Leistungen betreffen (zum Beispiel Lehrer- und Professorenbewertungen). In die letztgenannte Kategorie fallen die Bewertungen im prominenten Fall des Portals *Spickmich*, die bereits Gegenstand von Gerichtsverfahren waren.[107]

1.2 Kollidierende Grundrechte – das Umfeld aus rechtlicher Sicht

Das Internet gilt als das am schwersten zu kontrollierende Medium überhaupt. Selbst bedenklichen Aktivitäten, zum Beispiel terroristischer Natur, ist nur schwer Einhalt zu gebieten. Doch nicht nur bei der Durchsetzung des staatlichen Strafverfolgungsanspruchs wird deutlich, dass der Staat nicht die zentrale Rolle in dem Medium spielt. Das Internet gewährt nahezu unbeschränkte Freiheit, die

---

99 *Schröder*, VerwArch 2010, S. 205 (205 f.).

100 *„Rottenneigbor"* (www.rottenneigbor.com).

101 *„MeinProf"* (www.meinprof.de); *„RateMyProf"* (www.ratemyprofessors.com).

102 *„Spickmich"* (www.spickmich.de).

103 *„Don't date him, Girl"* (www.dontdatehimgirl.com); *„Hot or not?"* (www.hotornot.oom).

104 *Schröder*, VerwArch 2010, S. 205 (205 f.).

105 *Greve/Schärdel*, MMR 2008, S. 644 (644 f.) m.w.N. zu anderen Bewertungsfunktionen.

106 Nach Anm. von *Heller* zu OLG Köln, ZUM 2008, S. 238 (245).

107 LG Köln, ZUM-RD 2009, S. 205 (205 ff.); OLG Köln, ZUM 2008, S. 869 (869 ff.); BGH, ZUM 2009, S. 753 (753 ff.); s.a. *Heller* in seiner Anm. zu OLG Köln, ZUM 2008, S. 238 (245).

– hauptsächlich von Privaten – dazu genutzt wird, sich zu entfalten. Diese Entfaltung kann sich beispielsweise geschäftlich äußern. Da die Kollision von Persönlichkeits- und Kommunikationsinteressen in beinahe jedem Prozess des Mediums relevant wird, ist das Verhältnis der hinter den Interessen stehenden Grundrechte für das Verhältnis von Privaten untereinander von ausschlaggebender Bedeutung.

1.2.1 Interessenkollision und Abwägungsnotwendigkeit

Tatsächlicher Austragungsort des hier untersuchten Konflikts ist das Internet; rechtlich geht es um die Kollision von Art. 5 I 1 GG und den Art. 2 I, 1 I GG. Die über das Internet verbreitete Äußerung ist die Ursache für das kollidierende Zusammentreffen mit dem Integritätsinteresse eines anderen Grundrechtsträgers an seiner Person, Art. 2 I, 1 I GG. Damit ist sie zugleich der Verknüpfungsmoment für die gegenläufigen Interessen – und ihr Inhalt kann den Schutz der Meinungsfreiheit nach Art. 5 I 1 GG genießen. Dadurch ist auch die Kollisionsrichtung vorgezeichnet, denn unter Privaten muss sich nicht eigens auf das Recht, seine Meinung frei äußern zu dürfen, berufen werden – es stellt sich die Frage nach den Grenzen des Schutzes vor vermeintlich inakzeptablen Äußerungen.[108] Der Meinungsfreiheit kommt insofern eine Art „Rechtfertigungsfunktion" gegen persönlichkeitsrechtsbasierte Ansprüche zu. Die Abwägungsnotwendigkeit resultiert aus einer grundsätzlichen Gleichwertigkeit der Rechtspositionen und Gleichordnung der Rechtssubjekte.

Grundrechte in ihrer klassischen Funktion als Abwehrrechte sind auf das hierarchisch geprägte Gefälle von Staat zu Bürger ausgerichtet und können im Verhältnis Bürger zu Bürger nur im Rahmen ihrer objektiv-rechtlichen Dimension aktiviert werden.[109] Insbesondere auf einer Ebene der prinzipiellen Gleichordnung kann es deshalb zur Notwendigkeit einer Abwägung kommen. Der Schwerpunkt der Interessenkollision und Abwägung liegt deshalb in der Privatrechtsordnung.[110] So geschehen auch bei den *Spickmich*-Urteilen: Sowohl im Ausgangsverfahren des einstweiligen Rechtsschutzes[111] als auch im späteren

108 *Ipsen*, Staatsrecht, Bd. II, § 10 Rn. 424.

109 Zur Funktion der Grundrechte als Abwehrrechte gegen den Staat, siehe stellv. BVerfGE 50 („Mitbestimmung"), S. 290 (337), sowie aus der Lit. *Ipsen*, Staatsrecht, Bd. II, § 2 Rn. 91 ff.; *Schlink*, EuGRZ 1984, S. 457 (458 f.); *Stern*, Staatsrecht, Bd. III/1, § 66 S. 620 ff.

110 Mehr dazu unter Pkt. 1.3; siehe *Lenski*, Massenkommunikation, S. 177.

111 LG Köln, ZUM 2008, S. 73 (74); OLG Köln, ZUM 2008, S. 238 (238 ff.).

Hauptsacheverfahren[112] wurde ein persönlichkeitsrechtsbasierter Unterlassungsanspruch gemäß den §§ 823, 1004 BGB analog verfolgt, der letztendlich an der Ausstrahlwirkung der Meinungsfreiheit in den Abwägungsprozess scheiterte, die die Äußerungen in der Einzelfallsituation „rechtfertigte".

1.2.2 Schutzfunktion und mittelbare Drittwirkung

Grundrechte setzen sich aus subjektiven Rechten und objektiven Grundprinzipien zusammen.[113] Die objektiv-rechtliche Funktion ist eine Fortentwicklung der verfassungsrechtlichen Garantien als „Freiheiten vom Staat" hin zu einem Verständnis, das den vielfältigen sozialen Beziehungen eines modernen Rechtsstaates eher gerecht wird.[114] Die klassischen Grundrechtsfunktionen werden nicht ersetzt.[115] Stattdessen werden die Grundrechte befähigt, auch jenseits einer unmittelbar vom Staat ausgehenden Bedrohung ihren Schutz aufrecht zu erhalten. Die deutsche Verfassungsgerichtsbarkeit ist diesen Schritt (spätestens) in seinem *„Lüth"*-Urteil gegangen und hat die objektiv-rechtlichen Grundrechtsfunktionen seitdem weiter konturiert.[116] Resultat ist eine weitreichende verfassungsrechtliche Durchdringung der deutschen Rechtsordnung, die das soziale Beziehungsgeflecht in der Informationsgesellschaft umfassend abdeckt.[117]

Für die grundrechtliche Beurteilung von Internetsachverhalten ist vor allem die *Schutzfunktion* der Grundrechte wichtig.[118] Bereits die Legislative ist bei der Gestaltung des einfachen Rechts, also vor der eigentlichen Rechtsanwendung, dazu angehalten, einen wirksamen einfachgesetzlichen Schutzstandard für die Grundrechte zu schaffen.[119] Allerdings ist im Vorfeld schwer einzuschätzen, wann der einfachgesetzliche Schutz ausreichend ist und wann nicht. Für die

---

112 LG Köln, ZUM-RD 2009, S. 205 (206); OLG Köln, ZUM 2008, S. 869 (870 ff.); BGH, ZUM 2009, S. 753 (754 f.).

113 *Hesse*, in: Benda/Maihofer/Vogel (Hrsg.), HdVBRD, § 5 Rn. 13 f.

114 *Pieroth/Schlink*, Staatsrecht, Bd. II, § 4 Rn. 91 ff.

115 BVerfGE 50, S. 290 (337); *Schlink*, EuGRZ 1984, S. 457 (457 ff.).

116 BVerfGE 7 („Lüth"), S. 198 (204 ff.); 42, S. 143 (148); 49, S. 220 (228 ff., 240); 60, S. 234 (241 f.); 73, S. 261 (269); 81, S. 40 (52); 93, S. 352 (361).

117 *Hoffmann-Riem*, AöR 128 (2003), S. 173 (190).

118 Zur Schutzfunktion der Grundrechte siehe BVerfGE 39, S. 1 (42 ff.); 81, S. 242 (256); 97, S. 169 (175 f.); *Rufner*, in: Isensee/Kirchhof (Hrsg.), HdStR, Bd. V, § 117 S. 143 ff. Speziell zur Schutzfunktion der Kommunikationsfreiheiten siehe *Hillgruber/Schemmer*, JZ 1992, S. 946 (947 ff.); *Scholz/Konrad*, AöR 123 (1998), S. 60 (70 f.).

119 Stellv. *Götting*, in: Götting/Schertz/Seitz (Hrsg.), HdPR, § 3 Rn. 4 und 6 m.w.N.; im Strafrecht wird die Schutzfunktion z.B. durch die §§ 185 ff. StGB umgesetzt; das BVerfG spricht in BVerfGE 88 („Abtreibungsentscheidung II"), S. 203 (254) in Bezug auf die Minimalanforderungen an das Schutzniveau von einem „Untermaßverbot".

Rechtsanwendung ist das Gebot der grundrechtskonformen Auslegung entscheidend, wonach das einfache Recht stets im Lichte der Grundrechte zu konturieren ist, da diese eine *Ausstrahlwirkung* auf das einfache Recht ausüben.[120] Die wertausfüllungsbedürftigen, das heißt auslegungsfähigen Tatbestände der Rechtsordnung, sind grundrechtskonform auszulegen, was insbesondere Generalklauseln, unbestimmte Rechtsbegriffe und ähnliche sogenannte *Einbruchstellen* betrifft.[121] Dabei ist ein effektiver Schutz gerade für die Meinungsäußerung und -verbreitung von entscheidender Bedeutung; als zentrale Grundelemente menschlicher Verhaltensweise müssen diese nicht eigens erlaubt sein.[122] Über die Schutzfunktion wird sicher gestellt, dass zu beurteilende Sachverhalte nicht einseitig zulasten der Meinungsfreiheit ausgelegt, sondern die betroffenen Rechtspositionen zu einem möglichst schonenden Ausgleich gebracht werden. Die Nichtbeachtung der für den Schutzbereich des Art. 5 I 1 GG relevanten Tatsachen, die falsche Bestimmung des Schutzbereiches oder die Verkennung der Gewichtung der Meinungsfreiheit im Abwägungsprozess führen zu einem Grundrechtsverstoß, der auch im Rahmen einer Verfassungsbeschwerde nach Art. 93 I Nr. 4a i.V.m. den §§ 13 Nr. 8a, 90 ff. BVerfGG überprüft werden kann.[123]

Das im öffentlichen Recht dominierende Zweipersonenverhältnis Bürger-Staat wird durch die *mittelbare Drittwirkung* zu einem Dreiecksverhältnis Bürger-Bürger-Staat: Zwei Grundrechtsträger mit konfligierenden Interessen und der grundrechtsverpflichtete, aber „unschuldige" Staat als Wächter. Beide Konstellationen sind auf ihre Weise grundrechtsgeprägt. Die Frage der Drittwirkung hängt mit der Ausstrahlwirkung und der Schutzpflicht zusammen, kann aber nicht mit ihnen gleichgesetzt werden. Bei der Drittwirkung geht es darum, ob Grundrechte unter Privatrechtssubjekten überhaupt Geltung entfalten können und wenn ja, in welchem Umfang und in welcher Form. Dabei erteilt bereits der Wortlaut des Art. 1 III GG einer unmittelbaren Drittwirkung eine klare Absage, da als explizit Grundrechtsverpflichteter nur die öffentliche Gewalt infrage kommt. Eine unmittelbare Drittwirkung unter Privatrechtssubjekten würde sogar zu einer Verkürzung des Grundrechtsschutzes führen und den Sinn und Zweck

---

120 So bereits BVerfGE 7, S. 198 (205, 207 f.).

121 Stellv. BVerfGE 7, S. 198 (206) sowie *Hoffmann-Riem*, AöR 128 (2003), S. 173 (190); *Pieroth/Schlink*, Staatsrecht, Bd. II, § 4 Rn. 101 ff.

122 *Ipsen*, Staatsrecht, Bd. II, § 10 Rn. 424.

123 BVerfGE 18, S. 85 (92 f.); 82, S. 43 (50 ff.); 82, S. 272 (280 ff.); 95, S. 28 (37); 97, S. 391 (401); 101, S. 361 (388); vgl. BVerfGE 39, S. 1 (1 und insbes. 41 ff.); 88, S. 203 (254); siehe für die Lit.: *Schulze-Fielitz*, in: Dreier (Hrsg.), GG, Art. 5 I, II Rn. 277; *Götting*, in: Götting/Schertz/Seitz (Hrsg.), HdPR, § 3 Rn. 6; vgl. *Lenski*, Massenkommunikation, S. 196.

der Verbürgungen konterkarieren.[124] Denn wenn sich jeder gegenüber jedem auf die volle Wirkung seiner Grundrechte berufen könnte, würden sich die Schutzbereiche gegenseitig entwerten – Grundrechtsberechtigte würden zu Grundrechtsverpflichteten. Allerdings sind die Grundrechte auch im Verhältnis der Bürger untereinander nicht völlig bedeutungslos. Da die gesamte Rechtsordnung durch die verfassungsrechtlichen Vorgaben durchdrungen wird, wird der Staat als originär Verpflichteter in die Beziehungen und Konflikte der Grundrechtsträger untereinander eingebunden und hat dafür zu sorgen, dass die Rechte in deren Verhältnis zu bestmöglicher Geltung kommen. Durch das einfache Recht wirken sie deshalb *mittelbar* zwischen den Bürgern; die Bindung des Staates ergibt sich hingegen *unmittelbar* aus Art. 1 III GG. Der öffentlichen Gewalt, genauer gesagt der Judikative, kommt die Rolle des „Moderators" zwischen den entgegenstehenden Interessen zu. Der Staat mit seiner Schutzverpflichtung „wacht" über die mittelbar grundrechtsgeprägte Beziehung zwischen den Bürgern und muss ggf. einen möglichst schonenden Ausgleich der gegenläufigen Interessen herbeiführen.[125]

1.2.3 Zusammenfassende Darstellung am Beispiel *Spickmich*

Die objektiv-rechtliche Dimension der Grundrechte spielt für Kollisionen nach Muster der vorliegenden Untersuchung, zum Beispiel im Falle des Portals *Spickmich*[126], eine bedeutende Rolle. Sowohl allgemeines Persönlichkeitsrecht als auch Meinungsfreiheit kollidieren dort in der Regel innerhalb einer Einbruchstelle des einfachen Rechts. Bei den *Spickmich*-Fällen war ein auf die §§ 823, 1004 BGB analog gestützter Unterlassungsanspruch Gegenstand des Verfahrens. Das allgemeine Persönlichkeitsrecht findet als „sonstiges Recht" Niederschlag in § 823 I BGB und kollidiert mit der Freiheit auf Meinungsäußerung nach Art. 5 I 1 GG, so dass „tatrichterlich eine Abwägung zwischen den beiderseitigen Grundrechtspositionen im Rahmen der Tatbestandsmerkmale der einschlägigen zivilrechtlichen Normen vorzunehmen"[127] ist. Darüber hinaus wird im Rahmen von § 823 II BGB auf das Bundesdatenschutzgesetz als Schutzgesetz rekurriert – und der in § 29 I Nr. 1 BDSG enthaltene, „wertausfül-

124 *Pieroth/Schlink*, Staatsrecht, Bd. II, § 5 Rn. 191 (Rn. 189 ff. mit weiteren Argumenten).

125 *Hesse*, Verfassungsrecht, Rn. 317 ff.; *Hoffmann-Riem*, AöR 128 (2003), S. 173 (191).

126 LG Köln, ZUM-RD 2009, S. 205 (208); OLG Köln, ZUM 2008, S. 869 (872); BGH, ZUM 2009, S. 753 (757 f.).

127 LG Köln, ZUM-RD 2009, S. 205 (208); siehe auch BGHZ 13, S. 334 (337 ff.); 24, S. 72 (77).

lungsbedürftige Begriff des ‚schutzwürdigen Interesses' verlangt eine Abwägung des Interesses des Betroffenen an dem Schutz seiner Daten und des Stellenwerts, den die Offenlegung und Verwendung der Daten für ihn hat, mit den Interessen der Nutzer, für deren Zwecke die Speicherung erfolgt, unter Berücksichtigung der objektiven Wertordnung der Grundrechte."[128]

1.3 Kollisionsfelder im deutschen Recht

Für das Ausstrahlen der Grundrechte sind vor allem Wortlaut und Normzusammenhang der wertausfüllungsbedürftigen Begriffe entscheidend. Deshalb geben die Kollisionsfelder in der Rechtsordnung Aufschluss darüber, welche Faktoren die Abwägung bestimmen (zum Beispiel das strafrechtlich geschützte Rechtsgut (beispielsweise die Ehre) beziehungsweise das ausfüllungsbedürftige Tatbestandsmerkmal eines zivilrechtlichen Anspruchs).[129]

1.3.1 Interessenausgleich durch Sanktionierung von Verhaltensweisen

Die Auswirkungen ehrenrühriger Äußerungen, die ins Internet gestellt werden, beschränken sich nicht nur auf die „virtuelle Umwelt", sondern setzen sich in der Realität fort.[130] Wenn der sich in ihrem Persönlichkeitsrecht verletzt fühlenden Person an einer Sanktionierung des Äußerungsverhaltens gelegen ist, können straf- oder ordnungsrechtliche Anwendungsbereiche betroffen sein.[131]

1.3.1.1 Strafrecht

Für eine Verletzung von Persönlichkeitsinteressen sind insbesondere die Delikte aus dem 14. und (teilweise) 15. Abschnitt des Strafgesetzbuches relevant.[132] Dass überhaupt nur bestimmte Ausprägungen des allgemeinen Persönlichkeitsrechtes geschützt sind, gibt bereits Auskunft über die Gewichtung des einfachgesetzlichen Schutzes der Art. 2 I, 1 I GG durch das Strafgesetzbuch und ermög-

---

128 BGH, ZUM 2009, S. 753 (756 f.), der an dieser Stelle auch Unklarheiten der Vorinstanzen zum Verhältnis der §§ 28, 29 BDSG zueinander ausräumt.

129 Eine inhaltlich abschließende Darstellung kann an dieser Stelle nicht erfolgen.

130 *Gounalakis/Rhode*, Persönlichkeitsschutz, Rn. 99.

131 Zu den Sanktionsfolgen siehe stellv. *Heuchemer*, in: Götting/Schertz/Seitz (Hrsg.), HdPR, § 24 Rn. 9 ff.; hierbei ist insbes. die Bedeutung als „Vehikel zur zivilrechtlichen Rechtsdurchsetzung" hervorzuheben (z.B. im Rahmen von § 823 II BGB, s.o.): Heuchemer (a.a.O.), Rn. 15.

132 *Lenski*, Massenkommunikation, S. 194; aus dem 15. Abschnitt insbes. § 201a StGB.

licht eine Abwägung mit der Meinungsfreiheit nur in Zusammenhang mit der konkret geschützten Einzelverbürgung.[133] Schutzgut der §§ 185 ff. StGB ist die persönliche Ehre.[134] Die §§ 186, 187 StGB stellen spezielle Tatbestände für das Behaupten oder Verbreiten ehrenrühriger Tatsachen dar.[135] § 193 StGB enthält den wertausfüllungsbedürftigen Begriff der „Wahrnehmung berechtigter Interessen" und damit eine Einbruchstelle für die Berücksichtigung der Meinungsfreiheit.[136] § 193 StGB ermöglicht zum Beispiel das Entgegenstellen eines Standpunktes, dessen Wahrheitsgehalt akzeptiert werden muss. Wird eine Person beispielsweise pauschal mit einem ehrabschneidenden Inhalt in Verbindung gebracht und damit selbst in seiner Ehre betroffen, zum Beispiel ein Priester mit dem durchaus weit verbreiteten Missbrauch von Schutzbefohlenen in kirchlichen Institutionen, kann in der pauschalen Konfrontation mit einem solchen Missstand die Wahrnehmung berechtigter Interessen liegen.

Der Regelungscharakter des § 193 StGB ist umstritten.[137] Überwiegend wird § 193 StGB als Rechtfertigungsgrund nach Feststellung der Tatbestandsmäßigkeit berücksichtigt und zu einer Güter- und Interessenabwägung bei öffentlichen Meinungsäußerungen genutzt, deren sachlicher Gehalt sich durch das Grundrecht des Art. 5 I GG bestimmt.[138] Der Paragraf wird bisweilen als Normierung eines Falls des erlaubten Risikos zu präzisieren versucht, das sich aus der Meinungsäußerungsfreiheit ableite.[139] Problematisch ist, dass nicht § 193 StGB, sondern die §§ 185 ff. StGB Schrankennormen im Sinne von Art. 5 II GG darstellen,[140] so dass das Ausstrahlen streng genommen auf Ebene der Tatbe-

133 *Lenski*, Massenkommunikation, S. 194; zur nachvollziehbaren Kritik dieses fragmentarischen Schutzes siehe *Heuchemer*, in: Götting/Schertz/Seitz (Hrsg.), HdPR, § 23 Rn. 31 ff.; § 24 Rn. 1 ff.

134 *Fischer*, StGB, Vor § 185 Rn. 1 ff.; *Heuchemer*, in: Götting/Schertz/Seitz (Hrsg.), HdPR, § 25 Rn. 3; *Wessels/Hettinger*, Strafrecht BT 1, § 10 Rn. 464.

135 *Gounalakis/Rhode*, Persönlichkeitsschutz, Rn. 106 f.; *Wessels/Hettinger*, Strafrecht BT 1, § 11 Rn. 489 ff.; zur Abgrenzung zwischen Tatsachenbehauptung und Werturteil: *Hilgendorf*, Strafrecht, S. 113 ff.; siehe Pkt. 3.3.

136 *Gounalakis/Rhode*, Persönlichkeitsschutz, Rn. 131.

137 Siehe für eine ausführliche Darstellung *Merz*, Ehrenschutz, S. 51 ff., 59 ff., 63 ff.

138 BGHSt 12, S. 287 (293 f.); 18, S. 182 (184 f.); BVerfGE 12, S. 113 (125 f.); 24, S. 278 (282 f.); 60, S. 234 (241 f.); *Fischer*, StGB, § 193 Rn. 1; *Geppert*, Jura 1985, S. 25 (25 ff., insbes. 27); *Tenckhoff*, JuS 1989, S. 198 (199 f.); *Wessels/Hettinger*, Strafrecht BT 1, § 11 Rn. 515.

139 *Fischer*, StGB, § 193 Rn. 1 m.w.N.; *Heuchemer*, in: Götting/Schertz/Seitz (Hrsg.), HdPR, § 25 Rn. 13; vgl. auch *Zaczyk*, FS Hirsch, 1999, S. 819 (828).

140 *Schulze-Fielitz*, in: Dreier (Hrsg.), GG, Art. 5 I, II Rn. 150; *Luch*, Medienpersönlichkeitsrecht, S. 259 m.w.N.

standsmäßigkeit verortet werden müsste.[141] Für den Gang dieser Untersuchung kann die Beantwortung dieser Frage aber dahinstehen, da sich in jedem Fall eine Abwägungsnotwendigkeit bei den §§ 185, 193 StGB eröffnet.[142]

1.3.1.2 Nebenstrafrecht und sonstige Einbruchstellen mit sanktionierendem Charakter

Normen des Nebenstrafrechts sind von strafrechtlichen Sanktionsnormen zu unterscheiden. Dabei ist problematisch, dass viele Normen des Nebenstrafrechts Bestandteile des allgemeinen Persönlichkeitsrechts reflexartig mit schützen, obwohl sie primär einen anderen Sinn und Zweck verfolgen.[143] Dies trifft besonders häufig auf das Recht auf informationelle Selbstbestimmung zu.[144] So schützen viele urheberrechtliche Normen speziell das Recht am eigenen Bild als eine Facette des Persönlichkeitsrechtes (§§ 22 f., 33 KUG, 106 ff. UrhG). Eine rechtssichere Bestimmung der Tauglichkeit als Einbruchstelle ist bisweilen schwierig, da das primäre Ziel des Urheberrechts der Schutz des (geistigen) Eigentums ist.[145] Nebenstraf- und ordnungsrechtliche Normen sind deshalb vor allem wegen ihrer Bedeutung als Vehikel für eine zivilrechtliche Rechtsdurchsetzung, zum Beispiel im Rahmen von § 823 II BGB, beachtlich (siehe oben).

1.3.2 Interessenausgleich in Ansprüchen des Zivilrechts

Zivilrechtliche Ansprüche kommen zur Anwendung, wenn die sich in ihren Persönlichkeitsrechten verletzt fühlende Person auf die (Fremd-) Darstellung als solche einwirken will.[146]

---

141 *Merz*, Ehrenschutz, S. 52 ff., 63 ff.; *Zaczyk*, FS Hirsch, 1999, S. 819 (823 ff.); vgl. auch *Heuchemer*, in: Götting/Schertz/Seitz (Hrsg.), HdPR, § 25 Rn. 4.

142 So im Ergebnis auch *Merz*, Ehrenschutz, S. 63 ff.

143 *Heuchemer*, in: Götting/Schertz/Seitz (Hrsg.), HdPR, § 30 Rn. 10 f. (siehe insbes. Fn. 33).

144 So insbes. bei den §§ 95, 96 TKG und 43, 44 BDSG; außerdem bei den LPresseG und LMG (z.B. §§ 49 ff. LMG BW) und datenschützenden Normen aus dem Gesellschaftsrecht (z.B. §§ 17 ff. UWG, 405 AktG, 85 GmbHG, 151 f. GenG, 144 ff. GewO); mehr zum Recht auf informationelle Selbstbestimmung unter Pkt. 2.6.3.

145 Klar eignen sich die mit dem Begriff des „schutzwürdigen Interesses" ausgestatteten §§ 28 I Nr. 3, 29 II Nr. 1, 2 BDSG als Einbruchstellen.

146 Für einen umfassenden Überblick über die zivilrechtlichen Rechtsfolgen und ihre Durchsetzungsmöglichkeiten siehe Götting/Schertz/Seitz (Hrsg.), HdPR, §§ 47-57.

1.3.2.1 Unterlassungsansprüche

Dabei spielen insbesondere Ansprüche eine Rolle, die auf eine zukünftige *Unterlassung der Darstellung* gerichtet sind.[147] Der Unterlassungsanspruch wird von der Rechtsprechung aus der analogen Anwendung von § 1004 BGB i.V.m. der jeweiligen Schutznorm hergeleitet.[148] Der Anspruch umfasst alle absoluten Rechtsgüter und sonstigen Rechtspositionen im Sinne des § 823 BGB, also auch das allgemeine Persönlichkeitsrecht.[149] Zivilrechtlich handelt es sich dabei um ein *Rahmenrecht*, dessen Beeinträchtigung die Rechtswidrigkeit nicht indiziert.[150] Diese muss gesondert festgestellt werden und liegt nur dann vor, wenn sich aus einer Abwägung mit dem ausstrahlenden Recht auf freie Meinungsäußerung keine Duldungspflicht ergibt.[151]

1.3.2.2 Beseitigungs- und Berichtigungsansprüche

An das Verlangen der Unterbindung der Darstellung knüpft nicht selten das Begehren an, die Auswirkungen einer persönlichkeitsrechtsverletzenden Darstellung zu beseitigen oder zu berichtigen.[152] Der Berichtigungsanspruch wird von der Rechtsprechung als Folgenbeseitigungsanspruch aus einer Analogie zu § 1004 BGB in Verbindung mit der jeweiligen Schutznorm hergeleitet.[153] Auch er stützt sich auf das allgemeine Persönlichkeitsrecht gemäß Art. 2 I, 1 I GG.[154] Allerdings können nur unwahre Tatsachenbehauptungen einer Berichtigung zu-

---

147 Siehe LG Köln, ZUM-RD 2009, S. 205 (206); OLG Köln, ZUM 2008, S. 869 (870); BGH, ZUM 2009, S. 753 (754).

148 Stellv. für die Rspr. BGHZ 30, S. 7 (14); stellv. für die Lit. *Englert*, in: Prütting/Wegen/Weinreich (Hrsg.), BGB, § 1004 Rn. 3, 9 m.w.N.

149 *Englert*, in: Prütting/Wegen/Weinreich (Hrsg.), BGB, § 1004 Rn. 3.

150 *Brauneck*, ZUM 2004, S. 887 (892); *Lenski*, Massenkommunikation, S. 259; *Müller*, in: Götting/Schertz/Seitz (Hrsg.), HdPR, § 50, Rn. 43; siehe hierzu auch den BGH, NJW 2004, S. 762 (764); NJW 2005, S. 2770 (2770); BGHZ 169, S. 193 (196 f.).

151 Stellv. das BVerfG (zur „Caroline-Rspr." des BGH) in BVerfGE 101, S. 361 (387 ff.); *Lenski*, Massenkommunikation, S. 259; *Luch*, Medienpersönlichkeitsrecht, S. 301 f., 315 f.; da die Normen, die den Unterlassungsanspruch bilden, allgemeine, beschränkende Regelungen i.S.d. Art. 5 II GG enthalten, ist insbes. die Wechselwirkung zwischen Art. 5 I GG und dem Schrankengesetz zu beachten (siehe Pkt. 3.4).

152 Beseitigung, Nichtaufrechterhaltung, Richtigstellung, (eingeschränkter) Widerruf, Ergänzung: *Prinz/Peters*, Medienrecht, Rn. 673 m.w.N. und Rn. 688 ff.; *Kamps*, in: Götting/Schertz/Seitz (Hrsg.), HdPR, § 49 Rn. 3. ebenfalls m.w.N.

153 Stellv.: BGH, NJW 1989, S. 774 (774); NJW 1999, S. 2736 (2736 f.); BGHZ 128, S. 1 (6 f.).

154 *Kamps*, in: Götting/Schertz/Seitz (Hrsg.), HdPR, § 49 Rn. 1.

geführt werden.[155] Werturteile scheiden tatbestandlich aus, so dass eine Abwägung mit dem Grundrecht aus Art. 5 I 1 GG nicht stattfindet.

1.3.2.3 Gegendarstellungsansprüche

Eine Sonderstellung nehmen die Gegendarstellungsansprüche ein. Sie sind ebenfalls auf die Beseitigung immaterieller Auswirkungen gerichtet, aber überwiegend in presserechtlichen Spezialgesetzen der Länder normiert und in ihrem Anwendungs- und Bedeutungsgehalt beschränkt.[156] Trotz ihrer originär öffentlich-rechtlichen Herkunft sind die Ansprüche sowohl materiell- als auch prozessrechtlich[157] dem Zivilrecht zuzuordnen.[158] Der Gegendarstellungsanspruch gibt dem Betroffenen das Recht, sich im gleichen Medium, mit dem gleichen Aufmerksamkeitsgrad, eigenständig zu Wort zu melden.[159] Allerdings sind hier nur Tatsachenbehauptungen angesprochen,[160] so dass sich die Notwendigkeit einer Abwägung mit Art. 5 I 1 GG grundsätzlich nicht eröffnet.[161]

1.3.2.4 Ansprüche auf Schadensersatz und Entschädigung

Besteht ein Verlangen nach einer materiellen Kompensation der Auswirkungen der Darstellung, sind Schadensersatz- und Entschädigungsansprüche die Folge.

---

155 *Prinz/Peters*, Medienrecht, Rn. 675 f. m.w.N.

156 Insgesamt existieren ca. 50 Spezialregelungen, etwa die §§ 10, 11 LPresseG oder LMG der Länder (z.B. die §§ 11 LPresseG BW / HH / NRW oder § 10 LMG Saarland); für „Telemedien" wie das Internet sei auf § 56 RStV hingewiesen, der eine Spezialnorm für Äußerungen im Internet darstellt. BVerfGE 73, S. 118 (201) sieht den Gegendarstellungsanspruch unabhängig von den bestehenden Regelungen als verfassungsrechtlich geboten an.

157 Dies schon mittels Sonderzuweisung, wie z.B. in den §§ 11 IV LPresseG BW / HH / NRW oder § 10 IV LMG Saarland: *Löffler/Ricker*, S. 164 Rn. 9.

158 Heute h.M. (schon kraft ausdrücklicher Regelung in den Landespressegesetzen): *Löffler/Ricker*, S. 161 ff. Rn. 1 ff. (insbes. die Rn. 3, 9) m.w.N.

159 Rechtsgedanke des „audiatur et alterna pars": *Barton*, AfP 1995, S. 452 (457); *Seitz*, in: Götting/Schertz/Seitz (Hrsg.), HdPR, § 48 Rn. 2.

160 Siehe insbes. § 56 RStV; *Barton*, AfP 1995, S. 452 (457); *Luch*, Medienpersönlichkeitsrecht, S. 326 m.w.N.

161 Demgegenüber kann der Schutzbereich einer den kommunikativen Rahmen schützenden Form des Art. 5 I 2 GG grundsätzlich eröffnet sein. Dies hängt damit zusammen, dass an die Einbindung der Gegendarstellung gewisse Anforderungen gestellt werden, die der Mediumsträger bei der Ausfüllung seiner redaktionellen Freiheit beachten muss; siehe hierzu *Barton*, AfP 1995, S. 452 (457 f.); *Luch*, Medienpersönlichkeitsrecht, S. 327 f., sowie das BVerfG in seinen „Caroline-Entscheidungen": BVerfGE 97, S. 125 (125 ff.); 101, S. 361 (361 ff.).

Diese ergeben sich vor allem aus den §§ 823 I, 823 II (in Verbindung mit einer Schutznorm, siehe oben), 824 und 826 BGB.[162] Das Tatbestandsmerkmal der Rechtswidrigkeit muss unter Berücksichtigung einer verhältnismäßigen Interessenabwägung objektiv festgestellt werden.

1.3.3 Zusammenfassende Darstellung anhand von Beispielen des Web 2.0

Bei den Urteilen zum Bewertungsportal *Spickmich* konnten Delikte des Strafgesetzbuches nicht festgestellt werden.[163] Wohl auch deswegen, weil der enge Spielraum, in dem sich die Bewertenden gerade wegen der vorgegebenen Bewertungskriterien zu bewegen hatten, Beleidigungen kaum zuließ.[164] Als Schutzgesetz wurde jedoch unter anderem auf § 28 I Nr. 3 BDSG beziehungsweise § 29 II Nr. 1, 2 BDSG rekurriert, so dass deren Einbruchstellen „mitgerissen" wurden und im Rahmen der zivilrechtlichen Norm des § 823 II BGB zu einer Interessenabwägung führten.[165] Im Kern wurde im Rahmen eines Unterlassungsanspruchs auf die §§ 823, 1004 BGB in analoger Anwendung zurückgegriffen (siehe oben).[166]

1.4 Anwendbares Recht

Das Internet macht die Welt zu einem „globalen Dorf" (siehe oben). Da eine Abwägung in der Regel in der einfachen Rechtsordnung angesiedelt ist (siehe oben), muss deutsches Recht bei einer grenzüberschreitenden Internetnutzung schließlich überhaupt anwendbar sein, um zu Abwägung und Auflösung zu gelangen.

---

162 Der Anspruch auf Entschädigung in Geld wird vom BGH ebenfalls in Analogie zu § 823 BGB i.V.m. den Art. 2 I, 1 I GG hergeleitet, BGH, NJW 1995, S. 861 (864 f.); NJW 1996, S. 984 (985 ff.): *Barton*, AfP 1995, S. 452 (456); *Luch*, Medienpersönlichkeitsrecht, S. 303, 311 f.

163 LG Köln, ZUM-RD 2009, S. 205 (208, 210); OLG Köln, ZUM 2008, S. 869 (872, 874); BGH, ZUM 2009, S. 753 (757 f.).

164 Vgl. auch *Kaiser*, NVwZ 2009, S. 1474 (1477).

165 LG Köln, ZUM-RD 2009, S. 205 (210); OLG Köln, ZUM 2008, S. 869 (874 f.); BGH, ZUM 2009, S. 753 (758).

166 LG Köln, ZUM-RD 2009, S. 205 (206); OLG Köln, ZUM 2008, S. 869 (872); BGH, ZUM 2009, S. 753 (754 f.).

1.4.1 Die Anwendbarkeit des deutschen Zivilrechts

In der Regel sind Kollision und Abwägung in der Privatrechtsordnung beheimatet (siehe oben); die Anwendbarkeit deutschen Zivilrechts als Basis dieser Abwägung ist Gegenstand des *internationalen Privatrechts* und für Internetsachverhalte geradezu charakteristisch.[167] Die Anwendbarkeit hängt vom Merkmal des *Auslandsbezuges* ab, so wie es Art. 3 I EGBGB formuliert. Dabei wird auf „die folgenden Vorschriften" verwiesen, was nicht bedeuten soll, dass sich die Kollisionsnormen des internationalen Privatrechts ausschließlich in den Art. 3 ff. EGBGB wiederfänden.[168] Der Auslandsbezug ergibt sich demnach aus dem Anknüpfungsgrund der jeweiligen Kollisionsnorm(en).[169] Persönlichkeitsrechtsverletzungen unterfallen dem *Deliktsstatut*, so dass die Art. 40-42, insbesondere Art. 40 I EGBGB, als Kollisionsnormen einschlägig sind.[170]

Mit Beginn der Schaffung[171] eines einheitlichen Kollisionsrechts für die Europäische Union, vor allem durch die sogenannten „Rom-Verordnungen" (*Rom I*[172] für die vertraglichen, *Rom II*[173] für die außervertraglichen Schuldverhältnis-

---

167 *Gounalakis/Rhode*, Persönlichkeitsschutz, Rn. 7; *Junker*, in: MüKo (Hrsg.: Rebmann u.a.), EGBGB, Art. 40 Rn. 160.

168 *Sonnenberger*, in: MüKo (Hrsg.: Rebmann u.a.), EGBGB, Art. 3 Rn. 2.

169 *Gounalakis/Rhode*, Persönlichkeitsschutz, Rn. 8.

170 *Sonnenberger*, in: MüKo (Hrsg.: Rebmann u.a.), EGBGB, Art. 40 Rn. 160, 204; *Gounalakis/Rhode*, Persönlichkeitsschutz, Rn. 9; vgl. auch *von Hinden*, Persönlichkeitsverletzungen, S. 39 ff.; dies umfasst auch „atypische" Ansprüche, wie bspw. Unterlassens-, Widerrufs- oder Beseitigungsansprüche; vgl. dazu BGHZ 131 („Caroline"), S. 332 (335 f.). Außerdem sind Gegendarstellungsansprüche als „medienprivatrechtliche Ansprüche eigener Art" (s.o.) als deliktisch i.S.d. Deliktsstatutes einzustufen. Dies ist aus Gründen der Rechtssicherheit geboten, da andernfalls ein einheitlicher Rechtsbereich auseinanderfallen würde und Abgrenzungsprobleme entstünden (z.B. zu Widerrufsansprüchen): *Spickhoff*, in: Bamberger/Roth (Hrsg.), EGBGB, Art. 40 Rn. 35; *Heldrich*, in: von Caemmerer (Hrsg.), Vorschläge, S. 361 (373); *Helle*, in: Hoeren/Sieber (Hrsg.), HdMMR, Teil 8.1 Rn. 229; *Looschelders*, ZVglRWiss 95 (1996), S. 48 (80); a.A. *Sonnenberger*, FS Henrich, 2000, S. 575 (587 f.); *Lüderitz*, in: Soergel (Hrsg.), EGBGB, Art. 38 Rn. 22 m.w.N. in Fn. 14; wohl auch: *Kropholler*, IPR, S. 541 und BGH, NJW 1996, S. 1128 (1128), 1999, S. 2893 (2894), vgl. *Seitz/Schmidt/Schoener*, Gegendarstellungsanspruch, Rn. 53 ff.

171 Zum Prozess: *Sujecki*, EWS 2009, S. 310 (311); *G. Wagner*, IPRax 2008, S. 1 (1 ff.); jeweils m.w.N.

172 Verordnung (EG) 593/2008 des Europäischen Parlamentes und des Rates vom 17. Juni 2008 über das auf vertragliche Schuldverhältnisse anzuwendende Recht („Rom I"). ABl. EU 2008 Nr. L 177, S. 6.

se), ist eigentlich der Fall einer vorrangigen europarechtlichen Regelung eingetreten.[174] Wegen ihrer Natur als Verordnungen im Sinne von Art. 249 EGV gehen die Rom-Verordnungen dem nationalen Recht der Mitgliedstaaten vor und verdrängen damit auch das Deliktsstatut des Art. 40 I EGBGB bei Verletzungen von Persönlichkeitsrechten im Internet.[175] Allerdings wurde bewusst darauf verzichtet, Persönlichkeitsverletzungen in den Anwendungsbereich der Verordnung mit einzubeziehen (Art. 1 II lit. g Rom-II-VO).[176] Solange diese Entscheidung nicht revidiert wird, sind nach wie vor die Art. 40 ff. EGBGB einschlägig.[177] Das heißt, dass es für die Fallgruppe der Persönlichkeitsrechtsverletzungen der Entscheidung nach Grundsatzanknüpfung (Art. 40 I EGBGB), Auflockerung (Art. 40 II, 41 EGBGB) und Rechtswahl (Art. 42 EGBGB) bedarf, während der sonstige Anwendungsbereich der Vorschriften nur noch gering ist.[178] Dies liegt nicht zuletzt daran, dass die Verordnung gemäß Art. 3 Rom-II-VO „loi uniforme" ist und auch dann Anwendung findet, wenn das bezeichnete Recht nicht Recht eines Mitgliedstaates der EU ist.[179]

Die Grundsatzanknüpfung des Art. 40 I 1 EGBGB statuiert eine klassische *Tatortregel* (lex loci delicti commissi) und erklärt den Begehungsort zum Anknüpfungspunkt für die Beurteilung länderübergreifender Sachverhalte. Gemäß Art. 40 I EGBGB sind dies Handlungs- und Erfolgsort. Allerdings sind Handlungen im Internet fast ausnahmslos sogenannte *Distanz-* oder *Streudelikte*, bei denen Handlungs- und Erfolgsort – unter Umständen sogar mehrfach – auseinanderfallen, was die Bestimmung des Tatortes und des anwendbaren Rechts ungemein erschwert.[180] Dies liegt vor allem daran, dass die im Netz handelnde

---

173 Verordnung (EG) 864/2007 des Europäischen Parlamentes und des Rates vom 11. Juli 2007 über das auf außervertragliche Schuldverhältnisse anzuwendende Recht („Rom II"). ABl. EU 2007 Nr. L 199, S. 40.

174 *Sujecki*, EWS 2009, S. 310 (311); *G. Wagner*, IPRax 2008, S. 1 (1 ff.).

175 *Rauscher*, IPR, § 10 Rn. 1243.

176 *von Hein*, VersR 2007, S. 440 (442, 452); *Heiss/Loacker*, JBl 2007, S. 613 (619 ff.); *von Hinden*, FS Kropholler, 2008, S. 573 (574 ff.); *Sujecki*, EWS 2009, S. 310 (312); *G. Wagner*, IPRax 2008, S. 1 (2, 10), jeweils m.w.N.; speziell zur Diskussion über die Einführung eines Sondertatbestandes für Persönlichkeitsverletzungen: *G. Wagner*, IPRax 2006, S. 372 (372 ff., insbes. 376 ff.).

177 Zur Diskussion siehe *von Hinden*, FS Kropholler, 2008, S. 573 (574 ff.); *Sujecki*, EWS 2009, S. 310 (312); *G. Wagner*, IPRax 2008, S. 1 (10).

178 *G. Wagner*, IPRax 2008, S. 1 (10); vgl. *Rauscher*, IPR, § 10 Rn. 1247 ff.

179 *Sujecki*, EWS 2009, S. 310 (312).

180 *von Hinden*, Persönlichkeitsverletzungen, S. 44 f.; *Junker*, in: MüKo (Hrsg.: Rebmann u.a.), EGBGB, Art. 40 Rn. 161, 172; *Rauscher*, IPR, § 10 Rn. 1253, 1266; *Spindler*, ZUM 1996, S. 533 (555 f.).

Person nicht zwangsläufig an nur einem Ort „greifbar" ist.[181] Unter dem Handlungsort im Internet versteht man den Ort, an dem die schädigende Handlung ausgeführt, sich also der Meinung entäußert wurde (Ort des „Einspeisens" ins Netz).[182] Der Erfolgsort ist der Ort der Rechtsgutsverletzung, das heißt der Verletzung des Persönlichkeitsrechtes; das ist wiederum der Ort der Kenntnisnahme, das heißt der Ort des „Abrufens" der die Äußerungen enthaltenden Datenpakete.[183] Beim Persönlichkeitsrecht steht kein physisch fassbares Substrat als Rechtsgut im Mittelpunkt, sondern die Beeinträchtigung eines sozialen Bezuges.[184] Der Standort des Servers als Schnittstelle zwischen den Akteuren ist also nur für den Betreiber selbst relevant, nicht jedoch für die konfligierenden Parteien.[185] Dies würde sonst dazu führen, dass sie versuchen würden, sich durch geschickte Serverwahl der Haftung zu entziehen.[186] Andererseits resultiert aus der beinahe grenzenlosen Anzahl an möglichen Erfolgsorten, die vor allem im Moment des Entäußerns noch nicht ansatzweise überschaubar sind, ein weltweites Haftungsrisiko für den Kommunizierenden.[187]

Nach dem *Ubiquitäts-* und *Optionsprinzip* kann der Betroffene außerdem unter allen Erfolgs- und Handlungsorten für die für ihn günstigste Rechtsordnung optieren, vergleiche Art. 40 I 2 EGBGB.[188] Um zu vermeiden, dass auf eine Darlegung betroffener Erfolgsorte bewusst verzichtet wird, damit man in den Genuss eines auserkorenen Erfolgsortes mit besonders günstigen Konditionen kommt – an dem man als Betroffener dann versucht, den kompletten Schaden zu liquidieren, also eine Art des *Forum Shoppings* betreibt –, sei bei einer Mehrzahl an Erfolgsorten auf eine *Mosaikbetrachtung* abzustellen.[189] Die Betroffenheit

---

181 *Fuchs*, JuS 2000, S. 879 (880).

182 *Gounalakis/Rhode*, Persönlichkeitsschutz, Rn. 12; *von Hinden*, Persönlichkeitsverletzungen, S. 61 ff.; *Junker*, in: MüKo (Hrsg.: Rebmann u.a.), EGBGB, Art. 40 Rn. 161; *Rauscher*, IPR, § 10 Rn. 1253; LG Düsseldorf, NJW-RR 1998, S. 979 (979).

183 *von Hinden*, Persönlichkeitsverletzungen, S. 61 ff.; *Junker*, in: MüKo (Hrsg.: Rebmann u.a.), EGBGB, Art. 40 Rn. 163; *Rauscher*, IPR, § 10 Rn. 1253; LG Düsseldorf, NJW-RR 1998, S. 979 (979); LG München I, RIW 2000, S. 466 (467).

184 *Ehmann/Thorn*, AfP 1996, S. 20 (23).

185 *Junker*, in: MüKo (Hrsg.: Rebmann u.a.), EGBGB, Art. 40 Rn. 162 m.w.N.

186 *Gounalakis/Rhode*, Persönlichkeitsschutz, Rn. 10.

187 *Gounalakis/Rhode*, Persönlichkeitsschutz, Rn. 15; *Junker*, in: MüKo (Hrsg.: Rebmann u.a.), EGBGB, Art. 40 Rn. 163.

188 *Lorenz*, NJW 1999, S. 2215 (2216 ff.); *Rauscher*, IPR, § 10 Rn. 1261 ff.; *Spickhoff*, IPRax 2000, S. 1 (5 ff.).

189 So die wohl grundsätzlich h.M. bei Distanz- und Streudelikten: *Mankowski*, RabelsZ 63 (1999), S. 203 (274 f.); *Junker*, in: MüKo (Hrsg.: Rebmann u.a.), EGBGB, Art. 40 Rn. 163, 175; *Pfeiffer*, NJW 1997, S. 1207 (1215); *Rauscher*, IPR, § 10 Rn. 1265 f.;

gliedere sich in Teilbereiche auf, die nur in den Ländern und zu den Teilen verfolgt werden können, aus denen sie auch tatsächlich stammen. Dies würde bei einem geldwerten Schaden Teilbarkeit voraussetzen, der bei Persönlichkeitsrechtsverletzungen schwer zu beziffern ist.[190] Wird die Persönlichkeit zum Beispiel dadurch verletzt, dass ein Abbild der Person benutzt wird, um sein Ansehen in der Gesellschaft durch Verleumdung, zum Beispiel mittels einer Fotomontage, in ein falsches Licht zu rücken (Einzelverbürgungen der Ehre und des Rechts am eigenen Bild), so ist es schwer, den Gesamtschaden mit Geld zu beziffern, aber noch schwerer zu bestimmen, wie viel des Betrages auf welche der beiden verletzten Einzelverbürgungen entfällt. Es stehen sowieso Durchsetzungsinstrumente im Vordergrund, die nicht auf die Kompensation von Schäden gerichtet sind und eine zerstückelte Geltendmachung verkomplizieren (zum Beispiel Beseitigungs-, Widerrufs- und Unterlassungsansprüche, siehe oben). Erfolgversprechender ist ein Blick auf diejenigen Erfolgsorte, an denen die Daten *bestimmungsgemäß* abgerufen werden sollen, sowie auf den reellen oder virtuellen *Aufenthaltsort des Betroffenen*.[191] Die Wahl der deutschen Sprache oder einer deutschsprachigen Top Level Domain (*.de* oder (zumindest teilweise) *.ch*) grenzt die möglichen Erfolgsorte auf deutschsprachige Verbreitungsgebiete ein, da sie nur dort in der Breite bestimmungsgemäß und sinnvoller Weise abgerufen und erfasst werden können, selbst wenn ein Abrufen von anderen Orten natürlich vorstellbar bleibt (zum Beispiel von Deutschen oder deutschsprachigen Personen im an sich nicht deutschsprachigen Ausland). Der Ort, an dem sich der Betroffene für gewöhnlich bewegt, ist zudem für denjenigen, der eine personenbezogene Äußerung abgibt, von Anfang an vorhersehbar und bietet Rechtssicherheit. Wenn sich ein deutschsprachiges Internetangebot erkennbar an Personen im Bereich der Bundesrepublik Deutschland richtet, kann der Betroffene unabhängig vom Standort des Servers, der Niederlassung des Angebotsbetreibers oder des Standortes des Äußernden, seine Ansprüche vor deutschen Gerichten geltend machen. Zum Beispiel bei *Spickmich* (Lehrer an *deutschen* Schulen) oder *MeinProf* (Professoren an *deutschen* Hochschulen).

Spindler, ZUM 1996, S. 533 (555 ff., insbes. 559); a.A.: *G. Wagner*, IPRax 2008, S. 1 (10); *Fuchs*, JuS 2000, S. 879 (880 f.); *Gounalakis/Rhode*, Persönlichkeitsschutz, Rn. 15 ff. (insbes. 20 ff.); *von Hinden*, Persönlichkeitsverletzungen, S. 168 ff.

190 *Fuchs*, JuS 2000, S. 879 (881); *Ehmann/Thorn*, AfP 1996, S. 20 (23).

191 *Gounalakis/Rhode*, Persönlichkeitsschutz, Rn. 15 ff. (insbes. 20 ff.) und *von Hinden*, Persönlichkeitsverletzungen, S. 168 ff.; die Autoren führen diese Ansätze auch weiter aus; man wird letztlich eine Gesamtschau vornehmen müssen, um alle Sachverhalte einer angemessenen Lösung zuführen zu können; z.B., um innerhalb eines homogenen, aber länderübergreifenden Sprachraumes eine Entscheidung zugunsten einer Rechtsordnung treffen zu können (Deutschland, Österreich, Teile der Schweiz etc.).

Darüber hinaus kann man für besonders gelagerte Sachverhalte über Art. 41 EGBGB das Recht des Staates mit der engeren Bindung zu diesem Sachverhalt zur Anwendung bringen. Bei einem gemeinsamen gewöhnlichen Aufenthaltsort greift Art. 40 II EGBGB. Befindet sich entweder der Äußernde oder der Betroffene zumindest grundsätzlich im Anwendungsbereich des deutschen Rechts, so kann der Betroffene jedenfalls gemäß Art. 40 I EGBGB für die deutsche Zivilrechtsordnung optieren. Abweichende Ergebnisse sind vor allem dort denkbar, wo die (Rechts-) Wahl zu Ungunsten der deutschen Rechtsordnung ausfällt oder bereits getroffen wurde (vergleiche Art. 42 EGBGB), oder dort, wo die Auflockerungsregeln der Art. 40 II und 41 EGBGB zu einem abweichenden Ergebnis führen. Allerdings ist zu beachten, dass der Grundsatz des *ordre public*, der unter anderem in nicht abschließender Form in Art. 40 III EGBGB enthalten ist, wiederum zu Rückausnahmen führen kann, um die deutsche Rechtsordnung vor „wesensfremden Inhalten" zu schützen (zum Beispiel bei *„Punitive Damages"*[192]).

1.4.2 Die Anwendbarkeit des deutschen Strafrechts

Die Anwendbarkeit des deutschen Strafrechts ist insbesondere für Kollisions- und Abwägungsfälle zu klären, deren deliktischer Hintergrund sich auf das Schutzgut der Ehre gründet (zum Beispiel §§ 185, 193 StGB, siehe oben). So können Personen nichtdeutscher Nationalität in das Visier der deutschen Strafverfolgungsbehörden geraten, wenn sie strafrechtlich relevante Äußerungen in „deutsche" Web-2.0-Angebote einstellen, oder deutsche Staatsbürger nach inländischem Recht strafbewehrte Handlungen in „ausländischen" Angeboten tätigen, wo diese grundsätzlich erlaubt sind. Der Anwendungsbereich des deutschen Strafrechts ist nur in einigen dieser Fälle eröffnet, die sich anhand der Vorschriften des internationalen Strafrechts bestimmen lassen, §§ 3 ff. StGB.[193]

Das internationale Strafrecht regelt den räumlichen und persönlichen Geltungsbereich des deutschen Strafrechts (*innerstaatliches Strafanwendungsrecht*).[194] Entscheidend ist, dass die Straftat „im Inland begangen" wurde, §§ 3, 4 StGB (*Territorialitätsprinzip*[195]). Für die Bestimmung einer im Inland begangenen Tat sind Ort (§ 9 StGB) und Zeit (§ 8 StGB) ausschlaggebend. Anknüp-

---

192 Siehe *Stoll*, FS Henrich, 2000, S. 593 (593 ff.) und BGHZ 118, S. 312 (313 f.).

193 *Walter*, JuS 2006, S. 870/967 (870 ff., 967 ff.); *J. Rath*, JA 2006/2007, S. 435/26 (435 ff., 26 ff.).

194 *Eser*, in: Schönke/Schröder (Hrsg.), StGB, Vorbem §§ 3-7 Rn. 1; *Fischer*, StGB, Vor §§ 3-7 Rn. 1.

195 Auch: „Gebietsgrundsatz".

fungspunkt für den Ort der Tat ist neben der Tathandlung auch der Taterfolg (*Einheitstheorie*[196]). Bei § 8 StGB ist nur der Zeitpunkt der Tatbegehung und nicht auch der Eintritt des tatbestandsmäßigen Erfolges maßgeblich.[197] Nicht ausschlaggebend ist die Frage, ob die Handlung am Tatort selbst der Strafbarkeit unterliegt. Ausnahme hiervon ist § 7 StGB (*Prinzip der stellvertretenden Strafrechtspflege*). Des Weiteren erstreckt sich das deutsche Strafrecht auf international, meistens in Form von Abkommen anerkannte Rechtsgüter, § 6 StGB (*Universalprinzip*[198]). Das als Gegenmodell aufgebaute *Personalitätsprinzip*[199], das an die Staatsangehörigkeit anknüpft, gilt im deutschen Strafrecht nur eingeschränkt, vergleiche § 5 StGB.

Bei Internetsachverhalten wirft insbesondere die Bezugnahme auf den *Ort* der Tathandlung oder des Taterfolges Fragen auf.[200] Die Äußerung als Bindeglied der abzuwägenden Verfassungswerte muss als Tathandlung in Betracht kommen; der Taterfolg muss gleichbedeutend mit einer Verletzung des allgemeinen Persönlichkeitsrechts sein. Wird die Äußerung vom deutschen Staatsgebiet in das Internet eingespeist, so liegt ein territorialer Bezug im Sinne des § 3 StGB vor.[201] Ebenso unproblematisch ist es, wenn eine Straftat durch oder gegen einen Deutschen begangen wird und die Tatortstrafbarkeit nach § 7 StGB gegeben ist.[202] Schwieriger ist es, wenn die Äußerung außerhalb deutscher Grenzen ins Netz geraten ist, aber innerhalb der Grenzen abgerufen wurde.[203] Dann ist fraglich, ob gemäß § 9 StGB ein oder mehrere Erfolgsorte vorliegen. Setzt das Delikt den Zugang des Äußerungsinhalts voraus, dann ist ein Erfolg nur gegeben, wenn der Zugangsort in Deutschland liegt.[204] Probleme ergeben sich insbesondere bei abstrakten Gefährdungs- und Tätigkeitsdelikten. Denn wenn die Äußerungshandlung mit dem Taterfolg gleichzusetzen wäre, würde sich der deutsche Strafanspruch im Internet völlig verlieren, was vermieden werden sollte.[205] Könnte man dagegen nur auf den Handlungsort abstellen,[206]

196 Auch: „Ubiquitätsprinzip"; als Kombination aus der sog. Tätigkeits- und Erfolgstheorie.

197 § 8 StGB folgt der Tätigkeitstheorie.

198 Auch: „Weltrechtsgrundsatz".

199 Auch: „Personalitätsgrundsatz".

200 *Barton*, Multimedia-Strafrecht, S. 63 ff.; *Fischer*, StGB, § 9 Rn. 5 ff.; *Gercke*, Inhalte, S. 18 ff.; *Graf*, DRiZ 1999, S. 281 (281 ff.); *Jofer*, Strafverfolgung, S. 101 ff.; *Eser*, in: Schönke/Schröder (Hrsg.), StGB, § 9 Rn. 7 ff.; *Sieber*, NJW 1999, S. 2065 (2065 ff.).

201 *Graf*, DRiZ 1999, S. 281 (281).

202 *Eser*, in: Schönke/Schröder (Hrsg.), StGB, § 9 Rn. 7.

203 *Graf*, DRiZ 1999, S. 281 (281 ff.).

204 *Fischer*, StGB, § 9 Rn. 5 ff.

205 Großzügig mit der Auslegung von § 9 StGB ist der BGH (zu § 130 StGB) in BGHSt 46, S. 212 (212, 220 ff.); krit.: *Bremer*, MMR 2002, S. 147 (147 f.); *Collardin*, CR 1995,

dann wäre deutsches Strafrecht in Internetsituationen regelmäßig unanwendbar und ein Strafanspruch undurchsetzbar.[207]

Der Ausgleich zwischen diesen Extremsituationen ist im Einzelnen strittig.[208] Einen vielversprechenden Ansatz bietet eine Unterscheidung anhand der die Äußerung transportierenden *Übermittlungsmethode*: Wird der Inhalt mittels *„Push-Technologie"* gezielt aus dem Ausland zugeleitet („to push"), so tritt ein nach den §§ 3, 9 StGB relevanter Handlungserfolg im deutschen Inland ein, anders als wenn mittels *„Pull-Technologie"* ein vom Inland ausgehender, selbstständiger Abruf der im Ausland befindlichen Inhalte erfolgt („to pull").[209] Wird mittels (Hyper-) Link[210] ein im Ausland lagernder Datenbestand dem innerstaatlichen Zugriff eröffnet, so handelt es sich ebenfalls um einen Fall der bewussten Zuleitung.[211] Äußerungsbasierte Delikte setzen zudem eine Wahrnehmung der transportierten Inhalte voraus, da andernfalls keine Rechtsgutsverletzung vorliegt; eine nicht realisierte Abrufbarkeit ist also unzureichend.[212] Die Vorteile dieser Lösung liegen darin, dass eine (Teilnahme-) Strafbarkeit von Providern in Betracht gezogen werden kann, ohne dass man sich in einer Abgrenzung anhand der Providereigenschaft und dem Bezug zum geäußerten Inhalt selbst verlöre,

---

S. 618 (620 f.); *Gercke*, ZUM 2002, S. 283 (286 ff.); *Heinrich*, FS Weber, 2004, S. 91 (96 ff.); *A. Koch*, JuS 2002, S. 123 (124 ff.); *Lagodny*, JZ 2001, S. 1198 (1198 ff.); *Ringel*, CR 1997, S. 302 (305, 307); *Eser*, in: Schönke/Schröder (Hrsg.), StGB, § 9 Rn. 7; *Valerius*, NStZ 2003, S. 341 (345 f.).

206 Was nur vereinzelt in Erwägung gezogen wird: *Pelz*, ZUM 1998, S. 530 (530 f.).

207 Und das Internet würde in der Tat zu einem „rechtsfreien Raum", vgl. *Fischer*, StGB, § 9 Rn. 5a f.

208 Überblick bei *Fischer*, StGB, § 9 Rn. 6 ff.; *Eser*, in: Schönke/Schröder (Hrsg.), StGB, § 9 Rn. 7 ff.; *Sieber*, NJW 1999, S. 2065 (2067 ff.).

209 *Fischer*, StGB, § 9 Rn. 7a; *Sieber*, NJW 1999, S. 2065 (2071 f.); vgl. *Conradi/Schlömer*, NStZ 1996, S. 366/472 (368 f.); vorwiegend zu Hyperlinks *Löhnig*, JR 1997, S. 496 (496 ff.).

210 „Link" (Verknüpfung): Querverweis oder Verbindung, z.B. zwischen Dateien oder Websites (*Wikipedia*, Stichwort „Hyperlink", zuletzt abgerufen am 18. Februar 2011, abrufbar unter: http://de.wikipedia.org/wiki/Hyperlink).

211 *Eser*, in: Schönke/Schröder (Hrsg.), StGB, § 9 Rn. 7b; siehe auch *Sieber*, NJW 1999, S. 2065 (2071, insbes. Fn. 64).

212 *Hilgendorf*, NJW 1997, S. 1873 (1874 ff., insbes. 1878); *A. Koch*, JuS 2002, S. 123 (126 f.); *Eser*, in: Schönke/Schröder (Hrsg.), StGB, § 9 Rn. 7a; dies erkennt mit Ausnahme der abstrakten Gefährdungsdelikte wohl auch BGHSt 46, S. 212 (220 ff., insbes. 225) an, der für das Erfolgsdelikt der Beleidigung die Wahrnehmung eines Dritten im Inland verlangt (z.B. eines Ermittlers); Abweichungen können sich bei abstrakten Gefährdungs- und Tätigkeitsdelikten ergeben.

die rechtlich und tatsächlich nur schwer realisierbar ist.[213] Denn wann sich ein Provider den Inhalt zueigen macht, lässt sich schwer an Begrifflichkeiten sondern allenfalls am konkreten Inhalt und der jeweiligen Situation festmachen. Auch Server und andere Schnittstellen können außer Betracht gelassen werden.

1.4.3 Fazit

Internetsachverhalte sind regelmäßig Sachverhalte mit Auslandsbezug. Die Frage des anwendbaren Rechts bei Sachverhalten zivil- oder strafrechtlicher Natur unterliegt im Detail unterschiedlichen Voraussetzungen, beschäftigt sich im Kern allerdings mit der Frage, an wen das Internetangebot adressiert ist. Zwischen Internetangebot, adressiertem Rechtskreis und anwendbarem Recht besteht ein genuiner Bezug, der im Wesentlichen über die Frage des anwendbaren Rechts entscheidet.

1.5 Kollisionsbeteiligte

Neben den tatsächlichen und rechtlichen Grundvoraussetzungen des Kollisionsumfeldes gilt es zu klären, welche Rechtssubjekte an Kollision und Abwägung teilnehmen können.

1.5.1 Natürliche Personen

Für natürliche Personen ist der Schutzbereich der Grundrechte eröffnet, denn Meinungsfreiheit und allgemeines Persönlichkeitsrecht sind an *„Jedermann"* adressiert („Jeder hat das Recht").[214] Natürliche Personen können sich daher ungeachtet von Ort, Art und Zeitpunkt des Ausstrahlens der Grundrechte auf deren Geltung berufen. Auch im *Spickmich*-Verfahren handelte es sich bei der Kläge-

---

213 A.A. (mit unterschiedlichen Bezugnahmen auf Provider): *Altenhain*, CR 1997, S. 485 (insbes. 495 f.); *Gounalakis/Rhode*, NJW 2000, S. 2168 (2169 f.); *Jäger/Collardin*, CR 1996, S. 236 (237 ff.) und im Ansatz auch *Conradi/Schlömer*, NStZ 1996, S. 366/472 (368); die dabei entstehenden Abgrenzungswirren illustrieren die Entscheidungen des AG München („CompuServe"), NJW 1998, S. 2836 (2836 ff.) und der Nachfolgeinstanz LG München I, NJW 2000, S. 1051 (1051 f.).

214 *Pieroth/Schlink*, Staatsrecht, Bd. II, § 5 Rn. 121; *Ipsen*, Staatsrecht, Bd. II, § 2 Rn. 61: Die Formulierungen schließen bereits durch ihren unmissverständlichen Wortlaut natürliche Rechtssubjekte ein; insofern spielt es auch keine Rolle, ob Art. 2 I, 1 I GG ein Menschenrecht ist oder nicht: *Starck*, in: von Mangoldt/Klein/Starck (Hrsg.), GG, Art. 2 I Rn. 42.

rin um eine natürliche Person.[215] Hinter einem Internetdienst steht hingegen oft – aber nicht zwangsläufig – eine juristische Person (zum Beispiel bei *eBay*). Der Wunsch, werbe- und zielgruppenwirksam aufzutreten, veranlasst in zunehmendem Maße gewerblich tätige juristische Personen dazu, sich an Web-2.0-Angeboten zu beteiligen. Außerdem führt die Anonymität des Internets dazu, dass bei einer prozessualen Geltendmachung etwaiger Persönlichkeitsschutzinteressen auf die Betreiber zurückzugreifen versucht wird, da bisweilen nur diese klar bestimmbar sind.[216]

1.5.2 Juristische Personen

Ob der Schutzbereich der Grundrechte auch für juristische Personen eröffnet ist, ist von Art. 19 III GG abhängig. Diese Norm vermag den personellen Schutzbereich über natürliche Grundrechtsträger hinaus zu erweitern (*Grundrechtserstreckungsnorm*).[217] Dazu muss der Inhalt wesensmäßig auf juristische Personen übertragbar sein, die als Zuordnungssubjekte funktional in Betracht kommen.[218] Bei den Anbietern von Internetangeboten ist dies fraglich.

1.5.2.1 Wesensvorbehalt

Ob ein Grundrecht seinem Wesen nach auf juristische Personen übertragbar ist, hängt von drei Faktoren ab (*Wesensvorbehalt*):[219] Entstehungsgeschichte, Verhältnis zu Art. 19 III GG und systematische Auslegung.[220]

Ursprünglich waren Grundrechte als Abwehrrechte vor Gefährdungen der Integrität natürlicher Personen konzipiert („Freiheit vom Staat“).[221] Davon zeugt

---

215 LG Köln, ZUM-RD 2009, S. 205 (205 f.); OLG Köln, ZUM 2008, S. 869 (869 f.); BGH, ZUM 2009, S. 753 (753 ff.).

216 Vgl. LG Köln, ZUM-RD 2009, S. 205 (205 f.); OLG Köln, ZUM 2008, S. 869 (869 f.); BGH, ZUM 2009, S. 753 (753 ff.); vgl. auch Pkt. 2.3.2.

217 *Dreier*, in: Dreier (Hrsg.), GG, Art. 19 Rn. 26 f.

218 *Stern*, Staatsrecht, Bd. III/1, § 71 S. 1078.

219 Auf die enumerative Aufzählung von Grundrechten, die auch juristischen Personen zustehen, hat die verfassungsgebende Gewalt bewusst verzichtet: *Dreier*, in: Dreier (Hrsg.), GG, Art. 19 Rn. 10.

220 Also vor allem vom dem Verhältnis der konkreten Grundrechten zur Norm des Art. 19 III GG: *Schnapp*, DÖV 1990, S. 826 (827).

221 *Bethge*, AöR 104 (1979), S. 54 (87); *Rüfner*, in: Isensee/Kirchhof (Hrsg.), HdStR, Bd. V, § 116 Rn. 1; *Stern*, Staatsrecht, Bd. III/1, § 70 S. 999 f.; vgl. auch *Achterberg*, GS Klein, 1977, S. 1 (5); st. Rspr.: BVerfGE 39, S. 302 (312 f.); 45, S. 63 (78); 62, S. 354 (369); 68, S. 193 (206); 75, S. 192 (196).

nicht zuletzt Art. 1 I GG als herausragender Wert der Verfassung.[222] Nur Art. 19 III GG ermöglicht kraft ausdrücklicher Anordnung eine Erweiterung des Grundrechtsträgerkreises über natürliche Personen hinaus. Die Norm ermöglicht eine eigenständige Grundrechtssubjektivität juristischer Personen neben der natürlicher Personen.[223] Es erscheint nicht notwendig, dass hinter der juristischen Person ein *persönliches Substrat* dahinterstehender natürlicher Personen „durchscheint“.[224] Entscheidend sollte sein, ob sich die juristische Person in einer *grundrechtstypischen Gefährdungslage* wiederfindet.[225] Hierfür kann auf den Wortlaut des Art. 19 III GG Bezug genommen werden, der nicht voraussetzt, dass juristische Personen „treuhänderisch“ die Integritätsinteressen natürlicher Personen wahrnehmen.[226] Ein „Durchgriff“ auf hinter der juristischen Person stehende natürliche Personen ist dem Grundgesetz auch systematisch fremd und überflüssig.[227] Die Entstehungsgeschichte reicht nicht aus, um eine gegenläufige Position hinreichend zu substanziieren.[228] Außerdem würde es zu Ungleichbehandlungen von juristischen Personen[229] führen, denen ein solches Substrat

---

222 BVerfGE 5, S. 85 (204); 6, S. 32 (41); 27, S. 1 (6); 27, S. 344 (351); 30, S. 173 (193); 34, S. 238 (245); 50, S. 166 (175); 72, S. 105 (115); 87, S. 209 (228); *Höfling*, in: Sachs (Hrsg.), GG, Art. 1 Rn. 43.

223 *Erichsen/Scherzberg*, NVwZ 1990, S. 8 (8 ff.); *Rüfner*, in: Isensee/Kirchhof (Hrsg.), HdStR, Bd. V, § 116 Rn. 31; vgl. auch *Quaritsch*, in: Isensee/Kirchhof (Hrsg.), HdStR, Bd. V, § 120, Rn. 52; *Kröger*, JuS 1981, S. 26 (29); *Mertens*, JuS 1989, S. 857 (859 f.); *Schnapp*, DÖV 1990, S. 826 (827); *Stern*, Staatsrecht, Bd. III/1, § 71 S. 1088; vgl. *Achterberg*, GS Klein, 1977, S. 1 (6 f.), der den Begriff für eine „tautologieähnliche Leerformel“ hält.

224 A.A. BVerfGE 21, S. 362 (368 ff.); 61, S. 82 (101); 68, S. 193 (205 f.) und *Geiger*, DÖV 1952, S. 481 (487); vgl. auch BVerfGE 75, S. 192 (195 f.).

225 *Dreier*, in: Dreier (Hrsg.), GG, Art. 19 Rn. 33; *Erichsen/Scherzberg*, NVwZ 1990, S. 8 (11); *Kröger*, JuS 1981, S. 26 (29).

226 *Achterberg*, GS Klein, 1977, S. 1 (6); *Dreier*, in: Dreier (Hrsg.), GG, Art. 19 Rn. 32; *Rüfner*, in: Isensee/Kirchhof (Hrsg.), HdStR, Bd. V, § 116 Rn. 31.

227 *Rüfner*, in: Isensee/Kirchhof (Hrsg.), HdStR, Bd. V, § 116 Rn. 30 ff.; a.A. BVerfGE 21, S. 362 (369).

228 *Achterberg*, GS Klein, 1977, S. 1 (6); *Rüfner*, in: Isensee/Kirchhof (Hrsg.), HdStR, Bd. V, § 116 Rn. 31; *Stern*, Staatsrecht, Bd. III/1, § 71 S. 1086 ff., 1102 f., 1118; a.A. BVerfGE 21, S. 362 (368 ff.); 61, S. 82 (101); 68, S. 193 (205 f.) und *Geiger*, DÖV 1952, S. 481 (487); vgl. auch die Ausführungen in BVerfGE 75, S. 192 (195 f.).

229 Vgl. die differenzierende, die Grundrechtsträgerschaft für solche juristische Personen anerkennende Verwaltungsgerichtsbarkeit, stellv. BVerwGE 40, S. 347 (348 f.); bedingt konsequent BVerfGE 46, S. 73 (82 f.); 50, S. 290 (363 f.), 57, S. 220 (240); 70, S. 138 (386).

zwangsläufig fehlt (zum Beispiel Stiftungen, die lediglich Vermögensmasse verwalten).[230]

Auch juristische Personen, die Internetangebote zur Meinungskundgabe Dritter betreiben, können folglich am Schutz des Art. 5 I 1 GG partizipieren.[231] Sie fördern die Meinungskundgabe ihrer Mitglieder und haben damit wesensgleich am Grundrechtsschutz teil.[232] Sie befinden sich auch ohne eigene Meinungsäußerung in einer grundrechtstypischen Gefährdungslage. Ob sich juristische Personen auf die Art. 2 I, 1 I GG berufen können, ist hingegen nach wie vor strittig.[233] Wegen der Fragmentiertheit der Rechtsposition bestehen Zweifel, ob sich die Rechtsfrage überhaupt pauschal beantwortet lässt.[234] Wegen des genuinen Bezugs zu Art. 1 I GG dürfte die Beantwortung von der Ausgestaltung der Einzelverbürgung in der konkreten Bedrohungssituation abhängig sein.[235] Denn die Würde eines Menschen weisen juristische Personen jedenfalls nicht auf.[236] Außerdem können die Art. 12 und 14 GG in Betracht kommen, sowie in

---

230 *Mertens*, JuS 1989, S. 857 (859 f.); *Stern*, Staatsrecht, Bd. III/1, § 71 S. 1118 f.

231 H.M.: *Dreier*, in Dreier (Hrsg.), GG, Art. 19 III Rn. 36; *Schulze-Fielitz*, in: Dreier (Hrsg.), GG, Art. 5 I, II Rn. 116; *Ipsen*, Staatsrecht, Bd. II, § 10 Rn. 411; *Starck*, in: von Mangoldt/Klein/Starck (Hrsg.), GG, Art. 5 I, II Rn. 181; vgl. zur Pressefreiheit BVerfGE 20, 162 (171); 21, S. 271 (277 f.); 50, S. 234 (239); 66, S. 116 (130); 80, S. 124 (131); 95, S. 28 (34 f.); 97, S. 298 (310), obwohl an der Anwendbarkeit von Art. 5 I 2 GG kein Zweifel bestehen dürfte: *Stern*, Staatsrecht, Bd. III/1, § 71 S. 1126; siehe auch LG Köln, ZUM-RD 2009, S. 205 (208); OLG Köln, ZUM 2008, S. 238 (241); 869 (872); BGH, ZUM 2009, S. 753 (757) zu Spickmich, wobei der BGH im Gegensatz zu den vorangegangenen Instanzen auf „die Kommunikationsfreiheit nach Art. 5 I GG“ abstellt.

232 *Stern*, Staatsrecht, Bd. III/1, § 71 S. 1126.

233 Befürwortend (Auswahl): *Kraft*, FS Hubmann, S. 201 (215 ff., 219); *Sachs*, in: Sachs (Hrsg.), GG, Art. 19 Rn. 70; BGHZ 78, S. 24 (26); 98, S. 94 (97); ablehnend (Auswahl): *Jarass*, NJW 1989, S. 857 (860); *Kau*, Persönlichkeitsschutz, S. 95 ff.; *Kunig*, Jura 1993, S. 595 (599).

234 Vgl. *Dreier*, in: Dreier (Hrsg.), GG, Art. 19 Rn. 37; *Stern*, Staatsrecht, Bd. III/1, § 71 S. 1128; offen gelassen: BVerfGE 63, 131 (142 ff.); 95, S. 220 (241 f.); 106, S. 28 (42 ff.); 118, S. 168 (202 ff.).

235 *Dreier*, in: Dreier (Hrsg.), GG, Art. 2 I Rn. 82; *Kunig*, Jura 1993, S. 595 (599); wohl auch *Kube*, in: Isensee/Kirchhof (Hrsg.), HdStR, Bd. VII, § 148 Rn. 75; *Wilms/Roth*, JuS 2004, S. 577 (577 ff.); vgl. auch BVerfGE 63, 131 (142 ff.); 95, S. 220 (241 f.); 106, S. 28 (42 ff., insbes. 42), das zu bestimmten Einzelverbürgungen, nicht aber grundlegend Stellung bezogen hat. In BVerfGE 118, S. 168 (202 f.) wird basierend auf Art. 2 I GG auf das Recht auf informationelle Selbstbestimmung rekurriert – und der Teilgehalt des allgemeinen Persönlichkeitsrechtes wird als auf juristische Personen anwendbar erklärt.

236 *Rüfner*, in: Isensee/Kirchhof (Hrsg.), HdStR, Bd. V, § 116 Rn. 38.

der vorliegenden Konstellation auch die Kommunikationsfreiheiten des Art. 5 I 2 GG, die ein vergleichbares Schutzniveau herzustellen vermögen.[237] Es ist aber nicht per se ausgeschlossen, dass sich auch eine juristische Person in einer gemäß den Art. 2 I, (1 I,) 19 III GG grundrechtstypischen Gefährdungslage befinden kann.

1.5.2.2 Organisatorische Zurechenbarkeit

Grundsätzlich kommen alle juristische Personen des Privatrechts, unabhängig davon, ob sie voll-[238] oder nur teilrechtsfähig[239] sind, als Zuordnungsobjekte in Betracht, sofern sie ein Mindestmaß an organisatorischer Struktur aufweisen.[240] Handelt es sich um teilrechtsfähige juristische Personen, so reicht ihre Eignung als Zuordnungsobjekte nur so weit wie ihre Teilrechtsfähigkeit.[241] Die meisten Onlinedienste werden als zumindest teilrechtsfähige juristische Personen des Privatrechtes geführt und sind demzufolge als Zuordnungsobjekte für die Kollisionsgrundrechte grundsätzlich in Betracht zu ziehen.

Bei öffentlich-rechtlichen Rechtssubjekten als Zuordnungsobjekten, zum Beispiel ARD und ZDF, ist zu differenzieren.[242] Auch sie können einen Internetauftritt haben. Auch dort können Meinungsäußerungen die Persönlichkeitsrechte anderer verletzen. Diesen Zuordnungsobjekten wird über die Rundfunkfreiheit ein eigener Schutz – notfalls auch gegenüber dem Staat – eingeräumt,

237 *Kube*, in: Isensee/Kirchhof (Hrsg.), HdStR, Bd. VII, § 148 Rn. 75 und *Wilms/Roth*, JuS 2004, S. 577 (579 f.), zeigen auf, dass die Art. 2 I, 1 I GG nicht automatisch ausscheiden müssen; vgl. auch BVerfGE 105, 279 (294 f.); 118, S. 168 (202 ff.).

238 So BVerfGE 50, S. 290 (319); 66, S. 116 (130) für Aktiengesellschaften; BVerfGE 3, S. 359 (363); 53, S. 366 (386) für Gesellschaften mit beschränkter Haftung; BVerfGE 97, S. 228 (253) für eingetragene Vereine; BVerfGE 46, S. 73 (82 f.); 50, S. 290 (363 f.), 57, S. 220 (240); 70, S. 138 (160) erkennt auch Stiftungen die Eignung als Zuordnungssubjekt zu.

239 So BVerfGE 4, S. 7 (12); 20, S. 257 (265 f.); 53, S. 1 (13); 97, S. 67 (76) für Kommanditgesellschaften; BVerfGE 10, S. 89 (99) für offene Handelsgesellschaften; BVerfGE 6, S. 273 (277); 24, S. 236 (243) für nicht eingetragene Vereine: nach *Stern*, Staatsrecht, Bd. III/1, § 71 S. 1131 ff.; a.A.: *Geiger*, DÖV 1952, S. 481 (487).

240 *Stern*, Staatsrecht, Bd. III/1, § 71 S. 1134. Deshalb reichen einfache Personenmehrheiten nicht aus.

241 *Achterberg*, GS Klein, 1977, S. 1 (15); *Dreier*, in: Dreier (Hrsg.), GG, Art. 19 Rn. 46; *Rüfner*, in: Isensee/Kirchhof (Hrsg.), HdStR, Bd. V, § 116 Rn. 55.

242 Str., vgl. BVerfGE 12, S. 205 (259 ff.); 31, S. 314 (322); 34, S. 154 (162); 59, S. 231 (254); 74, S. 297 (317 f.); *Bethge*, Grundrechtsberechtigung, S. 83 ff.; *Rüfner*, in: Isensee/Kirchhof (Hrsg.), HdStR, Bd. V, § 116 Rn. 74.

Art. 5 I 2 GG.[243] Dieser bezieht sich aber auf die Gewährleistung der für die Kommunikation notwendigen Rahmenbedingungen und nicht auf die Äußerung selbst. Die grundsätzlich fehlende Eigenschaft als Grundrechtsträger des Art. 5 I 1 GG bringen Rundfunkanstalten (wohl) ausnahmsweise mit.[244] Grundrechtsgebundener Hoheitsträger und grundrechtsberechtigter Rechtsträger können sich zwar nicht im selben Zuordnungsobjekt vereinigen (*Konfusionsargument*).[245] Dabei gilt jedoch, dass sie nur nicht *gleichzeitig* berechtigt und verpflichtet sein können; entscheidend ist, ob sie sich in der konkreten Situation in der Rolle des staatlich Verpflichteten und grundrechtstypisch Ungefährdeten, oder in der Rolle des grundrechtstypisch gleichermaßen Gefährdeten wiederfinden. Liegt – was abwegig erscheint – wirklich eine Meinungsäußerung einer Rundfunkanstalt vor, käme sie mithin als Zuordnungsobjekt in Betracht.

Können sich beide Parteien in einer im öffentlichen Recht beheimateten Interessenkollision auf den Schutz von Art. 5 I 1 GG beziehungsweise Art. 2 I, 1 I GG berufen, bestimmt sich die Anwendbarkeit bei Auslandsbezug nach der Frage der Grundrechtsberechtigung. Im Wortlaut der Normen heißt es, dass „jeder" Träger dieser Grundrechte ist, so dass sogar *ausländische natürliche Personen* in den Schutzbereich mit einbezogen werden.[246] Bei juristischen Personen wäre die Anwendbarkeit letztlich nach Art. 19 III GG zu klären und für ausländische juristische Personen zu verneinen.[247]

---

243 Vgl. BVerfGE 15, S. 256 (262); 31, S. 314 (322); *Bethge*, in: Sachs (Hrsg.), GG, Art. 5 Rn. 106 ff.; *Hufen*, Staatsrecht, Bd. II, § 28 Rn. 14.

244 So die wohl h.M. in Lit. und Rspr., siehe stellv. BVerfGE 21, S. 362 (369, 372 f.); st. Rspr. seit BVerfGE 39, S. 302 (312 f.); 45, S. 63 (78); 62, S. 354 (369); 68, S. 193 (206); 75, S. 192 (196); *Bethge*, Grundrechtsberechtigung, S. 61 ff.; *Bethge*, AöR 104 (1979), S. 54 (86 ff., insbes. 110 f.); *Dreier*, in: Dreier (Hrsg.), GG, Art. 19 Rn. 55 ff.; *Rüfner*, in: Isensee/Kirchhof (Hrsg.), HdStR, Bd. V, § 116 Rn. 63 ff.; *Kröger*, JuS 1981, S. 26 (27 ff.); *Starck*, JuS 1977, S. 732 (733 ff.); einen Überblick zu den z.T. stark auseinander driftenden Ansätzen bietet *Broß*, VerwArch 77 (1986), S. 65 (66 ff.).

245 BVerfGE 15, S. 256 (262); 21, S. 362 (370); *Pieroth/Schlink*, Staatsrecht, Bd. II, § 5 Rn. 170; vgl. auch *Bethge*, AöR 104 (1979), S. 54 (94).

246 Es handelt sich nicht um sog. Bürger- oder Deutschenrechte, die an die Staatsangehörigkeit gekoppelt sind; siehe für Art. 2 I, 1 I GG: *Murswiek*, in: Sachs (Hrsg.), GG, Art. 2 Rn. 39; *Dreier*, in: Dreier (Hrsg.), GG, Art. 2 I Rn. 81; *Jarass*, NJW 1989, S. 857 (859); *Kunig*, Jura 1993, S. 595 (598); für Art. 5 I 1 GG: *Starck*, in: von Mangoldt/Klein/Starck (Hrsg.), GG, Art. 5 I, II Rn. 178; *Schulze-Fielitz*, in: Dreier (Hrsg.), GG, Art. 5 I, II Rn. 114; *Wendt*, in: von Münch/Kunig (Hrsg.), GG, Art. 5 Rn. 4, jeweils m.w.N.

247 *Kannengießer*, in: Schmidt-Bleibtreu/Klein (Hrsg.), GG, Art. 5 Rn. 6; *Wendt*, in: von Münch/Kunig (Hrsg.), GG, Art. 5 Rn. 6; *Starck*, in: von Mangoldt/Klein/Starck (Hrsg.),

1.5.3 Fazit

Natürliche Personen kommen ungeachtet ihrer Staatsangehörigkeit als Kollisionbeteiligte in Betracht. Bei juristischen Personen ist zu differenzieren: Art. 5 I 1 GG ist von seinem Wesen her auf juristische Personen anwendbar, während dies bei den Art. 2 I, 1 I GG von der jeweiligen Einzelverbürgung abhängig ist. Zudem muss die organisatorische Struktur dazu geeignet sein, eine Grundrechtserstreckung zuzulassen. Dies ist bei den für diese Untersuchung in Betracht kommenden juristischen Personen grundsätzlich der Fall.

1.6 Stellungnahme

Die Kollisions- und Abwägungssituation zwischen Art. 5 I 1 GG und den Art. 2 I, 1 I GG ist davon geprägt, dass sie im Wesentlichen im einfachen Recht beheimatet ist. Dies gilt selbst dann, wenn, was bei Internetsachverhalten wahrscheinlich ist, ein Auslandsbezug besteht. Das Zersplittern des allgemeinen Persönlichkeitsrechts in einzelne Fragmente setzt sich in allen Rechtsgebieten und vielen wertausfüllungsbedürftigen Rechtsnormen, bisweilen sogar in fremden Rechtsordnungen, fort. Das Internet verstärkt diesen Trend zur Zersplitterung.

Bei der Zersplitterung steht das Merkmal der Information im Zentrum. Einzelne Informationen bilden komplette Inhalte. Die Information ist nicht nur der Kern der gesellschaftlichen Selbstbeschreibung, sondern zentraler Anknüpfungspunkt, um die Fragmente des allgemeinen Persönlichkeitsrechts zusammen zu halten. Strahlen auf ein wertausfüllungsbedürftiges Tatbestandsmerkmal Meinungsfreiheit und Persönlichkeitsrecht aus, entscheidet die *Informationsherrschaft* darüber, welchen Interessen der Vorzug gegeben wird. Zum Beispiel steht und fällt die Begründetheit eines zivilrechtlichen Anspruches beziehungsweise das Verwirklichen eines strafrechtlichen Deliktes mit der Entscheidung, ob ein Inhalt dieser Art geäußert werden durfte oder revidiert, kompensiert oder sonst wie korrigiert werden muss. Bei abwägungsrelevanten Konflikten ist die Frage der Informationsherrschaft sorgfältig anhand aller Gewichtungspunkte zu treffen, die für die Kollisionspositionen sprechen, denn letztlich ist die Entscheidung ultimativ („entweder...oder").

Davon ist die Frage der *Datenherrschaft* zu unterscheiden. Sie ist eine Frage der Herrschaft über den Kommunikationsablauf (dazu später mehr). Einzelne Daten schützen ganze Kommunikationsabläufe. Aus den Abläufen lassen sich Informationen entnehmen und Inhalte bilden. Daten und die Kontrolle über sie

---

GG, Art. 5 I, II Rn. 182; a.A. *Schulze-Fielitz*, in: Dreier (Hrsg.), GG, Art. 5 I, II Rn. 116 (m.w.N.).

haben einen separate Bedeutung in der Kommunikationsgesellschaft. Für die Rechtsordnung sind sie zum Beispiel dann relevant, wenn es um die Beurteilung von Kontrolle, Verantwortung und Substanz geht. Dies wurde zum Beispiel dadurch bestätigt, dass die Frage der Verantwortung für die Eröffnung von Inhalten über Ländergrenzen hinweg von der Frage abhängt, wer den Kommunikationsprozess kontrolliert. Die Frage der Kontrolle eines datenbasierten Kommunikationsprozesses ist weitgehender als die Frage, wer die Herrschaft über die Inhalte eines solchen Prozesses für sich beanspruchen kann. Werden zum Beispiel Datenpakete einem Adressatenkreis zugeleitet oder sonst wie zur Verfügung gestellt (zum Beispiel auf einer Website wie *I share Gossip*), so liegt die Datenherrschaft bei jedermann, der in den Kommunikationsprozess einsteigen kann. Bei *I share Gossip*, einer offenen Plattform, jedem Internetnutzer und den Betreibern, wobei der Betreiber größeren Einfluss auf den Prozess nehmen kann (er schafft den Rahmen der Website, kann sie abschalten oder Äußerungen selektieren). Inhalte, zum Beispiel Beleidigungen, werden punktuell in dieser Kommunikationsumgebung gebildet. Die Frage, wer die Herrschaft über diesen Inhalt haben sollte, ist davon abhängig, welche Rechtsinteressen überwiegen.

2. *Kapitel:* Das allgemeine Persönlichkeitsrecht als Kollisionsposition

Die Auflösung einer Abwägung zwischen zwei grundsätzlich gleichwertigen Rechtspositionen setzt voraus, dass ihr voller Schutzbereichsumfang, so wie er sich im Kollisionsumfeld und konkreten Einzelfall präsentiert, sowie ihre Funktionsweise und Bedeutung im Abwägungsprozess berücksichtigt werden. Das Erscheinungsbild der Kollisionsposition bestimmt also zu einem nicht unerheblichen Maße den Ausgang des sich anschließenden Abwägungsprozesses. Für das allgemeine Persönlichkeitsrecht gilt, dass das kombinatorische Zusammenwirken der Art. 2 I und 1 I GG die Komplexität der Kollisionsposition in punkto Inhalt und Struktur erhöht. Zusammen mit der Zersplitterung der Rechtsposition in einzelne Fragmente des Persönlichkeitsschutzes, macht das die exakte Bestimmung des abwägungsrelevanten Erscheinungsbildes noch wichtiger.

2.1 Entstehung und Entwicklung

Für die Auslegung des allgemeinen Persönlichkeitsrechts enthält die Entstehungsgeschichte und zukünftige Entwicklung wichtige Anhaltspunkte.

2.1.1 Entstehungsgeschichte

Der Schutz der Persönlichkeit wurde bereits im ausgehenden 19. und beginnenden 20. Jahrhundert diskutiert.[248] Dennoch fand ein allgemeines Persönlichkeitsrecht keinen Einzug in das neu geschaffene Bürgerliche Gesetzbuch.[249] Stattdessen wurde der Schutz der Persönlichkeit auf ausgewählte Teilbereiche, zum Beispiel das Namensrecht in § 12 BGB, beschränkt, da man die Rechtsposition als konturlos und juristisch nicht handhabbar ansah.[250] In Übereinstimmung mit der

248 *Luch*, Medienpersönlichkeitsrecht, S. 18 f.; z.B. bei *Gierke*, Privatrecht, Bd. 1, § 81 S. 702 ff.; *Giesker*, Geheimsphäre, S. 1 ff.; *Kohler*, Bürgerliches Recht, Bd. II, § 190 S. 515 ff.; zu *Gierke*s Rolle: *Götting*, in: Götting/Schertz/Seitz (Hrsg.), HdPR, § 2 Rn. 14 ff.; laut *Holzhauer*, in: Erichsen (Hrsg.), Beiträge, S. 51 (52), wurde ein allgemeines Persönlichkeitsrecht „bereits 1866 in seinen Grundzügen anvisiert" (ebd.).

249 *Luch*, Medienpersönlichkeitsrecht, S. 20; siehe ausführlicher zu den Hintergründen dieser Entscheidung: RGZ 51, S. 369 (372 ff.) sowie *Scheyhing*, AcP 158 (1959), S. 503 (505, 507) und *Smoschewer*, UFITA 3 (1930), S. 119 (125 ff.) m.w.N.

250 *Luch*, Medienpersönlichkeitsrecht, S. 20; RGZ 51, S. 369 (372 ff.); *von Caemmerer*, FS von Hippel, 1967, S. 27 (29); *Scheyhing*, AcP 158 (1959), S. 503 (505); krit. *Smoschewer*, UFITA 3 (1930), S. 119 (370).

Entscheidung des Gesetzgebers lehnte auch das Reichsgericht eine Anerkennung in ständiger Rechtsprechung ab.[251] Selbst nach der bewussten Nichtkodifizierung des Rechtes riss die Diskussion um eine Anerkennung aber nicht ab. So versuchte insbesondere *Smoschewer*[252] mit einem umfangreichen und beachtenswerten Argumentationsansatz im Jahre 1930, das allgemeine Persönlichkeitsrecht aus einer Gesamtschau verschiedener Normen der Weimarer Reichsverfassung herzuleiten.[253] Dennoch blieb bis zum Zusammenbruch des dritten Reichs eine Anerkennung aus.[254] Nach dem Krieg nahmen vor allem *Coing*[255], *Nipperdey*[256] und *Lehmann*[257] die Diskussion wieder auf.[258]

Auf diese Literaturstimmen bezieht sich auch der Bundesgerichtshof in seiner *„Leserbrief"*-Entscheidung von 1954,[259] in der er das allgemeine Persönlichkeitsrecht als „sonstiges Recht" im Sinne von § 823 I BGB „aus der Taufe hebt".[260] Von Beginn an nimmt er dabei Bezug auf die Grundrechtsnormen der Art. 2 und 1 GG.[261] In der *„Krankenakte"*-Entscheidung[262] des BGH wird das

---

251 *Luch*, Medienpersönlichkeitsrecht, S. 24: RGZ 69, S. 401 (403); 79, S. 397 (398); 113, S. 413 (414); vgl. RGZ 82, S. 333 (334); 94, S. 1 (1 f.); 107, S. 277 (281); siehe auch BGHZ 13, S. 334 (337); *Smoschewer*, UFITA 3 (1930), S. 119 (121) m.w.N.

252 *Smoschewer*, UFITA 3 (1930), S. 119 (163 ff., siehe insbes. die S. 179 ff. in Bezug auf § 826 BGB: „[...] so kann ein Zweifel eigentlich nicht bestehen, daß die gesamte Persönlichkeitssphäre ihm [§ 826 BGB] unterfällt").

253 *Luch*, Medienpersönlichkeitsrecht, S. 21.

254 *Luch*, Medienpersönlichkeitsrecht, S. 21.

255 *Coing*, SJZ 1947, S. 641 (641 ff.), der dem Persönlichkeitsrecht in seiner damals noch nicht näher konkretisierten Form den „Charakter des Fragmentarischen" attestiert (S. 642).

256 *Enneccerus/Nipperdey*, Bürgerliches Recht, § 78 I 2.

257 *Enneccerus/Lehmann*, Schuldverhältnisse, Bd. II, § 233 S. 907 Pkt. 2 c).

258 *Luch*, Medienpersönlichkeitsrecht, S. 21 ff.

259 BGHZ 13, S. 334 (337 f.); erneut nimmt BGHZ 15 („Cosima Wagner"), S. 249 (257 f.) Bezug auf die genannten Grundrechte und setzt diese Rspr. in den Folgeentscheidungen konsequent fort, vgl. BGHZ 20 („Paul Dahlke"), S. 345 (351); 24, S. 72 (72, 76); 26 („Herrenreiter"), S. 349 (349, 354); 27 („Tonbandaufnahmen"), S. 284 (286); in letztgenannter Entscheidung spricht der BGH schon selbst von einer „gefestigten Rechtsprechung".

260 *Luch*, Medienpersönlichkeitsrecht, S. 24; die Literatur ist der Rechtsprechung gefolgt, so sagte *Dürig* (nach *Münch*, Neue Medien, S. 13 f.) bereits 1958, dass die Herausbildung des allgemeinen Persönlichkeitsrechts der „kühnste und im Prinzip gelungenste Wurf im Privatrecht während der letzten Jahre" gewesen sei.

261 BGHZ 13, S. 334 (334, 338); wobei dieser ein „von jedermann zu achtendes Recht" ausmacht und damit den (fälschlichen) Eindruck einer unmittelbaren Drittwirkung erweckt; vgl. BGHZ 24 („Krankenakte"), S. 72 (76); vgl. *Luch*, Medienpersönlichkeitsrecht, S. 24 f.

erste Mal auf den Aspekt der *Güter-* und *Interessenabwägung* eingegangen; außerdem wird die dynamische und entwicklungsoffene Gestalt der Rechtsposition hervorgehoben.[263] Konsequent wird das allgemeine Persönlichkeitsrecht im Folgenden konkretisiert: Zum Beispiel hinsichtlich der Kompensation von Schäden,[264] dem Umfang des Selbstdarstellungsrechts[265], dem Persönlichkeitsschutz im gewerblichen Bereich[266] oder dem Schutz der Persönlichkeit bei schuldhaftem Vorverhalten des Verletzten[267].[268]

Diese Entwicklung griff das Bundesverfassungsgericht in seiner *„Soraya"*-Entscheidung[269] auf und begann die einzelnen Fragmente des allgemeinen Persönlichkeitsrechts zu konkretisieren.[270] Spätestens damit war die Rechtsposition verfassungsrechtlich anerkannt, obwohl sie bereits in der *„Tonbandaufnahmen"*-Entscheidung[271] ersichtlich ist.[272] Hinweise auf eine Anerkennung finden sich auch in der *„Elfes"*-Entscheidung[273], wobei das allgemeine Persönlichkeitsrecht noch nicht explizit als solches benannt wird.[274] Dieser „Trend" zur schrittweisen Anerkennung wurde in den darauffolgenden Urteilen[275] kontinuierlich fortgesetzt, bis das Bundesverfassungsgericht in seinem *„Ehescheidungsakten"*-

---

262 BGHZ 24, S. 72 (72, 79 ff.); siehe schon BGHZ 13, S. 334 (338).

263 *Luch*, Medienpersönlichkeitsrecht, S. 26.

264 BGHZ 26 („Herrenreiter"), S. 349 (349, 353 ff.); BGHZ 35 („Ginsengwurzel"), S. 363 (366 ff.); siehe auch BGHZ 30, S. 7 (7, 14 ff.).

265 BGHZ 27, S. 284 (286 ff.).

266 BGHZ 36 („Waffenhändler"), S. 77 (79 ff.).

267 BGH, NJW 1964 („Sittenrichter"), S. 1471 (1471 f.); siehe den BGH mit weiteren bedeutenden Entscheidungen in NJW 1965 („Soraya"), S. 685 (685 ff.); BGHZ 50 („Mephisto"), S. 133 (133 ff.); 80 („Wallraff"), S. 25 (25 ff.); aus neuerer Zeit sind vor allem die „Caroline"-Entscheidungen erwähnenswert, z.B. BGHZ 128, S. 1 (1 ff.); 131, S. 332 (332 ff.).

268 Nach *Luch*, Medienpersönlichkeitsrecht, S. 26 ff.

269 BVerfGE 34 („Soraya"), S. 269 (269 ff., 281 f.); siehe auch BGH, NJW 1965, S. 685 (685 ff.).

270 *Luch*, Medienpersönlichkeitsrecht, S. 34.

271 BVerfGE 34 („Tonbandaufnahmen"), S. 238 (238, 245 f.).

272 *Luch*, Medienpersönlichkeitsrecht, S. 34.

273 BVerfGE 6 („Elfes"), S. 32 (32 ff., 36): die Art. 2 I, 1 I GG werden bereits als verfassungsrechtliche Grundlage eingebracht (S. 36); a.A. ist wohl *Jarass*, in: Erichsen (Hrsg.), Beiträge, S. 89 (89 ff.).

274 *Luch*, Medienpersönlichkeitsrecht, S. 30 f.

275 BVerfGE 6 („Homosexualität"), S. 389 (432 f.); 12 („Schmid-Spiegel"), S. 113 (127); 27 („Mikrozensus"), S. 1 (5 ff.): nach *Luch*, Medienpersönlichkeitsrecht, S. 30 ff.

Urteil[276] eine grundlegende Entscheidung über die Reichweite des persönlichkeitsrechtlichen Schutzes trifft.[277] Dadurch sollte deutlich gemacht werden, dass das fragmentarische Persönlichkeitsrecht in seinen vielen Facetten umfassend geschützt sein soll.[278] Eine weitere Konturierung wurde in der *„Lebach"*-Entscheidung[279] erreicht, in der auch Aussagen zur objektiv-rechtlichen Dimension[280] getroffen wurden; in die Strukturierung des Schutzbereiches reihen sich die Urteile in den Rechtssachen *„Eppler"*[281] und *„Böll"*[282] ein.[283]

Im weiteren Verlauf erfolgte eine Konturierung des allgemeinen Persönlichkeitsrechts vor allem über das „Loslösen" und gesonderte Behandeln spezieller Einzelverbürgungen und deren Teilgehalte.[284] Hiervon sind für die vorliegende Untersuchung vor allem das Recht auf informationelle Selbstbestimmung[285] und das Recht auf Gewährleistung der Vertraulichkeit und Integrität informationstechnischer Systeme (sogenanntes „Computergrundrecht")[286] interessant.

---

276 BVerfGE 27 („Ehescheidungsakten"), S. 344 (344 ff., 350 ff.); die Bezugnahme auf Art. 19 II GG endet in den nachfolgenden Entscheidungen, vgl. BVerfGE 32 („Krankenakte"), S. 373 (373, 379 f.) und BVerfGE 34, S. 238 (238, 245 f.).

277 *Luch*, Medienpersönlichkeitsrecht, S. 32; vgl. auch BVerfGE 54 („Eppler"), S. 148 (153 ff.); hier wird die Sphärenbetrachtung über die Intimsphäre hinaus ausgedehnt, jedoch zugleich betont, dass die tatbestandlichen Voraussetzungen grundsätzlich eng gezogen werden müssten: *Luch*, Medienpersönlichkeitsrecht, S. 32, 37; diese Ausdehnung ist grundsätzlich mit einer „Abkoppelung" (*Luch* a.a.O.) eines speziellen Teilgehaltes vom Kernbestand des allgemeinen Persönlichkeitsrechts verbunden; siehe auch BVerfGE 120, S. 274 (311 f.). Mittlerweile kann von einer graduellen Sphärenbetrachtung gesprochen werden, die sich insbes. auf die Verhältnismäßigkeitsbetrachtung im engeren Sinne (sog. Angemessenheit) auswirkt: *Jarass*, in: Erichsen (Hrsg.), Beiträge, S. 89 (95); krit.: *Martini*, JA 2009, S. 839 (844 f.); stellv. für die Rspr. BVerfGE 89 („Haschischkonsum"), S. 69 (82 ff.).

278 *Luch*, Medienpersönlichkeitsrecht, S. 37.

279 BVerfGE 35 („Lebach"), S. 202 (202 ff.).

280 BVerfGE 35, S. 202 (202, 219, 221, 224, 233, 238).

281 BVerfGE 54, S. 148 (148 ff.).

282 BVerfGE 54, S. 208 (208 ff.).

283 *Luch*, Medienpersönlichkeitsrecht, S. 36.

284 Nach *Luch*, Medienpersönlichkeitsrecht, S. 26 ff.; wobei das BVerfG bspw. den „postmortalen Persönlichkeitsschutz" in seiner „Mephisto"-Entscheidung schon relativ früh (1971) als Einzelverbürgung ableitete, siehe BVerfGE 30, S. 173 (173 ff.; 191 ff.); ebenso verhält es sich mit der Einzelverbürgung des „Rechts auf Resozialisierung" in der „Lebach"-Entscheidung von 1973, siehe BVerfGE 35, S. 202 (236 ff.).

285 Siehe insbes. BVerfGE 65 („Volkszählungsurteil"), S. 1 (1 ff.; insbes. LS Nr. 1 und 2).

286 BVerfGE 120 („Onlinedurchsuchung"), S. 274 (274 ff.).

2.1.2 Ausblick und Entwicklungstendenzen

Als strukturiertes „Case Law“ ist das allgemeine Persönlichkeitsrecht in seiner entwicklungsoffenen Gestalt nicht abschließend bestimmbar (*„entwicklungsoffener Tatbestand“* beziehungsweise *„Rahmenrecht“*).[287] Durch technologische, gesellschaftliche und ökonomische Veränderungen öffnen sich neue Horizonte und die Konturen des allgemeinen Persönlichkeitsrechts werden durch Rechtsprechung und Wissenschaft weiter geschärft.[288] Dementsprechend lässt sich die zukünftige Entwicklung schwer vorhersagen; sie ist vor allem abhängig von den gesellschaftlichen Ereignissen, die zum Gegenstand von Gerichtsverfahren werden.[289] Die Entwicklung der Rechtsposition ist notwendig, wenn Gefahren, die mit dem gesellschaftlichen Wandel verbunden sind, eine angemessene rechtliche Antwort erfordern.[290]

Deshalb ist es nur eine Frage der Zeit, bis Angebote des Web 2.0 Gegenstand von Verfahren sind, die das Bundesverfassungsgericht zu einer Konturierung der Rechtsposition veranlassen.[291] Dem Schutz der Persönlichkeit kommt eine „Schlüsselrolle“ im (verfassungs-) rechtsprechungsgeprägten deutschen Rechtssystem zu.[292] Dies gilt für die Informationsgesellschaft in besonderem Maße, da der personenbezogene Informationsaustausch eine nie dagewesene Intensität erreicht hat.[293] Bereits in der Entscheidung zur „Online-Durchsuchung“[294] hat das Bundesverfassungsgericht erkennen lassen, dass es

287 *U. Amelung*, Privatheit, S. 8; *Ehmann*, JuS 1997, S. 193 (193); *Hufen*, FS BVerfG, 2001, Bd. 2, S. 105 (106 f.); *Münch*, Neue Medien, S. 6; *Placzek*, Persönlichkeitsrecht, S. 39, 41 f.

288 *Augsberg/Augsberg*, AöR 132 (2007), S. 539 (570 f.); *Vesting*, in: Götting/Schertz/Seitz (Hrsg.), HdPR, § 6 Rn. 3; *Kube*, in: Isensee/Kirchhof (Hrsg.), HdStR, Bd. VII, § 148 Rn. 142 ff.; *Di Fabio*, in: Maunz/Dürig (Hrsg.), GG, Art. 2 I Rn. 190; *Münch*, Neue Medien, S. 6; *Placzek*, Persönlichkeitsrecht, S. 39, 41 f.

289 *Placzek*, Persönlichkeitsrecht, S. 40; siehe bspw. BVerfGE 103 („Genetischer Fingerabdruck“), S. 21 (21 ff.); 109 („Akustische Wohnraumüberwachung“), S. 279 (279 ff.) oder 120 („Automatische Kennzeichenerfassung“), S. 378 (378 ff.).

290 *Vesting*, in: Götting/Schertz/Seitz (Hrsg.), HdPR, § 6 Rn. 3.

291 Siehe *Ladeur*, in: Götting/Schertz/Seitz (Hrsg.), HdPR, § 9 Rn. 4 ff. und *Kube*, in: Isensee/Kirchhof (Hrsg.), HdStR, Bd. VII, § 148 Rn. 142 ff.; diese „Ankündigung“ trifft das BVerfG im Prinzip selbst, vgl. BVerfGE 120, S. 274 (306).

292 *Ladeur*, in: Götting/Schertz/Seitz (Hrsg.), HdPR, § 9 Rn. 4 ff.; *Martini*, JA 2009, S. 839 (839).

293 Vgl. *Di Fabio*, in: Maunz/Dürig (Hrsg.), GG, Art. 2 I Rn. 190; hierzu Pkt. 2.6.4 und Pkt. 1.1.

294 Hierzu Pkt. 2.4.1.

die Notwendigkeit sieht, den Schutz erheblich zu modernisieren.[295] Dabei fällt auf, dass in erster Linie eine Schutzlücke im Bereich der Computer- und Netzarchitektur[296] geschlossen wurde.[297] Darüber hinausgehende Aspekte, wie etwa eine Stellungnahme zu Information und Datum sowie deren Verhältnis zu den Art. 2 I, 1 I GG, werden nur am Rande angesprochen.[298] Wenn, dann vor allem hinsichtlich der Eignung des Internets als Möglichkeit zum Eindringen in diese Architektur („Infiltrieren").[299] Wegen der zunehmenden Bedeutung informationstechnischer Systeme für die Persönlichkeit jedes Einzelnen, wie auch das Bundesverfassungsgericht betont, dürfte der Weg zu einem weiterreichenden „digitalen" oder „elektronischen" Privatsphärenschutz offen sein.[300] Es ist also vorstellbar, dass die Frage nach dem Umgang mit persönlichkeitsrechtsrelevanten Informationen in naher Zukunft vom Bundesverfassungsgericht entschieden werden muss. Außerdem gilt es zu bedenken, dass über die Schutzgebotsfunktion des objektiv-rechtlichen Gehaltes des allgemeinen Persönlichkeitsrechts auch der Gesetzgeber dazu angehalten ist, den unter Umständen einfachgesetzlich zu schwach ausgeprägten Grundrechteschutz neu zu kalibrieren.[301]

2.2 Herleitung und Charakteristika

Für das allgemeine Persönlichkeitsrecht wird gemeinhin auf die Art. 2 I, 1 I des Grundgesetzes rekurriert.[302] Die Normen wurden anfangs zögerlich[303], dann zu-

---

295 Siehe exemplarisch BVerfGE 120, S. 274 (274 ff., insbes. 303).

296 Womit die Hardware von informationstechnischen Systemen im weiteren Sinne gemeint ist, z.B. auch diejenige von Mobiltelefonen; siehe auch BVerfGE 120, S. 274 (314).

297 BVerfGE 120, S. 274 (302 ff., 313 ff., insbes. auch 344); ein Hinweis ist auch die dezidierte Auseinandersetzung im Rahmen der Verhältnismäßigkeitsprüfung (S. 318 ff.): *T. Böckenförde*, JZ 2008, S. 925 (938); *Britz*, DÖV 2008, S. 411 (412); *Heckmann*, Vorgänge 4/2008, S. 20 (21); *Murswiek*, in: Sachs (Hrsg.), GG, Art. 2 Rn. 73b.

298 BVerfGE 120, S. 274 (274 LS Nr. 6, 276, 304 f., 324, 340 ff.), z.B. dergestalt, dass das „heimliche Beobachten und Aufklären im Internet" bzw. das Internet als Zugangsmöglichkeit zu einem informationstechnischen System angesprochen werden.

299 BVerfGE 120, S. 274 (305 f., 310 f.).

300 *T. Böckenförde*, JZ 2008, S. 925 (939) und *Hoffmann-Riem*, AöR 123 (1998), S. 513 (525).

301 *Hoffmann-Riem*, AöR 123 (1998), S. 513 (525); *Di Fabio*, in: Maunz/Dürig (Hrsg.), GG, Art. 2 I Rn. 190.

302 *Luch*, Medienpersönlichkeitsrecht, S. 78: BVerfGE 34, S. 269 (282); 35, S. 202 (220 f., 244); 54, S. 148 (153); 79, S. 256 (268); 80, S. 367 (373); 82, S. 236 (269); 90, S. 263 (270).

303 BVerfGE 6, S. 32 (40 f.); 18, S. 146 (146 f.); 27, S. 1 (5 ff.).

nehmend selbstverständlich[304] als Grundlage für das allgemeine Persönlichkeitsrecht mit seinen vielschichtigen, entwicklungsoffenen Einzelverbürgungen und Teilausprägungen herangezogen (siehe oben).[305]

2.2.1 Struktur

Von der Struktur des allgemeinen Persönlichkeitsrechts hängt es ab, wie dessen Inhalte funktionieren und wie sie im Abwägungsprozess zu berücksichtigen sind.

2.2.1.1 Entkoppelung versus Kombination

Fraglich ist bereits, ob das allgemeine Persönlichkeitsrecht überhaupt auf eine Kombination von Art. 2 I GG und Art. 1 I GG angewiesen ist.[306] Stattdessen könnte auch nur Art. 2 I GG in Betracht zu ziehen sein.[307] Der Wortlaut des Art. 2 I GG spricht grundsätzlich dafür („Recht auf freie Entfaltung der Persönlichkeit“);[308] ein Verweis auf den Charakter der Norm als „Auffang-“ oder „Rahmenrecht“ trägt hingegen nicht:[309] Die Entstehungsgeschichte spricht für die gleichzeitige Anwendbarkeit beider Normen (siehe oben).[310] Ein Rückgriff auf die Wertungen der Menschenwürde erscheint zudem in teleologischer Hinsicht notwendig, um den Persönlichkeitsschutz über den reinen Selbstverwirklichungsgehalt des Art. 2 I GG hinaus vervollständigen zu können.[311] Der Wort-

304 BVerfGE 27, S. 344 (350 f.); 34, S. 238 (245); 34, S. 269 (282); 35, S. 202 (220 f., 244); 54, S. 148 (153).

305 *Dreier*, in: Dreier (Hrsg.), GG, Art. 2 I Rn. 10, 24.

306 Nach *Luch*, Medienpersönlichkeitsrecht, S. 78 ff.; *Lenski*, Massenkommunikation, S. 140.

307 So *Britz*, Persönlichkeitsrecht, S. 25 f.; mit Einschränkungen auch *Luch*, Medienpersönlichkeitsrecht, S. 78 ff., die eine Anbindung an Art. 1 I GG nur für notwendig hält, wenn der Menschenwürdegehalt im konkreten Fall betroffen ist; vgl. zum Teilgehalt der informationellen Selbstbestimmung auch *Hoffmann-Riem*, AöR 123 (1998), S. 513 (520).

308 Siehe *Britz*, Persönlichkeitsrecht, S. 25; vgl. auch *von Arnauld*, ZUM 1996, S. 286 (286 f.); *Vesting*, in: Götting/Schertz/Seitz (Hrsg.), HdPR, § 6 Rn. 1 f.; *Kahl*, Schutzergänzungsfunktion, S. 6 f., die jedoch – berechtigterweise – das Wortlautargument im Rahmen der Untersuchung des Verhältnisses der Normen innerhalb des Kombinationsgrundrechtes fruchtbar machen und nicht den Rückschluss auf eine „Entkoppelungsmöglichkeit“ (*Britz* a.a.O.) ziehen.

309 A.A. wohl *Britz*, Persönlichkeitsrecht, S. 25.

310 *Luch*, Medienpersönlichkeitsrecht, S. 78 ff.

311 *von Arnauld*, ZUM 1996, S. 286 (286); *Starck*, in: von Mangoldt/Klein/Starck (Hrsg.), GG, Art. 2 I Rn. 15.

laut der Norm alleine taugt jedenfalls nicht dazu, einen umfassenden Schutz der Persönlichkeit herzustellen. Die herausragende Bedeutung und das Unantastbarkeitspostulat der Menschenwürde schließen einen Rückgriff auf Art. 1 I GG jedenfalls nicht beim Herausbilden der verfassungsrechtlichen Grundlage aus, sondern wirken sich allenfalls in der nachgelagerten Situation einer Kollision beziehungsweise der Frage der verfassungsrechtlichen Rechtfertigung eines Eingriffs aus.[312] Allerdings taugt Art. 1 I GG hierbei nicht für sich genommen als eigenständige Grundlage des allgemeinen Persönlichkeitsrechts.[313] Neben den bereits vorgebrachten Argumenten für eine Kombination beider Grundrechte spricht gegen eine Anwendung des Art. 1 I GG insbesondere, dass die Menschenwürde nur spezifische inhaltliche Persönlichkeitselemente beisteuert, die den Persönlichkeitsschutz in seiner Gesamtheit nicht konstituieren können.[314] Deshalb sind die Normen der Art. 2 I, 1 I GG nur zusammen taugliche Grundlage für eine Verortung des allgemeinen Persönlichkeitsrechts.

2.2.1.2 Art. 2 I, 1 I GG als Kombinationsgrundrecht

Die Verknüpfung des Grundrechts auf freie Entfaltung der Persönlichkeit (Art. 2 I GG) mit der Menschenwürde (Art. 1 I GG) bildet das allgemeine Persönlichkeitsrecht in Form eines *Kombinationsgrundrechtes*.[315] Da die Rechtsposition auf eine lange Entstehungsgeschichte zurückblicken kann und letztlich aus zwei unterschiedlichen verfassungsrechtlichen Wurzeln erwachsen ist, kann es als „Archetyp der Kombinationsmethodik“[316] bezeichnet werden.[317] Hierbei werden

312 *Luch*, Medienpersönlichkeitsrecht, S. 80; *Starck*, in: von Mangoldt/Klein/Starck (Hrsg.), GG, Art. 2 I Rn. 15, 56 f.; a.A. *Britz*, Persönlichkeitsrecht, S. 26.

313 Diesen Eindruck vermittelt das BVerfG, wenn es bisweilen (scheinbar) isoliert auf Art. 1 GG zurückgreift, siehe bspw. BVerfGE 30, S. 173 (173 LS Nr. 5, 173 ff.; 193); allerdings handelt es sich hier um eine Form des postmortalen Persönlichkeitsschutzes - und damit um eine Sonderform des allgemeinen Persönlichkeitsrechtes, die inhaltlich nicht an die nicht mehr existierende Person des Verstorbenen anknüpfen kann. Außerdem wird durch die Formulierung „insbes.“ vermittelt, dass im konkreten Fall ein Schwerpunkt auf der inhaltlichen Betroffenheit der Menschenwürde liegt. Ähnlich verhält es sich mit der Grundrechtsverbürgung und juristischen Personen (s.o.). Hier scheidet eine Bezugnahme auf Art. 1 I GG und die Menschenwürde ebenfalls aus.

314 *von Arnauld*, ZUM 1996, S. 286 (286).

315 *Augsberg/Augsberg*, AöR 132 (2007), S. 539 (569).

316 *Augsberg/Augsberg*, AöR 132 (2007), S. 539 (570).

317 *Luch*, Medienpersönlichkeitsrecht, S. 96; *von Arnauld*, ZUM 1996, S. 286 (286 f., 290); *Augsberg/Augsberg*, AöR 132 (2007), S. 539 (539 ff., 569); *Beaucamp/Seifert*, JA 2004, S. 539 (539); *Dreier*, in: Dreier (Hrsg.), GG, Art. 2 I Rn. 68; *Vesting*, in: Götting/Schertz/Seitz (Hrsg.), HdPR, § 6 Rn. 1 f.; *Kahl*, Schutzergänzungsfunktion,

die Normen nicht kumulativ in Ansatz gebracht – das allgemeine Persönlichkeitsrecht ist kein *Zwillingsgrundrecht*[318]. Die Normen ergänzen sich wechselseitig, um die Persönlichkeit gemeinsam zu bilden. Dabei ist die Norm mit dem engeren inhaltlichen Bezug zum zu prüfenden Sachverhalt innerhalb der Kombination vorrangig heran zu ziehen (*Meistbetroffenheitstheorie*).[319] So wird ein Persönlichkeitsschutz herausgebildet, der der Situation bestmöglich entspricht (im Fall des postmortalen Persönlichkeitsschutzes zum Beispiel über Art. 1 GG, da nur ein lebender Grundrechtsträger Inhaber des Persönlichkeitsrechts sein kann, aber die Würde (auch der Persönlichkeit) auch über den Tod hinaus gilt).[320] Dies führt aber auch dazu, dass das Verhältnis von Art. 2 I GG zu Art. 1 I GG je nach Sachverhalt variieren kann. Dieses individuelle Verhältnis muss im Abwägungsprozess berücksichtigt werden.

2.2.1.3 Das Verhältnis von Art. 1 I GG zu Art. 2 I GG

Art. 2 I GG ist als strukturelle Schlüsselnorm anzusehen.[321] Dafür sprechen insbesondere Wortlaut und Entstehungsgeschichte (siehe oben),[322] aber auch Gründe der Rechtssicherheit und -klarheit, denn erst die generalklauselartige Weite der Vorschrift ermöglicht die Verankerung eines *allgemeinen* Persönlichkeitsrechts, das den fragmentarischen Schutz in seiner Vollständigkeit zu gewährleisten vermag.[323] Deshalb kann ein Kombinationsgrundrecht wie das allgemeine Persönlichkeitsrecht nicht primär auf Art. 1 I GG Bezug nehmen, da die Men-

---

S. 6; *Starck*, in: von Mangoldt/Klein/Starck (Hrsg.), GG, Art. 2 I Rn. 15; *Murswiek*, in: Sachs (Hrsg.), GG, Art. 2 Rn. 62 f.; siehe auch *Höfling*, JuS 1995, S. 857 (862), auf den – soweit ersichtlich – die Begrifflichkeit des „Kombinationsgrundrechtes" zurück zu führen ist.

318 *Augsberg/Augsberg*, AöR 132 (2007), S. 539 (570); *Kahl*, Schutzergänzungsfunktion, S. 6; *Starck*, in: von Mangoldt/Klein/Starck (Hrsg.), GG, Art. 2 I Rn. 15; *Murswiek*, in: Sachs (Hrsg.), GG, Art. 2 Rn. 63.

319 *Augsberg/Augsberg*, AöR 132 (2007), S. 539 (570) m.w.N.

320 *Luch*, Medienpersönlichkeitsrecht, S. 91 f.

321 *Augsberg/Augsberg*, AöR 132 (2007), S. 539 (571); *Vesting*, in: Götting/Schertz/Seitz (Hrsg.), HdPR, § 6 Rn. 1 f.; *Dreier*, in: Dreier (Hrsg.), GG, Art. 2 I Rn. 68; *Kahl*, Schutzergänzungsfunktion, S. 6 f.; *Starck*, in: von Mangoldt/Klein/Starck (Hrsg.), GG, Art. 2 I Rn. 15; *Murswiek*, in: Sachs (Hrsg.), GG, Art. 2 Rn. 62 f.; vgl. das BVerfG in Entscheidungen u.a. zum Persönlichkeitsrecht des (ungeborenen) Kindes in BVerfGE 38, S. 241 (253); 47, S. 46 (69, 80); 59, S. 360 (376); 88, S. 203 (203, LS Nr. 5); a.A. *von Arnauld*, ZUM 1996, S. 286 (286 ff.).

322 *von Arnauld*, ZUM 1996, S. 286 (286 f.); *Vesting*, in: Götting/Schertz/Seitz (Hrsg.), HdPR, § 6 Rn. 1 f.; *Kahl*, Schutzergänzungsfunktion, S. 6 f.

323 *Kahl*, Schutzergänzungsfunktion, S. 6 f.

schenwürde unantastbar ist;[324] und wegen der generalklauselartigen Weite, Dynamik und Entwicklungsoffenheit muss das Grundrecht auch einschränkbar sein, was bei der Menschenwürde als zentraler Norm nicht möglich wäre.[325] Außerdem ist die Norm bereits inhaltlich nicht dazu in der Lage, den Großteil der in Betracht kommenden Sachverhalte alleine abzubilden (siehe oben).[326]

Die über Art. 1 I GG eingebundene Menschenwürdegarantie trägt vielmehr der umfassenden Subjektbezogenheit Rechnung und fungiert als Orientierungspunkt und programmatische Leitlinie bei der Ausgestaltung, Auslegung und Fortentwicklung des allgemeinen Persönlichkeitsrechts.[327] Der Menschenwürdesatz dient insbesondere der *Schutzbereichsverstärkung* des Art. 2 I GG.[328] Hinzu kommt die Bedeutung der Menschenwürde als Grenze im Rahmen von Abwägung und verfassungsmäßiger Rechtfertigung.[329] Problematisch sind Fälle, in denen inhaltlich ein primär der Menschenwürde zuzuordnender Inhalt betroffen ist.[330] Dort kann die Schutzbereichsbetroffenheit so weit reichen, dass beinahe ausschließlich auf Art. 1 I GG zurückgegriffen werden muss (*Meistbetroffenheit*).[331] Dies lässt die primäre strukturelle Bezugnahme auf Art. 2 I GG allerdings unberührt; einer inhaltlichen Schwerpunktverlagerung zwischen den Art. 2 I und 1 I GG ist im Rahmen der Abwägung entsprechend Raum zu gewähren.[332]

---

324 *Kahl*, Schutzergänzungsfunktion, S. 7.

325 *Luch*, Medienpersönlichkeitsrecht, S. 80; *Vesting*, in: Götting/Schertz/Seitz (Hrsg.), HdPR, § 6 Rn. 1; *Kahl*, Schutzergänzungsfunktion, S. 7; *Starck*, in: von Mangoldt/Klein/Starck (Hrsg.), GG, Art. 2 I Rn. 15 f., 56 f..

326 A.A. *von Arnauld*, ZUM 1996, S. 286 (287 f.), der in Bezug auf den Schutzbereich „deutlichere Bezüge zum Menschenwürdesatz" sieht.

327 BVerfGE 27, S. 344 (351); *Dreier*, in: Dreier (Hrsg.), GG, Art. 2 I Rn. 68; *Vesting*, in: Götting/Schertz/Seitz (Hrsg.), HdPR, § 6 Rn. 1; *Ladeur*, in: Götting/Schertz/Seitz (Hrsg.), HdPR, § 7 Rn. 3; *Kube*, in: Isensee/Kirchhof (Hrsg.), HdStR, Bd. VII, § 148 Rn. 32; *Kahl*, Schutzergänzungsfunktion, S. 6; *Starck*, in: von Mangoldt/Klein/Starck (Hrsg.), GG, Art. 2 I Rn. 15; *Murswiek*, in: Sachs (Hrsg.), GG, Art. 2 Rn. 62 f.

328 *Kahl*, Schutzergänzungsfunktion, S. 7, 12 ff.; *Murswiek*, in: Sachs (Hrsg.), GG, Art. 2 Rn. 62.

329 *Ladeur*, in: Götting/Schertz/Seitz (Hrsg.), HdPR, § 7 Rn. 3; *Luch*, Medienpersönlichkeitsrecht, S. 80.

330 Bspw. Fälle des postmortalen Persönlichkeitsschutzes: *Luch*, Medienpersönlichkeitsrecht, S. 91, 134 ff., 218 ff.

331 *Augsberg/Augsberg*, AöR 132 (2007), S. 539 (570) m.w.N.

332 *Kahl*, Schutzergänzungsfunktion, S. 7, 12 ff., insbes. 57; *Augsberg/Augsberg*, AöR 132 (2007), S. 539 (570).

2.2.1.4 Charakter als selbstständiges Grundrecht

Dem allgemeinen Persönlichkeitsrecht ist ein eigenständiger Grundrechtscharakter zu bescheinigen, der die Rechtsposition in allen Belangen – insbesondere in der Abwägung – anderen Grundrechten gleichstellt.[333] Aus formaljuristischer Perspektive sind Grundrechte nur diejenigen Rechte, die das Grundgesetz als solche bezeichnet.[334] Auch für das allgemeine Persönlichkeitsrecht ist eine eindeutige rechtsdogmatische Anbindung an ein prüfungsleitendes Grundrecht erforderlich.[335] Da das allgemeine Persönlichkeitsrecht strukturell in Art. 2 I GG verankert ist,[336] ergibt sich bereits daraus der Charakter als selbstständiges Grundrecht.[337] Die Bezeichnung als *„unbenanntes Freiheitsrecht"*[338] oder *„In-*

---

333 Nach *Luch*, Medienpersönlichkeitsrecht, S. 92 ff.; *von Arnauld*, ZUM 1996, S. 286 (287 ff., 292); *Dreier*, in: Dreier (Hrsg.), GG, Art. 2 I Rn. 24; krit. bzw. a.A. (stellv.) *Kube*, in: Isensee/Kirchhof (Hrsg.), HdStR, Bd. VII, § 148 Rn. 107 ff.; *Kahl*, Schutzergänzungsfunktion, S. 59 f. Verfassungspositivistische Bedenken werden diskutiert: *Kahl*, Der Staat 43 (2004), S. 167 (167 ff.); *Kahl*, Schutzergänzungsfunktion, S. 57 ff.; *Schlink*, Der Staat 28 (1989), S. 161 (161 ff.); *Jestaedt*, FS Isensee, 2002, S. 183 (183 ff.).

334 *Luch*, Medienpersönlichkeitsrecht, S. 93; *Hesse*, Verfassungsrecht, Rn. 277.

335 *Kahl*, Schutzergänzungsfunktion, S. 60.

336 Der gemeinsame Sitz von allgemeinem Persönlichkeitsrecht und allgemeiner Handlungsfreiheit in Art. 2 I GG schließt nicht aus, dass ein und derselbe Normtext nicht auch zwei separate Grundrechtsverbürgungen beinhalten kann: *Dreier*, in: Dreier (Hrsg.), GG, Art. 2 I Rn. 22 f.; a.A. (stellv.) *Kube*, in: Isensee/Kirchhof (Hrsg.), HdStR, Bd. VII, § 148 Rn. 107 ff.; *Kahl*, Schutzergänzungsfunktion, S. 59 f. Dabei kann konstatiert werden, dass das allgemeine Persönlichkeitsrecht eine passiv-defensive Gestalt („Sein"), die allgemeine Handlungsfreiheit hingegen eine eher aktiv-offensive Gestalt („Tun") einnimmt: *von Arnauld*, ZUM 1996, S. 286 (287 f.); *Ladeur*, in: Götting/Schertz/Seitz (Hrsg.), HdPR, § 7 Rn. 4; *Münch*, Neue Medien, S. 5; vgl. auch BVerfGE 54, S. 148 (153); *Kahl*, Schutzergänzungsfunktion, S. 59 f.

337 Bei der Genese hat es keinen (rechtswidrigen) Akt des Verfassungspositivismus gegeben, sondern lediglich ein „Auffinden und Ausgestalten" der seit jeher vorhandenen Rechtsposition im Wege der zulässigen richterlichen Rechtsfortbildung und -anwendung: *Luch*, Medienpersönlichkeitsrecht, S. 94 f.; vgl. *Hufen*, FS BVerfG, 2001, Bd. 2, S. 105 (106); erst wenn die Grenze des vorhandenen Normtextes überschritten würde, würde es sich um einen verfassungswidrigen Ultra-Vires-Akt handeln: *Kahl*, Schutzergänzungsfunktion, S. 60; *Müller/Christensen*, Methodik, Rn. 107 f.

338 Stellv. BVerfGE 54, S. 148 (153); 72, S. 155 (170); 79, S. 256 (268); 95, S. 220 (241); stellv. für die Lit.: *Dreier*, in: Dreier (Hrsg.), GG, Art. 2 I Rn. 24; *Münch*, Neue Medien, S. 5.

nominatfreiheitsrecht"[339] ist irreführend und allenfalls deskriptiv beziehungsweise klassifizierend.[340] Wirklich „ungeschriebene" beziehungsweise „unbenannte" Grundrechte kann es nicht geben.[341] Weder darf sich der Richter explizit gegen eine vorhandene Vorschrift stellen (*contra legem* handeln), noch ohne irgendeinen Bezug zu einer als einschlägig in Betracht zu ziehenden Vorschrift tätig werden (*praeter legem* handeln).[342] Im grundgesetzlichen System der Gewaltenteilung nach Art. 20 II, III GG[343] ist nur die Legislative und der Verfassungsgeber zur Bildung von Rechts- und Entscheidungsnormen berechtigt – die Judikative ist an die Normen gebunden.[344] Aufgrund dieses eigenständigen Grundrechtscharakters dürfen der Rechtsposition aus strukturellen Gründen keine Nachteile erwachsen, was auch für die (funktionelle) Gewichtung im Abwägungsprozess gilt.

2.2.2 Inhalt

Der kombinatorisch auf den Art. 2 I und 1 I GG aufbauende Inhalt des allgemeinen Persönlichkeitsrechts wird nach *Hubmann*[345] maßgeblich über die Faktoren der *Menschenwürde*, *Individualität* und *Personalität* konkretisiert. Diese Faktoren sind (zumindest) um den *Interaktionscharakter* der Persönlichkeit und – für das Informationszeitalter – eine *„digitale Persönlichkeit"* zu ergänzen.

2.2.2.1 Die Menschenwürde

Das allgemeine Persönlichkeitsrecht steht unter dem „Leitmotiv der Menschlichkeit" (Würde des Menschen). Damit ist keine inhaltliche Prägung durch das Körperliche des Menschen gemeint; der Mensch ist anderen Lebewesen gegenüber in vielerlei Hinsicht sogar körperlich „mängelbehaftet", jedenfalls aber nicht in der Lage, durch seine Körperlichkeit einen herausragenden Würdegehalt

---

339 *Wehrhahn*, AöR 82 (1957), S. 250 (253); siehe *Bettermann/Nipperdey*, Grundrechte, Bd. IV, Hlbb. 2, S. 761.

340 *Luch*, Medienpersönlichkeitsrecht, S. 94 f.; *Ipsen*, Staatsrecht, Bd. II, § 18 Rn. 773; *Kahl*, Schutzergänzungsfunktion, S. 59.

341 Mit dem Begriff „unbenannt" wird sowieso nur der Begriff „ungeschrieben" kaschiert: *Augsberg/Augsberg*, AöR 132 (2007), S. 539 (570); *Rupp*, JZ 2005, S. 157 (157 ff.), *Luch*, Medienpersönlichkeitsrecht, S. 94 f.

342 *Müller/Christensen*, Methodik, Rn. 107.

343 Siehe Art. 97 I GG, der Richter „dem Gesetz unterwirft".

344 *Jestaedt*, FS Isensee, 2002, S. 183 (185); *Kahl*, Der Staat 43 (2004), S. 167 (195 f.); *Müller/Christensen*, Methodik, Rn. 108.

345 *Hubmann*, Persönlichkeitsrecht, S. 41 ff., insbes. S. 59 ff.

zu rechtfertigen.[346] Es ist das geistige Bewusstsein (beziehungsweise die Fähigkeit, eine *„geistige Anlage"* in sich zu tragen), das den Menschen als solchen „besonders" macht.[347] Erst die Kraft des Geistes ermöglicht dem Menschen, autonom und selbstbestimmt eine Identität zu bilden.[348] Das heißt, sein Leben bewusst zu führen und seine Persönlichkeit zu gestalten.[349] Würde und Sonderstellung des Menschen liegen in dieser geistigen Anlage, mit der alle Menschen gleichermaßen ausgestattet sind, unabhängig davon, welche „Kapazitäten" sie von Geburt an mitbringen, oder inwieweit sie im Laufe ihres Daseins, zum Beispiel in kultureller, ethischer oder sonstiger Weise, von ihnen „Gebrauch machen".[350] Dabei kann dahinstehen, ob man die geistige Anlage als von Geburt an mitgegeben, im Laufe der persönlichen Entwicklung entstanden oder im Rahmen der biologischen Evolution möglich geworden betrachtet.[351] Der Mensch kann sich zumindest nicht ausschließlich auf seine Instinkte verlassen, sondern muss sich seines Geistes bedienen, um die vielfältigen Herausforderungen des komplexen menschlichen Daseins zu bewältigen.[352] So findet die durch die Geistigkeit geprägte Persönlichkeit ihre logische Fortsetzung in den Elementen der *Individualität* und *Personalität*.[353] Die Rolle der Menschenwürde ist folglich eine individuelle und situationsbezogene: Es ist stets zu fragen, wie stark die Geistigkeit in der konkreten Situation die Persönlichkeit ausmacht, beziehungsweise wie stark Elemente der Persönlichkeit betroffen sind, die sich von diesem Würdekern entfernen.[354] Damit ist die Menschenwürde zwar nicht vollständig bestimmt, aber die geistige Anlage ist für die Abwägung das wichtigste inhaltli-

---

346 *Hubmann*, Persönlichkeitsrecht, S. 42 m.w.N.; schon gar nicht kann eine bestimmte „Rasse" oder Abstammung eines Menschen eine wie auch immer geartete Höherrangigkeit begründen.

347 *Hubmann*, Persönlichkeitsrecht, S. 42 m.w.N.

348 *Hubmann*, Persönlichkeitsrecht, S. 45.

349 *Hubmann*, Persönlichkeitsrecht, S. 45.

350 Vgl. BVerfGE 39, S. 1 (41 f., 46 f., 64); *Hubmann*, Persönlichkeitsrecht, S. 46; *Jarass*, NJW 1989, S. 857 (859); nach diesem Rechtsverständnis ist es unmöglich, anderen Menschen ihre Menschlichkeit abzusprechen, egal ob diese gerade erst geboren, verschiedener Abstammung oder geistig behindert sind; selbst derjenige, der kraft seiner geistigen Anlage nur Unwertem den Vorzug gibt, büßt seine eigene Menschlichkeit nicht ein (*Hubmann* a.a.O.).

351 Vgl. hierzu auch die positiven Erklärungsversuche des Menschenwürdegehaltes, allen voran die sog. „Mitgift-", „Leistungs-" und „Kommunikationstheorie"; vgl. stellv. *Herdegen*, in: Maunz/Dürig (Hrsg.), GG, Art. 1 I Rn. 34 f.

352 *Hubmann*, Persönlichkeitsrecht, S. 44; man könnte sagen, dass der Geist der „Instinkt des Menschen" sei und damit unmittelbarer Ausdruck der Menschlichkeit.

353 *Hubmann*, Persönlichkeitsrecht, S. 45.

354 *Starck*, in: von Mangoldt/Klein/Starck (Hrsg.), GG, Art. 2 I Rn. 56.

che Gut, da es aufgrund seiner Unveräußerlichkeit den Ausgang des Abwägungsvorgangs verbindlich beeinflusst.[355]

2.2.2.2 Die Individualität

Individuum sein bedeutet, eine unteilbare Einheit zu bilden.[356] Dem allgemeinen Menschsein steht die Vielfalt menschlichen Daseins gegenüber; obwohl alle Menschen gleichermaßen eine geistige Anlage aufweisen, ist die Ungleichheit der Individuen unleugbar und zur Bewahrung ihrer Einzigartigkeit essenziell.[357] Bereits aus dem Körperlichen resultiert etwas Individuelles, da zumindest die Gesamtheit der körperlichen Merkmale einzigartig ist.[358] Auch die geistige Anlage ist einzigartig, selbst wenn Logik, Vernunft, Erfahrungswerte, Denkkategorien und ähnliches über das Individuum hinausgehende, verallgemeinerungsfähige Züge aufweisen.[359] Genauso wie der Körper, so entwickeln sich auch Innen- und Außenbild eines Individuums stetig weiter, während sich das Individuum selbst stets als dasselbe (wenn auch ein sich wandelndes) wahrnimmt.[360] Die daraus resultierende *Identität* führt zu einer „Kontinuität der Bewusstseinsinhalte“ und „Konstanz des Wesenskerns im Wandel der Erscheinungsweisen“.[361] Die Identität ist diejenige Selbstbezüglichkeit, in der sich die Persönlichkeit nach außen hin herstellt (Verkörperung der geistigen Anlage.).[362] Die virtuelle Identität umfasst die Teilnahme an und Identifikation mit den Angeboten des Internets. In der Wahrnehmung anderer drückt sich dies vor allem in der *Personalität* eines Menschen aus. Die Entscheidungen, die das Individuum trifft, sind höchstpersönliche, für die niemand sonst die Verantwortung übernehmen kann, als das Individuum selbst; dieses kann folglich auch an niemandem sonst gemessen werden, als an sich selbst.[363]

---

355 Mehr zur sog. Schlusspunkttheorie unter Pkt. 4.1-4.

356 Lat.: „Individuum“, das Unteilbare; vom lat. Wort „individuus“, ungeteilt: nach *Hubmann*, Persönlichkeitsrecht, S. 48; Stockter, Diskriminierung, S. 397. Die Unteilbarkeit erstreckt sich auf das Körperliche wie auch Nichtkörperliche (geistige Veranlagung und Körper bilden eine Einheit).

357 *Hubmann*, Persönlichkeitsrecht, S. 48 m.w.N.

358 *Hubmann*, Persönlichkeitsrecht, S. 49.

359 *Hubmann*, Persönlichkeitsrecht, S. 49.

360 *Hubmann*, Persönlichkeitsrecht, S. 49, 55.

361 *Hubmann*, Persönlichkeitsrecht, S. 49, 51 m.w.N.; *Morgenthaler*, Freiheitsgrundrechte, S. 225.

362 *Enders*, Menschenwürde, S. 450 f.

363 *Britz*, Persönlichkeitsrecht, S. 8; *Enders*, Menschenwürde, S. 450; *Hubmann*, Persönlichkeitsrecht, S. 51; *Stockter*, Diskriminierung, S. 397.

2.2.2.3 Die Personalität

Der Aspekt der Personalität[364] ist für das Verständnis der Rechtsposition und insbesondere für ihr Verhältnis zu anderen Grundrechten und damit für die Abwägung von grundlegender Bedeutung, denn erst über die Brücke der Personalität lässt sich das allgemeine Persönlichkeitsrecht als eine Rechtsposition unter vielen in ein ganzes Rechtesystem einbetten.[365] Neben dem Sein des Individuums im Sinne von „Dasein" beziehungsweise „Existieren" gibt es die personalisierte Darstellung dieses Seins in der Gesellschaft.[366] Sobald ein Individuum in einer Gesellschaft steht, steht es auch vor der Wahl zwischen verschiedenen Verhaltensweisen (Tätigkeiten, Kontakte, Bewegungen, Äußerungen etc.).[367] Und trotz der Wahl unterschiedlicher Verhaltensweisen bleibt das Individuum vor seinem Entscheidungshintergrund identisch („sich selber treu").[368] Dies allerdings unter dem Einfluss objektiver, allgemeingültiger und fremder Werte oder Motive.[369] Zum Beispiel der Menschenwürde, die als Leitmotiv einen großen Einfluss ausübt.[370] Insofern verändert sich die Identität gerade unter dem Einfluss der Personalität und dennoch wird stets die Einzigartigkeit des Individuums erkennbar bleiben.

Personalität zeichnet sich gerade dadurch aus, dass das eigene Verhalten bewusst gewählt und durch kommunikatives Handeln beeinflusst wird.[371] So ist bei Ausbildung der eigenen Persönlichkeit auch die Möglichkeit gegeben, sich abhängig von anderen Personen zu interpretieren, ohne dass damit Selbstaufgabe oder fehlende Autonomie verbunden sein muss.[372] Die Person steht zwangsläufig in Kontakt mit anderen Personen; es entstehen verschiedene Rollen, das heißt

---

364 Vom lat. Wort „personare", durchtönen, durchdringen: *Vesting*, in: Götting/Schertz/Seitz (Hrsg.), HdPR, § 6 Rn. 9.

365 *Vesting* trifft die Unterscheidung zwischen (empirisch-physischem) Menschen und (artifizieller) Person: *Vesting*, in: Götting/Schertz/Seitz (Hrsg.), HdPR, § 6 Rn. 8; vgl. auch *Enders*, Menschenwürde, S. 450; *Hubmann*, Persönlichkeitsrecht, S. 58 („Übertragung des idealen Seins in die Welt des Realen").

366 *Enders*, Menschenwürde, S. 450; *Ladeur*, in: Götting/Schertz/Seitz (Hrsg.), HdPR, § 7 Rn. 6; vgl. *von Arnauld*, ZUM 1996, S. 286 (286).

367 Vgl. *Hubmann*, Persönlichkeitsrecht, S. 51, 55, 60 m.w.N.; *Morgenthaler*, Freiheitsgrundrechte, S. 225.

368 *Ladeur*, in: Götting/Schertz/Seitz (Hrsg.), HdPR, § 7 Rn. 6; *Hubmann*, Persönlichkeitsrecht, S. 51; *Luhmann*, Gesellschaft, S. 771.

369 *Hubmann*, Persönlichkeitsrecht, S. 57.

370 Vgl. *Enders*, Menschenwürde, S. 452 f.

371 *Ladeur*, in: Götting/Schertz/Seitz (Hrsg.), HdPR, § 7 Rn. 6; *Luhmann*, Gesellschaft, S. 643.

372 Vgl. *Britz*, Persönlichkeitsrecht, S. 13 f.

soziale Verhaltensmuster, in die sich das Individuum anderen gegenüber einfügt.[373] Die informationsoffene Gesellschaft stellt sich als besonders stark miteinander vernetztes, diversifiziertes Rollengeflecht dar.[374] Dabei ist die Person wegen der Mannigfaltigkeit dieser Rollen mit ihrer Initiative die entscheidende Kraft, denn sie verhilft der einen oder anderen Rolle nach ihrem Ermessen zum Durchbruch.[375] Im Internet drückt sich dies zum Beispiel dadurch aus, dass man beispielsweise zwischen den Rollen als aktives Mitglied eines Angebots (zum Beispiel Moderator eines Forums oder Betreiber eines Blogs) oder passives Mitglied (Leser, Abonnent) wählt.

2.2.2.4 Die Persönlichkeit als Interaktionsposition – Kommunikationsoffenheit der Rechtsposition

Das allgemeine Persönlichkeitsrecht nimmt über die Brückenfunktion der Personalität Bezug auf das Individuum als „Verkehrsknotenpunkt gesellschaftlicher Kommunikation"[376]. Die Persönlichkeit entwickelt sich durch den kommunikativen Verkehr mit anderen Personen, sie ist eine *Interaktions-* beziehungsweise *Kommunikationsposition*.[377] Erst im Wechselspiel mit anderen Menschen gelingt es dem Individuum, seine Persönlichkeit zu bestätigen, zu korrigieren oder in anderer Weise (reflektiert) weiter zu entwickeln.[378] Dies gilt nicht nur für Minderjährige, die sich an Vorbildern wie den Eltern oder Geschwistern orientieren.

---

373 *Luhmann*, Gesellschaft, S. 771; wobei in der großen Vielfalt der Rollen zugleich ein weiterer Ausdruck der Individualität erblickt werden kann; *Wintrich*, Grundrechte, S. 7, sprich von einer „Kooperation der Individuen".

374 Anders als in früheren Gesellschaften, in denen die Rollenvielfalt, z.B. durch den Stand oder die Profession, stark eingeengt war: *Vesting*, in: Götting/Schertz/Seitz (Hrsg.), HdPR, § 6 Rn. 9.

375 Vgl. *Britz*, Persönlichkeitsrecht, S. 8 f., 15; *Hubmann*, Persönlichkeitsrecht, S. 58, 60.

376 *Vesting*, in: Götting/Schertz/Seitz (Hrsg.), HdPR, § 6 Rn. 9; *Ladeur*, in: Götting/Schertz/Seitz (Hrsg.), HdPR, § 7 Rn. 12; nach *Ladeur* fügt sich das allgemeine Persönlichkeitsrecht in eine (objektiv-rechtliche) Informationsordnung ein (§ 8 Rn. 70); dabei muss die legitime Informations- und Wissensverteilung mit den kollidierenden Persönlichkeitsinteressen auch in objektiv-rechtlicher Hinsicht in Einklang gebracht werden; so wohl auch *Hoffmann-Riem*, AöR 123 (1998), S. 513 (524, 527 ff.). Dem kann nur zugestimmt werden, denn der modernen Gesellschaft ist ein über den subjektiven Abwehrcharakter einzelner Rechtspositionen hinausgehender objektiver Charakter mehr denn je beizumessen; vgl. auch *Hubmann*, Persönlichkeitsrecht, S. 60.

377 Vgl. *Britz*, Persönlichkeitsrecht, S. 14; *Vesting*, in: Götting/Schertz/Seitz (Hrsg.), HdPR, § 6 Rn. 14; *Hoffmann-Riem*, AöR 123 (1998), S. 513 (519 ff., insbes. 521); *Lenski*, Massenkommunikation, S. 241 f.; *Luhmann*, Gesellschaft, S. 60 ff.

378 *Britz*, Persönlichkeitsrecht, S. 14.

Jede Persönlichkeit und auch das allgemeine Persönlichkeitsrecht ist auf Interaktion angewiesen. Dieses Ergebnis wird durch den Charakter des Grundrechts als Freiheitsrecht unterstrichen.[379] Außerdem durch den allgemeinen verfassungsrechtlichen Rechtsgedanken, dass es Freiheit nicht ohne ein korrespondierendes Maß an Verantwortlichkeit geben kann.[380] Selbstverantwortlichkeit beim Persönlichkeitsrecht bedeutet Verantwortlichsein zum Interagieren und Sich-selbst-Schützen. Freiheitsrechte basieren auf dem Vertrauen in die Effizienz der Selbstregulierung.[381] Das Persönlichkeitsrecht als kommunikationsoffenes Freiheitsrecht ist deshalb ebenfalls auf Selbstregulierung und Selbstschutz ausgerichtet.[382] Bis zu welchem Punkt sich der Schutz des Individuums in der Informationsgesellschaft und dem Internet selbst regulieren kann und wann der Staat schützend eingreifen muss, bleibt zu klären.[383]

Der Schutz durch das allgemeine Persönlichkeitsrecht kann jedoch nie so weit gehen, dass es dem Individuum ein Recht zugesteht, sich vor jedweden unerwünschten gesellschaftlichen Einflüssen auf seine Person, unter Berufung auf die normativ geschaffene Rechtsposition, *per se* frei zu zeichnen.[384] Zwar besteht auch ein Recht des Menschen darauf, „in Ruhe gelassen zu werden“[385], aber das diesen Anspruch ermöglichende allgemeine Persönlichkeitsrecht entsteht unter anderem erst durch das Merkmal der Personalität und Interaktion mit anderen Personen, so dass es paradox wäre, wenn es gleichzeitig dazu befähigen würde, diese Brücke zu den anderen Individuen der Gesellschaft – und damit das die Rechtsposition prägende Wechselspiel der Personen untereinander – gänzlich abreißen (lassen) zu können. Dieses ausgleichende Element ist im Rahmen der Abwägung als der Kollisionsposition der Art. 2 I, 1 I GG innewohnender Wert zu berücksichtigen.

379 Vgl. BVerfGE 54, S. 148 (153); 72, S. 155 (170); 79, S. 256 (268); 95, S. 220 (241); stellv. für die Lit. *Dreier*, in: Dreier (Hrsg.), GG, Art. 2 I Rn. 24; *Münch*, Neue Medien, S. 5.

380 *Hoffmann-Riem*, AöR 123 (1998), S. 513 (532).

381 *Ladeur*, in: Ladeur (Hrsg.), Regulierung, S. 101 (114).

382 *Hoffmann-Riem*, AöR 123 (1998), S. 513 (527 ff., insbes. 531 f.).

383 *Hoffmann-Riem*, AöR 123 (1998), S. 513 (522 ff., insbes. 527 ff. und 537); *Kube*, in: Isensee/Kirchhof (Hrsg.), HdStR, Bd. VII, § 148 Rn. 145.

384 *Britz*, Persönlichkeitsrecht, S. 14 f.; *Wintrich*, Grundrechte, S. 7.

385 *Beaucamp/Seifert*, JA 2004, S. 539 (540 f.).

2.2.2.5 Die Inhalte des Persönlichkeitsschutzes im Informationszeitalter – eine „digitale Persönlichkeit“?

Die Inhalte des allgemeinen Persönlichkeitsrechts hängen von den gesellschaftlichen Einflüssen ab. Nicht zeitgemäße Gesellschaften sind zum Beispiel stärker von Standesdenken und Rollenwahrnehmung geprägt, was den kommunikativen Austausch beschränkt. In der Informationsgesellschaft spielen feste Rollen- oder Standeserwartungen dagegen allenfalls eine untergeordnete Rolle. Stattdessen wird der kommunikative Austausch durch die technischen Möglichkeiten noch begünstigt. Dadurch kann das Individuum seine Persönlichkeit in eine schier unbegrenzte Anzahl von Richtungen lenken.[386] Individualität ist jedoch auch eine vom Individuum zu erbringende *Leistung*;[387] die an sich begrüßenswerte Möglichkeit, die eigene Persönlichkeit in viele Richtungen zu entwickeln, beinhaltet damit auch die Gefahr, den Einzelnen bei der Persönlichkeitsbildung zu überfordern.[388] Der Schwierigkeitsgrad dieser Leistung steigt mit der zunehmenden Anzahl und Komplexität der Entfaltungsmöglichkeiten. Da in der Informationsgesellschaft der Weg zu deutlich mehr Handlungsalternativen eröffnet ist, ist es problematischer, eine stringente und dem Wesenskern des Individuums entsprechende Linie herauszubilden. Somit steigen nicht nur die Chancen, die Inhalte der Persönlichkeit zu entwickeln, sondern auch deren Gefährdung.[389]

Dies wird niergendwo deutlicher, als im Internet. Das Individuum ist durch die Offenheit des Mediums überall und ständig präsent.[390] Die Vielzahl der Angebote ermöglicht es ihm, weitere Charaktezüge hinzuzugewinnen und bestehende auszubauen. Es erhält durch die Ausweitung der Handlungsoptionen mehr Einfluss auf seine eigene Persönlichkeitsentwicklung und kann eine eigene, *„virtuelle Persönlichkeit“*[391] bilden. Das Individuum kann beispielsweise Mitglied in Vereinigungen oder Gruppen werden, neue Personen und Orte kennen lernen oder eine Religion für sich entdecken. Es kann sich aber auch religiös

---

386 *Vesting*, in: Götting/Schertz/Seitz (Hrsg.), HdPR, § 6 Rn. 15; *Di Fabio*, in: Maunz/Dürig (Hrsg.), GG, Art. 2 I Rn. 190.

387 *Britz*, Persönlichkeitsrecht, S. 11 f.

388 *Vesting*, in: Götting/Schertz/Seitz (Hrsg.), HdPR, § 6 Rn. 17; *Hoffmann-Riem*, AöR 123 (1998), S. 513 (525).

389 *Britz*, Persönlichkeitsrecht, S. 12; *Vesting*, in: Götting/Schertz/Seitz (Hrsg.), HdPR, § 6 Rn. 18; *Hoffmann-Riem*, AöR 123 (1998), S. 513 (525); *Di Fabio*, in: Maunz/Dürig (Hrsg.), GG, Art. 2 I Rn. 190.

390 *Vesting*, in: Götting/Schertz/Seitz (Hrsg.), HdPR, § 6 Rn. 18; *Di Fabio*, in: Maunz/Dürig (Hrsg.), GG, Art. 2 I Rn. 190.

391 *Kube*, in: Isensee/Kirchhof (Hrsg.), HdStR, Bd. VII, § 148 Rn. 147.

radikalisieren oder durch den Einfluss gewaltverherrlichender Inhalte abstumpfen. Die virtuelle Persönlichkeit erleichtert dem Individuum die Entfaltung und fordert es zugleich bei der Auswahl. Um sich bestimmten Einflüssen zu entziehen und andere wahrzunehmen, muss das Individuum aktiv werden und selektieren („Verantwortlichsein", siehe oben). Gesteigerte Präsenz und mehr Handlungsoptionen sind also auch mit gesteigerter Aufmerksamkeit und Angreifbarkeit verbunden; die virtuelle Öffentlichkeit ist Chance *und* Risiko zugleich und der Schutz für die Informationsgesellschaft anzupassen.[392]

2.2.3 Einfachgesetzliches versus verfassungsrechtliches Persönlichkeitsrecht

Die Art. 2 I, 1 I GG sind sowohl für den verfassungsrechtlichen als auch einfachgesetzlichen Persönlichkeitsschutz einschlägig. Dass das Verfassungsrecht auf die einfachgesetzliche Ausprägung des allgemeinen Persönlichkeitsrechtes einwirkt, ist unstrittig (siehe oben).[393] Allerdings kann die einfachgesetzliche Ausprägung mit der grundgesetzlichen nicht per se gleichgesetzt werden, da andernfalls von einer unmittelbaren Drittwirkung ausgegangen würde.[394]

Bei einem Vergleich können vier strukturelle Unterschiede festgestellt werden: *Erstens* besitzt das allgemeine Persönlichkeitsrecht verfassungsrechtlichen Rang und kann vom Gesetzgeber nur bedingt eingeschränkt werden; das einfache Recht steht hingegen grundsätzlich vollständig zur Disposition der Legislative.[395] *Zweitens* formuliert die Verfassung einen Mindeststandard des gebotenen Schutzes; der einfachgesetzliche Schutz kann darüber hinausgehen, darf aber nicht dahinter zurückbleiben.[396] *Drittens* liegt es in der Entscheidungsgewalt des Gesetzgebers, wie das Schutzniveau einfachgesetzlich gewährleistet und realisiert wird (Einschätzungsprärogative der Legislative).[397] *Viertens* gilt es verfassungsrechtlich zu bedenken, dass das allgemeine Persönlichkeitsrecht gegenüber

---

392 Vgl. *Vesting*, in: Götting/Schertz/Seitz (Hrsg.), HdPR, § 6 Rn. 18 f.; vgl. zum Öffentlichkeitsverständnis Pkt. 2.6.4.3.

393 *Götting*, in: Götting/Schertz/Seitz (Hrsg.), HdPR, § 3 Rn. 1; krit. *Schwerdtner*, JuS 1978, S. 289 (291).

394 *Ehmann*, JuS 1997, S. 193 (197); *Jarass*, NJW 1989, S. 857 (858); *Götting*, in: Götting/Schertz/Seitz (Hrsg.), HdPR, § 3 Rn. 6; *Klüver*, JR 2006, S. 229 (229), *Schwerdtner*, JuS 1978, S. 289 (291).

395 *Ehmann*, JuS 1997, S. 193 (197); *Jarass*, NJW 1989, S. 857 (858); vgl. auch *Schwerdtner*, JuS 1978, S. 289 (291).

396 *Jarass*, NJW 1989, S. 857 (858).

397 Die einfachgesetzliche Umsetzung im Bürgerlichen Recht ist nur eine von verschiedenen denkbaren Möglichkeiten: *Jarass*, NJW 1989, S. 857 (858).

anderen Grundrechtsverbürgungen nachrangig sein kann, wenn diese als Leges Speciales den Schutzbereich in der konkreten Situation besser abbilden.[398]

Evidente inhaltliche Unterschiede, die eine separate Betrachtung notwendig machen würden, sind allerdings nicht ersichtlich.[399] Es wäre auch zweifelhaft, ob sich eine Trennung durchführen ließe; insbesondere, weil das Verfassungsrecht einen Mindeststandard vorgibt und sich der Gesetzgeber bei der Ausgestaltung hierin zu orientieren hat.[400] So ist der zivilrechtliche Persönlichkeitsschutz Mittel zum Zweck zur Erfüllung der verfassungsrechtlichen Vorgaben; es findet eine „Projektion" auf die einfachgesetzliche Ebene statt.[401] Ungeachtet der strukturellen Unterschiede kann deshalb eine Untersuchung erfolgen, die gleichermaßen Geltung für das einfache wie das Verfassungsrecht beansprucht.

2.2.4 Abstrakte Gewährleistungsgehalte

Die Fragmente der Persönlichkeit können ungeachtet der zum Teil beachtlichen Unterschiede systematisiert werden. Dies erleichtert eine angemessene Berücksichtigung zur Herstellung praktischer Konkordanz und sorgt für mehr Rechtssicherheit und -klarheit.[402]

2.2.4.1 Abstrakte Schutzbereichsbestimmung

Das allgemeine Persönlichkeitsrecht schützt einen unantastbaren Bereich privater Lebensgestaltung, der dem Zugriff durch die öffentliche Gewalt entzogen ist.[403] „Seine Aufgabe ist es, im Sinne des obersten Konstitutionsprinzips der ‚Würde des Menschen' (Art. 1 I GG) die engere persönliche Lebenssphäre und die Erhaltung ihrer Grundbedingungen zu gewährleisten, die sich durch die traditionellen konkreten Freiheitsgarantien nicht abschließend erfassen lassen; diese Notwendigkeit besteht namentlich auch im Blick auf die modernen Entwicklungen und die mit ihnen verbundenen neuen Gefährdungen für den Schutz der

---

398 *Jarass*, NJW 1989, S. 857 (858).

399 *Jarass*, NJW 1989, S. 857 (858); *Götting*, in: Götting/Schertz/Seitz (Hrsg.), HdPR, § 3 Rn. 6.

400 *Götting*, in: Götting/Schertz/Seitz (Hrsg.), HdPR, § 3 Rn. 6; *Jarass*, NJW 1989, S. 857 (858); *Schwerdtner*, JuS 1978, S. 289 (291).

401 *Götting*, in: Götting/Schertz/Seitz (Hrsg.), HdPR, § 3 Rn. 6 m.w.N.

402 *Beaucamp/Seifert*, JA 2004, S. 539 (540); vgl. auch *Jarass*, AöR 120 (1995), S. 345 (345 ff.).

403 BVerfGE 6, S. 32 (41); 6, S. 389 (433); 27, S. 1 (6); 34, S. 269 (281); 79, S. 256 (268); 80, S. 367 (374 ff.); 109, S. 279 (313); 113, S. 348 (390); 119, S. 1 (29).

menschlichen Persönlichkeit."[404] Während die körperliche Integrität in Art. 2 II 1 GG geschützt ist, findet die Integrität der Persönlichkeit in den Art. 2 I, 1 I GG ihren Schutz.[405] Dessen Tatbestand muss „materiell bestimmt und eng umrissen" sein.[406] Er beruht auf den beiden dem Grundrecht zugrundeliegenden Quellen (Art. 2 I und 1 I GG).[407] Sie „sichern jedem Einzelnen einen autonomen Bereich privater Lebensgestaltung, in dem er seine [aus der geistigen Veranlagung resultierende] Individualität [und Personalität] entwickeln und wahren kann."[408] Die eigentliche Konkretisierung des Schutzbereiches findet erst durch die Ausbildung der verschiedenen Einzelverbürgungen und Teilgehalte der Rechtsposition statt, da eine Konzentration auf ein einziges, alles bestimmende Merkmal der Vielfalt der möglichen Inhalte nicht gerecht würde.[409] Da sich der Schutzbereich nicht weiter abstrakt präzisieren lässt, kann ein darüber hinausgehender Beitrag zu mehr Rechtssicherheit und -klarheit für den Abwägungsprozess nur über eine Systematisierung erzielt werden. Dabei werden unterschiedliche Ansätze verfolgt.[410] Die Übergänge zwischen den Kategorien sind fließend und Überschneidungen nicht ausgeschlossen, was bei den Schlussfolgerungen berücksichtigt werden sollte.[411] Die Systematisierung darf nicht so eng ausfallen, dass sie zu keiner Klarstellung mehr führt.[412] Es bietet sich an, den Schutzbereich des allgemeinen Persönlichkeitsrechts in *vier systematische Kategorien* einzuteilen.

---

404 BVerfGE 54, S. 148 (153); 79, S. 256 (268); siehe auch: BVerfGE 99, S. 185 (193 f.); 118, S. 168 (183); 119, S. 1 (23 f.).

405 *Murswiek*, in: Sachs (Hrsg.), GG, Art. 2 Rn. 62.

406 BVerfGE 54, S. 148 (153).

407 *Beaucamp/Seifert*, JA 2004, S. 539 (540).

408 BVerfGE 35, S. 202 (220); 79, S. 256 (268).

409 *Placzek*, Persönlichkeitsrecht, S. 42 f.; vgl. zu den „Wurzeln" dieser inhaltlichen Vielfalt Pkt. 2.1 sowie Pkt. 2.2.1-2.

410 Auszugsweise: *Dreier*, in: Dreier (Hrsg.), GG, Art. 2 I Rn. 69; *Ehmann*, JuS 1997, S. 193 (197 ff.); *Jarass*, NJW 1989, S. 857 (858 f.); *Lenski*, Massenkommunikation, S. 139 ff.; *Di Fabio*, in: Maunz/Dürig (Hrsg.), GG, Art. 2 I Rn. 148 m.w.N.; *Pieroth/Schlink*, Staatsrecht, Bd. II, § 6 Rn. 391 ff.; *Placzek*, Persönlichkeitsrecht, S. 42 f. m.w.N.; *Murswiek*, in: Sachs (Hrsg.), GG, Art. 2 Rn. 68 ff.

411 *Di Fabio*, in: Maunz/Dürig (Hrsg.), GG, Art. 2 I Rn. 148.

412 So stellt die Einzelverbürgung des Rechtes auf Resozialisierung bzw. Neubeginn eine sehr explizite Einzelverbürgung dar und wäre, wenn man sie mit einer systematisch übergeordneten Kategorie gleichsetzen würde, methodisch wenig hilfreich; so aber *Jarass*, NJW 1989, S. 857 (859).

2.2.4.2 Grundbedingungen des Persönlichkeitsschutzes

Diejenigen Einzelverbürgungen, die den Schutz der dem Kernbereich der Persönlichkeit naheliegenden Elemente gewährleisten und einen besonders deutlichen Bezug zur geistigen Anlage aufweisen, sind den *Grundbedingungen* der Rechtsposition zuzuordnen. Schon das Bundesverfassungsgericht betont den Erhalt der aus der engeren persönlichen Lebenssphäre erwachsenden Grundbedingungen.[413] Es geht um den (zukunftsorientierten) Schutz persönlicher Belange, die letztlich die autonome Entwicklung der Persönlichkeit ermöglichen.[414] Hierbei geht es um elementare Aspekte wie die Sexualität und sexuelle Orientierung[415], Entscheidungen über Fortpflanzung und Schwangerschaft[416], die Geschlechtswahl[417], die Kenntnis der eigenen Abstammung[418] oder untrennbar mit der Person verbundene Elemente wie den eigenen Namen[419]. Ebenfalls höchstpersönlicher Natur sind Entscheidungen in bedeutenden Lebensabschnitten des Daseins. So existiert genauso ein Entwicklungsrecht des Kindes im Anfangsstadium des Lebens[420] wie auch ein Recht jedes Einzelnen, wenn sich sein Leben dem Ende nähert, in Ruhe und Würde sterben zu können;[421] ergänzend auch ein „Recht auf Neubeginn" (zum Beispiel durch Resozialisierung oder geschlechtliche Neuausrichtung)[422], wenn der Verlauf des Lebens dies erforderlich macht.

2.2.4.3 Selbstbewahrung und -erhaltung

Des Weiteren lassen sich Inhalte zusammenführen, die einen *Rückzugsraum räumlicher und / oder thematischer Art*[423] schaffen und Persönlichkeitsentfaltung überhaupt erst möglich machen. Dabei sind überwiegend Aspekte der Autonomie und Individualität betroffen und es werden Inhalte geschützt, die „wegen ihres Informationsgehaltes typischerweise als ‚privat' eingestuft werden,

---

413 BVerfGE 54, S. 148 (153); 72, S. 155 (170); 79, S. 256 (268); 96, S. 171 (181); 101, S. 361 (380).

414 *Di Fabio*, in: Maunz/Dürig (Hrsg.), GG, Art. 2 I Rn. 207.

415 BVerfGE 56, S. 363 (384 f.); 96, S. 56 (61); BVerwG, DVBl 1996, S. 1253 (1255).

416 BVerfGE 39, S. 1 (1 ff.); 88, S. 203 (203 ff.).

417 BVerfGE 49, S. 286 (297 ff.); NJW 97, S. 1632 (1632 f.).

418 BVerfGE 79, S. 256 (256 ff.); 90, S. 263 (263 ff.); 96, S. 56 (61 ff.).

419 BVerfGE 78, S. 38 (49); 97, S. 391 (399).

420 BVerfGE 96. S. 56 (61 ff.); vgl.: 47, S. 46 (69 ff., 73 ff.); 98, S. 218 (257).

421 *Di Fabio*, in: Maunz/Dürig (Hrsg.), GG, Art. 2 I Rn. 205 m.w.N.

422 Vgl. BVerfGE 35, S. 202 (235 ff.); 45, S. 187 (238 f.); 49, S. 286 (298 f.); 96, S. 100 (115); 98, S. 169 (199 ff.); siehe auch *Britz*, Persönlichkeitsrecht, S. 74.

423 Vgl. *Di Fabio*, in: Maunz/Dürig (Hrsg.), GG, Art. 2 I Rn. 149; *Murswiek*, in: Sachs (Hrsg.), GG, Art. 2 Rn. 69; *Pieroth/Schlink*, Staatsrecht, Bd. II, § 6 Rn. 394.

weil ihre öffentliche Erörterung oder Zurschaustellung als unschicklich gilt, das Bekanntwerden als peinlich empfunden wird oder nachteilige Reaktionen der Umwelt auslöst“[424]. Dem Einzelnen wird ein Bereich bewahrt, in dem er „sich selbst besitzt“ und der von fremder Einflussnahme frei ist – hier hat die Person das Recht, grundsätzlich ungestört zu sein.[425] Dieses Verständnis von Privatheit ist sozial zu begreifen und nicht auf räumliche Enklaven wie beispielsweise das eigene Zuhause beschränkt.[426] Dennoch schützen die Einzelverbürgungen den Betroffenen typischerweise darin, in bestimmten privaten Situationen räumlicher Natur er selbst sein und sich von einzelnen Personalitätselementen frei machen zu können. Dies geschieht gerade daheim oder an abgeschiedenen Orten, wo Kontakt mit Vertrautem und Vertrauenspersonen stattfindet.[427] Im Zentrum steht der Schutz der im Verborgenen stattfindenden, autonomen Persönlichkeitsentfaltung. Für die Informationsgesellschaft lässt sich dies am „Grundrecht auf Gewährleistung der Vertraulichkeit und Integrität informationstechnischer Systeme“[428] veranschaulichen, das den räumlichen Bereich um eine „virtuelle Sphäre“ ergänzt. Die Geräte dienen sowohl als Zugangs- wie auch als Rückzugsmöglichkeit aus der virtuellen Welt, denn die gespeicherten Daten bilden den Prozess der Persönlichkeitsentfaltung im Internet ab und helfen dem Individuum, seine Entwicklung nachzuvollziehen. Sie weisen insofern Ähnlichkeit mit Tagebüchern[429] oder anderen Einzelverbürgungen auf, in denen die Möglichkeit zur Selbstbewahrung und -erhaltung im Vordergrund steht. So zum Beispiel dann, wenn es um den Kontakt mit Vertrauenspersonen außerhalb räumlich geschützter Bereiche[430] oder die vertrauliche Kommunikation durch das nicht öffentlich ausgesprochene oder geschriebene Wort[431] geht. Ein informationstechnisches System vermag Spuren dieser Persönlichkeitsentwicklungen abzubilden, die nicht für die (breite) Öffentlichkeit bestimmt waren.

---

424 BVerfGE 101, S. 361 (382) m.w.N.

425 Stellv. BVerfGE 27, S. 1 (6); 44, S. 197 (203) jeweils m.w.N.

426 Vgl. BVerfGE 101, S. 361 (361 ff.).

427 Stellv. BVerfGE 101, S. 361 (LS Nr. 1, S. 381 ff.).

428 BVerfGE 120, S. 274 (LS Nr. 1, S. 274 ff.); mehr dazu unter Pkt. 2.4.1.

429 Hierzu BVerfGE 80, S. 367 (373 ff.).

430 Z.B. den Kontakt zwischen Arzt und Patient, BVerfGE 30, S. 373 (379).

431 Vgl. BVerfGE 54, S. 148 (155); siehe *Di Fabio*, in: Maunz/Dürig (Hrsg.), GG, Art. 2 I Rn. 196 ff.

2.2.4.4 Selbstbestimmung

Geht es um das Annehmen und Ausleben gesellschaftlicher Rollen[432], das Ausprägen der Person beziehungsweise die Bestimmung der eigenen Identität (*Identitätsbildung*),[433] dann lassen sich verschiedene Einzelverbürgungen unter dem Gesichtspunkt der Selbstbestimmung zusammenführen. Die Gesamtheit der die gesellschaftliche Erscheinung ausmachenden Rollen wird als *Gesamtrolle* bezeichnet und drückt aus, was der Mensch zur Gesellschaft beiträgt und diese gewohnt ist, von ihm erwarten zu können.[434] Die damit verbundene Erwartungshaltung im Verhältnis Person-Gesellschaft funktioniert in beide Richtungen (*wechselseitige Rollenerwartung*). Es sind Teilgehalte angesprochen, die die Person mit von der Gesellschaft geschaffenen, „unnatürlichen" Konstrukten in Verbindung bringen. Es geht nicht um die dem Menschen von Natur aus innewohnenden Antriebe, wie zum Beispiel das Nähebedürfnis zu anderen Menschen, sondern um künstlich geschaffene Gebilde, wie zum Beispiel die Ehe.

Zunächst muss der Einzelne aber die Möglichkeit haben, überhaupt (wieder) in die Gesellschaft eintreten zu können.[435] Aber auch der Zwang, sich gesellschaftlichen Rollen unterwerfen zu müssen (Strafvollzug, Zwangstherapien, obligatorische Untersuchungen), unterfällt dieser Kategorie.[436] Es kann im Weiteren um allgemeine Grundsätze wie die Privatautonomie oder das Recht gehen, am wirtschaftlichen Verkehr eigenverantwortlich und selbstbestimmt teilhaben zu können;[437] hierzu gehört auch die Möglichkeit, schuldenfrei in die Volljährigkeit eintreten zu können.[438] Auch ein Recht auf Teilhabe an Bildungsprozessen innerhalb der Gemeinschaft lässt sich, wenn auch in beschränktem Umfang, konstatieren.[439] Es sind aber auch „gesellschaftliche Produkte" wie die Perso-

---

432 *Rehbinder*, Rechtssoziologie, Rn. 39 f., 78 f. unterscheidet Rollen aus den Bereichen Familie, Bildung, Wirtschaft, Politik, Religion und Freizeit; hierzu bereits Pkt. 2.2.2.3.

433 *Pieroth/Schlink*, Staatsrecht, Bd. II, § 6 Rn. 392; vgl. *Dreier*, in: Dreier (Hrsg.), GG, Art. 2 I Rn. 70.

434 *Rehbinder*, Rechtssoziologie, Rn. 39.

435 Vgl. BVerfGE 35, S. 202 (335 f.).

436 Vgl. BVerfGE 91, S. 1 (29, 34 ff.); 95, S. 96 (140); 104, S. 92 (115); siehe *Di Fabio*, in: Maunz/Dürig (Hrsg.), GG, Art. 2 I Rn. 192.

437 Sofern ein über die allgemeine Handlungsfreiheit hinausgehender Inhalt festgestellt werden kann: *Kube*, in: Isensee/Kirchhof (Hrsg.), HdStR, Bd. VII, § 148 Rn. 56; *Jarass*, NJW 1989, S. 857 (859); vgl. *Boehme-Neßler*, MMR 2009, S. 439 (441).

438 BVerfGE 72, S. 155 (170 ff.).

439 Stellv. – auch zu den engen Grenzen dieser Verbürgung – *Di Fabio*, in: Maunz/Dürig (Hrsg.), GG, Art. 2 I Rn. 211 m.w.N.; vgl. *Rehbinder*, Rechtssoziologie, Rn. 40.

nenstände der Ehe oder eheähnlichen Lebensgemeinschaft[440] angesprochen. Denn trotz ihrer Etabliertheit handelt es sich um künstlich geschaffene Zustände. Genauso wie akademische Titel: Wurden sie einmal rechtskräftig erworben, müssen sie im gesellschaftlichen Verkehr zumindest richtig gebraucht werden.[441] Das Namensrecht wird gesellschaftlich für die „Rolle des Wissenschaftlers" weiterentwickelt. Da Adelstitel als Rollenmodell in der Gesellschaft mittlerweile keinen Stellenwert mehr genießen, genießen sie logischerweise auch nur noch als Bestandteil des Names persönlichkeitsrechtlichen Schutz (wie jeder andere Name auch).

2.2.4.5 Selbstdarstellung in der Öffentlichkeit

Wenn das Merkmal der Individualität in die Gesellschaft hinein getragen wird, ist die Selbstdarstellung des Einzelnen betroffen.[442] Hierbei geht es nicht um den Rückzug der Persönlichkeit aus der Gesellschaft, sondern um einen Vorstoß. Zum Beispiel, indem das allgemeine Persönlichkeitsrecht dem Einzelnen zusichert, dass dieser seine individuelle Erscheinung und Darstellung in der Öffentlichkeit durch Wort[443], Bild[444], Kleidung[445] und andere Ausdrucksformen grundsätzlich frei bestimmen kann.[446] Durch den Schutz des sozialen Geltungsanspruchs wird die Selbstdarstellung in der Öffentlichkeit grundlegend ge-

---

440 Siehe – mit konkretem Bezug auf den personenstandlichen Aspekt – BVerfGE 49, S. 286 (297 ff.); 60, S. 123 (134); vgl. *Boehme-Neßler*, MMR 2009, S. 439 (441); *Rehbinder*, Rechtssoziologie, Rn. 40.

441 Ob ein Anspruch auf Verwendung des Titels besteht ist aber str., vgl. jedoch BAGE 45, S. 111 (111 LS Nr. 1 und 2, S. 117 f.); BVerfG, NVwZ 1988, S. 365 (365); BVerwGE 38, S. 77 (79); vgl. *Rehbinder*, Rechtssoziologie, Rn. 40.

442 Wobei damit nicht gemeint ist, dass bei Teilgehalten dieser Kategorie der Grundrechtsinhaber immer der aktive Part sein muss; denkbar ist vielmehr auch ein Entgegenhalten von Elementen des Persönlichkeitsschutzes als Reaktion auf in der Öffentlichkeit Geschehenes.

443 Wobei es entscheidend darauf ankommt, ob es sich um ein öffentlich oder nicht öffentlich gesprochenes Wort handelt, vgl. BVerfGE 106, S. 28 (44). Darüber hinaus gibt es auch davon unabhängige Teilgehalte, wie bspw. den Schutz vor Falschzitaten: Davor, dass dem Betroffenen Aussagen in den Mund gelegt werden, die dieser überhaupt nicht getätigt hat, schützt das allgemeine Persönlichkeitsrecht unabhängig vom Adressatenkreis; vgl. auch die §§ 185 ff. StGB; siehe auch BVerfGE 54, S. 148 (155); 54, S. 208 (217); 82, S. 236 (269); 99, S. 185 (193 f.).

444 Stellv. BVerfGE 101, S. 361 (381) m.w.N.

445 BVerfG, NJW 2000, S. 1399 (1400).

446 Vgl. BVerfGE 35, S. 202 (220); 54, S. 148 (155 f.); 63, S. 131 (142).

schützt;[447] bei Angriffen auf die persönliche Ehre wird der Schutz intensiver.[448] Für die Darstellung in der (Internet-) Öffentlichkeit ist insbesondere das *Recht auf informationelle Selbstdarstellung*[449] zu erwähnen;[450] dabei geht es um die „Befugnis des Einzelnen, grundsätzlich selbst über die Preisgabe und Verwendung seiner persönlichen Daten zu bestimmen“[451]. Die Einzelverbürgung stellt den Umgang mit Daten des Bürgers unter Rechtfertigungszwang,[452] weshalb das momentane Verständnis von Selbstdarstellung in der virtuellen Öffentlichkeit noch überwiegend von einer Bindung des Individuums an einzelne Datensätze geprägt ist.[453]

2.2.4.6 Fazit

Eine abstrakte Bestimmung des sachlichen Schutzbereichs des allgemeinen Persönlichkeitsrechtes ist nur bedingt möglich. Dafür lässt sich durch eine Systematisierung der Fragmente erreichen, dass ein bestmögliches Zur-Geltung-Bringen des Inhalts im Abwägungsprozess gewährleistet werden kann. Die Grundbedingungen des Persönlichkeitsschutzes sind eng um den Kern der Menschenwürde gelegt, da sie die Sicherung der elementaren Persönlichkeitsfragmente verantworten. Aus dem Bereich der Selbstbewahrung und -entfaltung erwachsen Einzelverbürgungen, die die Individualität des Einzelnen durch Schaffung eines räumlichen oder thematischen Innenbereichs sicherstellen, in den sich der Betroffene zurückziehen kann. Aus dem Bereich der Selbstbestimmung erwachsen Einzelverbürgungen, die die Personalitäts- und Identitätsbildung durch gesellschaftliche Strukturen ermöglichen. Darüber hinaus kann das Individuum seine Persönlichkeit durch sein Auftreten in der Gemeinschaft individuell in diese einbringen. Das Bewahren dieser Autonomie stellen Teilgehalte der Kategorie der Selbstdarstellung in der Öffentlichkeit sicher, die auch vor einer verfälschten oder unerwünschten Darstellung Schutz bieten.

---

447 BVerfGE 54, S. 208 (217); 79, S. 369 (380); 82, S. 76 (79); 82, S. 272 (281 ff.).

448 BVerfGE 97, S. 125 (147); *Di Fabio*, in: Maunz/Dürig (Hrsg.), GG, Art. 2 I Rn. 169; mehr dazu unter Pkt. 2.6.2 und Pkt. 4.4.3.2.

449 St. Rspr. des BVerfG seit BVerfGE 65, S. 1 (1 ff. und insbes. LS Nr. 2); vgl. auch BVerfGE 78, S. 77 (84); 92, S. 191 (197); 101, S. 106 (121); 113, S. 29 (47); 118, S. 168 (184).

450 Es geht hier inhaltlich nicht um die Selbstbestimmung im oben definierten Sinne, sondern um die Selbstoffenbarung, d.h. die autonome Darstellung in der Öffentlichkeit in Bezug auf die Preisgabe eigener Daten: *Pieroth/Schlink*, Staatsrecht, Bd. II, § 6 Rn. 399.

451 BVerfGE 65, S. 1 (43); 78, S. 77 (84); 113, S. 29 (47); 118, S. 168 (184).

452 *Pieroth/Schlink*, Staatsrecht, Bd. II, § 6 Rn. 399.

453 Vgl. Pkt. 2.6.4.

2.2.5 Zusammenfassung

Als Kombinationsgrundrecht eigenständiger Art baut das allgemeine Persönlichkeitsrecht inhaltlich und strukturell auf den Art. 2 I, 1 I GG auf. Der Schwerpunkt liegt auf Art. 2 I GG, während die Menschenwürde maßgeblich auf den Inhalt der Rechtsposition einwirkt (gegebenenfalls im Sinne der Meistbetroffenheit, jedenfalls im Sinne der Schutzbereichsverstärkung). Die jedem Menschen innewohnende und über Art. 1 I GG geschützte geistige Anlage dient zudem als Ausgangspunkt der Persönlichkeit; im Weiteren ist ihr eine Leitbildfunktion beizumessen. Die Ausprägung der Persönlichkeit findet ihre Fortsetzung in den Elementen der Individualität, Identität und Personalität. Insbesondere der Inhaltsbestandteil der Personalität lässt das Grundrecht „mehrpolig“[454] erscheinen. Dies führt vor allem dazu, dass der Rechtsposition auch eine Interaktions- und Kommunikationsposition zuzurechnen ist. Je mehr Handlungsoptionen sich für das Individuum durch diese Mehrpoligkeit ergeben, desto größer ist die Gefährdung des Schutzgehalts durch die gesellschaftlichen Einflüsse und desto stärker ist im Abwägungsprozess der Selbstbestimmungs- und -regulierungscharakter zu berücksichtigen.

2.3 Grundbedingungen des Persönlichkeitsschutzes

Das Internet ist wie kein anderes Medium dazu geeignet, die Grundelemente der Persönlichkeit zu verletzen. Der Grundrechtsträger kann kaum beeinflussen, wie seine Persönlichkeit von der Internetöffentlichkeit wahrgenommen wird. Die Wahrnehmung ist so umfangreich, unkontrolliert und intensiv, dass sie schnell in die überwiegend menschenwürdegeprägten Bereiche der Persönlichkeit vordringt (die Grundbedingungen des Persönlichkeitsschutzes). Lässt man das Internet zunächst unberücksichtigt, ist es ausreichend, Informationen über diese Persönlichkeitsbereiche nur mit Bedacht preis zu geben. Zwar lässt sich nicht verhindern, dass die Empfänger das Vertrauen verletzen und die Informationen weitergeben, aber der Kreis bleibt in der realen Welt – mit Ausnahme anderer Medien wie Boulevardzeitungen – dennoch überschaubar. Sobald eine solche Information jedoch ins Internet gelangt, ist sie beinahe „Allgemeinwissen“. Je nach Rechercheaufwand können auch Fremde unmittelbar in die intimsten Regionen der Persönlichkeit vorschnellen. Informationen sind aber nur Bruchstücke der Persönlichkeit. Sie verbinden sich erst dann zu einem aufschlussreichen Inhalt, wenn sie miteinander in Verbindung gebracht werden können. Deshalb soll sich die Untersuchung auf die Einzelverbürgungen der Persönlichkeit kon-

---

454 *Hoffmann-Riem*, AöR 123 (1998), S. 513 (522 ff., insbes. 538 f.).

zentrieren, die es ermöglichen, ein solches Gesamtbild zu zeichnen. Dies betrifft vor allem den Namen[455] und dessen „Gegenpol“: Anonymität und Pseudonymität. Es spricht stärker für eine Abwägung zugunsten der Art. 2 I, 1 I GG, wenn Persönlichkeitsinformationen mit einem namentlich benannten Individuum verbunden werden, als wenn sie nur einem Pseudonym zugeordnet werden können.

2.3.1 Namensrecht

Das allgemeine Persönlichkeitsrecht umfasst ein Dispositionsrecht am eigenen Namen.[456] Vor allem im Internet wird die Persönlichkeit über dieses Identifikationsmerkmal wahrgenommen, da es Informationen miteinander verknüpft und Personen zurechenbar macht. Gerade soziale Netzwerke wie *Facebook* und *Google+* drängen die Nutzer, ihre Klarnamen zu verwenden. Das Namensrecht kann in positiver wie negativer Hinsicht[457] betroffen sein und einen Anspruch darauf gewähren, dass der eigene Name respektiert und geschützt wird.[458] Im Vordergrund steht die Abwehrfunktion, so dass eine Verwendung des Namens durch Dritte ohne Einwilligung des Grundrechtsinhabers grundsätzlich nicht erfolgen darf.[459] Jedoch dürfen auch die Interessen der Allgemeinheit nicht unberücksichtigt bleiben, so dass der Grundrechtsträger kein vollumfassendes Recht darauf hat, seinen Namen nur im gewünschten Kontext auftauchen zu sehen.[460] So hat das Oberlandesgericht Köln zu *Spickmich* festgestellt, dass dadurch, dass

---

455 Dem Namen kommt eine besondere Bedeutung als Unterscheidungs- und Zuordnungsmerkmal zu, vgl. BVerfGE 59, S. 216 (226) zu Art. 28 I GG; BVerfGE 78, S. 38 (49); 97, S. 391 (399 f.) zu den Art. 2 I, 1 I GG. Jedoch kann das Persönlichkeitsbild im Internet mit Bildern, Videos und vielen weiteren Merkmalen ergänzt werden, die die Person umfassender abbilden; so lassen die meisten Angebote Benutzerprofile zu, die neben dem Namen i.d.R. zumindest auch ein Profilbild zulassen (vor allem bei Social Networks wie Facebook).

456 BVerfGE 78, S. 38 (49); 97, S. 391 (399); 104, S. 373 (387); in NJW 07, S. 671 (671 f.); vgl. auch die einfachgesetzliche Ausprägung in § 12 BGB.

457 Als Recht, den eigenen Namen verwenden, ändern und beibehalten zu dürfen, bzw. andere in gewissen Grenzen daran zu hindern, ihn zu verwenden; vgl. für dazu BVerfGE 97, S. 391 (399 ff.; 403 ff.).

458 BVerfGE 78, S. 38 (49).

459 Stellv. BGHZ 30, S. 7 (9 ff.); 32, S. 103 (111); 81, S. 75 (78 ff.); BVerfGE 97, S. 391 (399); ein Verlust des Namens, z.B. bei der Annahme eines anderen Nachnamens, ist nicht vonnöten, vgl. BVerfGE 78, S. 38 (49); 84, S. 9 (22).

460 BVerfGE 78, S. 38 (49); 82, S. 236 (269); 97, S. 125 (149); 97, S. 391 (403); 99, S. 185 (194); 101, S. 361 (380).

die bewerteten Personen über ein Webcrawling[461] nicht auffindbar waren, die Beeinträchtigung des Persönlichkeitsrechts geringer ausfiel.[462] Folgerichtig kommt es entscheidend auf den konkreten Zusammenhang von Äußerung und Namensnutzung an – und damit handelt es sich um eine Frage der Abwägung mit kollidierenden Interessen wie beispielsweise der Meinungsfreiheit.

2.3.2 Das Recht auf Anonymität und Pseudonymität

Dem Namensrecht wird das Recht des Grundrechtsträgers an die Seite gestellt, Identifikationsmerkmale (wie den Namen) zurückhalten und anonym bleiben zu können. Neben der Anonymität des von einer Äußerung Betroffenen ist auch diejenige des sich Äußernden relevant. Werden viele Informationen mit der Person des Betroffenen verknüpft, steigt dessen Präsenz in der Öffentlichkeit; kann der sich Äußernde anonym bleiben, steigt dessen Äußerungsbereitschaft. Beides zusammen kann dazu führen, dass sich qualitativ und quantitativ intensiver geäußert und damit das Persönlichkeitsrecht auch intensiver beeinträchtigt wird. Im Internet werden zudem häufig, sofern die Angebote dies zulassen, Pseudonyme verwendet.

2.3.2.1 Begriffsbestimmung

In Kommunikationsbeziehungen lässt sich Anonymität, also Verborgenbleiben oder Nichtidentifizierbarkeit, am besten anhand von zwei sich kreuzenden Achsen[463] verdeutlichen: Die Horizontalachse beschreibt die Anonymität der Kommunikationspartner untereinander (*Sender- und Empfängeranonymität*).[464] Die vertikale Achse bezeichnet die Anonymität der unbeteiligten Dritten (*Beobachteranonymität*).[465] Anonym agiert der, der die auf ihn zurückführenden Identifikationsmerkmale verbirgt. Der Grad des Verborgenbleibens nimmt von absoluter zu relativer Anonymität ab; er ist davon abhängig, wie viele und welche Identifikationsmerkmale in Umlauf geraten und zurechenbar sind.[466] Absolute

461 „Webcrawler" (engl. „to crawl" (kraulen, kriechen, krabbeln)): Programme, die das Internet über Algorithmen automatisiert durchsuchen; sie liegen z.B. Suchmaschinen wie *Google* zugrunde.

462 OLG Köln, ZUM 2008, S. 238 (241).

463 Nach *Brunst*, Anonymität, S. 7 ff. m.w.N.

464 *Brunst*, Anonymität, S. 8.

465 *Brunst*, Anonymität, S. 8.

466 *Brunst*, Anonymität, S. 17 ff.: Hierbei ist vor allem an folgende Merkmale zu denken: Name, Adresse, Zeichen- oder Buchstabenfolgen, Pseudonyme, Verhaltensmuster, soziale Zugehörigkeiten und Identifikationsmerkmale.

Anonymität ist die Ausnahme, denn sämtliche Identifikationsmerkmale können nur schwer zurückgehalten werden.[467] Pseudonymität stellt eine schwächere Form des Sich-Verbergens dar und verbindet Handlungen einer pseudonymisierten Person mit alternativen Identitäten.[468] Der schwächere Anonymisierungsgrad resultiert daraus, dass Handlung und (pseudonymisierte) Person leichter miteinander verknüpft werden können (*Linkability*).[469] Der Vorteil besteht darin, dass sich eine Person unter Verwendung eines Pseudonyms leichter an Kommunikationsprozessen beteiligen kann als eine Person, die gänzlich anonym bleiben will.

2.3.2.2 Recht auf Anonymität als Regelfall

Außerhalb der IT-gestützten Kommunikation und einigen strittigen Sonderfällen[470] ist Anonymität der Regelfall.[471] Eine Pflicht, sich bei Handlungen des alltäglichen Lebens ständig und überall identifizieren zu müssen, besteht nicht.[472] Die Nichtidentifizierbarkeit als allgemeiner Zustand und das sich daraus ergebende Regel-Ausnahme-Verhältnis zur Identifizierbarkeit sind wegen der Natürlichkeit der Situation besonders nahe dem unantastbaren Persönlichkeitsrechtskern zuzuordnen.[473] In der Onlinewelt gilt grundsätzlich nichts anderes als in der Offlinewelt: Da in der reellen Welt keine Pflicht besteht, die wahre Identität

---

467 *Brunst*, Anonymität, S. 17; *Dix*, in: Bäumler/von Mutius (Hrsg.), Anonymität, S. 52 (53); *Luch*, Medienpersönlichkeitsrecht, S. 133. Darüber hinaus setzt eine kommunikationsoffene Gesellschaft ein gewisses Maß an Nichtanonymität voraus, um den zwischen den Personen und für die Persönlichkeiten notwendigen Diskurs nicht zum Erliegen zu bringen; vgl. *Luch*, Medienpersönlichkeitsrecht, S. 133.; hierzu bereits Pkt. 2.2.2.4.

468 *Brunst*, Anonymität, S. 27.

469 *Brunst*, Anonymität, S. 27; vgl. *Krasemann*, DuD 2006, S. 211 (211).

470 Beispielhaft sei das anonyme Gebären, z.B. die Möglichkeit, eine „Babyklappe" zu nutzen, angeführt: *Denninger*, in: Bäumler/von Mutius (Hrsg.), Anonymität, S. 41 (50 f.).

471 *Bäumler*, in: Bäumler/von Mutius (Hrsg.), Anonymität, S. 1 (1); *Brunst*, Anonymität, S. 9.

472 Vielmehr ist die Identitätsfeststellung originäre Aufgabe der Strafverfolgungsbehörden (vgl. die §§ 26 ff. PolG BW); ihr Auftrag ist es, sich illegal verhaltende Personen aus der Anonymität heraus zu holen; vgl. *Bäumler*, in: Bäumler/von Mutius (Hrsg.), Anonymität, S. 1 (8); *Dix*, S. 52 (57).

473 *von Mutius*, in: Bäumler/von Mutius (Hrsg.), Anonymität, S. 12 (21); das BVerfG scheint in seiner Entscheidung zur Vorratsdatenspeicherung vom 2. März 2010 von diesem Regel-Ausnahme-Verständnis auszugehen – hier wird Anonymität als die Regel verstanden; Eingriffe können als Ausnahme aufgrund von herausragenden Rechtsgutsgefährdungen aber gerechtfertigt sein.

„auf die Stirn geschrieben“ zu haben, besteht auch in der virtuellen Welt keine Verpflichtung, Identifikationsmerkmale, wie beispielsweise die IP-Adresse, „vor sich her tragen zu müssen“. Das Recht auf Anonymität gilt auch im Internet.[474] Der Gesetzgeber muss den defizitären Schutz einfachgesetzlich ausbauen.

2.3.2.3 Verfassungsrechtliche Gewährleistung

Ein Recht auf Anonymität und Pseudonymität ist nicht nur der Regelfall, sondern auch verfassungsrechtlich garantiert, Art. 2 I, 1 I GG. Es unterliegt den Einschränkungsmöglichkeiten des Art. 2 I GG, was insbesondere bei einem „Missbrauch“ der Anonymität und einer eventuellen Strafverfolgung relevant ist.[475] Unklar ist, woran das Recht auf Anonymität innerhalb der Norm anknüpft.[476] So ließe es sich als Teilgehalt des Rechts auf informationelle Selbstbestimmung verstehen, da der Betroffene – laut Bundesverfassungsgericht[477] – selbst darüber entscheiden können soll, welche Identifikationsmerkmale er offenbart.[478] Dies würde beinhalten, dass der Einzelne auch ein Recht darauf haben muss, keine Daten von sich preis zu geben.[479] Es sind jedoch auch Situationen vorstellbar, die andere Identifikationsmerkmale als Daten betreffen.[480] Dementsprechend erscheint es vorzugswürdig, das Recht auf Anonymität als

474 Siehe stellv. für die wohl h.M.: *Bäumler*, in: Bäumler/von Mutius (Hrsg.), Anonymität, S. 1 (1 ff., insbes.: 1 f., 5, 11); *Bäumler*, DuD 2003, S. 160 (160); *Brunst*, Anonymität, S. 9 f., 197 ff. (insbes. 257 ff.); *Krasemann*, DuD 2006, S. 211 (212); *Klink/Straub*, DuD 2008, S. 123 (123); *Luch*, Medienpersönlichkeitsrecht, S. 133; *von Mutius*, in: Bäumler/von Mutius (Hrsg.), Anonymität, S. 12 (12 f., 15 f.); *Schröder*, VerwArch 2010, S. 205 (209 f.); vgl. BGH, NJW 1988, S. 1984 (1985); 91, S. 1532 (1533) und BVerfG (im Urteil zur Vorratsdatenspeicherung, s.o.).

475 *Bäumler*, in: Bäumler/von Mutius (Hrsg.), Anonymität, S. 1 (5).

476 *von Mutius*, in: Bäumler/von Mutius (Hrsg.), Anonymität, S. 12 (12) m.w.N.

477 Vgl. BVerfGE 65, S. 1 (42); 80, S. 367 (373).

478 So die wohl h.M.: *Bäumler*, in: Bäumler/von Mutius (Hrsg.), Anonymität, S. 1 (1, 5); *Bäumler*, DuD 2003, S. 160 (160); *Krasemann*, DuD 2006, S. 211 (212); *Klink/Straub*, DuD 2008, S. 123 (123); *Luch*, Medienpersönlichkeitsrecht, S. 133; vgl. auch *Brunst*, Anonymität, S. 219 ff.

479 *Bäumler*, in: Bäumler/von Mutius (Hrsg.), Anonymität, S. 1 (5), *Bäumler*, DuD 2003, S. 160 (160); *Krasemann*, DuD 2006, S. 211 (212); *Luch*, Medienpersönlichkeitsrecht, S. 133.

480 Z.B. Verhaltensmuster; siehe *von Mutius*, in: Bäumler/von Mutius (Hrsg.), Anonymität, S. 12 (15 f.); vgl. *Brunst*, Anonymität, S. 259 f. (der von „sozialen Dimensionen“ spricht); *Denninger*, in: Bäumler/von Mutius (Hrsg.), Anonymität, S. 41 (50 f.); *Dix*, S. 52 (59 ff.).

selbstständige Einzelverbürgung der Art. 2 I, 1 I GG zu begreifen.[481] Dies hätte auch den Vorteil, dass sich selbstständig geschützte Identifikationsmerkmale, wie zum Beispiel das Namensrecht, besser in einen umfassenden Schutz einfügen würden;[482] sie würden Teilgehalte der Anonymität abbilden, während eine umfangreiche Einzelverbürgung den Schutz in allen anonymisierungsbedürftigen Situationen beträfe.[483] Im Bereich des Internets kann – hilfsweise – trotzdem auf das Recht auf informationelle Selbstbestimmung rekurriert werden, da in jedem Fall Daten hinterlassen werden.[484]

2.3.2.4 Fazit

Anonymität ist auch im Internet der rechtlich gebotene Soll-Zustand. Es besteht keine Pflicht zur Identifizierung, sondern eine Pflicht staatlicher Organe, Verletzer der Rechtsordnung notfalls aus ihrer Anonymität heraus zu holen. Dies ergibt sich aus einer selbstständigen Einzelverbürgung des allgemeinen Persönlichkeitsrechts. Die Urteile zu den Bewertungsportalen[485] haben gezeigt, dass der sich Äußernde regelmäßig anonym bleiben kann, weil die Schwelle für ein staatliches Einschreiten nicht überschritten wird. Anders verhält es sich für denjenigen, über den sich geäußert wird, da dieser regelmäßig gegen seinen Willen aus der Anonymität heraus geholt wird. Für ihn bietet das Recht auf Anonymität (zurzeit) allenfalls theoretischen Schutz. Die Interaktionsoffenheit erfordert trotzdem, dass Möglichkeiten zur Anonymisierung genutzt werden, soweit sie

---

481 *von Mutius*, in: Bäumler/von Mutius (Hrsg.), Anonymität, S. 12 (15 f., 21); vgl. *Brunst*, Anonymität, S. 259 f.; a.A.: *Luch*, Medienpersönlichkeitsrecht, S. 133 sowie *Rössler*, in: Bäumler/von Mutius (Hrsg.), Anonymität, S. 27 (27 ff.), die auf die Einzelverbürgung der Gewährleistung der Privatheit rekurriert. Problematisch ist, dass Privatheit im (virtuellen) öffentlichen Raum nur eingeschränkt gewährleistet werden kann (s. bereits die Ausführungen a.a.S.).

482 *von Mutius*, in: Bäumler/von Mutius (Hrsg.), Anonymität, S. 12 (16); insbes. könnten Rechtsunsicherheiten in sich bergende Überlagerungen mit anderen Einzelverbürgungen und Teilgehalten minimiert werden: *Brunst*, Anonymität, S. 213 f.

483 So könnten den in Betracht zu ziehenden Identifikationsmerkmalen, bspw. Namen (Namensrecht), Bildern (Recht am eigenen Bild), Äußerungen (Recht am eigenen Wort) oder Daten (Recht auf informationelle Selbstbestimmung), Teilgehalte auf Anonymisierung zugeordnet werden; ein umfassendes Recht auf Anonymität würde dagegen sämtliche anonymisierungsbedürftige Situationen, ohne Rücksicht auf das jeweilige Identifizierungsmerkmal, schützen: *von Mutius*, in: Bäumler/von Mutius (Hrsg.), Anonymität, S. 12 (15 f., 21); *Brunst*, Anonymität, S. 213 f.

484 *Klink/Straub*, DuD 2008, S. 123 (123); *Luch*, Medienpersönlichkeitsrecht, S. 133.

485 LG Köln, ZUM-RD 2009, S. 205 (205 ff.); OLG Köln, ZUM 2008, S. 869 (869 ff.); BGH, ZUM 2009, S. 753 (753 ff.).

demjenigen zur Verfügung stehen, der seine Persönlichkeit schützen möchte. Der Gesetzgeber muss diese Schutzmaßnahmen möglich machen.

2.3.3 Recht auf Neubeginn

Jedem Individuum stehen die gleichen Chancen zu, an der Gesellschaft zu partizipieren. Der Einzelne muss dazu in der Lage sein, eigenverantwortlich eine Stellung in der Gemeinschaft finden zu können.[486] Dies betrifft nicht nur die erstmalige „Startchance", sondern auch das Recht auf einen Neubeginn, sofern der Verlauf des Daseins dies erforderlich macht.[487] Dieser ist ausgeschlossen, wenn der Person dauerhaft ein Stigma anhaftet, das eine Eingliederung oder Rückkehr in die Gesellschaft ausschließt.[488] Dies kann zum Beispiel dann der Fall sein, wenn nach dem Verbüßen einer Haftstrafe durch gesellschaftliche Vorgänge, wie zum Beispiel eine extensive Medienberichterstattung, die Wiedereingliederung gefährdet wird.[489] Oder wenn die Schuldenlast eines Minderjährigen einen Neustart als vollverantwortlicher Volljähriger verhindert.[490]

Versucht man diese Überlegungen auf den Lebensbereich des Internets zu übertragen, stößt man schnell an Grenzen.[491] Vor allem die technischen Gegebenheiten des Mediums, zum Beispiel die globale Vernetzung, massenhafte Speicherung und dauerhafte Abrufbarkeit der Informationen, sowie auch die simplen Zugriffsmöglichkeiten, machen einen Neuanfang in der virtuellen Welt beinahe unmöglich.[492] Auch hier ist mithin zu konstatieren, dass der gebotene Schutz bislang nur in der Theorie existiert. Überdies erscheint es fraglich, ob ein solcher Schutz überhaupt realisiert werden kann; die Widerstände gegen einen „virtuellen Neustart" sind tatsächlicher Natur, es erscheint allenfalls realistisch, dass Möglichkeiten geschaffen werden, damit der Grundrechtsträger eigenverantwortlich und leichter eine selbst gewählte Stellung in der virtuellen Gemeinschaft einnehmen kann.

---

486 *Kunig*, in: von Münch/Kunig (Hrsg.), GG, Art. 2 Rn. 36.

487 *Britz*, Persönlichkeitsrecht, S. 74; *Dreier*, in: Dreier (Hrsg.), GG, Art. 2 I Rn. 77; *Kube*, in: Isensee/Kirchhof (Hrsg.), HdStR, Bd. VII, § 148 Rn. 57 ff.; *Kunig*, in: von Münch/Kunig (Hrsg.), GG, Art. 2 Rn. 36; vgl. BVerfGE 54, S. 148 (153); 72, S. 155 (170); 79, S. 256 (268); 96, S. 171 (181); 101, S. 361 (380).

488 *Britz*, Persönlichkeitsrecht, S. 74.

489 BVerfGE 35, S. 202 (235 ff.); 45, S. 187 (238 f.); 49, S. 286 (298 f.); 96, S. 100 (115); 98, S. 169 (199 ff.).

490 BVerfGE 72, S. 155 (170 ff.).

491 *Kube*, in: Isensee/Kirchhof (Hrsg.), HdStR, Bd. IV, § 91 Rn. 33; VII, § 148 Rn. 147.

492 *Kube*, in: Isensee/Kirchhof (Hrsg.), HdStR, Bd. IV, § 91 Rn. 33.

2.3.4 Fazit

Die Grundbedingungen des Persönlichkeitsschutzes sind bei Kollisionen in einer Internetumgebung regelmäßig betroffen. Gemessen an den Gefahren, zum Beispiel aus einer Identifizierbarkeit über den Namen, ist das tatsächliche Schutzniveau eher gering. Dies liegt insbesondere daran, dass die Einzelverbürgungen und Teilgehalte ihre Schutzkraft aufgrund des Internets nicht voll entfalten können und der einfachgesetzliche Schutz (noch) defizitär ausfällt. Dies betrifft beispielsweise das Recht der Grundrechtsträger, anonym bleiben zu können.

2.4 Selbstbewahrung und -erhaltung

Das Internet bewirkt nicht nur, dass das Individuum präsenter ist und dadurch leichter in seinem Persönlichkeitsrecht verletzt werden kann, sondern auch, dass Rückzugsbereiche wegfallen und die Persönlichkeit verwundbarer wird, indem sie mit ihrer Präsenz nicht ausweichen kann. Ist dabei die Möglichkeit zur Selbstbewahrung und -erhaltung der Persönlichkeit betroffen, kann dies zu einer Beeinträchtigung der Art. 2 I, 1 I GG führen, die im Rahmen der Abwägung entsprechend zu würdigen ist. Neben der technischen Realisierbarkeit des Zurückziehens ist auch die Möglichkeit der rechtlichen Gewährleistung von Privatheit im virtuellen Raum fraglich.

2.4.1 Das „Computergrundrecht"

Informationstechnische Systeme sind Rückzugsräume aus der virtuellen Welt. Es handelt sich um Geräte, die zum Speichern und Transportieren (persönlichkeitsrelevanter) Daten und dem Zugang zu Intra- und Internet dienen.[493] Das sogenannte *Grundrecht auf Gewährleistung der Vertraulichkeit und Integrität informationstechnischer Systeme* (auch: „Computergrundrecht") gewährleistet den Schutz der die sensiblen Daten beherbergenden Hardware in dreierlei Hinsicht: Durch Schutz der Vertraulichkeit der im System hinterlegten Daten, Schutz der Integrität des Systems sowie Gewährleistung des Zugriffs auf das intakte System durch den Berechtigten.[494] Das „Computergrundrecht" dient dazu, das *System* inklusive aller Datensätze zu schützen. Der sachliche Schutzbereich ist folglich auf die *Intaktheit der Systemarchitektur* ausgerichtet (den „Körper").[495] Dieser

---

493 Insbes. Computer und Mobiltelefone (vor allem Smartphones); siehe auch BVerfGE 120, S. 274 (314); *Brunst*, Anonymität, S. 235.

494 *Brunst*, Anonymität, S. 237; vgl. auch *Britz*, DÖV 2008, S. 411 (412); *Hömig*, Jura 2009, S. 207 (209); *Roßnagel/Schnabel*, NJW 2008, S. 3534 (3535).

495 BVerfGE 120, S. 274 (302 ff., 313 ff., 344).

Schutz ist in der Informationsgesellschaft erforderlich, da Computer eine Schlüsselfunktion zur vergangenen, aktuellen und zukünftigen Persönlichkeitsentwicklung einnehmen.[496] Sie stellen vielleicht nicht *den* Lebensmittelpunkt dar, aber zumindest eine wesentliche Schaltstelle desselben, indem sie die Entfaltung der Persönlichkeit ermöglichen, dokumentieren oder in anderer Weise begleiten. Die auf dem System hinterlegten oder über dasselbe vermittelten Daten können beinahe alle Elemente des Persönlichkeitsrechts berühren. Die Verletzung des Systems kommt einer Verletzung verschiedener Persönlichkeitsaspekte gleich; steht diese im Gegensatz zur Verletzung des einzelnen Teilbereiches im Vordergrund, so ist das „Computergrundrecht“ betroffen.

Interessanter ist die Frage, ob sich der Schutz des „körperlichen“ Systems auch im virtuellen Raum fortsetzt. Der räumliche Bereich wird unabhängig von den in ihm geschützten Objekten, insbesondere im Vergleich zu den durch die Art. 10 I und 13 I GG eingeräumten Schutzbereichen,[497] um eine informationstechnische Komponente erweitert.[498] Auch der öffentliche Raum, unabhängig von der Trennung zwischen Online- oder Offlinewelt, könnte einen Bereich kennen, in dem der Betroffene ungestört bleiben kann.[499] Der Persönlichkeitsschutz endet jedenfalls nicht „an der Wohnungstüre“.[500] Über den Schutz des Computers lässt sich kein solcher Schutz für den virtuellen Raum ableiten. Die Sicherung der Systemstruktur steht offenkundig und ausschließlich im Vordergrund.[501] Der virtuelle Raum wird als Außenwelt nur unter dem Aspekt wahrgenommen, dass von ihm ausgehend in die Architektur eines informationstechnischen Systems eingedrungen werden kann.[502] Geschützt wird nur der Körper und nicht auch der Raum, in dem er sich bewegt.

496 BVerfGE 120, S. 274 (274 ff.); *Brunst*, Anonymität, S. 234 f., 238 f.; *Kube*, in: Isensee/Kirchhof (Hrsg.), HdStR, Bd. VII, § 148 Rn. 70; *Roßnagel/Schnabel*, NJW 2008, S. 3534 (3534); krit. *Britz*, DÖV 2008, S. 411 (413); *Murswiek*, in: Sachs (Hrsg.), GG, Art. 2 Rn. 73b; jeweils m.w.N.

497 Stellv. *Hömig*, Jura 2009, S. 207 (207 f., 210).

498 *Murswiek*, in: Sachs (Hrsg.), GG, Art. 2 Rn. 73b; insbes. auch in Bezug auf die gerade im häuslichen Bereich über die Art. 2 I, 1 I GG geschützte Privatsphäre (dazu sogleich mehr).

499 Vgl. BVerfGE 101, S. 361 (361 ff.; insbes. LS Nr. 1).

500 Dies gilt für den echten Lebensraum und kann sinngemäß auf die strukturellen Grenzen eines informationstechnischen Systems übertragen werden; durch den Eintritt in die virtuelle Öffentlichkeit wird nicht der Schutzstandard im informationstechnischen System zurückgelassen: *Hömig*, Jura 2009, S. 207 (210).

501 BVerfGE 120, S. 274 (302 ff., 313 ff., 344).

502 BVerfGE 120, S. 274 (LS Nr. 6, S. 276, 304 f., 324, 340 ff.).

2.4.2 Schutz der Privatheit im virtuellen Raum

Privatheit könnte im virtuellen Raum auch unabhängig vom System geschützt sein. Sie ist jedenfalls nicht zwingend an ein informationstechnisches System gebunden (siehe oben), denn das allgemeine Persönlichkeitsrecht gewährleistet unabhängig vom Ort einen abgeschirmten Bereich privater Lebensgestaltung.[503] Auch im (virtuellen) öffentlichen Raum können theoretisch Enklaven der Privatheit geschaffen werden, so dass auch eine „digitale Privatsphäre" nicht ausgeschlossen scheint.[504] Dies gilt aber nur insoweit, wie auch im Internet Rückzugsgebiete, die räumlich und / oder thematisch definiert werden,[505] geschaffen werden können. Die tatsächliche Realisierbarkeit ist fragwürdig.

2.4.2.1 Räumliche Privatheit im Internet

Privatheit ist nicht auf den häuslichen Bereich beschränkt, sondern erfasst alle Bereiche, in denen „der Einzelne zu sich kommen, sich entspannen oder auch gehen lassen kann".[506] Räumlich handelt es sich um Situationen, in denen sich der Grundrechtsträger erkennbar von der Öffentlichkeit abgrenzt.[507] Die Privatsphäre des Einzelnen zeichnet sich folglich durch Abgeschiedenheit aus.[508] Eine Übertragbarkeit auf das Internet ist aus zwei Gesichtspunkten problematisch: *Erstens* begibt man sich mit dem Einloggen ins Internet in eine Welt, die sich gerade durch Offenheit definiert und in der die Schaffung von Abgeschiedenheit zumindest Schwierigkeiten bereitet. *Zweitens*, und dies mutet auf den ersten Blick paradox an, befindet sich der Internetnutzer in einer streng körperlichen Betrachtungsweise ausschließlich dort, wo er sich in das Internet eingeloggt hat

---

503 BVerfGE 27, S. 1 (6); 44, S. 197 (203); 90, S. 263 (270); 101, S. 361 (382 f.).

504 *T. Böckenförde*, JZ 2008, S. 925 (939): auch „elektronische" oder „virtuelle Privatsphäre".

505 BVerfGE 101, S. 361 (382); 120, 180 (198); *Brunst*, Anonymität, S. 238; *Luch*, Medienpersönlichkeitsrecht, S. 154; *Di Fabio*, in: Maunz/Dürig (Hrsg.), GG, Art. 2 I Rn. 149.

506 BVerfGE 101, S. 361 (382 f.); 120, 180 (199); *Hufen*, FS BVerfG, 2001, Bd. 2, S. 105 (111). Leicht missverständlich *Kube*, der davon spricht, dass der Einzelne beim Eintritt in die virtuelle Öffentlichkeit aus seiner Privatsphäre hinaustritt: *Kube*, in: Isensee/Kirchhof (Hrsg.), HdStR, Bd. VII, § 148 Rn. 71 (vgl. aber auch Rn. 40).

507 BVerfGE 101, S. 361 (384); siehe *Kube*, der von einer „indiziellen Bedeutung" und „teleologisch-funktionalen Bestimmung" des Ortes spricht: *Kube*, in: Isensee/Kirchhof (Hrsg.), HdStR, Bd. VII, § 148 Rn. 40.

508 BVerfGE 101, S. 361 (384); *Luch*, Medienpersönlichkeitsrecht, S. 154, 474 ff. (insbes. auch zu der begrenzten Möglichkeit, „Räumlichkeit" über Reichweiten und Abgrenzungen fest zu bestimmen).

und ist damit gleichzeitig jederzeit auch abgeschieden, sofern er sich nicht gerade in einem Internetcafé oder ähnlichem befindet.[509] Trotzdem stellt das Internet weder einen „privatsphärenfreien Raum“ dar, noch stellt die Gleichsetzung von (virtueller) Örtlichkeit und Internet-Zugangsort eine probate Übersetzung der Grundsätze der Räumlichkeit auf das Medium dar, weshalb vor allem thematisch zu differenzieren ist.

2.4.2.2 Thematische Privatheit im Internet

Thematische lässt sich Privatheit auf Situationen zurückführen, die „typischerweise als privat eingestuft werden“, Situationen, die nach allgemein-tradierten Maßstäben nicht Gegenstand der gesellschaftlichen Erörterung sein sollen.[510] Findet der Betroffene Situationen vor oder schafft welche, in denen er in einer auch für Dritte nachvollziehbaren Art und Weise davon ausgehen kann, sich selber überlassen sein zu wollen, dann greift der nach den Art. 2 I, 1 I GG gewährleistete Privatsphärenschutz.[511] Durch Internet und Aufzeichnungstechnik besteht die Gefahr, dass das Erscheinungsbild des sich ungestört Gebärdenden von ihm gelöst und für einen von ihm nicht mehr kontrollierbaren Personenkreis zugänglich gemacht wird (zum Beispiel durch Datensätze, die sein Verhalten in diesen vertraulichen Momenten dokumentieren).[512] Diese Gefahr ist selbst dann besonders stark ausgeprägt, wenn man berücksichtigt, dass der Einzelne keinen Anspruch darauf hat, sein Bild in der Öffentlichkeit beliebig zu formen.[513] Zudem erscheint es aus tatsächlichen Gründen unmöglich, dass der Betroffene thematisch als privat einzustufende Momente der Öffentlichkeit des Mediums entziehen und für sich vereinnahmen könnte. Außerdem fällt es schwer, zweifelsfrei zu determinieren, welche Verhaltensweisen im Internet als vertraulich und privat zu gelten haben.

---

509 *Brunst*, Anonymität, S. 204; *Kube*, in: Isensee/Kirchhof (Hrsg.), HdStR, Bd. VII, § 148 Rn. 71; anders wäre es evtl. dann zu beurteilen, wenn durch eine fortgeschrittene Technisierung des Alltags das Internet allgegenwärtig geworden wäre und virtuelle und reale Öffentlichkeit miteinander verschmolzen wären (z.B. über die von *Google* unter dem Titel „project glass“ entwickelte Datenbrille).

510 BVerfGE 101, S. 361 (382); 120, 180 (198).

511 Vgl. BVerfGE 101, S. 361 (384).

512 BVerfGE 120, 180 (198); vgl. das Bsp. „project glass“ (s.o.) von *Google*.

513 BVerfGE 82, S. 236 (269); 97, S. 125 (149); 99, S. 185 (194); 101, S. 361 (380, 384 f.); 120, 180 (198); *Vesting*, in: Götting/Schertz/Seitz (Hrsg.), HdPR, § 6 Rn. 18 ff.; vgl. *Britz*, Persönlichkeitsrecht, S. 14 f.; *Wintrich*, Grundrechte, S. 7.

2.4.2.3 Teleologisch-funktional bestimmte Privatheit im Internet

Privatheit und Abgeschiedenheit weisen einen stark situativen Einschlag auf.[514] Es ergibt sich ein fließender Übergang zwischen den beiden die Privatheit kennzeichnenden Elementen (siehe oben). Wenn Probleme bei einer adäquaten Übertragbarkeit dieser Elemente auf das Medium Internet bestehen, muss Privatheit im virtuellen Raum um teleologisch-funktionale Gesichtspunkte ergänzt werden.[515] Dies kann umgesetzt werden, indem man zwischen *Individualkommunikation* und *offener Kommunikation* differenziert:

Individualkommunikation unterliegt weitestgehend dem Privatheitsschutz der Art. 2 I, 1 I GG. Davon sind Kommunikationsformen betroffen, die durch einen überschaubaren Adressatenkreis und die Wahl diskreter Kommunikationskanäle ein gewisses Maß an Vertraulichkeit und konversationeller Abgeschiedenheit im Internet gewährleisten (zum Beispiel Chaträume, geschlossene Blogs, (Instant) Messaging oder auch der gewöhnlichen E-Mail-Verkehr).[516] Über die Wahl des Kommunikationspartners wird der Grad der Vertraulichkeit bestimmt, während über die Wahl des Kommunikationskanals gewährleistet wird, dass der Zugang zu den Inhalten der Konversation auf den Kreis der Zugangsberechtigten beschränkt bleibt.[517]

Offene Internetkommunikation nimmt regelmäßig nicht am Privatsphärenschutz des allgemeinen Persönlichkeitsrechtes teil. Hierbei handelt es sich um solche Kommunikationsformen, die grundsätzlich an eine nicht näher bestimmbare Öffentlichkeit adressiert sind (zum Beispiel allgemein zugängliche Websites oder offene Chaträume, Blogs, Bewertungsplattformen usw.). Hier kann eine Allokation von Vertraulichkeit und Abgeschiedenheit nicht gelingen. Solche umfassend kommunizierten Inhalte werden der allgemeinen Zugänglichkeit und Erörterung durch die Öffentlichkeit preisgegeben und treten damit aus dem Privatsphärenschutz heraus.[518] Dies gilt allerdings nur dann, wenn die Inhalte mit Willen des Betroffenen aus der Privatheit in die Öffentlichkeit hineingetragen werden; rechtswidrig der Öffentlichkeit zugänglich gemachte Informationen verlieren nicht ihren privaten Charakter und Schutz durch das allgemeine Per-

514 BVerfGE 101, S. 361 (383 f.).

515 *Kube*, in: Isensee/Kirchhof (Hrsg.), HdStR, Bd. VII, § 148 Rn. 41; *Brunst*, Anonymität, S. 203 ff.

516 *Brunst*, Anonymität, S. 204 f.

517 *Brunst*, Anonymität, S. 204 ff.; *Di Fabio*, in: Maunz/Dürig (Hrsg.), GG, Art. 2 I Rn. 149.

518 *Brunst*, Anonymität, S. 209; *Kube*, in: Isensee/Kirchhof (Hrsg.), HdStR, Bd. VII, § 148 Rn. 71.

sönlichkeitsrecht.[519] Falls diese rechtswidrig aus dem Bereich der individuellen Kommunikation herausgelöst worden sind, können die Art. 2 I, 1 I GG durchaus betroffen sein.

2.4.2.4 Zusammenfassung

Die Abwägung der Privatheit mit der Meinungsfreiheit nimmt im Internet nur in Form der offenen Kommunikation problematische Züge an. Obwohl im Rahmen der Individualkommunikation auch Persönlichkeitsrechtsverletzungen denkbar sind, spielen die besonderen Faktoren der Onlinewelt nur bei der offenen Kommunikation eine Rolle, denn zwischen E-Mail und Brief, abgeschirmter Chatroomkonversation und Gespräch mit Vertrauten in einem echten Raum und ähnlichen Vergleichsgruppen bestehen keine nennenswerten rechtlichen Unterschiede. Bei den offenen Kommunikationsformen spielen Aspekte der Privatheit aber nur dann eine Rolle, wenn sie der Öffentlichkeit widerrechtlich preisgegeben werden. Darüber hinaus gehen speziellere Teilgehalte der Art. 2 I, 1 I GG, zum Beispiel das Recht am vertraulich gesprochenen Wort, dem allgemeinen Privatheitsaspekt regelmäßig vor. Demnach ist das Gewährleistungsniveau des Schutzes der Privatheit im virtuellen Raum als eher gering einzustufen.

2.4.3 Fazit

Die Selbstbewahrungs- und -erhaltungsteilgehalte der Art. 2 I, 1 I GG gewährleisten einen Rückzugsraum räumlicher und / oder thematischer Prägung. Über die räumlich dominierte Gewährleistung der Vertraulichkeit und Integrität informationstechnischer Systeme wird nur die Systemarchitektur geschützt. Ein über die Struktur hinausgehender Schutz besteht nicht. Die Privatheit in der virtuellen Öffentlichkeit vermag diese thematische Ausdehnung theoretisch herzustellen. Hierbei ist zwischen Individualkommunikation und offener Kommunikation zu differenzieren. Bei der offenen Kommunikation, die stärker von den Besonderheiten des Internets geprägt ist als die Individualkommunikation, genießen Elemente der Privatheit aber nur Schutz, wenn sie gegen den Willen des Betroffenen aus dessen Privatsphäre herausgelöst wurden. Demzufolge versprechen die Selbstbewahrungs- und -erhaltungsteilgehalte des allgemeinen Persönlichkeitsrechtes im Internet sowohl in räumlicher als auch thematischer Hinsicht nur einen geringen Schutz.

---

519 Andernfalls würde der durch die Einzelverbürgung der Art. 2 I, 1 I GG gewährleistete Schutz ins Leere gehen: *Brunst*, Anonymität, S. 209; allerdings muss damit nicht eine Entscheidung zugunsten der Einzelverbürgung des Privatsphärenschutzes verbunden sein.

2.5 Selbstbestimmung

Verhaltensmuster, die um soziale Funktionen herum entstehen, bezeichnet man als soziale Rollen (siehe oben).[520] Ob die Nutzung des Internets als soziale Funktion bezeichnet werden kann, um die herum spezifische, klar feststellbare Verhaltensmuster entstanden sind, erscheint jedenfalls zum heutigen Zeitpunkt fraglich. Hierzu müsste dem Auftreten im Onlinebereich eine klare Erwartungshaltungen gegenüberstehen.[521] Nur dann weisen die Persönlichkeitsrechtinhalte aus dem Bereich der Selbstbestimmung eine internetspezifische Ausprägung auf.[522] Während sich andere gesellschaftliche Rollen über zum Teil außergewöhnlich lange Zeiträume hinweg herausgebildet haben (zum Beispiel der Personenstand der Ehe), existieren Verhaltensmuster in der Onlinewelt erst seit verhältnismäßig kurzer Zeit. Zwar erscheinen Nutzungsbedingungen von populären Internetangeboten wie *Facebook* („Terms of Service“[523]) grundsätzlich dazu geeignet, das Verhalten der Internetnutzer nachhaltig zu beeinflussen. Verstoßen Nutzer gegen die Terms of Service, wird möglicherweise sogar ihr Account gelöscht. Bestandteil der Terms of Service kann beispielsweise die Pflicht sein, den Klarnamen für das Profil zu verwenden (zum Beispiel bei *Facebook* und *Google+*). Fraglich ist aber, ob dies über punktuelle Disziplinierungen hinaus geeignet ist, eine Rolle zu prägen. Gerade das Verhalten von Nutzern in sozialen Netzwerken ist sehr unterschiedlich. Deshalb wird man an eine „Rolle des Nutzers sozialer Netzwerke“ vorraussichtlich nie eine einheitliche und eindeutige Erwartung knüpfen können. Auch sonst sind feste Strukturen und Verhaltensweisen im Internet (noch) eine Seltenheit.[524] Der internetspezifische Charakter von Einzelverbürgungen und Teilgehalten aus der Kategorie der Selbstbestimmung ist damit limitiert.

Feste Verhaltensweisen fehlen, weil sich noch kein ausreichendes *Vertrauen* in die technischen und rechtlichen Strukturen des Mediums gebildet hat.[525] Ver-

---

520 *Rehbinder*, Rechtssoziologie, Rn. 39.

521 *Rehbinder*, Rechtssoziologie, Rn. 39.

522 Bei den Inhalten dieser Kategorie geht es um die „Gesamtrolle“ und „wechselseitige Rollenerwartung“ innerhalb der Gemeinschaft, siehe bereits Pkt. 2.2.4.4.

523 Http://de-de.facebook.com/terms.php?ref=pf; die TOS beinhalten die „Datenschutzrichtlinie“ des Unternehmens („Privacy Policy“), allgemein hierzu: *Härting/Schätzle*, ITRB 2011, S. 40 (40 ff.).

524 *Kube*, in: Isensee/Kirchhof (Hrsg.), HdStR, Bd. IV, § 91 Rn. 10.

525 *Beyer/Kirchner/Kreuzberger/Schmeling*, DuD 2008, S. 597 (598). Ein höheres Maß an Vertrauen lässt sich feststellen, wenn Inhalte unwidersprochen bleiben und einen gewissen Verbreitungsgrad erreichen; obwohl dies aufgrund der technischen Eigenarten des Internets keinen sachlichen gerechtfertigten Grund haben muss, gelten sie als

trauen in einem sozialen Umfeld wie dem Internet ist der entscheidende Aspekt, um Verhaltensmuster an die Stelle von Einzelfallentscheidungen treten zu lassen.[526] Selbstbestimmungsinhalte der Art. 2 I, 1 I GG sind deshalb abhängig vom Vertrauen innerhalb des virtuellen Raumes, das die Basis für Verhaltensmuster und internetspezifische soziale Rollen schafft. Vertrauen zu ermöglichen und Kontinuität herzustellen ist das Ziel der Normierung bestimmter Lebensbereiche durch den Gesetzgeber.[527] Insofern ist der Mangel an Vertrauen im Internet ein Versäumnis der Legislative, glaubwürdige, zuverlässige und transparente Rechtsstrukturen zu schaffen.[528] Gerade die Terms of Service von sozialen Netzwerken werden ständig modifiziert. Dies liegt auch daran, dass die Freiheiten der Angebotsanbieter im Umgang mit den Inhalten der Nutzer, das heißt ihren Profilen, kaum Einschränkungen unterliegen (Ausnahmen: Datenschutz; Jugendschutz). Oft ist unklar, ob das, was heute im Internet gilt, morgen auch noch Bestand hat. Bei der Ehe muss man hingegen kaum befürchten, dass sie in Kürze nennenswert modifiziert oder gar abgeschafft würde.[529] Gerade die Informationsgesellschaft als moderne, ausdifferenzierte Gesellschaftsform ist auf das aus dem Vertrauen resultierende Maß an Verlässlichkeit im Internet aber angewiesen; durch das Vertrauen in die technischen und rechtlichen Strukturen wird es dem Einzelnen ermöglicht, auch ohne eigenes Durchschauen des komplexen Ganzen zu handeln.[530] Ist das vertrauensbasierte Wiederkehren von Handlungsweisen erschwert, ist auch das Herausbilden von sozialen Rollen ausgeschlossen. Der virtuellen Persönlichkeit wird es schwer gemacht, die Vielfalt an Handlungsoptionen zu beherrschen.

Dass dem Internet ein solches Vertrauensdefizit attestiert werden muss, verdeutlichen die folgenden Fallgruppen: In allen sozialen Netzwerken lassen sich Einstellungen vornehmen, die den Umgang mit den persönlichen Inhalten des Profils regeln. Es kann zum Beispiel eingestellt werden, wer welche Angaben oder „Posts“ lesen oder Bilder und Aktivitäten sehen kann. Die Einstellungen

---

glaubwürdiger („Schwarmintelligenz“): *Fierdag*, in: Götting/Lauber-Rönsberg (Hrsg.), Entwicklungen, S. 51 (56). Da dieses Vertrauen nicht selten einer fundierten Grundlage entbehrt, kann es sich letztlich kontraproduktiv auf die Vertrauensbildung als solche auswirken. Siehe hierzu auch Pkt. 2.6.4.

526 *Boehme-Neßler*, MMR 2009, S. 439 (439 f.).

527 *Boehme-Neßler*, MMR 2009, S. 439 (439); vgl. Pkt. 2.6.4.8.

528 *Heckmann*, K&R 2010, S. 1 (5 ff.); vgl. *Hermann*, AfP 2003, S. 232 (237), der die (Schutz-) Pflicht des Staates betont, notfalls die notwendigen Strukturen schaffen zu müssen.

529 Dies wäre vor dem Hintergrund von Art. 6 GG auch kaum vorstellbar.

530 *Boehme-Neßler*, MMR 2009, S. 439 (439 f.).

lassen sich jedoch zum Teil leicht umgehen.[531] Auch die eigenen Kontakte können entscheiden, Informationen offen zu legen. Der Link führt dann auch beim Nutzer dazu, dass die Inhalte seines Profils oder Posts geöffnet werden. Oft kursieren auch sogenannte „Fake-Accounts", die sich den Kontakt zu Nutzern erschleichen und Informationen einsehen können; oder richtige Accounts werden aufgrund schlechter Passwörter von Dritten „gekapert" und die Informationen somit einsehbar. Auch so liegen die Inhalte für Fremde offen, ohne dass der Nutzer etwas getan hätte. Vielen Nutzern ist dies bewusst und sie vertrauen den Privatsphäreneinstellungen nur bedingt. Bei Bewertungsportalen bringt die aus Prinzip offene Kommunikationsplattform mit sich, dass sich jeder beteiligen kann, unabhängig von persönlicher Einstellung, Motivation oder Qualifikation; hierunter leidet das Vertrauen in Neutralität, Qualität und sachlich-emotionale Distanziertheit.[532] Die Beispiele belegen, dass anstelle von Vertrauen und etablierten Verhaltensmustern, geschweige denn festen Rollenmodellen, Misstrauen und Vorsicht die Nutzung von Web-2.0-Angeboten prägen.[533] Statt konkrete Rollen und Identitäten zu verwenden, verwenden die Nutzer Pseudonyme oder verschiedene Identitäten.[534] Ein positives Beispiel bietet hingegen die Online-Enzyklopädie *Wikipedia*: Nach anfänglicher Skepsis in die Qualität der Beiträge ist das Vertrauen mittlerweile groß (bei Vergleichen mit „etablierten" Enzyklopädien, wie dem *Brockhaus* oder der *Encyclopedia Brittanica*, hat die Online-Enzyklopädie sogar besser abgeschnitten).

Greifbare Strukturen zeigen sich aber allenfalls bei Angeboten des *eCommerce*. Hier kann allerdings auf bereits außerhalb des Mediums gewachsene Strukturen zu rechtsgeschäftlichem Handeln zurückgegriffen werden.[535] So kann sich der Gewinner einer *eBay*-Auktion genauso darauf verlassen, einen Anspruch auf die Ware zu haben, wie derjenige, der sie in einem Geschäft in der Fußgängerzone gekauft hat. Die Verhaltensmuster und sozialen Rollen sind – mit gewissen Besonderheiten, wie zum Beispiel der Art und Weise des Vertragsschlusses – übertragbar. Bei persönlichkeitsrechtsrelevanten Angeboten fehlt es dahingegen (noch) an dem für eine Rollenbildung notwendigen Vertrauen. Bisherige Selbstregulierungsansätze und Verhaltenskodizes, die über die spärlichen und ständigen Änderungen unterworfenen Terms of Service im Netz hinausgehen, wie zum Beispiel die vielbeschworene sogenannte *„Netiquette"*,

531 *Beyer/Kirchner/Kreuzberger/Schmeling*, DuD 2008, S. 597 (598); *Heckmann*, K&R 2010, S. 1 (2 f.).

532 *Heckmann*, K&R 2010, S. 1 (3).

533 *Boehme-Neßler*, MMR 2009, S. 439 (442 ff.); *Heckmann*, K&R 2010, S. 1 (2 ff.).

534 Zum Identitätsmanagement: *Krasemann*, DuD 2006, S. 211 (211 ff.).

535 *Heckmann*, K&R 2010, S. 1 (3 f.).

vermögen den vertrauensmindernden Bedenken nicht effektiv Einhalt zu gebieten.[536] Erst wenn die Nutzer erwarten können, die in einem Internetangebot hinterlegten Informationen in einem gewissen Umfang steuern zu können (zum Beispiel, weil es gesetzliche Vorgaben gibt), dürfte sich auch hier Vertrauen einstellen. Zum Beispiel dann, wenn „Tools" allgemeinverbindlich werden, die einem die Löschung oder „Portierung" (i.S.v. Mitnahme) aller Inhalte zusichern, wenn man das Angebot verlässt oder wechselt. Oder die zusichern, dass alle Angebote erst einmal keine Inhalte preisgeben, sondern der Nutzer dies erst Stück für Stück freischalten muss (sogenannte *Opt-In-Lösung*).

Die Qualität der Einstellungen eines Angebots könnte ferner durch Gütesiegel, Zertifikate oder Audits sichergestellt werden.[537] Sieht der Nutzer ein ihm bekanntes Zertifikat bei einer ihm unbekannten Website, kann er Vertrauen an die Stelle einer eigenen Prüfung treten lassen. Solche Möglichkeiten steigern die Qualität der Angebote in Bezug auf die Sicherheit der Inhalte, schaffen Transparenz und rufen damit wiederum Akzeptanz beim Nutzer hervor.[538] Selbstregulierungsmaßnahmen machen es dem Nutzer ferner möglich, zwischen und in Angeboten zu selektieren: Melde ich mich an oder nicht? Gebe ich die Information ein oder nicht? Lade ich dieses Foto hoch oder nicht? Stärkere Regulierungsmöglichkeiten des Nutzers stärken die „Rolle des Nutzers" und das „Verantwortlichsein" als Handlungsaufforderung (siehe oben). Wird die technische Komplexität des Internets durch ein einfaches, aber normativ tragfähiges Regelwerk verringert, wird eine Vertrauensbasis für eine solche Rolle geschaffen. Solange wie dieses Vertrauen in die Angebote des Web 2.0 nicht gewährleistet ist, erfahren personalitäts- und identitätsgeprägte Inhalte der Art. 2 I, 1 I GG hingegen keine internettypische Ausprägung. Als dementsprechend schwach ist der Schutz der Einzelverbürgungen und Teilgehalte der Kategorie der Selbstbestimmung im Medium Internet zurzeit einzuschätzen.

2.6 Selbstdarstellung

Die durch die Art. 2 I, 1 I GG geschützte Selbstdarstellung der Person in der Öffentlichkeit konstituiert sich über eine Vielzahl von Faktoren. Es handelt sich um Inhalte, bei denen der Betroffene aus der Privatheit in die Öffentlichkeit tritt,

---

536 *Kube*, in: Isensee/Kirchhof (Hrsg.), HdStR, Bd. IV, § 91 Rn. 10; optimistischer *Calliess*, AfP 2002, S. 465 (465 ff., insbes. 468 f.).

537 *Boehme-Neßler*, MMR 2009, S. 439 (442 f.); *Hermann*, AfP 2003, S. 232 (236 ff.); vgl. *Heckmann*, K&R 2010, S. 1 (5 ff.); vgl.: *DSB Schleswig-Holstein*, 31. TB, S. 158 ff.

538 *Boehme-Neßler*, MMR 2009, S. 439 (442 f.); *Hermann*, AfP 2003, S. 232 (239 f.); krit. *Kube*, in: Isensee/Kirchhof (Hrsg.), HdStR, Bd. IV, § 91 Rn. 10.

beziehungsweise gegen seinen Willen hineingezogen wird; es geht um das Auftreten des Individuums in der Gesellschaft, das heißt um das Verfügungsrecht über das persönliche Lebens- und Charakterbild.[539] Diese Verfügungsgewalt ist im Bereich der (virtuellen) Öffentlichkeit besonders relevant, denn das Internet ist ein außerordentlich aktives Medium („Mitmachnetz"). Entkontextualisierung, Vielzahl von Nutzern und die Menge an ausgetauschten Informationen beeinträchtigen das dem alleine gegenüberstehende Individuum dabei, sich so zu präsentieren und so wahrgenommen zu werden, wie es sich das vorstellt. Die nachfolgend dargestellten Inhalte nehmen deshalb eine Sonderstellung in einem Abwägungsprozess in der virtuellen Welt ein. Allerdings spielen nicht alle Faktoren, die das Erscheinungsbild in der reellen Öffentlichkeit ausmachen, im Internet eine gleichartige Rolle. Untersuchungsrelevant sind nur Fragmente des Persönlichkeitsrechts, die Inhalte und deren Verkörperungsformen in der virtuellen Welt betreffen.

2.6.1 Das Recht am eigenen Wort

Personenbezogene Äußerungen als Inhalte des Internets können durch das Recht am eigenen Wort geschützt sein. Die Einzelverbürgung schützt die Vertraulichkeit und Integrität sprachbasierter zwischenmenschlicher Kommunikation unabhängig davon, ob sie in akustischer oder visualisierter Form betroffen ist.[540] Dies betrifft auch alle Inhalte, die jemandem im Internet zugeschrieben werden, sofern sie einmal vertraulich waren.[541]

Kommunikationsprozesse finden in nicht unerheblichem Maße in Situationen statt, aus denen der Gesprächsinhalt nach dem Willen der Beteiligten nicht hinaustransportiert werden soll.[542] Dies kann seinen Grund beispielsweise darin haben, dass das Gespräch intime Details, unbedachte Äußerungen oder diskreditierende Inhalte enthält, mit denen die Beteiligten außerhalb des von ihnen als vertrauenswürdig erachteten Bereichs nicht konfrontiert werden wollen.[543]

---

539 *Murswiek*, in: Sachs (Hrsg.), GG, Art. 2 Rn. 71; *Di Fabio*, in: Maunz/Dürig (Hrsg.), GG, Art. 2 I Rn. 166 ff.; *Vogelgesang*, Selbstbestimmung, S. 45 f.; deshalb gibt es große Schnittmengen mit Aspekten der Privatheit (vgl. Pkt. 2.4.2), wie auch mit Selbstbewahrungsinhalten im Allgemeinen, da die Schwelle zwischen Sich-Zurückziehen und Sich-Präsentieren überschritten wird: *Starck*, in: von Mangoldt/Klein/Starck (Hrsg.), GG, Art. 2 I Rn. 92.

540 *Brunst*, Anonymität, S. 217; *Di Fabio*, in: Maunz/Dürig (Hrsg.), GG, Art. 2 I Rn. 196; *Starck*, in: von Mangoldt/Klein/Starck (Hrsg.), GG, Art. 2 I Rn. 92.

541 Vgl. hierzu bereits Pkt. 2.4.2.

542 BVerfGE 106, S: 28 (44); *Dreier*, in: Dreier (Hrsg.), GG, Art. 2 I Rn. 73.

543 *Di Fabio*, in: Maunz/Dürig (Hrsg.), GG, Art. 2 I Rn. 196.

Demzufolge fallen Äußerungen, die außerhalb einer solchen Vertrauenssphäre getätigt werden, nicht in den Schutzbereich.[544] Die Bestimmung der Vertraulichkeit des Adressatenkreises richtet sich danach, ob die Äußerung ausschließlich für die anwesenden Gesprächspartner bestimmt, oder schon im Zeitpunkt des Äußerns die Kenntnisnahme durch Dritte gleichgültig war.[545] Die Vertraulichkeit ergibt sich situativ und muss nicht explizit vereinbart worden sein.[546] Neben dem Publikmachen inhaltlich richtiger, aber vertraulicher Äußerungen ist der Einzelne außerdem davor geschützt, dass ihm unrichtige Inhalte von Dritten in den Mund gelegt werden (*Falschzitate* beziehungsweise *Verfälschungen des Persönlichkeitsbildes*).[547]

Die Vertraulichkeit des Adressatenkreises spielt für den Schutz des eigenen Wortes in der virtuellen Öffentlichkeit eine tragende Rolle. Ist der Adressatenkreis wie bei der Individualkommunikation begrenzt, dann verletzt eine Veröffentlichung die Vertraulichkeit des Wortes (zum Beispiel bei einer E-Mail[548]). Handelt es sich um ein Instrument der Massenkommunikation (zum Beispiel Websites), sind die Äußerungen grundsätzlich nicht vertraulich.[549] Der Wunsch nach Vertraulichkeit ergibt sich aber – unabhängig vom Instrument – aus der Situation.[550] Auch eine Website kann vertrauliche Äußerungen enthalten, wenn der Zugang beschränkt ist. Bei Internetangeboten des Web 2.0 dürfte eine Vertraulichkeit regelmäßig zu verneinen sein: Homepages, Blogs, Foren, Bewertungsplattformen und ähnliche Angebote sind an ein Massenpublikum gerichtet. Das Recht am eigenen Wort ist allenfalls dann betroffen, wenn vertraulich geäußerte Inhalte entgegen der ursprünglichen Abrede zugänglich gemacht werden.

---

544 *Di Fabio*, in: Maunz/Dürig (Hrsg.), GG, Art. 2 I Rn. 197.

545 *Dreier*, in: Dreier (Hrsg.), GG, Art. 2 I Rn. 73; *Luch*, Medienpersönlichkeitsrecht, S. 99 f.; *Di Fabio*, in: Maunz/Dürig (Hrsg.), GG, Art. 2 I Rn. 197.

546 *Brunst*, Anonymität, S. 217.

547 BVerfGE 54, S. 208 (217 ff.); 61, S. 1 (8); 82, S. 236 (269); *Dreier*, in: Dreier (Hrsg.), GG, Art. 2 I Rn. 74; *Lenski*, Massenkommunikation, S. 151 f.; *Starck*, in: von Mangoldt/Klein/Starck (Hrsg.), GG, Art. 2 I Rn. 94.

548 Hierzu: LG Köln, MMR 2006, S. 758 (758 f., insbes. LS Nr. 1); allerdings können E-Mails auch massenkommunikativ eingesetzt werden, siehe insofern die berechtigte Kritik in der Anm. von *Kitz* (760).

549 *E. Wagner*, DuD 2008, S. 736 (738 f.).

550 Bei E-Mails kann sich der Wunsch nach Vertraulichkeit z.B. durch eine Äußerung im Text oder einen Vertraulichkeitsvermerk ergeben, vgl. LG Köln, MMR 2006, S. 758 (Anm. *Kitz* (760 f.)); ein solcher Hinweis ist aber nicht notwendig, um von Vertraulichkeit sprechen zu können: *Brunst*, Anonymität, S. 217.

2.6.2 Ehre und sozialer Geltungsanspruch

Ehre und sozialer Geltungsanspruch bilden die Kehrseite dessen, was der Grundrechtsträger als Reaktion für sein Verhalten in der Gesellschaft von dieser erwarten kann. Genauso wie er über sein Auftreten grundsätzlich selber befinden kann, vermag er auch diese Reaktion zu beeinflussen.[551] Aus zwei Gründen gilt der mit dieser Aussage verbundene Schutz aber nur eingeschränkt: Zum einen gilt auch hier der Grundsatz, dass das Individuum sein Bild in der Öffentlichkeit nicht ausschließlich selbst bestimmen kann (siehe oben). Zum anderen ist es problematisch, anderen Individuen Achtung gegenüber Dritten abzunötigen, ohne deren Freiheitsrechte zu verletzen. Die in ihrem Umfang deshalb zu Recht strittige Achtung des Ansehens der Persönlichkeit ist dennoch im Rahmen der Art. 2 I, 1 I GG geschützt.[552] Allerdings ist in besonderem Maße die Interaktionsoffenheit zu bedenken. Es kann ferner zwischen *innerer Ehre* (Kernbereich des Achtungsanspruchs) und *äußerer Ehre* (darüber hinausgehenden Achtungsanspruch) unterschieden werden (*dualistischer Ehrbegriff*).[553]

2.6.2.1 Innere Ehre

Unter dem Begriff der inneren Ehre kann der dem Kern menschlichen Daseins innewohnende Wert des Individuums als solcher verstanden werden.[554] Er ist der

551 Vgl. BVerfGE 35, S. 202 (220); 54, S. 148 (154); 54, S. 208 (217); 79, S. 369 (380); 82, S. 76 (79); 82, S. 272 (281 ff.); *Ehmann*, JuS 1997, S. 193 (198); *Di Fabio*, in: Maunz/Dürig (Hrsg.), GG, Art. 2 I Rn. 117; *Kunig*, in: von Münch/Kunig (Hrsg.), GG, Art. 2 Rn. 32.

552 Stellv. für die h.M.: *Dreier*, in: Dreier (Hrsg.), GG, Art. 2 I Rn. 76, *Schulze-Fielitz*, Art. 5 I, II Rn. 150; *Ehmann*, JuS 1997, S. 193 (197 f.); *Lenski*, Massenkommunikation, S. 162 f.; *Starck*, in: von Mangoldt/Klein/Starck (Hrsg.), GG, Art. 2 I Rn. 171 f.; *Murswiek*, in: Sachs (Hrsg.), GG, Art. 2 Rn. 65, 74; siehe auch das BVerfG a.a.O.; a.A.: *Isensee*, FS Kriele, 1997, S. 5 (34); *Herzog*, in: Maunz/Dürig (Hrsg.), GG, Art. 5 I, II Rn. 294a, die eine Verortung in Art. 5 II GG erwägen.

553 Wohl h.M.: *Schulze-Fielitz*, in: Dreier (Hrsg.), GG, Art. 5 I, II Rn. 150; *Ehmann*, JuS 1997, S. 193 (198); *Hubmann*, Persönlichkeitsrecht, S. 288 f.; *Lenski*, Massenkommunikation, S. 164 f.; *Luch*, Medienpersönlichkeitsrecht, S. 143 f.; *Stark*, Ehrenschutz, S. 24 ff.; *Tettinger*, Ehre, S. 16 f. Die Trennung in Ehrminimum und sozialen Achtungsanspruch wird auch bei der Herstellung praktischer Konkordanz relevant; hierzu Pkt. 4.3.3, 4.4.3.1-2.

554 *Hubmann*, Persönlichkeitsrecht, S. 288; *Lenski*, Massenkommunikation, S. 164.

Menschenwürde nach Art. 1 GG zuzuordnen.[555] Gesellschaftlich erzwungene Wert-, Moral-, oder Respektsvorstellungen, zum Beispiel aus einem überholten Standesdenken heraus, dürfen jedoch nicht mit Ehre verwechselt werden; Ehre ist einzig Ausdruck gesellschaftlichen Respekts gegenüber der Individualität des Einzelnen und ihr anhaftender Werte.[556] Zur inneren Ehre gehört nur ein „Ehrenminimum"; der Geltungsanspruch im weiteren Sinne ist im Wechselspiel mit der Gemeinschaft zu bestimmen.[557] Die innere Ehre ist nur dann verletzt, wenn dem Betroffenen Grundwerte der Individualität und Menschlichkeit abgesprochen werden.

2.6.2.2 Äußere Ehre, sozialer Geltungsanspruch und Identitätsschutz

Unter der äußeren Ehre ist der über das Ehrminimum hinausgehende Geltungsanspruch in den sozialen Strukturen der Gesellschaft zu verstehen.[558] Dieser hat die Interaktion der Individuen untereinander zu berücksichtigen und kann nur so weit reichen, wie dem Betroffenen aufgrund seines Auftretens in der Gesellschaft Achtung zukommen muss.[559] Da das allgemeine Persönlichkeitsrecht der Person kein Dispositionsrecht zugesteht, so geachtet zu werden, wie sie es für geboten ansieht,[560] sind die Interessen der Allgemeinheit im äußeren Ehrbereich höher anzusetzen, so dass der Person von außen kommend ein soziales Abbild zugerechnet wird.[561] Infrage kommen somit insbesondere gesellschaftliche Aspekte wie der Beruf, ein Ehrenamt oder Einsatz für einen dem Gemeinwohl zuträglichen Zweck, oder auch das Auftreten gegenüber anderen. Hierbei geht es vor allem darum, dass das Bild des Individuums in den sozialen Strukturen und Rollen der Gesellschaft nicht durch unwahre Tatsachenbehauptungen oder au-

---

555 Siehe auch *Hubmann*, Persönlichkeitsrecht, S. 288 f., 292; *Lenski*, Massenkommunikation, S. 164 f.; *Starck*, in: von Mangoldt/Klein/Starck (Hrsg.), GG, Art. 2 I Rn. 171; *Stark*, Ehrenschutz, S. 25 f., 29; *Tettinger*, Ehre, S. 16 f.

556 *Di Fabio*, in: Maunz/Dürig (Hrsg.), GG, Art. 2 I Rn. 169; *Hubmann*, Persönlichkeitsrecht, S. 288; vgl. hierzu auch *Herdegen*, in: Maunz/Dürig (Hrsg.), GG, Art. 1 Rn. 117.

557 *Stark*, Ehrenschutz, S. 25 f.

558 *Lenski*, Massenkommunikation, S. 164; *Herdegen*, in: Maunz/Dürig (Hrsg.), GG, Art. 1 Rn. 117.

559 *Luch*, Medienpersönlichkeitsrecht, S. 145; zur Interaktionsfunktion bereits Pkt. 2.2.2.4; vgl. *Vesting*, in: Götting/Schertz/Seitz (Hrsg.), HdPR, § 6 Rn. 9; *Ladeur*, in: Götting/Schertz/Seitz (Hrsg.), HdPR, § 7 Rn. 12; *Hubmann*, Persönlichkeitsrecht, S. 60, 288 f., 292; *Stark*, Ehrenschutz, S. 25 f.

560 Vgl. BVerfGE 82, S. 236 (269); 97, S. 125 (149); 99, S. 185 (194); 101, S. 361 (380).

561 *Luch*, Medienpersönlichkeitsrecht, S. 145; *Di Fabio*, in: Maunz/Dürig (Hrsg.), GG, Art. 2 I Rn. 169; *Murswiek*, in: Sachs (Hrsg.), GG, Art. 2 Rn. 125; *Stark* spricht von der äußeren Ehre als „Verkehrsehre": *Stark*, Ehrenschutz, S. 29.

ßerhalb einer Verletzung des Ehrminimums liegende Werturteile verfälscht wird (*Identitätsverfälschung*).[562] Inwieweit die berechtigten Interessen des Einzelnen auf Achtung seiner Persönlichkeit durch und in der Gesellschaft verletzt worden sind, ist aber vor allem eine Frage des jeweiligen Einzelfalles.[563]

2.6.2.3 Fazit

Eine strikte Trennung zwischen innerer und äußerer Ehre ist auf Schutzbereichsebene nicht durchführbar.[564] Art. 1 GG kommt in seiner Schutzbereichsverstärkungsfunktion zum Tragen; der persönlichkeitsrechtliche Achtungsanspruch ist in besonderem Maße gradueller Natur.[565] Je stärker die am Menschenwürdekern anzusiedelnden Interessen der Person berührt werden, desto stärker und schwerer zu rechtfertigen ist ein Eingriff[566]; je weiter in der Peripherie des Ehrschutzes liegende Inhalte betroffen sind, desto eher kann den Interessen der Allgemeinheit oder des Eingreifenden Vorrang eingeräumt werden. Die nicht direkt zu den Kernelementen der Individualität und Originalität einer Person gehörenden Aspekte der Persönlichkeitsachtung werden als „Mehrwert" geschützt, sind im Gegensatz zum Kernbereich aber nicht unantastbar.[567]

2.6.3 Informationelle Selbstbestimmung

Die informationelle Selbstbestimmung bildet, neben dem Schutz informationstechnischer Systeme, die zweite Stütze des Persönlichkeitsrechts in der virtuellen Welt.[568] Sie gehört zu den zentralen Leitbildern der Informationsgesell-

562 *Ehmann*, JuS 1997, S. 193 (198); *Lenski*, Massenkommunikation, S. 143; *Luch*, Medienpersönlichkeitsrecht, S. 148; *Murswiek*, in: Sachs (Hrsg.), GG, Art. 2 Rn. 74; *Stark*, Ehrenschutz, S. 26; *Tettinger*, Ehre, S. 25; hierbei geht es insbes. um das Unterschieben von Aussagen, wie bspw. das In-den-Mund-Legen von Falschzitaten; siehe hierzu BVerfGE 54, S. 148 (155); 54, S. 208 (219); 82, S. 236 (269); 99, S. 185 (193 f.).

563 *Luch*, Medienpersönlichkeitsrecht, S. 146.

564 *Lenski*, Massenkommunikation, S. 165; *Stark*, Ehrenschutz, S. 36.

565 *Lenski*, Massenkommunikation, S. 165; *Murswiek*, in: Sachs (Hrsg.), GG, Art. 2 Rn. 74; *Stark*, Ehrenschutz, S. 26; vgl. Pkt. 2.2.1.

566 Der auch den unantastbaren Bereich des Art. 1 GG betreffen kann, vgl. Pkt. 4.4.1, 4.4.3.1-2.

567 *Hubmann*, Persönlichkeitsrecht, S. 288 f., 292; *Stark*, Ehrenschutz, S. 26.

568 Siehe BVerfGE 65 („Volkszählung"), S. 1 (LS Nr. 1 und 2, sowie insbes. die S. 41 ff.); stellv. für die seither st. Rspr. des BVerfG: BVerfGE 78, S. 77 (84); 92, S. 191 (197); 101, S. 106 (121); 120, S. 274 (302, 311); 120, S. 378 (LS Nr. 1, 397); zur überwiegend zustimmenden Lit. stellv. *Dreier*, in: Dreier (Hrsg.), GG, Art. 2 I Rn. 78 ff.; *Di Fabio*,

schaft.[569] So wie das „Computergrundrecht" den „Körper" der Persönlichkeit in der virtuellen Welt schützt (siehe oben), schützt die informationelle Selbstbestimmung dessen „Stoffwechsel". Es handelt sich nicht um ein eigenständiges Grundrecht, sondern um eine Ausprägung der Art. 2 I, 1 I GG und Reaktion auf die „moderne[n] Entwicklungen und mit ihnen verbundene[n] Gefährdungen der menschlichen Persönlichkeit"[570].[571] Der Betroffene soll grundsätzlich selbst darüber befinden können, wann und innerhalb welcher Grenzen er persönliche Lebenssachverhalte offenbart.[572]

2.6.3.1 Schutzbereich – Dreikomponentenlehre

Die informationelle Selbstbestimmung schützt personenbezogene Daten vor ungewollter Erhebung, Speicherung, Verwendung und Weitergabe.[573] Nicht personenbezogene, zum Beispiel zu statistischen Zwecken anonymisiert erhobene Daten, sind nicht erfasst.[574] Der Schutzbereich endet dort, wo sich der Bürger selbst

---

in: Maunz/Dürig (Hrsg.), GG, Art. 2 I Rn. 173 ff.; *Murswiek*, in: Sachs (Hrsg.), GG, Art. 2 Rn. 73 f.

569 *Albers*, Selbstbestimmung, S. 21.

570 BVerfGE 65, S. 1 (41).

571 Stellv. für die h.M.: *Albers*, Selbstbestimmung, S. 178 ff.; *Brunst*, Anonymität, S. 223 f.; *Duttge*, Der Staat 36 (1997), S. 281 (285 ff.); *Hufen*, FS BVerfG, 2001, Bd. 2, S. 105 (116); *Luch*, Medienpersönlichkeitsrecht, S. 127 f.; *Di Fabio*, in: Maunz/Dürig (Hrsg.), GG, Art. 2 I Rn. 173; während die a.A. der Rechtsposition einen „weitgehend verselbstständigten" Charakter attestiert: *Dreier*, in: Dreier (Hrsg.), GG, Art. 2 I Rn. 69.

572 BVerfGE 65, S. 1 (41 ff.); siehe auch BVerfGE 27, S. 1 (6); 27, S. 344 (350 f.); 54, S. 148 (155); 78, S. 77 (84); 101, S. 361 (371 f.); 113, S. 29 (47); 118, S. 168 (184); siehe *Albers*, Selbstbestimmung, S. 155; *Brunst*, Anonymität, S. 219, 223 f.; *Dreier*, in: Dreier (Hrsg.), GG, Art. 2 I Rn. 78; *Hufen*, FS BVerfG, 2001, Bd. 2, S. 105 (117 ff.); *Ipsen*, Staatsrecht, Bd. II, § 6 Rn. 322; *Di Fabio*, in: Maunz/Dürig (Hrsg.), GG, Art. 2 I Rn. 173; *Lenski*, Massenkommunikation, S. 144 f.; *Luch*, Medienpersönlichkeitsrecht, S. 120; *Murswiek*, in: Sachs (Hrsg.), GG, Art. 2 Rn. 73; *Vogelgesang*, Selbstbestimmung, S. 24.

573 BVerfGE 65, S. 1 (LS Nr. 1, S. 43); übereinstimmend die h.L.: *Brunst*, Anonymität, S. 225; *Di Fabio*, in: Maunz/Dürig (Hrsg.), GG, Art. 2 I Rn. 173, 176; *Murswiek*, in: Sachs (Hrsg.), GG, Art. 2 Rn. 72.

574 *Albers*, Selbstbestimmung, S. 170 ff.; *Brunst*, Anonymität, S. 226; *Frenz*, DVBl 2009, S. 333 (334, 337); *Di Fabio*, in: Maunz/Dürig (Hrsg.), GG, Art. 2 I Rn. 177, 185; folgerichtig wird der Erfassungsprozess bis zum Zeitpunkt der Beseitigung des Personenbezuges von der Einzelverbürgung umfasst (*Di Fabio* und *Brunst* a.a.O.).

schützen kann (*Selbstschutz vor Fremdschutz*);[575] er setzt sich aus drei Komponenten zusammen:

Ein *erster* Teilgehalt schützt vor grundloser Datenerfassung (*Sachgerechtigkeit des Datenerfassungsverlangens*). Die Erfassung personenbezogener Daten darf nur erfolgen, um sachbezogene und -gerechte Entscheidungen treffen zu können; eine spätere Zweckentfremdung ist unzulässig.[576] Dies ergibt sich bereits aus dem durch das Verhältnismäßigkeitsprinzip gebotenen Grundsatz der Datenvermeidung und -sparsamkeit, der eine Beschränkung der Datenerhebung auf ein sachgerechtes Minimum erfordert.[577] Die Zugriffsmöglichkeit auf Datensätze muss schon zu Erfassungsbeginn limitiert werden, indem Bereiche personenbezogenen Datenmaterials von der Ersterfassung ausgenommen sind.[578] Die Sachgerechtigkeit fehlt, wenn personenbezogene Daten zu unbestimmten oder noch zu bestimmenden Zwecken angesammelt werden, um sie beispielsweise in Datenpools oder Datenverbunden zu speichern („Anhäufen von Datensätzen").[579] Insbesondere ist es unzulässig, Daten zusammen zu führen und vorrätig zu halten, um sie im Bedarfsfall abrufen und verwerten zu können.[580] Dies passiert – allerdings regelmäßig mit Zustimmung – zum Beispiel bei Kundendatensammeldiensten wie *Payback.*

Zweitens enthält die Einzelverbürgung einen Teilgehalt zum Schutz vor übermäßiger Datenverarbeitung, -kombination und -verknüpfung (*Kombinationsschutz*). Kein Datensatz ist belanglos;[581] auch triviale Dinge können, wenn

---

575 *Hoffmann-Riem*, AöR 123 (1998), S. 513 (531 f.): Dieser Grundsatz ist gerade im Internet von Bedeutung, da es aufgrund seiner anarchistischen Strukturen dem Individuum besonders viel Zutun abverlangt.

576 Vgl. BVerfGE 65, S. 1 (61 f.) und *Albers*, Selbstbestimmung, S. 462 ff.

577 BVerfGE 65, S. 1 (46); *Benda*, FS Geiger, S. 23 (37 ff.) m.w.N.; einfachgesetzlich ist der Grundsatz bspw. in § 3a BDSG normiert.

578 *Heußner*, BB 1990, S. 1281 (1283); *Albers*, in: Hoffmann-Riem/Schmidt-Aßmann/Voßkuhle (Hrsg.), Verwaltungsrecht, § 22 Rn. 106; schon BVerfGE 65, S. 1 (70) betont in anderem Zusammenhang, dass irreparable Schäden so weit wie möglich vermieden werden sollen.

579 BVerfGE 65, S. 1 (45 f.); *Benda*, FS Geiger, S. 23 (24 f.); *Ladeur*, DuD 2000, S. 12 (14).

580 Vor allem in der Informationsgesellschaft stellt die (automatisierte) Auswertung von großen, vorrätig gehaltenen Datenmengen, das sog. Data-Mining, eine beachtliche persönlichkeitsrechtliche Herausforderung dar: *Brunst*, Anonymität, S. 221 f.; *Vesting*, in: Ladeur (Hrsg.), Regulierung, S. 155 (165); *Kutscha*, in: Roggan (Hrsg.), Online-Durchsuchungen, S. 157 (160, 168).

581 BVerfGE 65, S. 1 (45); *Dreier*, in: Dreier (Hrsg.), GG, Art. 2 I Rn. 80; *Heußner*, BB 1990, S. 1281 (1282); *Hoffmann-Riem*, AöR 123 (1998), S. 513 (530); *Di Fabio*, in: Maunz/Dürig (Hrsg.), GG, Art. 2 I Rn. 174.

sie miteinander verglichen, verknüpft oder verbunden werden, dazu in der Lage sein, die Persönlichkeit eines Menschen aufzudecken. Daten sind verkörperte Informationen und als solche dazu geeignet, persönlichkeitsrechtsgefährdendend miteinander kombiniert zu werden.[582] Hierfür muss nicht erst die Gefahr einer totalen Registrierung oder Katalogisierung aller die Persönlichkeit ausmachenden Daten drohen;[583] es reicht aus, wenn die Möglichkeit der Bildung eines Persönlichkeitsprofils gefördert und die Gefahr der Registrierung gesteigert wird.[584] Wird nur ein Teil des „Stoffwechsels" der virtuellen Persönlichkeit dupliziert, besteht die Gefahr des Identitätsverlustes oder -missbrauchs.

Drittens enthält die Einzelverbürgung einen Teilgehalt zum Schutz vor unzulässiger Datenverwendung, -verbreitung, -weitergabe und Zweckentfremdung (*Verwendungsschutz*). Die Verwendung vergrößert die Gefahren gegenüber der reinen Erfassung.[585] Durch die Automatisierung und Verselbstständigung der Abläufe in der datenbasierten Welt besteht die Gefahr des Kontrollverlustes.[586] Datensätze mit richtigem wie falschem Inhalt können sich stärker und schneller verbreiten und dazu dienen, dass das Persönlichkeitsbild von anderen und nicht mehr autonom vom Grundrechtsträger konstruiert wird (*Fremd-* beziehungsweise *Falschkonstruktion der Persönlichkeit*).[587]

---

582 *Lenski*, Massenkommunikation, S. 147; es kommt bereits an dieser Stelle auf Nutzbarkeit und Verwendungsmöglichkeiten an, vgl. *Hoffmann-Riem*, AöR 123 (1998), S. 513 (530 f.) mit Verweis auf BVerfGE 65, S. 1 (45).

583 Damit wäre bereits der gemäß Art. 1 I GG unveräußerliche Kern des allgemeinen Persönlichkeitsrechts betroffen, vgl. BVerfGE 27, S. 1 (6); missverständlich *Luch*, Medienpersönlichkeitsrecht, S. 122; vgl. für Registrierungen, die außerhalb dieses persönlichkeitsrechtlichen Kernbereichs liegen, BVerfGE 65, S. 1 (42 ff., 57); 120, S. 378 (406 f.).

584 *Albers*, Selbstbestimmung, S. 153 f.; *Benda*, FS Geiger, S. 23 (36 ff.); *Britz*, Persönlichkeitsrecht, S. 53 f.; *Brunst*, Anonymität, S. 219 f., 225 f.; *Luch*, Medienpersönlichkeitsrecht, S. 122 f.; *Di Fabio*, in: Maunz/Dürig (Hrsg.), GG, Art. 2 I Rn. 173, 184.

585 BVerfGE 65, S. 1 (42 f.; 61 f.); 78, S. 77 (84); *Dreier*, in: Dreier (Hrsg.), GG, Art. 2 I Rn. 78; *Luch*, Medienpersönlichkeitsrecht, S. 121 f.

586 BVerfGE 65, S. 1 (42 f.); *Benda*, FS Geiger, S. 23 (36 ff.); *Brunst*, Anonymität, S. 221 ff.; *Lenski*, Massenkommunikation, S. 145; *Luch*, Medienpersönlichkeitsrecht, S. 121. Allerdings kann der gleiche, die Gefahren der Datenerfassung potenzierende Effekt auch durch eine manuelle Datenverarbeitung eintreten: BVerfGE 78, S. 77 (84); 84, S. 192 (194); 89, S. 69 (82); *Lenski*, Massenkommunikation, S. 145; *Luch*, Medienpersönlichkeitsrecht, S. 122; *Di Fabio*, in: Maunz/Dürig (Hrsg.), GG, Art. 2 I Rn. 176.

587 BVerfGE 65, S. 1 (42); *Britz*, Persönlichkeitsrecht, S. 52 ff.; *Kube*, in: Isensee/Kirchhof (Hrsg.), HdStR, Bd. VII, § 148 Rn. 46; *Vogelgesang*, Selbstbestimmung, S. 24; vgl.

Intransparente Abläufe verschärfen das Problem, da der Betroffene bezüglich des Verbleibs der Daten im Unklaren bleibt, was wiederum in einen Vertrauensverlust in die Kommunikationsprozesse mündet.[588] Dadurch werden die individuellen Entfaltungschancen gehemmt, was sowohl die Entwicklung der eigenen Persönlichkeit als auch die der Gesellschaft behindert, da beide von einem Mindestmaß an Unbefangenheit profitieren.[589] Wegen des wechselseitigen Sozialbezuges kann es allerdings auch keine absolute Datenherrschaft des Rechtsgutsträgers über ihn betreffende Inhalte geben;[590] der Interessenausgleich gleichberechtigter Rechtssubjekte ist gegebenenfalls im Wege der Herstellung praktischer Konkordanz zu suchen.[591]

2.6.3.2 Auswirkungen auf Rechtsordnung und Rechtssubjekte

Im Internet gehen Gefahren für personenbezogene Daten vor allem von privater Seite aus; deshalb spielt die objektiv-rechtliche Dimension der Einzelverbürgung eine entscheidende Rolle. Zur Gewährleistung des Grundrechtsinhalts im virtuellen Raum sind von der Legislative Verfahrensregelungen zu schaffen, die Datenschutzvorkehrungen einführen.[592] Die informationelle Selbstbestimmung

---

Albers, Selbstbestimmung, S. 119 f.; *Eberle*, DÖV 1977, S. 306 (310; insbes. auch Fn. 36); *W. Schmidt*, JZ 1974, S. 241 (243 ff., insbes. 246).

588 BVerfGE 65, S. 1 (42 f., 50, 70) oder aus der neueren Rspr. BVerfGE 118 („Kontostammdatenabruf"), S. 168 (199 f.; 207 f.); *Benda*, FS Geiger, S. 23 (28 ff.); *Frenz*, DVBl 2009, S. 333 (333); vgl. *Albers*, Selbstbestimmung, S. 155; *Heckmann*, Vorgänge 4/2008, S. 20 (25 f.); *Heußner*, BB 1990, S. 1281 (1281); *Hufen*, FS BVerfG, 2001, Bd. 2, S. 105 (117); zur Bedeutung des Vertrauensaspekts siehe Pkt. 2.5, 2.2.4.4.

589 BVerfGE 65, S. 1 (42 f.); *Benda*, FS Geiger, S. 23 (28 ff.); *Heußner*, BB 1990, S. 1281 (1282 f.); *Vogelgesang*, Selbstbestimmung, S. 122 ff.; vgl. *Hoffmann-Riem*, AöR 123 (1998), S. 513 (521 f.). *Albers*, Selbstbestimmung, S. 154 f., 469 ff. und *Hoffmann-Riem*, AöR 123 (1998), S. 513 (528), betonen zu Recht, dass eine Verarbeitung von Daten nicht vollständig transparent ablaufen kann, sondern stets mit einem gewissen Restrisiko behaftet bleibt. Die Effizienz von Datenverarbeitungsprozessen rührt auch daher, dass der Einzelne sich nicht mit jedem Schritt beschäftigen muss.

590 BVerfGE 65, S. 1 (43 f.); *Brunst*, Anonymität, S. 226 f.; *Heußner*, BB 1990, S. 1281 (1282); *Hoffmann-Riem*, AöR 123 (1998), S. 513 (521 f.).

591 *Hoffmann-Riem*, AöR 123 (1998), S. 513 (521 f.) spricht von einem „mehrdimensionalen Ausgleichselement" (s.o.).

592 BVerfGE 65, S. 1 (43 ff.); seitdem st. Rspr.: BVerfGE 100, S. 313 (361 ff.); 109, S. 279 (363 f.); 118, S. 168 (199 f., 207 f.): *Albers*, Selbstbestimmung, S. 163 ff., 239, 437 ff. und insbes. 454 ff.; *Di Fabio*, in: Maunz/Dürig (Hrsg.), GG, Art. 2 I Rn. 179 ff.; *Orantek*, Datenschutz, S. 80 ff., 131 ff.; vgl. einleitend *Benda*, FS Geiger, S. 23 (37 ff.).

erfordert insbesondere eine Umsetzung der Gebote der Zweckbindung[593], der „informationellen Gewaltenteilung“[594] und der Vorgabe, durch transparente Strukturen und Kontrollmechanismen[595] Klarheit für den Grundrechtsträger zu schaffen.[596] Gemessen daran, dass der Schutz personenbezogener Daten, zusammen mit dem Schutz des Systems und der Information, für den Großteil des Schutzes der Persönlichkeit im Internet verantwortlich zeichnet, wird die Umsetzung bisweilen als defizitär beziehungsweise überholt bezeichnet.[597] So sind Vorkehrungen, die personenbezogene Daten wirksam im Internet schützen könnten, wie beispielsweise Software zur Anonymisierung, Verschlüsselung oder Vermeidung von Datenemissionen, in den Datenschutzgesetzen nicht berücksichtigt.[598] Um dieses Schutzdefizit zu verringern, müssten sich die Datenschutzgesetze stärker an der Technik orientieren.[599]

Problematisch ist, dass das Recht auf informationelle Selbstbestimmung als klassisches Abwehrrecht vorwiegend auf Bedrohungen durch hoheitliches Handeln ausgerichtet ist.[600] Unter den privaten Akteuren des Internets, die Daten (teilweise) freiwillig hergeben, verfängt die Schutzkraft der Einzelverbürgung nur in eingeschränktem Maße. Der Kombinationsschutz wird durch Internetangebote, die eine Datenzusammenführung aktiv betreiben, um gewinnbringend zu arbeiten, geradezu konterkariert. Die Größe des Datenpools trägt bei vielen Internetangeboten sogar maßgeblich zum Unternehmenswert bei (*Facebook*, *Pay-*

---

593 Das Gebot der Zweckbindung schreibt eine Bestimmung des Verwendungszweckes vor und schließt damit das Erfassen von Daten zu unbestimmten oder noch zu bestimmenden Zwecken aus: BVerfGE 65, S. 1 (45 f.); *Heußner*, FS Simon, 1987, S. 231 (236 ff.).

594 Das „Gebot informationeller Gewaltenteilung“ schränkt die Möglichkeiten einer institutionellen Weitergabe von Daten innerhalb der öffentlichen Verwaltung ein; um die Weiterleitung zu unterbinden, ist der Gesetzgeber dazu aufgerufen, einen „amtshilfefesten Schutz gegen Weitergabe und Zweckentfremdung“ zu schaffen: BVerfGE 65, S. 1 (46, 69); *Heußner*, FS Simon, 1987, S. 231 (239 ff.), *Heußner*, BB 1990, S. 1281 (1283).

595 Die Datenverarbeitungsabläufe müssen transparent ausgestaltet sein und erfordern die Einrichtung einer unabhängigen Kontrollinstanz: BVerfGE 65, S. 1 (46); vgl. *Heckmann*, Vorgänge 4/2008, S. 20 (25 f.).

596 *Heckmann*, Vorgänge 4/2008, S. 20 (25 ff.); *Orantek*, Datenschutz, S. 139 ff.

597 *Heckmann*, Vorgänge 4/2008, S. 20 (25 ff., insbes. 27); *Hoffmann-Riem*, AöR 123 (1998), S. 513 (524 ff., 534 ff.).

598 *Heckmann*, Vorgänge 4/2008, S. 20 (25 ff., insbes. 27); *Hoffmann-Riem*, AöR 123 (1998), S. 513 (534 ff.) m.w.N.

599 *Heckmann*, Vorgänge 4/2008, S. 20 (25 ff., insbes. 27).

600 *Lenski*, Massenkommunikation, S. 148; *Di Fabio*, in: Maunz/Dürig (Hrsg.), GG, Art. 2 I Rn. 132.

Back). Gleiches gilt für den Verwendungsschutz, da eine wirtschaftliche Auswertung durch Weiterverwendung der Daten oft unerlässlich ist (beispielsweise für *zielgerichtete Werbung*).[601] Allerdings kann die Rechtsordnung selbst über technikorientierte Datenschutzvorkehrungen nur bedingt angepasst und reguliert werden, da Daten nahezu jedem modernen Kommunikationsablauf zwingend zugrunde liegen und eine Überregulierung die Funktionsfähigkeit der Informationsgesellschaft als solcher gefährden, und überdies einen Ausgleich der verschiedenen Interessen nicht mehr zulassen würde (dazu gleich mehr). Außerdem wäre es verfassungswidrig, die Privatautonomie zu stark zu beschneiden.

2.6.3.3 Anpassungsfähigkeit der Einzelverbürgung

Selbst durch Anpassung und Fortentwicklung ist die informationelle Selbstbestimmung alleine nur bedingt dazu imstande, einen adäquaten Persönlichkeitsschutz im Internet sicher zu stellen.[602] Persönlichkeitsrechtsrelevante Kommunikationsvorgänge funktionieren zunehmend über den Austausch von Daten. Sie halten informationstechnische Systeme, egal ob PC, Intra- oder Internet, am Leben und sind der „Stoffwechsel" der Informationsgesellschaft. Das Alleinstellungsmerkmal von Daten liegt in der Gewährleistung dieser Funktionalität. Der Schutz dieser Funktionalität ist wiederum das Alleinstellungsmerkmal der informationellen Selbstbestimmung. Technische Abläufe bedeuten viel für eine moderne Persönlichkeit. Die Kontrolle über Daten, zum Beispiel über Bilder, private E-Mail-Konversationen, Chat-Protokolle etc., macht einen Großteil der (digitalen) Persönlichkeit[603] aus. Wird dem Individuum der Zugriff darauf entzogen, zum Beispiel durch Diebstahl eines Datenträgers, wird ihm auch die Kontrolle über Teile seiner Persönlichkeit entzogen. Die informationelle Selbstbestimmung dient auch dem Schutz dieses Kontrollanspruchs.

Sie dient aber nur mittelbar dem Schutz von Inhalten. Inhalte können aus Daten erwachsen. Eine E-Mail kann ein vertrauliches Gespräch verkörpern, eine Bilddatei eine intime Situation zeigen oder ein Foreneintrag den Klassenkameraden wegen seines Übergewichtes hänseln. Eine E-Mail kann aber auch nur die Zusammenfassung des gestrigen Bundesligaspieltages enthalten, ein Bild die neuste Anschaffung bei *eBay* dokumentieren und ein Foreneintrag bei *Wikipedia* Änderungen des Artikels über den Nobelpreis anregen. Allen Prozessen liegen

---

601 *Hoffmann-Riem*, AöR 123 (1998), S. 513 (525).

602 A.A.: *Ladeur*, DuD 2000, S. 12 (12 ff.); *Trute*, JZ 1998, S. 822 (822 ff.); einen tragfähigen Ansatz zeigt *Vesting*, in: Ladeur (Hrsg.), Regulierung, S. 155 (178 ff.) auf (dazu gleich mehr); zu einem informationsbasierten Ansatz vgl. den folgenden Pkt. 2.6.4.

603 Siehe Pkt. 2.2.2.5.

Daten zugrunde, die Persönlichkeitsrechtsrelevanz der Inhalte differiert jedoch immens. Informationen sind nicht alle gleich persönlichkeitsrelevant. Die Kontrolle über Daten ist ungleich umfassender als die Herrschaft über die Inhalte. Eine Gleichbehandlung von Datum und Information ist hierbei weder notwendig noch zuträglich.[604] Hierzu käme es aber, wenn man Daten zum Beispiel als „Verkörperung sinnhafter Informationen durch digitale Codes“[605] definiert. Die informationelle Selbstbestimmung sollte sich hingegen auf die Charakteristika der Bezugsgröße „Datum“ konzentrieren (zum Beispiel auf die *Gegenständlichkeit* beziehungsweise *Fixierung*). Das Datum ist eine symbolisierte, vergegenständlichte Form einer Informationsmenge.[606] Eine Ausweitung der informationellen Selbstbestimmung darüber hinaus würde den Schutz absenken, da die Konturen des Schutzbereichs verwässert würden.[607]

2.6.3.4 Beispiel Beschäftigtendatenschutz

Die in der 17. Legislaturperiode des Bundestages diskutierten Änderungen des Bundesdatenschutzgesetzes[608] zeigen, wie unergiebig die Gleichbehandlung von Inhalten und Daten ist. Ausgewiesenes Ziel der Gesetzesänderung war es, „Rechtssicherheit für Arbeitgeber und Beschäftigte“[609] zu schaffen. § 32 i BDSG n.F. ließ erkennen, dass zwischen der Erhebung von Daten (§ 32 i I BDSG n.F.) und der Verwendung von Inhalten (§ 32 i II, III BDSG n.F.) unterschieden werden sollte. Allerdings war dieser Ansatz auch nicht konsequent verfolgt worden. Die optische Datenerfassung in § 32 f BDSG n.F. beschränkte sich auf die Verwendbarkeit der Daten, wenngleich inhaltliche Aspekte, wie der Ort der Aufzeichnung und die Bedeutung für den Einzelnen (zum Beispiel das Gefilmtwerden im Bereich von Toiletten), an das Datum gekoppelt wurden (vergleiche § 32 f II BDSG n.F.). Die inhaltliche Bedeutung hätte stärker herausgearbeitet werden sollen, um Inhalte und Daten konsepuent unterschiedlich zu be-

604 *Albers*, Rechtstheorie 33 (2002), S. 61 (70, 85); *Heckmann*, Vorgänge 4/2008, S. 20 (z.B. 21 f.); vgl. auch *Brunst*, Anonymität, S. 226; *Lenski*, Massenkommunikation, S. 147.

605 *Vesting*, in: Ladeur (Hrsg.), Regulierung, S. 155 (178 ff., insbes. 181).

606 *Albers*, in: Hoffmann-Riem/Schmidt-Aßmann/Voßkuhle (Hrsg.), Verwaltungsrecht, § 22 Rn. 10; *Nitsch*, ZRP 1995, 361 (363).

607 *Vesting*, in: Ladeur (Hrsg.), Regulierung, S. 155 (176 ff.); *Brunst*, Anonymität, S. 226 m.w.N.

608 Hierzu: BT-Drucks. 17/4230 („Entwurf eines Gesetzes zur Regelung des Beschäftigtendatenschutzes“); im Folgenden mit „n.F.“ bezeichnete Paragrafen beziehen sich auf diesen Entwurf.

609 BT-Drucks. 17/4230, S. 1.

handeln. So wäre es zum Beispiel möglich gewesen, auf einen umständlichen nachträglichen Löschzwang wie in § 32 III BDSG n.F. zu verzichten und gleich die Erfassung bestimmter Inhalte von vorne herein zu unterbinden (zum Beispiel den Toilettengang). Dadurch hätte die Persönlichkeit zielgerichteter und gesellschaftsverträglicher geschützt werden können.

2.6.3.5 Fazit

Die Inhalte der informationellen Selbstbestimmung sind für die Abwägung von Kollisionen im Internet von größter Bedeutung. Insbesondere deshalb, weil jedem Kommunikationsprozess und damit jeder Interessenkollision im Internet personenbezogene Daten zugrunde liegen, die geschützt werden müssen. Allerdings können die Inhalte nur insoweit in den Abwägungsprozess überführt und gewichtet werden, wie sie mit dem *Datum als Objekt* in Zusammenhang stehen. Auch durch eine Anpassung der Rechtsposition kann nicht erreicht werden, dass darüber hinaus personenbezogene *Inhalte* für den Abwägungsprozess abgebildet werden.

2.6.4 Schutz vor Kontrollverlust über persönlichkeitsrelevante Inhalte

Persönlichkeitsschutz in der Informationsgesellschaft setzt den Schutz persönlichkeitsrelevanter *Inhalte* voraus, vor allem im Internet. Die *Existens* der Persönlichkeit im virtuellen Raum wird durch den Schutz des „Körpers" (informationstechnisches System) und des „Stoffwechsels" (informationelle Selbstbestimmung) hinreichend gewährleistet (siehe oben). Fraglich ist aber, ob dies auch ausreicht, um die *Präsenz* in der virtuellen Öffentlichkeit zu schützen. Dazu müssen die Art. 2 I, 1 I GG eine eigene Einzelverbürgung ausbilden – eine „dritte Säule" des persönlichkeitsrechtlichen Schutzes für das Internet.[610] Sie muss sich am zentralen Kriterium der Gesellschaft ausrichten – der *Information*.[611] Einzelne Informationen vereinen sich zu umfassenden Inhalten. Angebot, Bedarf und volkswirtschaftliche Bedeutung von – auch persönlichkeitsrelevanten – Informationen wachsen kontinuierlich und nehmen einen immer wichtige-

---

610 Das Tatbestandsmerkmal der Information wird in der Rechtswissenschaft (für Bereiche außerhalb der Rechtswissenschaft vgl. Einleitung) bereits in anderen Zusammenhängen diskutiert: *Albers*, Rechtstheorie 33 (2002), S. 61 (62, 82 ff.: „Information als neue Dimension des Rechts"); *Vesting*, in: Hoffmann-Riem/Schmidt-Aßmann/Voßkuhle (Hrsg.), Verwaltungsrecht, § 20 Rn. 11 ff.; *Vesting*, in: Ladeur (Hrsg.), Regulierung, S. 155 (176); *Nitsch*, ZRP 1995, S. 361 (361 ff.).

611 *Albers*, Rechtstheorie 33 (2002), S. 61 (62); siehe Pkt. 1.1.1.1.

ren Stellenwert in der Gesellschaft ein.[612] Kontrollverlust über persönlichkeitsrelevante Inhalte bedeutet Verlust der Kontrolle über die (virtuelle) Präsenz in der Öffentlichkeit.

2.6.4.1 Die Abgrenzung der Information vom Datum

Das Internet verlangt die Preisgabe eigener und Verwendung fremder Daten quasi als „Eintrittskarte für die digitale Welt"[613]. „‚Daten' sind interpretationsfreie ‚Zeichen' oder ‚Symbole', bei denen der Selektionszwang im Verstehungsprozess entfällt"[614]. Sie sind interpretationsfrei, beliebig reproduzierbar, stabil, zeit- und kontextlos.[615] Die *physikalische Eigenschaft* steht im Vordergrund.[616] Sie zeigt sich unter anderem beim Speichern von Daten auf einer Festplatte, einem USB-Stick oder in einer „Cloud"[617]. Durch die Gegenständlichkeit können Daten inklusive Inhalt transportiert, das heißt als Pakete über Netzwerke wie das Internet verschickt werden, so wie die gesprochene Sprache Inhalte transportieren kann, ohne sie jedoch dauerhaft zu verkörpern.[618] Dadurch besitzt ein Datum auch eine semantische, das heißt verständnis- beziehungsweise inhaltsgeprägte Komponente, da es Informationen trägt, die von einer natürlichen Person rezipiert und verwertet werden können. Das Datum ist notwendiger Bestandteil der komplexen Infrastruktur einer modernen Gesellschaft und eng mit allen Prozessabläufen verzahnt (*„Stoffwechsel"*).[619] Anders als die Information setzt es nicht voraus, dass der Inhalt geistig verarbeitet wird; der Erklärungswert des Datums erschöpft sich bereits in der konkreten Zeichenabfolge selbst. Auf-

---

612 *Albers*, in: Hoffmann-Riem/Schmidt-Aßmann/Voßkuhle (Hrsg.), Verwaltungsrecht, § 22 Rn. 29 ff.; *Merten*, in: Tauss/Kollbeck/Mönikes (Hrsg.), Informationsgesellschaft, S. 82 (82).

613 *Heckmann*, Vorgänge 4/2008, S. 20 (21).

614 *Vesting*, in: Hoffmann-Riem/Schmidt-Aßmann/Voßkuhle (Hrsg.), Verwaltungsrecht, § 20 Rn. 11; siehe *Nitsch*, ZRP 1995, S. 361 (363).

615 *Vesting*, in: Hoffmann-Riem/Schmidt-Aßmann/Voßkuhle (Hrsg.), Verwaltungsrecht, § 20 Rn. 11 f.

616 *Albers*, Rechtstheorie 33 (2002), S. 61 (85); *Vesting*, in: Hoffmann-Riem/Schmidt-Aßmann/Voßkuhle (Hrsg.), Verwaltungsrecht, § 20 Rn. 14; *Albers*, in: Hoffmann-Riem/Schmidt-Aßmann/Voßkuhle (Hrsg.), Verwaltungsrecht, § 22 Rn. 11.

617 „Cloud-Computing": Nutzung externer IT-Infrastruktur (Rechenleistung, Speicherplatz, Software uvm.); überlicherweise wird differenziert in „Software as a Service" (SaaS), „Infrastructure as a Service" (IaaS) und „Platform as a Service" (PaaS).

618 *Vesting*, in: Ladeur (Hrsg.), Regulierung, S. 155 (179 ff.).

619 *Albers*, Rechtstheorie 33 (2002), S. 61 (84 f.); *Albers*, in: Hoffmann-Riem/Schmidt-Aßmann/Voßkuhle (Hrsg.), Verwaltungsrecht, § 22 Rn. 11; vgl. *Hoffmann-Riem*, AöR 123 (1998), S. 513 (522); *Trute*, JZ 1998, S. 822 (823).

grund seiner Codeschrift bietet sich das Datum dazu an, in automatisierten Verarbeitungsprozessen, zum Beispiel durch Computer, als Verständigungsmittel eingesetzt zu werden (*schematische Verarbeitungsprozesse*[620]).[621]

Informationen sind Ereignisse, die grundsätzlich an Neuheit oder Überraschung gekoppelt sind.[622] Die Information lässt sich über vier, für einen Informationsverarbeitungsprozess charakteristische Komponenten vom Datum abgrenzen:[623] Der Prozess beginnt mit dem *Schaffen* von Inhalten (Beispiel: ein Blog-Eintrag wird verfasst); er endet, wenn der *Kenntnisstand* einer natürlichen Person verändert wurde (eine andere Person hat ihr individuelles Wissen vor dem Hintergrund der neuen Informationen aus dem Blog-Eintrag modifiziert).[624] Die entscheidende Phase des Informationsverarbeitungsprozesses liegt dazwischen. Der Prozess zerfällt in zwei weitere Komponenten: Informations*mitteilung* beim Absender und Informations*erzeugung* beim Empfänger.[625] Beispiel: Der Blog-Eintrag wird veröffentlicht und von einem Internetnutzer aufgefunden und gelesen. Die Information verändert sich beim Mitteilen und beim Wahrnehmen. Die Mitteilung der Information beim Absender beschränkt sich nicht ausschließlich auf das kommunikative Entäußern eines Inhaltes und die Informationserzeugung beim Empfänger nicht bloß auf das Aufgreifen des kommunikativen Sinngehaltes. Ein Blog-Eintrag steht beispielsweise in einem bestimmten Kontext (*„Topic“*); der Leser bringt wiederum einen individuellen Hintergrund, zum Beispiel eine politische Präferenz, mit. Beide Veränderungen sind eigenständige Differenzen, das heißt „Unterschiede“ gegenüber dem vorherigen Zustand, da der Informationsgehalt verändert wird.[626] Die Informationen werden in einem aktiven Vorgang verarbeitet, was eine Leistung des Individuums erfor-

620 *Vesting*, in: Hoffmann-Riem/Schmidt-Aßmann/Voßkuhle (Hrsg.), Verwaltungsrecht, § 20 Rn. 11.

621 *Nitsch*, ZRP 1995, S. 361 (363).

622 *Albers*, Rechtstheorie 33 (2002), S. 61 (71); *Vesting*, in: Hoffmann-Riem/Schmidt-Aßmann/Voßkuhle (Hrsg.), Verwaltungsrecht, § 20 Rn. 14, 20; *Albers*, § 22 Rn. 12, 18.

623 Nach *Albers*, Rechtstheorie 33 (2002), S. 61 (67 ff.).

624 *Baller*, in: Haratsch/Kugelmann/Repkewitz (Hrsg.), Informationsgesellschaft, S. 33 (33 f.); *Vesting*, in: Hoffmann-Riem/Schmidt-Aßmann/Voßkuhle (Hrsg.), Verwaltungsrecht, § 20 Rn. 18 f.; *Albers*, Rechtstheorie 33 (2002), S. 61 (67 ff.).

625 *Vesting*, in: Hoffmann-Riem/Schmidt-Aßmann/Voßkuhle (Hrsg.), Verwaltungsrecht, § 20 Rn. 18; *Albers*, Rechtstheorie 33 (2002), S. 61 (67 ff.).

626 *Vesting*, in: Hoffmann-Riem/Schmidt-Aßmann/Voßkuhle (Hrsg.), Verwaltungsrecht, § 20 Rn. 18; *Albers*, Rechtstheorie 33 (2002), S. 61 (67 ff.).

dert (*semantischer Verarbeitungsprozess*).[627] Im Gegensatz zu „neutralen" Daten ohne eigenen Aussagewert müssen Informationen selektiert und Inhalte bewusst ausgeblendet und (subjektiv) gewichtet werden.[628] Erst durch die eigenständige, beiden „Mittelkomponenten" innewohnende Leistung des Verstehens wird der Informationsprozess abgerundet. Diese Brücke zwischen Schaffen und Kenntnisstand ist eine „Differenz zweier verknüpfter Differenzen", da sich die Information ein weiteres Mal wandelt (*differenztheoretischer Informationsbegriff*).[629]

Wenn Informationen rezipiert, kontextspezifisch eingeordnet und in Wissen überführt wurden, findet der Kommunikationsprozess in einem modifizierten Kenntnisstand seinen Abschluss.[630] In allen Phasen wirken Interpretation, Erfahrungsschatz, Wissen, Gedächtnis, (komplexe) Erwartungshaltungen und andere Faktoren hinein, die dem Vorgang eine höchstpersönliche Note geben.[631] Der Kenntnisstand ist das Ergebnis eines einzigartigen Denkprozesses und Ausdruck der Individualität der Person. Aus diesem Kenntnisstand heraus kann sich, beginnend mit der Informationsschaffung, ein neuer Informationsverarbeitungsprozess lösen. Daten sind bei Informationsverarbeitungsprozess im Internet aufgrund ihrer Verkörperungsfunktion unerlässich und stets gegenwärtig. Ein Blog-Eintrag muss zunächst auf dem heimischen PC gespeichert werden; bei Veröffentlichung und Rezeption wird er als Datenpaket versandt. Die Datensätze sind aber stets inhaltlich neutral; sie bereiten der Informationsschaffung, -mitteilung, -erzeugung und -aufnahme den Weg und fungieren als *Informationsgrundlage*.

627 *Vesting*, in: Hoffmann-Riem/Schmidt-Aßmann/Voßkuhle (Hrsg.), Verwaltungsrecht, § 20 Rn. 18 f. und insbes. *Albers*, in: Hoffmann-Riem/Schmidt-Aßmann/Voßkuhle (Hrsg.), Verwaltungsrecht, § 22 Rn. 12.

628 *Albers*, Rechtstheorie 33 (2002), S. 61 (68 f.); *Vesting*, in: Hoffmann-Riem/Schmidt-Aßmann/Voßkuhle (Hrsg.), Verwaltungsrecht, § 20 Rn. 18 f.

629 Nach *Bateson* (zitiert nach *Albers*, Rechtstheorie 33 (2002), S. 61 (68, insbes. Fn. 33) und *Vesting*, in: Hoffmann-Riem/Schmidt-Aßmann/Voßkuhle (Hrsg.), Verwaltungsrecht, § 20 Rn. 19).

630 *Albers*, Rechtstheorie 33 (2002), S. 61 (69); *Albers*, in: Haratsch/Kugelmann/Repkewitz (Hrsg.), Informationsgesellschaft, S. 113 (121); vgl. *Vesting*, in: Hoffmann-Riem/Schmidt-Aßmann/Voßkuhle (Hrsg.), Verwaltungsrecht, § 20 Rn. 26 f.

631 *Albers*, Rechtstheorie 33 (2002), S. 61 (73); *Hoffmann-Riem*/Schmidt-Aßmann/Voßkuhle, in: Hoffmann-Riem/Schmidt-Aßmann/Voßkuhle (Hrsg.), Verwaltungsrecht, § 22 Rn. 12.

2.6.4.2 Informationsbasierte Gefahren für die Persönlichkeit

Ein Schutz personenbezogener Inhalte hat sich auf eine Vielzahl spezifischer Gefahren des Internets und der Informationsgesellschaft einzustellen.[632]

Erstens vergrößern sich Datenmaterial und Informationsgrundlage.[633] Die Verarbeitungsprozesse lassen mehr Inhalte zirkulieren, die verarbeitet und rezipiert werden können (zum Beispiel im sogenannten „News-Feed" von *Facebook*, der Äußerungen (sogenannte „Posts") anderer Nutzer oder gewerblicher Seiten anzeigt).[634] Der Informationskreislauf öffnet und schließt sich fortwährend neu, die Informationsmenge wächst kontinuierlich und das informationelle Netz um die der Gesellschaft bislang unbekannten, „weißen Flecken" der Persönlichkeit wird immer enger.[635] Das Internet beschleunigt diesen Trend; die Informationsmenge droht außer Kontrolle zu geraten.[636] Die der Gesellschaft bislang unerschlossenen Gebiete der Persönlichkeit werden schrittweise und unaufhaltsam informatorisch durchleuchtet; die Grenzen zwischen Privatheit und Öffentlichkeit in der virtuellen Welt verschwinden.[637]

Zweitens gefährden die technischen Entwicklungen der Informationsgesellschaft – Hardware wie Software – die Persönlichkeit.[638] Insbesondere die Miniaturisierung und Multifunktionalisierung, das heißt die Kombination verschiedener Geräte auf engem Raum, sowie die unkomplizierte Bedienbarkeit moderner

---

632 Nach *Heckmann*, Vorgänge 4/2008, S. 20 (22 ff.).

633 *Heckmann*, Vorgänge 4/2008, S. 20 (22 f.); *Fierdag*, in: Götting/Lauber-Rönsberg (Hrsg.), Entwicklungen, S. 51 (55 f.); *Nitsch*, ZRP 1995, S. 361 (363 ff.); *Kutscha*, in: Roggan (Hrsg.), Online-Durchsuchungen, S. 157 (159); *Trute*, JZ 1998, S. 822 (823).

634 *Albers*, Rechtstheorie 33 (2002), S. 61 (73 f.); *Vesting*, in: Hoffmann-Riem/Schmidt-Aßmann/Voßkuhle (Hrsg.), Verwaltungsrecht, § 20 Rn. 36 ff.; *Vesting*, in: Ladeur (Hrsg.), Regulierung, S. 155 (165 ff., 178 ff.); *Nitsch*, ZRP 1995, S. 361 (363 f.) spricht anschaulich von einer „informationellen Verflochtenheit", hierzu *Albers*, in: Haratsch/Kugelmann/Repkewitz (Hrsg.), Informationsgesellschaft, S. 113 (122).

635 *Albers*, Rechtstheorie 33 (2002), S. 61 (73 f.); vgl. *Vesting*, in: Hoffmann-Riem/Schmidt-Aßmann/Voßkuhle (Hrsg.), Verwaltungsrecht, § 20 Rn. 36 ff.; *Nitsch*, ZRP 1995, S. 361 (363 f.); *Kutscha*, in: Roggan (Hrsg.), Online-Durchsuchungen, S. 157 (159).

636 *Beyer/Kirchner/Kreuzberger/Schmeling*, DuD 2008, S. 597 (598); *Koreng*, Zensur, S. 26; *Trute*, JZ 1998, S. 822 (823); *Vesting*, in: Ladeur (Hrsg.), Regulierung, S. 155 (178 ff.).

637 *Vesting*, in: Ladeur (Hrsg.), Regulierung, S. 155 (165 ff.); siehe auch *Hoffmann-Riem*, AöR 123 (1998), S. 513 (514 f.); *E. Wagner*, DuD 2008, S. 736 (738 ff.); *Beyer/Kirchner/Kreuzberger/Schmeling*, DuD 2008, S. 597 (597 ff.) und *Fierdag*, in: Götting/Lauber-Rönsberg (Hrsg.), Entwicklungen, S. 51 (55 f.).

638 *Heckmann*, Vorgänge 4/2008, S. 20 (23); *Trute*, JZ 1998, S. 822 (823 f.).

Technik schaffen Probleme.[639] So eröffnen Smartphones eine Fülle unterschiedlicher Kommunikations-, Aufzeichnungs- und Darstellungsformen und machen es möglich, diese Formen über das Internet zu verbreiten.[640] Dadurch ist es beispielsweise möglich, intime Momente in Echtzeit aufzuzeichnen, zu dokumentieren, zu kommentieren und zu verteilen. Dadurch können Persönlichkeitsinteressen in Sekundenschnelle verletzt werden, ohne dass der Betroffene in der kurzen Zeit Schutzmaßnahmen ergreifen könnte.[641] Erwähnenswert erscheint beispielsweise die von *Google* entwickelte Datenbrille (siehe oben). Sie ist als ständiger Begleiter einer natürlichen Person so konzipiert, die Umwelt aus dessen Blickwinkel zu erfassen und dem Träger (unter Einblendung zusätzlicher Informationen[642]) und einer Internetöffentlichkeit zugänglich zu machen.

Das Internet nimmt eine Schlüsselfunktion bei den in diesem Zusammenhang entstehenden Gefahren ein.[643] Die nicht hierarchische, dezentrale Organisationsstruktur ist besonders effizient und stabil. Persönlichkeitsverletzende Inhalte transportieren sich schneller und halten sich länger. Dadurch und durch die Kombination mit anderen Inhalten ist die Belastung für den Betroffenen höher.[644] Teilweise werden die verletzenden Abläufe automatisiert, zum Beispiel durch Opt-Out-Regelungen.[645] Solange der Nutzer die Einstellungen nicht ändert („to opt out“), ist beispielsweise das Profil für alle Nutzer des sozialen Netzwerkes sichtbar oder kann über *Google* aufgefunden werden (*„public search“*) – oder die „Augmented Reality“ (siehe oben) des Individuums wird gleich in das Internet übermittelt. Durch „Caching“ (Zwischenspeichern) und Online-Archive

---

639 *Fierdag*, in: Götting/Lauber-Rönsberg (Hrsg.), Entwicklungen, S. 51 (55 f.); *Vesting*, in: Hoffmann-Riem/Schmidt-Aßmann/Voßkuhle (Hrsg.), Verwaltungsrecht, § 20 Rn. 39; *Trute*, JZ 1998, S. 822 (823 f.).

640 *Hohmann-Dennhardt*, NJW 2006, S. 545 (548).

641 *Beyer/Kirchner/Kreuzberger/Schmeling*, DuD 2008, S. 597 (598); *Fierdag*, in: Götting/Lauber-Rönsberg (Hrsg.), Entwicklungen, S. 51 (56); *Heckmann*, Vorgänge 4/2008, S. 20 (27 f.).

642 „Augmented Reality“ (engl. für: „Erweiterte Realität“): Computergestützte Erweiterung der Wahrnehmung der realen Umwelt durch eine natürliche Person, z.B. durch Einblendung von Zusatzinformationen zu Personen, Gebäuden, Ereignissen o.ä. auf einem mitgeführten Display (Smartphone, Datenbrille usw.).

643 *Gounalakis/Rhode*, Persönlichkeitsschutz, Rn. 1 f.; *Vesting*, in: Hoffmann-Riem/Schmidt-Aßmann/Voßkuhle (Hrsg.), Verwaltungsrecht, § 20 Rn. 39.

644 *Beyer/Kirchner/Kreuzberger/Schmeling*, DuD 2008, S. 597 (598); *Vesting*, in: Hoffmann-Riem/Schmidt-Aßmann/Voßkuhle (Hrsg.), Verwaltungsrecht, § 20 Rn. 39.

645 *Heckmann*, Vorgänge 4/2008, S. 20 (22, 27); *Kutscha*, in: Roggan (Hrsg.), Online-Durchsuchungen, S. 157 (158 f.).

(dauerhaftes Speichern) sind Informationen selbst dann noch abrufbar, wenn sie schon gelöscht worden sind.[646]

Die zentrale Gefahr hierbei ist die Durchlässigkeit personenbezogener Informationen.[647] So ermöglichte beispielsweise ein älteres Upgrade[648] der *Facebook*-App[649] für Smartphones, die gespeicherten Kontakte, inklusive Name, E-Mail-Adresse und Telefonnummer, automatisch mit dem *Facebook*-Profil abzugleichen, unabhängig davon, ob die Kontakte dies billigten oder nicht (der Nutzer sollte „das Einverständnis der betroffenen Personen sicherstellen"). Gleichzeitig wurden die Inhalte den Terms of Service des Unternehmens unterworfen.[650] Smartphones beinhalten häufig sämtliche Kontakte der Person; gerade bei entfernten Bekannten, Geschäftspartnern und ähnlichen Kontakten liegt es fern, diese Zustimmung einholen zu können. Das Update förderte also die „schleichende Virtualisierung" der Kontaktdaten und vergrößerte die Informationsgrundlage über zum Teil höchstpersönliche Daten.[651] Manche Informationen, wie beispielsweise der Geburtstag eines Menschen, können damit fast als allgemein bekannt gelten.

Drittens sind die Kommunikationswege der Informationsgesellschaft durch ihre – oberflächlich betrachtet – einfache, aber im Hintergrund komplexe Technologie verletzungsanfälliger geworden.[652] Die hochentwickelte Programm- und Systemarchitektur wird durch eine einfache Anwenderoberfläche bedienbar und benutzerfreundlich gemacht („Plug-and-Play"-Umgebung).[653] Werden Geräte angeschlossen, installieren sich beispielsweise Treiber von selbst oder der Nutzer wird automatisch online beim Hersteller registriert. Gleichzeitig wird dem Benutzer Herrschaftswissen über die hinter der Oberfläche optimierten Abläufe vorenthalten.[654] Dies ist einerseits notwendig, um die komplexen Geräte überhaupt bedienbar zu machen. Problematisch ist, dass Kompetenzdefizite entste-

---

646 Vgl. *Heckmann*, Vorgänge 4/2008, S. 20 (23).

647 *Fierdag*, in: Götting/Lauber-Rönsberg (Hrsg.), Entwicklungen, S. 51 (56).

648 „Upgrade" (auch: „Update"; engl. „to upgrade" (hochstufen)): Verbesserung / Aktualisierung einer Software.

649 „Application" (Kurzform: „App"): Software, die auf die Bedürfnisse und Funktionen kompakter Geräte wie z.B. Smartphones angepasst wurde; siehe hierzu die Ausführungen des *DSB Berlin*, TB 2010, S. 67 ff.

650 Allgemein: *Härting/Schätzle*, ITRB 2011, S. 40 (40 ff.).

651 *Fierdag*, in: Götting/Lauber-Rönsberg (Hrsg.), Entwicklungen, S. 51 (56).

652 *Heckmann*, Vorgänge 4/2008, S. 20 (23).

653 *Heckmann*, Vorgänge 4/2008, S. 20 (24).

654 *Heckmann*, Vorgänge 4/2008, S. 20 (24); vgl. *Hoffmann-Riem*, AöR 123 (1998), S. 513 (516).

hen und der Anwender sich nicht über alle Folgen seines Tuns im Klaren ist.[655] Beispielsweise werden Schwachstellen nicht ausreichend vor fremdem Zugriff gesichert, da nicht hinreichend bekannt ist, dass sie bestehen.[656] Allein der Verlust eines Smartphones bedeutet den Verlust von Passwörtern, Kontakten, E-Mails, SMS, Fotos uvm. Gleichzeitig werden Sicherheitstools wie Ortungsfunktion und Codesperre oft nicht aktiviert, weil sie unbekannt sind. Oder sie können nicht aktiviert werden, weil derartige Sicherheitssoftware für das System nicht verfügbar ist und nicht extern – gerade bei proprietärer Software – angeboten werden darf.

Viertens sind die gesetzlich zur Verfügung stehenden Instrumente für diese Gefahren womöglich nicht durchweg tragfähig.[657] Bisweilen treffen sie schon nicht den Kern des Problems: Die Möglichkeit des Einflusses auf den persönlichkeitsrelevanten Inhalt. Gleichzeitig steigen die Anforderungen an das gesamte einfache Recht, da die Gefahren für die Persönlichkeit zunehmend von Privaten ausgehen.[658] Nicht nur das Datenschutzrecht kommt dieser Entwicklung bislang nicht nach.[659] Auch die Zurechenbarkeit von Äußerungen, zum Beispiel im Strafrecht, ist schwer nachvollziehbar.[660] So ist die Verfolgung eines Beleidigungsdeliktes beinahe aussichtslos, wenn ein im Ausland befindlicher, zum Beispiel von einem Internetcafé aus agierender Täter, die Äußerung anonym und eventuell sogar unter Zuhilfenahme einer Verschlüsselungstechnik ins Netz einspeist, wo sie gleich mehrfach dupliziert und informativ verarbeitet wird. Eine Verhaltensordnung im Internet, auf die alle Nutzer vertrauen, ist nicht in Sicht (siehe oben): Die Vorstellungen der Internetnutzer, die überhaupt nur bedingt verallgemeinerungsfähig erscheinen, stützen sich weder auf eine hinreichende Vertrauensbasis, noch bestehen Möglichkeiten zur Interessendurchsetzung.[661]

---

655 Vgl. *Hoffmann-Riem*, AöR 123 (1998), S. 513 (516).

656 *Heckmann*, Vorgänge 4/2008, S. 20 (24).

657 *Heckmann*, Vorgänge 4/2008, S. 20 (24); siehe auch *Kube*, in: Isensee/Kirchhof (Hrsg.), HdStR, Bd. IV, § 91 Rn. 84 f.

658 *Hoffmann-Riem*, AöR 123 (1998), S. 513 (523, 524 ff., 532); *Kutscha*, in: Roggan (Hrsg.), Online-Durchsuchungen, S. 157 (159 f.).

659 *Hoffmann-Riem*, AöR 123 (1998), S. 513 (515 f., 523 ff., 532); *Nitsch*, ZRP 1995, S. 361 (363 f.).

660 *Fierdag*, in: Götting/Lauber-Rönsberg (Hrsg.), Entwicklungen, S. 51 (56); *Grzeszick*, AöR 123 (1998), S. 173 (174 f.); *Heckmann*, Vorgänge 4/2008, S. 20 (24); vgl. *Kube*, in: Isensee/Kirchhof (Hrsg.), HdStR, Bd. IV, § 91 Rn. 2, 5, 8, 24 ff.; mehr dazu unter Pkt. 1.3.1.1, 1.4.2.

661 *Beyer/Kirchner/Kreuzberger/Schmeling*, DuD 2008, S. 597 (598); *Gounalakis/Rhode*, Persönlichkeitsschutz, Rn. 3; hierzu bereits Pkt. 2.5.

Fünftens ist die Hemmschwelle, personenbezogene Informationen zu verwenden, im Internet niedriger.[662] Dies hat auch Auswirkungen auf die reale Welt; zu glauben, virtuelle Handlungen würden einen in der „Offlinewelt" nicht einholen, ist illusorisch.[663] (Un-) Rechtsbewusstsein und die abwägende, sachgerechte Einschätzung angemessener beziehungsweise nicht angemessener Verhaltensweisen schwinden.[664] Das Private wird zurückgedrängt und mit dem öffentlichen Bereich vermengt.[665] Manche sprechen von einer „Enttabuisierung" des Privaten und einer „Entfesselung" des Nutzerverhaltens.[666] Vor allem Gewalt- und Sexualtabus fallen weg (die Intensität des Cyberbullyings bei *I share Gossip* war außergewöhnlich). Internetnutzer überschreiten schneller die (moralischen) Hürden, die sie in der realen Welt davon abhalten würden, in „private" Bereiche der Persönlichkeit Dritter einzudringen oder eigene nach Außen zu kehren.[667] Dies liegt unter anderem daran, dass das Internet Möglichkeiten zur Selbstverwirklichung begünstigt und dadurch auch Voyeurismus Vorschub leistet.[668] Fernsehformate, wie beispielsweise *„Big Brother"*, sind im Vergleich zu (manchen) Internetangeboten, wie zum Beispiel Suizid-Foren, beinahe harmlos. Durch sie wird die Identitätsbildung, Authentizität und Persönlichkeitsentwicklung sowohl des handelnden wie des betroffenen Individuums gefährdet, da Bindungslosigkeit, Narzissmus und Enttabuisierung Möglichkeiten zur Orientierung verdrängen.[669] Gesellschaft und Individuum sind aber auf Diskretion und Informationszurückhaltung angewiesen, um einander vertrauen und einen stabi-

---

662 *Heckmann*, Vorgänge 4/2008, S. 20 (25); *Horn*, in: Isensee/Kirchhof (Hrsg.), HdStR, Bd. VII, § 149 Rn. 56 f.; *Hohmann-Dennhardt*, NJW 2006, S. 545 (548 f.); *Kutscha*, in: Roggan (Hrsg.), Online-Durchsuchungen, S. 157 (157 ff.); *E. Wagner*, DuD 2008, S. 736 (736 ff.); vgl. *Raulet*, in: *Hoffmann-Riem/Vesting* (Hrsg.), Perspektiven der Informationsgesellschaft, S. 31 (38 ff.).

663 *Beyer/Kirchner/Kreuzberger/Schmeling*, DuD 2008, S. 597 (598); *Hohmann-Dennhardt*, NJW 2006, S. 545 (548 f.); *Horn*, in: Isensee/Kirchhof (Hrsg.), HdStR, Bd. VII, § 149 Rn. 56 ff.; *E. Wagner*, DuD 2008, S. 736 (736 ff.).

664 *Heckmann*, Vorgänge 4/2008, S. 20 (24); vgl. *Horn*, in: Isensee/Kirchhof (Hrsg.), HdStR, Bd. VII, § 149 Rn. 58.

665 *E. Wagner*, DuD 2008, S. 736 (736, 739); *Kutscha*, in: Roggan (Hrsg.), Online-Durchsuchungen, S. 157 (157 f.).

666 *E. Wagner*, DuD 2008, S. 736 (736); vgl. *Hohmann-Dennhardt*, NJW 2006, S. 545 (548 f.); *Kutscha*, in: Roggan (Hrsg.), Online-Durchsuchungen, S. 157 (157 ff.).

667 *Horn*, in: Isensee/Kirchhof (Hrsg.), HdStR, Bd. VII, § 149 Rn. 56 f.; *Hohmann-Dennhardt*, NJW 2006, S. 545 (548 f.).

668 *E. Wagner*, DuD 2008, S. 736 (737 f., 740); vgl. *Kutscha*, in: Roggan (Hrsg.), Online-Durchsuchungen, S. 157 (158); *Vesting*, in: Götting/Schertz/Seitz (Hrsg.), HdPR, § 6 Rn. 17 ff.

669 *Vesting*, AöR 122 (1997), S. 337 (358 f.).

len Umgang miteinander pflegen zu können.[670] Diese Rückzugsgebiete des Individuums drohen in der informationsoffenen Gesellschaft wegzubröckeln.[671] Weil auch die soziale und normative Kontrolle im Netz weitgehend ausfällt, und es technisch leicht ist, in das Persönlichkeitsrecht anderer einzudringen, steigt die Bereitschaft, den Informations- und Offenbarungsdrang immer näher an den Persönlichkeitskern eines anderen heran zu treiben.[672]

Sechstens greifen die dargestellten Gefahren ineinander, überlagern und verstärken sich.[673] Die Ursache ist nicht die Informationsgrundlage, sondern die informationelle Verflechtung (zum Beispiel die Umlauffähigkeit).[674] Beispielsweise sinkt die Hemmschwelle, die Peripherie der Persönlichkeit aufzulösen und in Richtung Persönlichkeitskern vorzudringen (siehe oben). Zugleich bietet die Gesellschaft viele technische Möglichkeiten, diese Auflösung herbeizuführen, jedoch wenige – vor allem rechtliche – Instrumente, die Auflösung zu verhindern (siehe oben). Was für sich genommen zwei Gefahren für die Persönlichkeit darstellt, wird durch das Internet noch verstärkt und zu einer eigenständigen Gefahr aufgebaut (*„Multiplikatoreffekt“*).

Das Internet ist zugleich Ursache und Lösung des Problems („the answer to the machine is the machine“). Die Informationsgrundlage wird breiter, die Enthemmungs- und Offenbarungstendenzen steigen. Das informationelle Netz wird enger und macht die Persönlichkeit bis hin zum Kernbereich transparent. Die datenbasierten Informationsverarbeitungsprozesse arbeiten schnell, intransparent und unkontrolliert. Sie sind aber weder unverständlich noch unkontrollierbar. Sie können genau so gut dazu genutzt werden, das Eindringen in die virtuelle Persönlichkeit oder deren Ausufern zu verhindern. So wird Software zur Gesichtserkennung schon heute dazu genutzt, um Fotos zu markieren (zu „taggen“). Genauso gut könnte sie dazu eingesetzt werden, die Verwendung eines Bildes davon abhängig zu machen, dass zunächst die abgebildeten Personen in eine Veröffentlichung einwilligen.

---

670 *E. Wagner*, DuD 2008, S. 736 (740); hierzu bereits Pkt. 2.5.

671 BVerfGE 27, S. 1 (6); 44, S. 197 (203); 101, S. 361 (LS Nr. 1, S. 381 ff.); *Hohmann-Dennhardt*, NJW 2006, S. 545 (549).

672 *Heckmann*, Vorgänge 4/2008, S. 20 (25).

673 Vgl. *Beyer/Kirchner/Kreuzberger/Schmeling*, DuD 2008, S. 597 (597 ff.); *Gounalakis/Rhode*, Persönlichkeitsschutz, Rn. 1 f.; *Hohmann-Dennhardt*, NJW 2006, S. 545 (548 f.); *Kutscha*, in: Roggan (Hrsg.), Online-Durchsuchungen, S. 157 (159).

674 *Beyer/Kirchner/Kreuzberger/Schmeling*, DuD 2008, S. 597 (597 f.); *Vesting*, in: Hoffmann-Riem/Schmidt-Aßmann/Voßkuhle (Hrsg.), Verwaltungsrecht, § 20 Rn. 38 f.; *Ladeur*, in: Ladeur (Hrsg.), Regulierung, S. 101 (111 f.); *Vesting*, in: Ladeur (Hrsg.), Regulierung, S. 155 (178 f., 197 ff.); *Nitsch*, ZRP 1995, S. 361 (363 f.); *Kutscha*, in: Roggan (Hrsg.), Online-Durchsuchungen, S. 157 (159); *Trute*, JZ 1998, S. 822 (822 f.).

2.6.4.3 Der Wandel des Öffentlichkeitsbegriffs – die Teilöffentlichkeit des Internets als Referenzrahmen

Ein inhaltsbasiertes Fragment des Persönlichkeitsrechts muss auf einem an die Verhältnisse der Informationsgesellschaft angepassten Verständnis von Öffentlichkeit beruhen.[675] Der Begriff der Öffentlichkeit legt den Referenzrahmen fest, anhand dessen zu entscheiden ist, ob der Schutzbereich von Persönlichkeitsinteressen verletzt worden ist. Die Informationsgesellschaft und ihre „Teilöffentlichkeit" Internet lassen eine klare Abgrenzung von Privatem und Öffentlichem aufgrund der Allgegenwärtigkeit von Informationen nicht mehr zu.[676] Diese durchdringen alle Lebensbereiche und lassen das Gegensatzpaar privat / öffentlich als inhaltsleeres, formales Gerüst zurück, das durch die virtuelle Vernetzung ausgehöhlt wird. Das Internet erschließt eine beinahe grenzenlose Öffentlichkeit, an deren Schnittstelle, dem PC, sich aber regelmäßig nur eine einzelne natürliche Person in einem privaten, abgeschiedenen Umfeld befindet (siehe oben).[677] In dieser Privatheit ist das Individuum gleichzeitig völlig öffentlich. Räumlich betrachtet, wenn eine Person in seinem Wohnzimmer mit dem Laptop auf dem Schoß „im Interet surft", ist das Individuum alleine und privat; teleologisch-funktional befindet sich die Person aber in der denkbar „öffentlichsten Öffentlichkeit", wenn es Forenbeiträge verfasst oder die Pinnwände anderer Leute auf *Facebook* besucht und dort Datenspuren hinterlässt.[678] Die Extreme öffentlich und privat sind gleichzeitig vorhanden; Zwischenstufen sind nur erkennbar, wenn man die Inklusion des Privaten in der Öffentlichkeit überhaupt akzeptiert. So zum Beispiel, wenn das Individuum wie oben geschildert online ist, aber nur persönliche Nachrichten oder E-Mails verschickt, oder sich in geschlossenen Foren oder ähnlichem aufhält. Der Vergleichsmaßstab von öffentlich und privat, der das Verhältnis des Individuums zur Gesellschaft außerhalb des Internets prägt, taugt im informatorischen Bereich jedoch nicht. Die Dichotomie ist zu unbestimmt und vermag allenfalls zur Konturierung des rechtlich Schutzwürdi-

---

675 *Vesting*, AöR 122 (1997), S. 337 (352 f.): *Vesting* weist zu Recht darauf hin, dass die Bestimmung einer einzigen Öffentlichkeit durch die zunehmende Diversifizierung und Fragmentierung erschwert wird; folgerichtig spricht er von „Teilöffentlichkeiten".

676 *Brunst*, Anonymität, S. 203 ff. m.w.N.; *Hoffmann-Riem*, AöR 123 (1998), S. 513 (514); *Raulet*, in: *Hoffmann-Riem/Vesting* (Hrsg.), Perspektiven der Informationsgesellschaft, S. 31 (34, 42); *Vesting*, AöR 122 (1997), S. 337 (355, 358 ff. (insbes. S. 360 m.w.N.)); a.A. wohl *T. Böckenförde*, JZ 2008, S. 925 (938 f.); vgl. auch *Vesting*, in: Götting/Schertz/Seitz (Hrsg.), HdPR, § 6 Rn. 18.

677 *Brunst*, Anonymität, S. 203, 206.

678 Nach *Brunst*, Anonymität, S. 203, 206.

gen beizutragen.[679] Ein Öffentlichkeitsbegriff, der diese Konturen ausfüllt, um wieder zu einem tauglichen Referenzrahmen zu werden, integriert das Individuum und seine Wünsche nach Privatheit in den Bereich des Öffentlichen.

Die Restrukturierung des Öffentlichkeitsbegriffs im Teilbereich Internet kann sich nicht auf die Gegensätzlichkeit von Persönlichkeit und Öffentlichkeit gründen, sondern muss sie als wechselseitig bedingte und ineinander greifende Bestandteile der vernetzten Gesellschaft begreifen. Dabei geht es nicht darum, die Persönlichkeit zu entwerten, sondern sie durch eine sachlich-thematische Betrachtung zu integrieren.[680] Dies brächte die Funktion des allgemeinen Persönlichkeitsrechts als Interaktionsposition besser zur Geltung und könnte als in den Abwägungsprozess überführte Funktion dazu beitragen, die Inhalte der Art. 2 I, 1 I GG gegenüber kollidierenden Grundrechten, wie zum Beispiel der Meinungsfreiheit, besser zu behaupten. Privatheit wäre in sachlich-thematischer Hinsicht dort in der virtuellen Welt zu respektieren, wo sie vom Individuum aktiv gebildet und bewahrt wird. Zum Beispiel dadurch, dass es statt eines Pinnwandeintrages auf der Profilseite eines Kontaktes eine persönliche Nachricht verschickt, die nur Absender und Empfänger und nicht alle Kontakte, die Zugang zu der Pinnwand haben, lesen können.

Der Begriff der Öffentlichkeit bestimmt sich grundsätzlich über zwei Komplexe: Einerseits nach Adressatenkreis, Zugänglichkeit und Räumlichkeit („Außenbereich“), andererseits durch ein objektives wie subjektives Verständnis von Öffentlichkeit („Innenbereich“).[681] Dies ist für die Öffentlichkeit der Informationsgesellschaft zu überarbeiten. Physisch oder sonst wie schematisch definierte (Rückzugs-) Räume existieren im Internet nicht (siehe oben). Auch der Adressatenkreis, als Anzahl der vor Ort anwesenden Personen und deren Beziehungen zueinander[682], stellt durch die Vernetzung vieler, untereinander zum Teil völlig unbekannter Personen kein tragfähiges Unterscheidungsmerkmal mehr dar. Auch das Verständnis von Öffentlichkeit scheidet als Abgrenzungskriterium aus: Subjektiv definieren die Individuen ihren Auftritt in der virtuellen Welt von Situation zu Situation anders; objektiv lassen die Situationen sowieso nur selten allgemeingültige Bewertungen zu. Dementsprechend bleibt nur die *Zugänglichkeit* übrig, die in Bezug auf Inhalte in *Kontroll-* und *Einflussnahmemöglichkeiten* umzudeuten ist. Dabei gilt sich auch für Informationen die Aussage zu vergegenwärtigen, dass der Einzelne über seine Darstellung in der Gesellschaft

---

679 *T. Böckenförde*, JZ 2008, S. 925 (938 f.).

680 *Brunst*, Anonymität, S. 203.

681 *Brunst*, Anonymität, S. 203 ff., 208 f.

682 *Brunst*, Anonymität, S. 204.

nicht ausschließlich selbst entscheidet.[683] Die Abgrenzung der Interessen des Einzelnen zu den Interessen der Öffentlichkeit ist aber dort zu suchen, wo sich die Persönlichkeitsdarstellung zu verselbstständigen und der Kontrollier- und Beherrschbarkeit des Betroffenen gänzlich zu entziehen droht. Ein Öffentlichkeitsbegriff, der die Bildung klassischer Rückzugsräume nicht gestattet und in dem die Persönlichkeit dennoch als effektiv geschütztes, eigenständiges Rechtsgut Fortbestand haben soll, muss gewährleisten, dass der Betroffene diejenigen Informationen beherrschen kann, die seine Persönlichkeit ausmachen, so dass sich seine Darstellung nach außen nicht völlig verliert.

2.6.4.4 Die Notwendigkeit eines informationsbasierten Schutzes

Bei der inhaltsbasierten Abgrenzung von Individual- zu Öffentlichkeitsinteressen geht es um die „Spur der Persönlichkeit in der Öffentlichkeit"[684]. Dies erfordert eine Neuausrichtung des Persönlichkeitsrechts ohne Rückgriff auf bereits bekannte Fragmente des Schutzbereichs.[685] An die datenbasierte Informationsgrundlage kann zum Schutze des Inhalts nicht angeknüpft werden; dies ist auch nicht notwendig, sondern birgt vielmehr die Gefahr in sich, dass den Kommunikationsabläufen bei einem Überwiegen der Persönlichkeitsinteressen ihr konstituierendes Element entzogen würde – das Datum als Austauschvehikel.[686] Dies

---

683 BVerfGE 82, S. 236 (269); 97, S. 125 (149); 99, S. 185 (194); 101, S. 361 (380, 384 f.); 120, 180 (198); *Vesting*, in: Götting/Schertz/Seitz (Hrsg.), HdPR, § 6 Rn. 18 ff.; *Britz*, Persönlichkeitsrecht, S. 14 f.; *Wintrich*, Grundrechte, S. 7.

684 *Nitsch*, ZRP 1995, S. 361 (361).

685 *Albers*, Rechtstheorie 33 (2002), S. 61 (62 ff., insbes. 81 f. und 86 ff.); *Albers*, in: Hoffmann-Riem/Schmidt-Aßmann/Voßkuhle (Hrsg.), Verwaltungsrecht, § 22 Rn. 7 ff., 15 m.w.N.; *Roth*, Vorgänge 4/2008, S. 30 (30 ff.); vgl. auch *Albers*, in: Haratsch/Kugelmann/Repkewitz (Hrsg.), Informationsgesellschaft, S. 113 (113 ff., 123 ff.) und *Vesting*, in: Ladeur (Hrsg.), Regulierung, S. 155 (177 ff.), der davon spricht, dass eine Übertragung des personenbezogenen Datenschutzes ins Internet „wenig sinnvoll" sei, aber im Nachfolgenden Anpassungspotenziale aus dem Datenschutz heraus diskutiert; vgl. gerade in Bezug auf den Stellenwert der Öffentlichkeit auch *Vesting*, in: Götting/Schertz/Seitz (Hrsg.), HdPR, § 6 Rn. 18 und *T. Böckenförde*, JZ 2008, S. 925 (938 f.), der allerdings Öffentlichkeit und Privatheit weiterhin als Gegensatzpaar in Stellung bringen will; (wohl) a.A. bzw. nicht differenzierend: *Brunst*, Anonymität, S. 226 ff.; *Heckmann*, Vorgänge 4/2008, S. 20 (z.B. 21 f.); *Lenski*, Massenkommunikation, S. 145 ff.; *Trute*, JZ 1998, S. 822 (822 ff.).

686 *Albers*, Rechtstheorie 33 (2002), S. 61 (70, 85); *Brunst*, Anonymität, S. 226; *Hoffmann-Riem*, AöR 123 (1998), S. 513 (520); *Lenski*, Massenkommunikation, S. 147; *Nitsch*, ZRP 1995, S. 361 (363 f.); siehe zur Bedeutung von Daten als Grundlage eines modernen Verwaltungshandelns (eGovernment) *Vesting*, in: Hoffmann-Riem/Schmidt-Aßmann/Voßkuhle (Hrsg.), Verwaltungsrecht, § 20 Rn. 16; *Albers*, in: Hoffmann-

wäre nicht nur für die Kommunikation und Öffentlichkeitsinteressen abträglich, sondern auch für das Persönlichkeitsrecht als geschützte (Interaktions-) Position. Kommunikationsprozesse und transportierte Inhalte würden unter Herrschaftsansprüchen Einzelner leiden.[687] Zudem kann eine Kontrolle über die Informationsgrundlage bereits faktisch kaum aufrecht erhalten werden. So zum Beispiel bei einem Inhalt, der über das soziale Netzwerk *Facebook* transportiert wird. Er bildet sich aus Informationen, die in das Netzwerk eingeflossen sind. Zum Beispiel, indem die Person, um die es inhaltlich geht, sie selbst hat einfließen lassen, oder sie von anderen verbreitet wurden. Die Informationen können auch außerhalb des Netzwerkes entnommen worden sein (zum Beispiel von der Homepage einer Schule, die Informationen über ihre Lehrkörper bereithält (*Spickmich*)). Egal wie die Informationen sich zu Inhalten zusammenfügen, Pinnwandeinträge, Nachrichten, Gruppen etc., die Übermittlung basiert auf Daten. Würde der betroffenen Person ein Herrschaftsanspruch über die Daten zugesprochen, würden diese Kommunikationsabläufe zusammenbrechen. Gruppen müssen gegebenenfalls aufgelöst, ganze Nachrichten gelöscht werden. Sofern sich dies überhaupt realisieren ließe, ist das Vorgehen fragwürdig. Zum Beispiel dann, wenn eine Nachricht nur einen Bruchteil an persönlichkeitsrelevanten Informationen enthält. Oder eine Gruppe zu weit überwiegendem Teil persönlichkeitsrechtlich unbedenkliche Inhalte produziert, aber vereinzelt Informationen enthält, die das Persönlichkeitsrecht eines anderen verletzen.

Die Information ist im Gegensatz zum Datum – wenn auch ebenfalls nur begrenzt (dazu gleich mehr) – selektierbar. Informationsverarbeitungsprozesse bieten im Zeitpunkt der Informations*mitteilung* einen Ansatzpunkt zur Beeinflussung persönlichkeitsrechtsrelevanter Inhalte. Persönlichkeitsrelevante Informationen beginnen, sich zu persönlichkeitsrelevanten Inhalten zu verdichten. Eine Information in einer Nachricht bei *Facebook* oder einem Eintrag in einer Gruppe, die das allgemeine Persönlichkeitsrecht eines Dritten verletzt, kann den Herrschaftsanspruch des Inhabers verletzen. Er darf und kann zwar weder Hoheit über Inhalte noch Daten in ihrer Gesamtheit innehaben, aber unter Umständen die Herrschaft über bestimmte Informationen. Beispielsweise dann, wenn er Informationen, wie zum Beispiel sexuelle Präferenzen, bewusst zurückhält oder nur Vertrauenspersonen zugänglich macht. Werden sie gegen diesen Herrschaftsausspruch von Dritten genutzt, wird das Persönlichkeitsrecht des Inhabers verletzt. Informationen zur sexuellen Ausrichtung können zum Beispiel zu Inhalten verdichtet werden, die die Identität des Betroffenen beschreiben sollen.

Riem/Schmidt-Aßmann/Voßkuhle (Hrsg.), Verwaltungsrecht, § 22 Rn. 1 ff.; *Kube*, in: Isensee/Kirchhof (Hrsg.), HdStR, Bd. IV, § 91 Rn. 60 ff.

687 *Hoffmann-Riem*, AöR 123 (1998), S. 513 (520).

Wenn dieser seine sexuelle Orientierung aber für sich behalten und sich nicht (maßgeblich) über dieses Merkmal identifiziert wissen will, kann er sich gegen die Verbreitung der Information wehren. Gegebenenfalls müssen bestimmte Aussagen korrigiert oder vereinzelt sogar ganz entfernt werden. Der Zeitpunkt der Informationsmitteilung bietet hierbei die Möglichkeit, Ansprüche der Öffentlichkeit und des Individuums auf Hoheit des Inhaltes zu entscheiden. Dies ist im Weiteren von den Begleitumständen, die zu einer Entäußerung des Inhalts führen, abhängig zu machen. Entscheidend ist das eigene Verhalten des Betroffenen. Neben dem Sich-Anvertrauen gegenüber anderen Individuen sind auch andere Ansatzpunkte denkbar. Um das Beispiel *Facebook* aufzugreifen, könnte der Betroffene nicht auf eine Herrschaft über Informationen zu seiner sexuellen Ausrichtung pochen, wenn er beispielsweise seinen „Beziehungsstatus" im Profil angibt oder Veranstaltungen zu seinem Profil hinzufügt, die entsprechende Rückschlüsse zulassen.

2.6.4.5 Inhalt und Struktur

Der Schutz persönlichkeitsrelevanter Inhalte muss die Besonderheiten der „virtuellen Persönlichkeit" berücksichtigen, der mehr Handlungsoptionen zur Verfügung stehen, um geistige Anlage, Individualität und Personalität zu entwickeln (siehe oben). Die Entwicklung der virtuellen Persönlichkeit ist anspruchsvoller, stärker von gesellschaftlichen Einflüssen abhängig und dadurch gekennzeichnet, zur Interaktion angehalten zu sein; sie drückt sich intensiver denn je über die Kommunikations- und Interaktionsfunktion des allgemeinen Persönlichkeitsrechts aus (siehe oben).[688] Das Internet ist der orientierungsbildende Referenzrahmen für die Persönlichkeit in der Informationsgesellschaft.[689] Durch die dezentrale, nicht hierarchische und von hoheitlichen Einflüssen weitgehend freie Struktur fehlt es diesem Rahmen an Ordnung; die Autonomie erfordert von den Individuen mehr Selbststeuerung, von Gesellschaft und Rechtsordnung eine Gewährleistung der Selbststeuerungsmöglichkeiten.[690] Der Anspruch, sich zu-

---

688 *Hoffmann-Riem*, AöR 123 (1998), S. 513 (522 ff., 538); *Vesting*, in: Götting/Schertz/Seitz (Hrsg.), HdPR, § 6 Rn. 18; *Hubmann*, Persönlichkeitsrecht, S. 55 ff. (insbes. S. 60); *Morgenthaler*, Freiheitsgrundrechte, S. 225.

689 *Vesting*, in: Götting/Schertz/Seitz (Hrsg.), HdPR, § 6 Rn. 18, *Ladeur*, in: Götting/Schertz/Seitz (Hrsg.), HdPR, § 8 Rn. 70; vgl. auch *Hoffmann-Riem*, AöR 123 (1998), S. 513 (537 f.) und *Vesting*, in: Hoffmann-Riem/Schmidt-Aßmann/Voßkuhle (Hrsg.), Verwaltungsrecht, § 20 Rn. 45 f.

690 *Albers*, Rechtstheorie 33 (2002), S. 61 (81 f.); *Heckmann*, Vorgänge 4/2008, S. 20 (25 ff.); *Ladeur*, DuD 2000, S. 12 (15 f.); *Hoffmann-Riem*, AöR 123 (1998), S. 513 (521, 531 ff., 534 ff.).

rück zu ziehen und die eigene Individualität fernab der (Informations-) Gesellschaft zu entwickeln, ist aufgrund des engen Zusammenrückens der Individuen kaum realisierbar.[691] Wer sich kein Profil in einem sozialen Netzwerk anlegt, muss trotzdem damit rechnen, dass Kontakte, die ein solches Profil haben, Informationen über einen austauschen (Bilder hochladen, Konversationen führen etc.). Schutz der virtuellen Persönlichkeit bedeutet, Kontrolle über die persönlichkeitsrelevanten Informationen behalten und den Selbstschutz effektiv ausüben zu können; dies setzt auch eine Kompetenz zum Steuern voraus.[692] Zum Beispiel seinen Kontakten den Upload eines Bildes untersagen zu können. Ein wesentlicher Punkt zur Durchsetzung dieser inhaltlichen Anforderungen ist die Verlagerung hin zu einem objektiv-rechtlichen (System-) Schutz.[693] Sofern das einfach Recht eine persönlichkeitsrechtsbewahrende Selbststeuerung zulässt, werden auch die grundrechtlichen Anforderungen an den Schutz personenbezogener Informationen erfüllt.

Ein Schutz der virtuellen Persönlichkeit muss gewährleisten, dass der Grundrechtsträger die Informationsverarbeitungsprozesse versteht, sie für ihn transparent sind und er sie beeinflussen kann.[694] Die Steuerungsmöglichkeiten müssen effektiv und effizient sein; sie müssen zur aktiven Entfaltung und passiven Wahrung der Persönlichkeit gleichermaßen taugen.[695] Schafft der Nutzer beispielsweise aktiv eine umfassende Informationsbasis über sich, indem er sich ein Profil bei *Google+* oder *Facebook* zulegt, schützen die Voreinstellungen sein Persönlichkeitsrecht nur, wenn mit der Schaffung nicht die unkotrollierte Entäußerung verbunden ist. Sind die Informationen erst einmal preisgegeben, ist die Öffnung irreversibel. Zum passiven Schutz der virtuellen Persönlichkeit muss sich der Betroffene *in* der Onlinewelt zurückziehen können, nicht aber *aus*

---

691 *Vesting*, in: Götting/Schertz/Seitz (Hrsg.), HdPR, § 6 Rn. 18 f.; wohl a.A.: *Britz*, Persönlichkeitsrecht, S. 67, die von der Möglichkeit der „kontinuierlichen Selbstdistanzierung" spricht.

692 *Heckmann*, Vorgänge 4/2008, S. 20 (25 ff.); *Hoffmann-Riem*, AöR 123 (1998), S. 513 (531 ff., 534 ff.).

693 *Ladeur*, in: Götting/Schertz/Seitz (Hrsg.), HdPR, § 8 Rn. 70; *Hoffmann-Riem*, AöR 123 (1998), S. 513 (522 f.; 534 ff.); *Ladeur*, DuD 2000, S. 12 (15 ff.).

694 *Ladeur*, in: Götting/Schertz/Seitz (Hrsg.), HdPR, § 8 Rn. 68, 70 m.w.N.; *Albers*, in: Haratsch/Kugelmann/Repkewitz (Hrsg.), Informationsgesellschaft, S. 113 (127 ff., 134 f.); *Heckmann*, Vorgänge 4/2008, S. 20 (25 ff.); *Hoffmann-Riem*, AöR 123 (1998), S. 513 (531 ff., 534 ff.) m.w.N.; *Ladeur*, DuD 2000, S. 12 (15 f.).

695 *Heckmann*, Vorgänge 4/2008, S. 20 (25 ff.); *Hoffmann-Riem*, AöR 123 (1998), S. 513 (531 ff., 534 ff.) jeweils m.w.N.

ihr.[696] Zum Beispiel durch Werkzeuge, die ihm helfen, sich anonym im Internet zu bewegen (zum Beispiel die Möglichkeit, *Facebook*, Instant Messanger oder Foren „unsichtbar" aufsuchen zu können). Oder indem er seine Profile wieder *rückstandslos* löschen kann („Recht auf Vergessenwerden"), was nur möglich ist, wenn er die Informationsherrschaft nicht vorher an den Angebotsinhaber abgetreten hat. Effektive und effiziente Selbstschutz- und Selbststeuerungsmöglichkeiten verhindern den Kontrollverlust und die Verselbstständigung des Persönlichkeitsbildes in der informationsoffenen Gesellschaft – ob im Internetzeitalter mehr erreicht werden könnte, ist fraglich.

Diese Anforderungen sind an den Staat als Adressat der Grundrechtsverbürgung gerichtet. Das allgemeine Persönlichkeitsrecht ist auch in einer informationsbasierten Ausprägung zunächst ein „klassisches Abwehrrecht" gegen Eingriffe hoeitlicher Art.[697] Persönlichkeitsrelevante Informationsverarbeitungsprozesse im Verhältnis Bürger-Staat sind selten, aber dennoch von zunehmender Bedeutung (*eGovernance*[698]).[699] Im Fokus stehen allerdings die Prozesse im Verhältnis Bürger-Bürger. Der Staat ist also im Rahmen seiner Schutzpflicht gefordert. Es obliegt ihm, Angebotsinhaber wie *Google* anzuhalten, die Terms of Service so zu gestalten, dass der Nutzer die Informationsherrschaft des ersten Augenblicks hat, Angebote trasparent sind oder die Kompetenz der Nutzer steigt.

2.6.4.6 Schutzbereich

Ein gegen die Verselbstständigung und den Kontrollverlust persönlichkeitsrelevanter Inhalte gerichteter Schutzbereich der Art. 2 I, 1 I GG müsste im wesentli-

---

696 *Heckmann*, Vorgänge 4/2008, S. 20 (25 f.); hier sind bspw. Möglichkeiten zu eröffnen, anonym oder unter Pseudonym auftreten zu können, bzw. sein Vertrauen auf persönlichkeitsschützende Audits, Selbstverpflichtungen oder ähnliche Maßnahmen stützen zu können (*Heckmann* a.a.O.); vgl. *Hoffmann-Riem*, AöR 123 (1998), S. 513 (535); ein anonymes Auftreten bietet sowohl die Möglichkeit, am Kommunikationsprozess beteiligt, wie auch als identifizierbare Person „in Ruhe gelassen" zu werden und stellt für das Informationszeitalter somit einen Rückzugsraum im weiteren Sinne dar.

697 *Albers*, in: Haratsch/Kugelmann/Repkewitz (Hrsg.), Informationsgesellschaft, S. 113 (121 ff.) m.w.N.; allgemein BVerfGE 50, S. 290 (337); *Ipsen*, Staatsrecht, Bd. II, § 2 Rn. 91 ff.; *Schlink*, EuGRZ 1984, S. 457 (458 f.); *Stern*, Staatsrecht, Bd. III/1, § 66 S. 620 ff.

698 *Albers*, in: Hoffmann-Riem/Schmidt-Aßmann/Voßkuhle (Hrsg.), Verwaltungsrecht, § 22 Rn. 1 ff.; *Kube*, in: Isensee/Kirchhof (Hrsg.), HdStR, Bd. IV, § 91 Rn. 60 ff.

699 *Albers*, in: Haratsch/Kugelmann/Repkewitz (Hrsg.), Informationsgesellschaft, S. 113 (123).

chen drei Komponenten berücksichtigen, die sich über das Informations- und Öffentlichkeitsverständnis der Gesellschaft[700] herleiten lassen.

Ausgangspunkt dieser Überlegung ist das Leitbild der Autonomie, das als solches die gesamte Verfassung durchzieht.[701] Legt man dies bei der Ausgestaltung des Schutzbereichs zugrunde, muss bei der Frage der Einflussnahmemöglichkeit bei der Distribution persönlichkeitsrelevanter Inhalte das Individuum in den Mittelpunkt gestellt und dessen Einfluss bei seiner Persönlichkeitsdarstellung und -wahrnehmung im *Verbreitungsmoment*[702] der Information gemessen werden.[703] Behält er ein signifikantes Maß an Kontrolle, ist der Schutzbereich nicht betroffen beziehungsweise kann im Rahmen der Abwägung eher ein Vorrang kollidierender Grundrechte konstatiert werden; muss der Grundrechtsträger hingegen mit ansehen, wie sich sein Persönlichkeitsbild (zum Beispiel in Form der „virtuellen Präsenz“[704]) verselbstständigt, sind Betroffenheit und Vorrang des allgemeinen Persönlichkeitsrechts in der Abwägung tendenziell eher gegeben.

Da als Resultat eines abgeschlossenen semantischen Verarbeitungsprozesses ein veränderter Kenntnisstand zu Buche schlägt,[705] wäre diese Differenz, die man auch als *Rezeptionsmoment* bezeichnen kann, kein tauglicher Anknüpfungspunkt zur Beurteilung der Schutzbereichsbetroffenheit. Für die Informationsgesellschaft gilt: Wenn Fakten geschaffen worden sind, sind diese kaum mehr zu revidieren (siehe oben). Damit entzieht sich der Rezeptionsmoment, sowie die nachfolgenden Differenzen, der faktischen und rechtlichen Beeinflussbarkeit.[706] Bei der Entäußerungsdifferenz schlägt jedoch überwiegend die

---

700 Vgl. allgemein zu diesem gesellschaftlichen Selbstverständnis: *Luhmann*, Gesellschaft, S. 879 ff.; *Vowe*, in: Raabe/Stöber/Theis-Berglmair/Wied (Hrsg.), Wissensgesellschaft, S. 46 (48).

701 *Hoffmann-Riem*, AöR 123 (1998), S. 513 (521).

702 Auch: „Entäußerungsdifferenz“, s.o.

703 Die Persönlichkeitsrelevanz der Informationen kann für die Betroffenheit des Schutzbereiches nur insoweit eine Rolle spielen, als dass sie geeignet sind, Inhalte zu bilden, die mit der Persönlichkeit eines Individuums in Verbindung stehen; Abwägungen mit entgegenstehenden Rechtsinteressen, Wertungen und Gewichtungen sind erst auf der Ebene der verfassungsmäßigen Rechtfertigung zu verorten: *Beaucamp/Seifert*, JA 2004, S. 539 (540) m.w.N.

704 Siehe Pkt. 2.2.2.5.

705 *Albers*, Rechtstheorie 33 (2002), S. 61 (69); *Albers*, in: Haratsch/Kugelmann/Repkewitz (Hrsg.), Informationsgesellschaft, S. 113 (121); *Vesting*, in: Hoffmann-Riem/Schmidt-Aßmann/Voßkuhle (Hrsg.), Verwaltungsrecht, § 20 Rn. 18 f.

706 Rechtlich wäre eine solche Beeinflussung bedenklich, da es sich bei der Rezeption um einen höchstpersönlichen Vorgang des Individuums handelt: *Albers*, Rechtstheorie 33 (2002), S. 61 (69 ff.).

subjektiv-kognitive Leistung des Betroffenen zu Buche; insbesondere die semantischen Beiträge zur Herausbildung der Personalität und Individualität, die sich letztendlich in den Informationen über die Persönlichkeit objektiv nach Außen manifestieren.

Daraus ergeben sich drei Teilgehalte, in denen sich eine Schutzbereichsbetroffenheit äußern kann:

Erstens wäre der Schutzbereich betroffen, wenn der Grundrechtsträger auf ein Herauslösen von ihn betreffenden Persönlichkeitsinformationen keinen kontrollierenden oder sonst wie steuernden Einfluss mehr ausüben könnte – und damit, als auch inhaltlich Betroffener, zum unbeteiligten Zuschauer des Geschehens degradiert würde (*Persönlichkeitsschutz vor Extraktionsvorgängen*).[707] Danach wäre der Schutzbereich betroffen, wenn der Grundrechtsträger im Verbreitungsmoment ohne Einflussnahmemöglichkeiten mit ansehen müsste, wie Informationen, die seine Persönlichkeit zum Inhalt haben, unwiederbringlich in die Informationsgesellschaft entäußert und dort fortan ein Eigenleben führen würden.[708] Damit würden Bestandteile seiner Individualität[709] für andere frei zugänglich und wären eben nicht mehr individuell. Die Abwehrfunktion drückt sich hier als Gestaltungsschutz aus: Der Schutzbereich der Art. 2 I, 1 I GG ist betroffen, wenn das geschützte Rechtssubjekt Teile seiner Persönlichkeit an die Informationsgesellschaft verlieren würde.

Zweitens wäre der Schutzbereich betroffen, wenn der Grundrechtsträger Vorgängen, die ihn betreffende Persönlichkeitsinformationen in die Informationsgesellschaft herauslösen, nicht alternativ ausweichen oder zumindest informationstechnologisch besser gerüstet begegnen könnte (*Persönlichkeitsschutz vor und in Prozessabläufen*).[710] Der Grundrechtsträger braucht sich dabei weder gegen seinen Willen überhaupt in informationsverarbeitende Prozesse hineinziehen lassen, noch braucht er sich die Entscheidung abnehmen zu lassen, zu-

---

707 Im Kern der Abwehrfunktion steht auf einer „transhumanen Ebene" die „Steuerungsleistung des Individuums": *Vesting*, in: Hoffmann-Riem/Schmidt-Aßmann/Voßkuhle (Hrsg.), Verwaltungsrecht, § 20 Rn. 25; *Hoffmann-Riem*, AöR 123 (1998), S. 513 (532).

708 *Nitsch*, ZRP 1995, S. 361 (361): Es geht also weniger um konkrete Herrschaftsansprüche in Bezug auf die Information(en), als um die Möglichkeit, aktiv an der Selbstdarstellung nach Außen mitwirken zu können.

709 Siehe Pkt. 2.2.2.2.

710 Dies betrifft die „Waffengleichheit" zwischen den ihm zur Verfügung stehenden Handlungsoptionen zum Schutze seiner Persönlichkeit und den vielfältigen Gefahren der Informationsgesellschaft, die durch die diversifizierten und effizienten Informationsverarbeitungsprozesse herrühren.

mindest (Persönlichkeits-) Schutzmaßnahmen ergreifen zu können.[711] Dabei geht es um die Möglichkeit, im um seine Persönlichkeit herum dichter werdenden Informationsnetz auch weiterhin Bewegungs- und Entfaltungsfreiheiten behaupten zu können.[712] Es gilt nur ein übermäßiges Einschnüren zu verhindern, da der Grundrechtsträger in der informationsoffenen Gesellschaft keine absolute Informationsherrschaft, geschweige denn (abschließende) Inhaltshoheit inne haben kann (siehe oben).

Dieses Ausweichen gelingt dem autonom agierenden Individuum durch technische oder untechnische Mittel, die dazu geeignet sind, Rückzugsräume in der Informationsgesellschaft zu schaffen.[713] Es geht um Maßnahmen, die es ihm ermöglichen, semantische Verarbeitungsprozesse so wahrzunehmen, zu beeinflussen oder zu umgehen, dass sie möglichst persönlichkeitsschonend ablaufen.[714] Besonders relevant für den Schutz vor und in Informationsverarbeitungsprozessen im Internet sind die sogenannten *„Privacy Enhancing Technologies“*.[715] Hierunter fällt zum Beispiel Software zum Identitätsmanagement[716] oder zur Anonymisierung (beispielsweise *„Tor“*[717]) der Person. Dadurch wäre es möglich, die Forderung, dass auch in der Informationsgesellschaft Rückzugsräume existieren und gegebenenfalls wiederhergestellt werden müssten, umzu-

---

711 Hierbei ist zwischen dem Hineingezogenwerden und der Möglichkeit, selbstschützende Maßnahmen ergreifen zu können, zu differenzieren.

712 Vgl. *Albers*, Rechtstheorie 33 (2002), S. 61 (73 ff.); *Vesting*, in: Hoffmann-Riem/Schmidt-Aßmann/Voßkuhle (Hrsg.), Verwaltungsrecht, § 20 Rn. 36 ff.; *Nitsch*, ZRP 1995, S. 361 (363 f.); *Kutscha*, in: Roggan (Hrsg.), Online-Durchsuchungen, S. 157 (159 ff.).

713 *Albers*, Rechtstheorie 33 (2002), S. 61 (85).

714 *Heckmann*, Vorgänge 4/2008, S. 20 (25 ff.).

715 Unter diese Bezeichnung fällt eine Vielzahl von Programmen zum Schutz des Nutzers, z.B. Programme, die ein Zusammentragen und Abgleichen persönlichkeitsrelevanter Informationen (z.B. über das Surfverhalten) verhindern können; als Schadsoftware können – je nach Art der konkreten Verwendung, die nicht per se schädlich ist – bspw. „Cookies", „Tracking Software" oder „Spy-Ware“ in Betracht kommen, die Aufschluss über das Surfverhalten ermöglichen, indem sie speziell ausgewählte Datensätze an denjenigen übermitteln, der basierend auf dieser Informationsgrundlage das Verhalten der Person im Internet analysiert und für sich verwertbar macht.

716 Hierzu: *Krasemann*, DuD 2006, S. 211 (211 ff.).

717 „Tor“ (Abkürzung für „The Onion Ring“): Anonymisierungs-Netzwerk, das auf dem Prinzip des sog. „Onion-Routings“ basiert und über die Installation einer Open-Source-Software gehandhabt wird. Das Prinzip des „Onion-Routings“ basiert wiederum auf dem ständigen Wechseln von Verbindungspunkten, bei denen jeder Knoten stets nur die Identität des vorherigen kennt. Dadurch wird es technisch beinahe unmöglich, die wahre Quelle (i.S.v. IP-Adresse) zu ermitteln.

setzen. Durch den Anknüpfungspunkt der Entäußerungsdifferenz kann es dem Individuum aus eigener Kraft gelingen, inhaltlich bestimmte Räume der Privatheit gegenüber der Öffentlichkeit abzuschirmen.

Drittens wäre der Schutzbereich betroffen, wenn der Grundrechtsträger in Vorgänge, die ihn betreffende Persönlichkeitsinformationen in die Gesellschaft herauslösen, *unwissentlich* und *unwillentlich* einbezogen würde (*Persönlichkeitsschutz vor Intransparenz*). Das Persönlichkeitsrecht wäre betroffen, wenn die Informationsverarbeitung dem Betroffenen das Wissen und Verständnis über ihre Abläufe und Auswirkungen vorenthielte.[718] Der Grundrechtsträger ist davor zu schützen, aufgrund von nicht einsehbaren Prozessabläufen zum Werkzeug gegen sich selbst gemacht zu werden. Ihm muss es nicht nur faktisch möglich sein, die Abläufe effektiv zu beherrschen beziehungsweise einen gewissen Einfluss auf sie nehmen (siehe oben), sondern sie zumindest in ihren wesentlichen Grundzügen auch begreifen und nachvollziehen zu können. Enthalten die Prozessabläufe Hinweise, die den Schleier der Unverständlichkeit und Undurchdringlichkeit zugunsten des Betroffenen lüften, dann ist gegebenenfalls eine verfassungsmäßige Rechtfertigung beziehungsweise Rechtfertigung im Abwägungsprozess möglich.

2.6.4.7 Anwendung auf internetrelevante Fälle

In den *Spickmich*-Prozessen hätte eine informationsbasierte persönlichkeitsrechtliche Schutzbereichsbestimmung die Rechtsposition vollständiger abgebildet und – im Rahmen der Abwägung – die kollidierenden Interessen besser berücksichtigt, selbst wenn sich bezüglich der Schutzbereichsbetroffenheit im Ergebnis letztlich nichts geändert hätte.[719] Im Verbreitungsmoment hatte die klagende Lehrerin als Grundrechtsträgerin und Inhaberin der auf die Art. 2 I, 1 I GG zurückzuführenden Rechtsposition im Rahmen der §§ 823, 1004 BGB analog keine Einflussnahmemöglichkeit auf die gebildeten Inhalte. Auf einer Wertungsskala von 1 bis 6 wurden – freiwillig entäußerte – Persönlichkeitsinformationen als „Destillat" aufbereitet und zur Rezeption angeboten, die den Charakter der betreffenden Person – unstrittig subjektiv und auch lückenhaft – darstel-

---

718 *Heckmann*, Vorgänge 4/2008, S. 20 (23 ff.).

719 Deutlich wird dies z.B. an den Aussagen des BGH, ZUM 2009, S. 753 (758), der von an sich „substanzarmen Daten" ausgeht, die „lediglich für den an Informationsgehalt [gewinnen], der die Klägerin wenigsten aus der Schule kennt"; hieran wird deutlich, dass die Daten alleine die Persönlichkeitsrelevanz nicht angemessen wiederzugeben vermögen; je nach Adressatenkreis und Art der Darstellung der Daten mit ihrem informatorischen Gehalt, kann der Einschlag für die Persönlichkeit des Betroffenen nämlich signifikant sein.

len sollten (zum Beispiel, ob sie „cool“, „witzig“, „motiviert“ oder „menschlich“ sei).[720] Ob man dem durch die herausgelösten Informationen dargestellten Persönlichkeitsbild eine Prangerwirkung[721] attestieren kann, kann unter Schutzbereichsgesichtspunkten zunächst dahinstehen. Jedenfalls wurden die ursprünglich von der Betroffenen freigegebenen Informationen in eine Bewertung überführt. Damit wurde ein neuer Kontext im Sinne eines persönlichkeitsrechtsrelevanten Inhaltes eröffnet, der von der ursprünglichen Einwilligung der Lehrerin nicht mehr gedeckt war. Der informationsbasierte Schutzbereich war also durchaus betroffen. Es ist hingegen eine Abwägungsfrage, ob dieser mittelbar gebildete Inhalt über die ihn ausmachenden Informationen hinreichend beeinflusst werden konnte.

Ein informationsbasierter Schutzbereich der Art. 2 I, 1 I GG lässt sich auch im Zusammenhang mit dem Internetdienst *Google Street View*[722] diskutieren.[723] Unter Auswertung von Geodaten wird dem Nutzer eine Rundumsicht ganzer Straßenzüge inklusive der dazugehörigen Koordinaten angeboten.[724] Dies ist zum Beispiel für die Navigation in unbekannten Städten oder die Suche nach Gebäuden wie Apotheken, Supermärkten etc. hilfreich; allerdings auch dafür, um die Wohnorte seiner Mitbürger „per Onlinesuche auszukundschaften“.[725] Die dafür notwendige Informationsgrundlage wurde durch ein Abfotografieren der Umgebung gewonnen.[726] Die Daten selbst, Bilder von Flächen, Verkehrswegen, Gebäudefassaden und Passanten, berühren bereits persönlichkeitsrelevante Aspekte, allerdings gewinnt erst der daraus ableitbare, informatorische Gehalt

---

720 Siehe BGH, ZUM 2009, S. 753 (754).

721 *Greve/Schärdel*, MMR 2008, S. 644 (644 ff.); *Härting*, CR 2009, S. 21 (21 ff.); mehr dazu unter Pkt. 4.4.4.1.

722 Die dt. Version ist unter www.google.de/streetview verfügbar.

723 Allgemein: *Ernst*, CR 2010, S. 178 (178 ff.); *Lindner*, ZUM 2010, S. 292 (292 ff.); vgl. *DSB Rheinland-Pfalz*, 22. TB, S. 41 f. mit einem gemeinsamen Standpunkt der *DSB der Länder* („Düsseldorfer Kreis“).

724 Vgl. *DSB Rheinland-Pfalz*, 22. TB, S. 41.

725 *Lindner*, ZUM 2010, S. 292 (293 ff.); FAZ vom 10. August 2010, Nr. 183, S. 11, 13; FAZ vom 12. August 2010, Nr. 185, S. 7; jeweils mit weiteren Informationen.

726 *Ernst*, CR 2010, S. 178 (178 f.); deshalb ist vorrangig an speziellere Einzelverbürgungen zu denken, wie bspw. das Recht am eigenen Bild, die jedoch, gemessen an der Art und Weise der Informationsaufbereitung und -darstellung im Internet, eine informationsbasierte Auslegung der Art. 2 I, 1 I GG nicht adäquat zu ersetzen vermögen (dies hat schon die Analyse dieser Rechtspositionen weiter oben deutlich gemacht); darüber hinaus können einfachgesetzliche Vorschriften einschlägig sein, wie bspw. die §§ 22, 23 Nr. 2 KUG, § 59 UrhG und § 28 BDSG: *Ernst*, CR 2010, S. 179 ff.

ein wirklich bedrohliches Ausmaß für die Persönlichkeit des Einzelnen[727]: Während es heute schon üblich ist, andere Personen „zu googlen", das heißt im Internet verfügbare Informationen über sie zusammenzutragen und ein Persönlichkeitsbild von ihnen zu erstellen, könnte in Zukunft hinzukommen, sie auch gleich „zu streetviewen".[728] Dadurch wächst die Gefahr, dass Dritte ohne größeren Aufwand und nennenswerten Einfluss des betroffenen Individuums ein von diesem losgelöstes Persönlichkeitsbild im Sinne eines Inhaltes zeichnen.[729] So kann zum Beispiel, basierend auf den Fahrzeugen, der Grundstücksgröße und der Art und Beschaffenheit des Hauses, ein Eindruck hinsichtlich der Bonität des Betroffenen ermittelt werden.[730] Unabhängig von der Person selbst und dessen Möglichkeiten, sich als kreditwürdig zu präsentieren und entsprechende Nachweise zu erbringen, könnte mit einem einfachen Mausklick, basierend auf einem verselbstständigten, durchaus lückenhaften oder möglicherweise sogar grob falschen, zumindest jedoch allenfalls holzschnittartigen Eindruck der Persönlichkeit des Einzelnen, eine abschlägige Entscheidung getroffen werden.

Bedeutsam am Beispiel *Street View* ist jedoch, dass gewisse Möglichkeiten bestehen, um Fremdkontrolle und Kontrollverlust im Ansatz zu verhindern.[731] Nicht nur, dass eine eingesetzte Software[732] Gesichter, Kfz-Kennzeichen u.ä. automatisch unkenntlich machen soll[733], es besteht auch die Möglichkeit für den Betroffenen, der Informationsgewinnung zu widersprechen (die Bilddatei, die die Informationen zeigt, wird dann „verpixelt").[734] Damit ist nicht nur der Prozess hinreichend klar verständlich, offen zugänglich und effektiv ausgestaltet, sondern auch die Möglichkeit, im Verbreitungsmoment die Kontrolle über die

---

727 *Lindner*, ZUM 2010, S. 292 (292 f.), der zu Recht betont, dass es ein „Recht am Bild der eigenen Sache" (der Häuserfassade) grundsätzlich nicht gibt, es sei denn, der informatorische Gehalt vermittelt einen anderen, persönlichkeitsrechtsgefährdenden Gesamteindruck (in diesem Gesamteindruck spielt bspw. das Geotagging eine Rolle, da es z.B. Aufschluss darüber gibt, wo sich die abgelichtete Person befunden hat).

728 FAZ (Sonntagszeitung) vom 15. August 2010, Nr. 32, S. 30.

729 FAZ vom 12. August 2010, Nr. 185, S. 7; *Nitsch*, ZRP 1995, S. 361 (364 f.).

730 *Lindner*, ZUM 2010, S. 292 (298 f.); vgl. *Nitsch*, ZRP 1995, S. 361 (364 f.).

731 *Lindner*, ZUM 2010, S. 292 (292 ff.); krit. die FAZ vom 12. August 2010, Nr. 185, S. 7.

732 *Lindner*, ZUM 2010, S. 292 (294 ff.); vgl. FAZ vom 10. August 2010, Nr. 183, S. 13 sowie mit krit. Anm. zur Effektivität des Verfahrens auch die FAZ vom 12. August 2010, Nr. 185, S. 7 und *Ernst*, CR 2010, S. 178 (179).

733 Vgl. *DSB Rheinland-Pfalz*, 22. TB, S. 41 f.; krit. bzgl. der Tauglichkeit dieser Unkenntlichmachung: *Ernst*, CR 2010, S. 178 (179); allerdings ist zumindest bei einer Unkenntlichmachung der Umgebung und des Gesichtes die Erkennbarkeit deutlich erschwert.

734 *DSB Rheinland-Pfalz*, 22. TB, S. 41 f.; FAZ vom 10. August 2010, Nr. 183, S. 13.

Verselbstständigung des Persönlichkeitsbildes in der informationsoffenen Gesellschaft über eine Herrschaft über die „Schlüsselinformationen" zu behalten.[735] Das an sich für die Persönlichkeit des Einzelnen noch nicht bedrohliche Anlegen der Informationsgrundlage kann im Moment des Verbreitens und Gefährlichwerdens verhindert werden. So wird weder der Kommunikationsfluss gestört, noch, da ein Herauslösen der Informationen nicht ohne nennenswerte Partizipationsmöglichen des Einzelnen vonstatten geht, das Persönlichkeitsrecht der Art. 2 I, 1 I GG berührt. Hierfür legt die Anzahl der eingegangenen Widersprüche Zeugnis ab: Am 21. Oktober 2010 wurden nach Eigenaussage von Google 244.237 Einsprüche bearbeitet.[736] Diese hohe Dichte an Selbstschutzmaßnahmen – es ging zu diesem Zeitpunkt um zum Teil von mehreren Personen bewohnte Haushalte in 20 deutschen Großstädten – zeigt, dass die Betroffenen bei einfacher und transparenter Handhabung aktiv werden und gleichzeitig die Umsetzung für den Diensteanbieter sowohl technisch als auch wirtschaftlich zu bewältigen ist. Ein informationsbasierter Schutzbereich der Art. 2 I, 1 I GG wäre in diesem Fall voraussichtlich bereits nicht betroffen.

Anders verhält es sich bei einem weiteren Dienst von *Google*: *„Analytics"*[737]. Dieser datenbasierte, webanalytische (Tracking-) Dienst dient der Auswertung von Informationen bezüglich des Surfverhaltens der Nutzer. Die Internetuser bleiben dabei größtenteils im Unklaren darüber, welche Inhalte ihrer Besuche auf fremden Websites, die diesen Dienst verwenden, gespeichert und inwieweit die darin befindlichen Informationen ausgewertet werden.[738] Das Anlegen von Nutzerprofilen bedroht dabei bereits die Anonymität und informationelle Selbstbestimmung;[739] darüber hinaus ist aber auch der Einblick in den Informationsverarbeitungsprozess verwehrt. Auch eine Anwendung auf soziale Netzwerke, wie beispielsweise *Facebook*, ist möglich. Die besondere Situation – die Nutzer geben Persönlichkeitsinformationen freiwillig preis[740] – führt zwar grundsätzlich dazu, dass ein Verzicht vorliegt. Nichtsdestotrotz zeigen die bisweilen schwer verständlichen, intransparenten Nutzungsbedingungen, die dem

---

735 Insbes., da die Informationsgesellschaft als „Risikogesellschaft" Aspekte mit sich bringt, auf die sich ein effektiver Schutz dynamisch einstellen muss („Faktizität der Verhältnisse"): FAZ (Sonntagszeitung) vom 15. August 2010, Nr. 32, S. 30 sowie *Hoffmann-Riem*, AöR 123 (1998), S. 513 (528).

736 FAZ vom 22. Oktober 2010, Nr. 246, S. 2.

737 http://www.google.com/intl/de/analytics/; weitere Bsp. für vergleichbare Dienste wären: „Double Click", „Piwig", „Analog" oder „AWStats".

738 *DSB Schleswig-Holstein*, 32. TB, S. 134 f.

739 Vgl. Pkt. 2.3.2, 2.6.3.

740 Für das hier verwendete Bsp. von *Facebook*: FAZ vom 06. August 2010, Nr. 180, S. 33; DIE ZEIT vom 19. August 2010, Nr. 34, S. 4.

Benutzer in gewissem Maße Herrschaftswissen bei der Platzierung persönlichkeitsrelevanter Informationen vorenthalten, dass eine Schutzbereichsbetroffenheit auch bei vermeintlich frei zu verantwortenden Situationen mit einer vorausgegangenen Einwilligung nicht fernliegt. Bereits ein einziger Klick oder sogar bloßes Untätigbleiben kann dazu führen, dass eigene oder gar fremde Persönlichkeitsinformationen, ohne bewusstes Wissen oder Wollen dieser Personen, unwiederbringlich ins Internet entäußert werden.[741]

2.6.4.8 Ausgestaltungsauftrag an den Gesetzgeber

Die Inhalte der Art. 2 I, 1 I GG sind mit einem Ausgestaltungsauftrag an den deutschen Gesetzgeber verbunden. Dieser ist dazu angehalten, einen wirksamen Schutzstandard für das allgemeine Persönlichkeitsrecht im einfachen Recht zu schaffen und einen Systemschutz aufzubauen.[742] Ein Modell der *„regulierten Selbstregulierung"* sollte dem Individuum größtmögliche Freiheit bei der Nutzung seiner Einflussnahme- und Kontrollmöglichkeiten zukommen lassen.[743] Das Individuum sollte dazu befähigt werden, sich effektiv und situationsabhängig selbst zu schützen und auf funktionsfähige Selbstschutzstrukturen zurückgreifen und vertrauen zu können.[744] Im Übrigen liegt die Ausgestaltung des Rechts im Ermessen der Legislative.[745] Sie ist dazu angehalten, die Einflussnahme- und Kontrollpflichten zu sichern (*Gewährleistungsauftrag*) und die Entstehung und Anwendbarkeit persönlichkeitsschützender Maßnahmen im Rahmen ihrer Möglichkeiten zu veranlassen (*Förderungsauftrag*).[746]

Der Gewährleistungsauftrag umfasst in erster Linie die Pflicht, die Anforderungen an die semantischen Verarbeitungsprozesse so auszuformulieren, dass

---

741 Vgl. Pkt. 2.6.4.2.

742 *Götting*, in: Götting/Schertz/Seitz (Hrsg.), HdPR, § 3 Rn. 4 und 6; *Ladeur*, in: Götting/Schertz/Seitz (Hrsg.), HdPR, § 8 Rn. 70 f.; *Vesting*, in: Ladeur (Hrsg.), Regulierung, S. 155 (183); *Trute*, JZ 1998, S. 822 (826) jeweils m.w.N.

743 *Ladeur*, in: Götting/Schertz/Seitz (Hrsg.), HdPR, § 9 Rn. 3; *Hoffmann-Riem*, AöR 123 (1998), S. 513 (532 ff.); *Vesting*, in: Hoffmann-Riem/Schmidt-Aßmann/Voßkuhle (Hrsg.), Verwaltungsrecht, § 20 Rn. 40 ff.; *Ladeur*, DuD 2000, S. 12 (12 ff.); *Ladeur*, in: Ladeur (Hrsg.), Regulierung, S. 101 (114, 117); *Nitsch*, ZRP 1995, S. 361 (361 ff.); *Kutscha*, in: Roggan (Hrsg.), Online-Durchsuchungen, S. 157 (169 ff.); *Trute*, JZ 1998, S. 822 (827 f.).

744 *Hoffmann-Riem*, AöR 123 (1998), S. 513 (532 ff.); *Trute*, JZ 1998, S. 822 (827 f.).

745 Weswegen an dieser Stelle nur Möglichkeiten diskutiert werden können: *Hoffmann-Riem*, AöR 123 (1998), S. 513 (529 f.) und *Vesting*, in: Ladeur (Hrsg.), Regulierung, S. 155 (183 ff.); der Gesetzgeber hat auch das „Recht zu Experimentieren" (*Hoffmann-Riem* a.a.O.).

746 *Hoffmann-Riem*, AöR 123 (1998), S. 513 (532, 535 ff.).

persönlichkeitsschützende Maßnahmen greifen können. Vor allem die Verwendung von *Privacy Enhancing Technologies* in den zumeist datenbasierten Kommunikationsvorgängen sollte möglich sein.[747] Dazu zählen nicht nur Programme zum Schutz des Systems, wie Anti-Viren-Software oder Firewalls, sondern unter Umständen auch Software für Angebote wie *Facebook*, die eine Einflussnahme auf die Informationsgrundlage zulässt (zum Beispiel endgültiges und vollständiges Löschen von Nachrichten, Posts, Profilen). Die Vorgänge müssen offen und transparent sein, damit der Betroffene durch seine Beteiligung am Prozess die Herauslösung und Fremddarstellung von ihn betreffenden Persönlichkeitsinformationen beeinflussen kann (beispielsweise dadurch, dass er Äußerungen Dritter kommentieren kann und eine Mitteilung über seine namentliche Nennung erhält).[748] Denkbar wäre auch, das Blocken bestimmter Software, zum Beispiel zur Anonymisierung oder Pseudonymisierung, zu untersagen; oder zu verlangen, Software-Schnittstellen – gerade bei proprietärer Software – für persönlichkeitsschützende Anwendungen anderer Anbieter zu eröffnen (zum Beispiel zur Verwendung einer Identitätsmanagement-Software[749]).[750] Die „Interoperabilität persönlichkeitsrechtsschützender Software" könnte ähnlich § 69e UrhG gesetzlich normiert werden. Auch für Provider sind Rahmenbedingungen denkbar. Sie können besonders effektiv Anonymität gewährleisten. Die Betreiber von Internetdiensten könnten dazu verpflichtet werden, die bei ihnen datenmäßig verkörperten Informationen mit einem „Verfallsdatum" zu belegen.[751] Der Informationsgrundlage könnte beispielsweise eine weitere Information, das heißt der Zeitpunkt, an dem die Information aufhören soll, in der verkörperten Form zu existieren, beigefügt werden können, so dass nach Ablauf eine (automatische) Löschung eintritt, die die entsprechende Informationsgrundlage zer-

---

747 Allgemein zu PET in semantischen Verarbeitungsprozessen: *Rost*, in: Bäumler/von Mutius (Hrsg.), Anonymität, S. 62 (72 f.) und *Rost*, Vorgänge 4/2008, S. 48 (53 ff.); vgl. *Ladeur*, DuD 2000, S. 12 (15 f.), der von einem „Datenschutz durch Technik" spricht; es gilt den Schutz des informatorischen Inhaltes technik- und normbasiert zu gewährleisten.

748 Vgl. *Beyer/Kirchner/Kreuzberger/Schmeling*, DuD 2008, S. 597 (598), die nicht zu Unrecht die Bedeutung einer „proaktiven Imagepflege" betonen. Hierbei gilt es aber auch zu bedenken, dass einem Zwang zum Tätigwerden Grenzen gesetzt sind, da der Betroffene nicht alle Verarbeitungsprozesse alleine überblicken, geschweige denn beeinflussen kann.

749 Siehe *Krasemann*, DuD 2006, S. 211 (211 ff.).

750 *Rost*, in: Bäumler/von Mutius (Hrsg.), Anonymität, S. 62 (72 f.); *Rost*, Vorgänge 4/2008, S. 48 (53 ff.); siehe *Hoffmann-Riem*, AöR 123 (1998), S. 513 (535).

751 *Heckmann*, Vorgänge 4/2008, S. 20 (27 f.); *E. Wagner*, DuD 2008, S. 6 (6).

stört.[752] Idealerweise kann der Nutzer dies angeben (zum Beispiel, dass er möchte, dass eine Nachricht in seinem Postfach und dem des Empfängers nach sechs Monaten gelöscht wird; aus Transparenzgründen muss der Empfänger von einer Löschung zeitnah unterrichtet werden). Zwar kann dies nicht verhindern, dass die Information bis zu ihrem Verfall auch in Verarbeitungsprozessen außerhalb des jeweiligen Systems verwertet wird, allerdings kann gewährleistet werden, dass der Betroffene in zukünftigen Verarbeitungsmomenten wieder einen größeren Einfluss auf seine Persönlichkeitsdarstellung erhält, da die verselbstständigte Persönlichkeitsinformation als Anknüpfungspunkt wegfällt beziehungsweise zumindest die existierende Informationsmasse verringert wird und weniger dominant ist.[753] Gerade unter Transparenzgesichtspunkten ist zudem darüber nachzudenken, ob Mindest- und Qualitätsstandards bei der Anschaulichkeit, Verständlichkeit und vor allem Aufbereitung und Darstellung von Nutzungsbestimmungen und ähnlichen Beschreibungen und Voreinstellungen von Informationsverarbeitungsprozessen eines Internetangebots formuliert werden müssten.[754] Zum Beispiel könnte normiert werden, dass die Voreinstellungen von Internetdiensten, wie beispielsweise von sozialen Netzwerken wie *Facebook*, so ausgestaltet sein müssen, dass zunächst keine Informationen öffentlich zugänglich sind, es sei denn, der Nutzer entscheidet sich im weiteren Nutzungsverlauf explizit für die Freigabe (*Opt-In-Regelung*). Dadurch würde die Wahrnehmung persönlichkeitsschützender Verhaltensweisen gefördert („Verantwortlichsein“); der Betroffene könnte seine Handlungsoptionen unter genauerer Kenntnis der Folgen abwägen und ergreifen.[755] Ob die Nutzung der Angebote dabei nennenswert – oder gar geschäftsgefährdend – beeinträchtigt würde, ist fraglich; durch das Bewusstsein der Folgen ist die Bereitschaft zu handeln und sich (wieder) verstärkt einzubringen vielleicht sogar größer, während sonst zögerlicher vorgegangen und sicherheitshalber vom Einstellen einer Information abgesehen wird.

---

752 Das Datum mit einer „Selbstzerstörungssequenz“ (autonomer Löschvorgang) zu versehen ist technisch aufwendiger umzusetzen als ein manueller und auf das System beschränkter Schutz, aber unter informationstechnologischen und persönlichkeitsrechtlichen Gesichtspunkten effektiver; darüber hinaus ist eine Programmierung, die den Nutzer während des ersten Speichervorgangs fragt, wie lange die Datei existieren soll, technisch realisierbar: *E. Wagner*, DuD 2008, S. 6 (6).

753 *Heckmann*, Vorgänge 4/2008, S. 20 (27 f.); *E. Wagner*, DuD 2008, S. 6 (6); siehe *Ladeur*, DuD 2000, S. 12 (19), der zu Recht betont, dass niemand dauerhaft mit negativen Persönlichkeitsmerkmalen belegt sein darf, insbes. dann nicht, wenn zwischenzeitlich eine Persönlichkeitsentwicklung stattgefunden hat.

754 *Trute*, JZ 1998, S. 822 (827).

755 *Heckmann*, Vorgänge 4/2008, S. 20 (25 f.); *Trute*, JZ 1998, S. 822 (827 f.); *E. Wagner*, DuD 2008, S. 736 (740).

Außerdem könnte vermieden werden, dass ein persönlichkeitsrechtlicher Schaden durch eine Verselbstständigung entsteht, die auf Unkenntnis oder Unachtsamkeit beruht und ex post kaum umgekehrt werden kann.

Um gleiche Effektivität von persönlichkeitsschützenden Internetdiensten und anderen Angeboten sicher zu stellen, wäre vom Gesetzgeber wohl Netzneutralität[756] zu gewährleisten. Einfachgesetzlich könnte so garantiert werden, dass keine über das Internet verschickten Daten und Informationen zur persönlichkeitsschützenden Selbststeuerung gegenüber anderen Daten und Informationen, beispielsweise von Internetangeboten wie *Youtube*, *Google* oder *Facebook*, die die Persönlichkeit tendenziell gefährden, zum Beispiel in punkto Geschwindigkeit oder Volumen, benachteiligt werden. Neutralität und Selbstständigkeit der Netze stärken die Grundrechte, insbesondere die Kommunikationsfreiheiten.[757] Art. 5 I 1 GG gebietet jedenfalls, die Kommunikationsprozesse für jedermann offen zu halten und nicht zur Disposition der Informationsmächtigen zu stellen.[758] Dies könnte der Gesetzgeber dazu zwingen, zum Beispiel durch eine Novellierung des Telemediengesetzes, die Gleichbehandlung aller Daten im Internet verbindlich zu regeln.[759] Dies müsste dann unabhängig davon gelten, ob man sich mobil oder ortsgebunden ins Internet begibt. Andernfalls könnte Persönlichkeitsschutzdiensten eine zweitklassige Behandlung gegenüber wirtschaftlich lohnenswerteren Angeboten drohen, die zu einem insgesamt absinkenden Schutzstandard führt.[760]

Der Einsatz von (Selbsthilfe-) Maßnahmen setzt voraus, dass wirksame Möglichkeiten zur persönlichkeitsschützenden Informationsbeeinflussung überhaupt existieren und angewandt werden können. Das bedeutet, dass der Staat als Grundrechtsadressat nicht nur dazu verpflichtet ist, das Bestehen und Entstehen von Schutzmechanismen für das in seinen Persönlichkeitsrechten bedrohte Individuum soweit möglich zu fördern, sondern auch darauf hinzuwirken, dass diese Mechanismen von jenem wirksam zum Einsatz gebracht werden können (*För-*

756 Allgemein hierzu: *Kloepfer*, AfP 2010, S. 120 (120 ff.); vgl. *Bedner*, CR 2010, S. 339 (342 ff.).

757 *Kube*, in: Isensee/Kirchhof (Hrsg.), HdStR, Bd. IV, § 91 Rn. 7; *Kloepfer*, AfP 2010, S. 120 (120): *Kloepfer* bezeichnet das Internet richtiggehend als „Grundrechtsverwirklichungsnetz" (S. 121).

758 *Kube*, in: Isensee/Kirchhof (Hrsg.), HdStR, Bd. IV, § 91 Rn. 27.

759 *Kloepfer*, AfP 2010, S. 120 (120 f.): *Kloepfer* betont, dass dies nicht zuletzt der verfassungsrechtliche Wesentlichkeitsvorbehalt erforderlich mache.

760 Außerdem könnte eine Ungleichbehandlung verschiedener Datenpakete auch noch andere Gefahren für die Persönlichkeitsrechte des Internetnutzers in sich bergen; siehe zur sog. „Deep Packet Inspection" (DPI) *Bedner*, CR 2010, S. 339 (342 ff.) m.w.N.

derungsauftrag).[761] Dies setzt unter anderem voraus, dass der Betroffene über die notwendigen Kenntnisse zur Beherrschung dieser Maßnahmen verfügt (*Medienkompetenz*[762]).[763] Sie kann zum Beispiel dadurch sichergestellt werden, dass ihm die selbstständige Aneignung erleichtert wird (zum Beispiel durch verständlicher dargestellte Informationen über die Abläufe des jeweiligen Dienstes). Eine konkrete Hilfestellung bieten auch Gütesiegel, Audits, Zertifikate oder sonst wie geartete Qualitätsstandards einer unabhängigen Instanz, auf deren Urteil sich der Betroffene auch ohne selbstständige Nachprüfung und eigene Fachkenntnisse verlassen kann.[764] Diese würden das Risiko persönlichkeitsrechtsgefährdender Informationsverarbeitungsprozesse per se senken.[765] Darüber hinaus schaffen solche „Labels" als „Prädikate" für ein besonders persönlichkeitsschonendes Vorgehen Anreize für Dritte, ihre Abläufe ebenfalls zu optimieren, was zu einem positiven Konkurrenzeffekt und Wettbewerb um die – persönlichkeitsschützend gesehen – besten Informationsverarbeitungsprozesse führen kann.[766]

Wenn das betroffene Individuum die zum Schutz seiner Persönlichkeitsinteressen notwendigen Maßnahmen selbst beibringen muss, trifft den Staat als Grundrechtsgebundenen ferner die Pflicht, Gefahren und Effektivität des eigenverantwortlichen Schutzes zu beobachten und zu kontrollieren (*Beobachtungs-*

---

761 *Grzeszick*, AöR 123 (1998), S. 173 (184); *Heckmann*, Vorgänge 4/2008, S. 20 (25 f.); *Kube*, in: Isensee/Kirchhof (Hrsg.), HdStR, Bd. IV, § 91 Rn. 2, 29; *Ladeur*, in: Ladeur (Hrsg.), Regulierung, S. 101 (114, 127 f.).

762 Oder auch „IT-Kompetenz" bzw. „Medienmündigkeit": *Kube*, in: Isensee/Kirchhof (Hrsg.), HdStR, Bd. IV, § 91 Rn. 2, 27 ff.

763 *Ladeur*, in: Götting/Schertz/Seitz (Hrsg.), HdPR, § 8 Rn. 70 f.; *Grzeszick*, AöR 123 (1998), S. 173 (184); *Heckmann*, Vorgänge 4/2008, S. 20 (25 f.); *Kube*, in: Isensee/Kirchhof (Hrsg.), HdStR, Bd. IV, § 91 Rn. 27 ff.; *Ladeur*, in: Ladeur (Hrsg.), Regulierung, S. 101 (114, 127 f.); siehe *E. Wagner*, DuD 2008, S. 736 (736 ff.), der vor allem auf eine Sensibilisierung im Umgang mit Persönlichkeitsinformationen abstellt, die die Individuen freiwillig preisgeben; auch die Kenntnis, welche Auswirkungen ein laxer Umgang mit den eigenen Persönlichkeitsinformationen zur Folge hat, ist der Medienkompetenz zuzurechnen.

764 *Heckmann*, Vorgänge 4/2008, S. 20 (25 f.); *Rost*, Vorgänge 4/2008, S. 48 (55 f.); *Trute*, JZ 1998, S. 822 (827 f.); sofern eine unabhängige staatliche Instanz diese Bewertungen vergibt, kann auch von einem größeren Bekanntheitsgrad ausgegangen werden, was die bestehenden Gütesiegel belegen (vgl. das in § 21 MDStV vorgesehene Datenschutz-Audit sowie *DSB Schleswig-Holstein*, 31. TB, 158 ff.).

765 *Trute*, JZ 1998, S. 822 (827 f.).

766 Vgl. *Rost*, Vorgänge 4/2008, S. 48 (55 f.).

und *Kontrollpflicht*).[767] Dies stellt auch eine Auffangverantwortung für die Fälle dar, in denen die Selbstregulierung versagt.[768] Erkennt der Gesetzgeber, dass die verfassungsrechtlich gebotenen Standards realiter nicht gelten, muss er größere Anstrengungen unternehmen, um seiner Gewährleistungs- und Förderungspflicht gerecht zu werden. Hierzu muss der Gesetzgeber die neuen Entwicklungen und Gefährdungspotentiale im Auge behalten und gegebenenfalls reagieren; mit den sich wandelnden Gefährdungen muss auch das einfache Recht „hinzulernen" und sich anpassen.[769] Dafür bietet es sich an, eine unabhängige und neutrale Instanz zur Kontrolle und Beobachtung zu nutzen.[770] Denkbar wäre es, eine bestehende Institution, wie zum Beispiel das Bundesamt für Sicherheit und Informationstechnik (BSI) oder die Bundesnetzagentur (BNetzA),[771] funktionell zu erweitern.[772] Diese Institutionen könnten nicht nur die aktuellen Entwicklungen im Auge behalten, sondern sie auch bündeln und die Fortentwicklung von Maßnahmen und Regelungsmaterie anstoßen.[773] Außerdem könnte das Zusammenwirken von staatlicher und privater Seite an Schutzmaßnahmen koordiniert werden.[774]

Neben den „aktiven" Elementen einer Gewährleistungspflicht, die vor allem das zu einem persönlichkeitsrechtlichen Selbstschutz im Internet maßgebliche „Agieren-Können" betreffen, könnte der Gesetzgeber auch dazu verpflichtet

---

767 *Ladeur*, in: Götting/Schertz/Seitz (Hrsg.), HdPR, § 8 Rn. 71 § 9, Rn. 1 ff.; *Vesting*, in: Ladeur (Hrsg.), Regulierung, S. 155 (181 f., 185); siehe stellv. für die Beobachtungspflicht des Gesetzgebers BVerfGE 50, S. 290 (333 ff.).

768 *Hoffmann-Riem*, AöR 123 (1998), S. 513 (532, 537); vgl. *Grzeszick*, AöR 123 (1998), S. 173 (185); *Vesting*, in: Ladeur (Hrsg.), Regulierung, S. 155 (183 ff.); *Trute*, JZ 1998, S. 822 (829).

769 *Ladeur*, in: Götting/Schertz/Seitz (Hrsg.), HdPR, § 8 Rn. 71 § 9, Rn. 1 ff.; *Ladeur*, DuD 2000, S. 12 (12, 17); vgl. auch *Ladeur*, in: Ladeur (Hrsg.), Regulierung, S. 101 (103, 128).

770 Vgl. *Grzeszick*, AöR 123 (1998), S. 173 (196 f.); *Vesting*, in: Hoffmann-Riem/Schmidt-Aßmann/Voßkuhle (Hrsg.), Verwaltungsrecht, § 20 Rn. 42; *Ladeur*, in: Ladeur (Hrsg.), Regulierung, S. 101 (103, 128); vgl. *Kube*, in: Isensee/Kirchhof (Hrsg.), HdStR, Bd. IV, § 91 Rn. 27 ff.

771 Es ist nicht notwendig, vielleicht aus Sicherheitsgründen sogar gefährlich, die Kompetenzen zu bündeln; während die BNetzA bspw. für Zugang und Netzneutralität zuständig sein könnte, könnte das BSI für die inhaltlichen Aspekte verantwortlich sein.

772 *Kube*, in: Isensee/Kirchhof (Hrsg.), HdStR, Bd. IV, § 91 Rn. 29.

773 *Ladeur*, in: Götting/Schertz/Seitz (Hrsg.), HdPR, § 9 Rn. 3 ff.; insbes. auch deshalb, weil der Gesetzgeber die rasanten Entwicklungen nur begrenzt selbst überblicken und in angemessener Zeit entsprechend reagieren kann.

774 *Trute*, JZ 1998, S. 822 (827); vgl. *Ladeur*, in: Götting/Schertz/Seitz (Hrsg.), HdPR, § 9 Rn. 3.

sein, das „Nicht-Agieren-Müssen" einfachgesetzlich zu schützen.[775] Dazu muss das Individuum in erster Linie mit dem notwendigen Wissen und Vertrauen ausgestattet werden, um seine Handlungsoptionen abwägen und sich zwischen Agieren und Nicht-Agieren entscheiden zu können, was auch einschließt, dass ihm die Konsequenzen seiner Entscheidung klar sind.[776] Dazu müssen sowohl die Handlungsoptionen selbst transparent, verständlich und vertrauenswürdig ausgestaltet werden, als auch deren (Rechts-) Folgen. Um die Handlungsoptionen transparenter, verständlicher und vertrauenswürdiger zu machen, bietet sich auch hier die Nutzung einer unabhängigen und neutralen Instanz an, die Wissens- und Vertrauensvermittlung in die semantischen Verarbeitungsprozesse betreiben könnte.[777] Sie würde, ähnlich den Datenschutzbeauftragten, mehrere Aufgaben zugleich erfüllen:[778] So könnte sie die Gewährleistung, Förderung und Entwicklung von persönlichkeitsschützenden (Selbsthilfe-) Maßnahmen betreiben und unterstützen sowie den Betroffenen zugänglich und verständlich machen.[779] Außerdem wäre es möglich, dass sie Verstöße gegen normative Vorgaben, zum Beispiel hinsichtlich der Transparenz von semantischen Verarbeitungsprozessen (zum Beispiel in den Nutzungsbedingungen von Internetdiensten), aufdeckt und ggf. ahndet. Welche Maßnahmen hierbei in Betracht kommen liegt wiederum im Ermessen des Gesetzgebers.[780] Gleichzeitig könnte sie die Bedrohungslage im Auge behalten und die Betroffenen hinsichtlich der Gefahren sensibilisieren.[781] Zur Verständnisförderung kann darüber hinaus die

---

775 Darunter ist die Möglichkeit zu verstehen, sich effektiv vor persönlichkeitsrechtsgefährdenden Informationsverarbeitungsprozessen in Sicherheit bringen zu können, d.h. informationsgesellschaftsspezifische Rückzugsräume für das Individuum und seine Ausweichbestrebungen zu schaffen (s.o.).

776 *Heckmann*, Vorgänge 4/2008, S. 20 (25 f.); vgl. *Beyer/Kirchner/Kreuzberger/Schmeling*, DuD 2008, S. 597 (600), die versuchen, Leitlinien für die persönlichkeitsrechtsschonende Nutzung von sozialen Netzwerken zu formulieren.

777 *Vesting*, in: Hoffmann-Riem/Schmidt-Aßmann/Voßkuhle (Hrsg.), Verwaltungsrecht, § 20 Rn. 42 ff.; *Ladeur*, in: Ladeur (Hrsg.), Regulierung, S. 101 (103, 128); *Nitsch*, ZRP 1995, S. 361 (362 f.), der von einer „akzeptanzschaffenden Überzeugung der Öffentlichkeit [...] durch [unabhängige] Instanzen" spricht; siehe *Ladeur*, in: Götting/Schertz/Seitz (Hrsg.), HdPR, § 8 Rn. 70 f., § 9 Rn. 2.

778 *Vesting*, in: Hoffmann-Riem/Schmidt-Aßmann/Voßkuhle (Hrsg.), Verwaltungsrecht, § 20 Rn. 42 ff.

779 *Ladeur*, in: Götting/Schertz/Seitz (Hrsg.), HdPR, § 9 Rn. 2; *Heckmann*, Vorgänge 4/2008, S. 20 (25 f.).

780 Neben der Möglichkeit, Rügen und Warnungen öffentlichkeitswirksam aussprechen zu können, bieten auch Maßnahmen wie Bußgelder die Möglichkeit, wirkungsvoll gegen persönlichkeitsrechtsgefährdende Informationsverarbeitungsprozesse vorzugehen.

781 *Ladeur*, in: Götting/Schertz/Seitz (Hrsg.), HdPR, § 8 Rn. 70 f., § 9 Rn. 2 ff.

Anwendung von Selbstschutzmaßnahmen, zum Beispiel Privacy Enhancing Technology, erklärt werden.[782] Hierbei müssten diese Maßnahmen jedoch geprüft und zertifiziert werden, so dass sich der Betroffene auf die Qualität der Maßnahmen verlassen kann (die Institution würde sozusagen die Funktion eines *„Medien-TÜV“* wahrnehmen).[783] Außerdem sind eigene Angebote oder Links zu entsprechender Fremdsoftware vorstellbar. Die Institution würde zur zentralen Anlaufstelle für die Suche nach persönlichkeitsschützenden Methoden avancieren; sie wäre dazu in der Lage, das Vertrauen in die Strukturen des Internets und einen effektiven, selbstbestimmten Persönlichkeitsschutz zu stärken, da das Herrschaftswissen über die Abläufe, und damit die reelle Herrschaft über das Geschehen, sowie die Einflussnahmemöglichkeiten generell gesteigert würden.[784] Die Möglichkeit, persönlichkeitsschützende Software zur Anwendung zu bringen, gibt dem Individuum die Chance, sich im Rahmen des faktisch Realisierbaren „virtuell“ zurückzuziehen.[785] Dass eine unabhängige Instanz die Bedingungen für alle Diensteanbieter gleichermaßen regelt, stellt Wettbewerbsneutralität sicher.[786] Ob gerade das Beispiel des Datenschutzbeauftragten sinnvoll in den Bereich eines *„Informationsschutzbeauftragten“* übertragen werden kann, darf angezweifelt werden.[787] Aufgrund des notwendigerweise hohen technischen Verständnisses, der erforderlichen Nähe und Vertrautheit zur Gefahrenlage und des großen (Zeit-) Aufwandes zur Begutachtung von informationstechnologischen Prozessen, sowie aufgrund der Notwendigkeit, Software und Informationen bereit zu halten und stetig zu erneuern, auszuweiten und zu modifizieren, erscheint sowohl hinsichtlich der personellen als auch dinglichen Ressourcen eine umfangreichere Institutionalisierung notwendig.[788]

Um die Handlungsfolgen transparenter, verständlicher und vertrauenswürdiger zu machen, könnten auch die (Rechts-) Folgen informationsgesellschafts-

---

782 *Ladeur*, in: Götting/Schertz/Seitz (Hrsg.), HdPR, § 9 Rn. 2; *Heckmann*, Vorgänge 4/2008, S. 20 (26).

783 *Heckmann*, Vorgänge 4/2008, S. 20 (26).

784 *Ladeur*, in: Götting/Schertz/Seitz (Hrsg.), HdPR, § 9 Rn. 2; *Vesting*, in: Hoffmann-Riem/Schmidt-Aßmann/Voßkuhle (Hrsg.), Verwaltungsrecht, § 20 Rn. 40 ff.

785 Vgl. *Heckmann*, Vorgänge 4/2008, S. 20 (26).

786 Vgl. *Nitsch*, ZRP 1995, S. 361 (365).

787 Vgl. *Ladeur*, DuD 2000, S. 12 (14 f.); siehe auch *Vesting*, in: Hoffmann-Riem/Schmidt-Aßmann/Voßkuhle (Hrsg.), Verwaltungsrecht, § 20 Rn. 42 ff.; vgl. *Nitsch*, ZRP 1995, S. 361 (365).

788 So (wohl) auch *Vesting*, in: Hoffmann-Riem/Schmidt-Aßmann/Voßkuhle (Hrsg.), Verwaltungsrecht, § 20 Rn. 42 ff.; *Ladeur*, DuD 2000, S. 12 (14 f.); vgl. *T. Böckenförde*, JZ 2008, S. 925 (932).

beziehungsweise internetspezifisch angepasst werden.[789] Dies könnte zum Beispiel durch eine partielle Reduktion der Haftungserleichterungen für die Internetdienste-Anbieter (zum Beispiel die (Bewertungs-) Portalbetreiber oder Provider) geschehen.[790] Die §§ 7 ff. TMG sehen in ihrer aktuellen Fassung eine Art „Vorfilterfunktion" vor, die dafür sorgt, dass zunächst einmal die Verantwortlichkeit nach diesen Normen geprüft werden muss, ehe in die „normale" Anspruchsprüfung eingestiegen werden kann.[791] Darüber hinaus ist es nicht eindeutig klar, was beipspielsweise als „eigene Information" im Sinne des § 7 I TMG zu gelten hat und wann sich eine fremde Information zueigen gemacht wird.[792] Dies führt zu Rechtsunsicherheiten sowie dazu, dass das Risiko, den Urheber illegaler Informationen nicht haftbar machen zu können, beim Geschädigten verbleibt.[793] Die Frage nach der Haftung von Hostprovidern (zum Beispiel eines (Bewertungs-) Portalbetreibers) für fremde Informationen, also zum Beispiel Äußerungen Dritter, die in den angebotenen Internetdienst entäußert wurden, ist im Sinne des § 10 TMG nur bedingt befriedigend gelöst, da das ausschlaggebende Tatbestandsmerkmal der „Kenntnis" keinen tauglichen Ansatzpunkt bietet, um die Wahrung von Persönlichkeitsinteressen effektiv zu gewährleisten.[794] Fraglich ist, ob eine Novellierung Abhilfe schaffen könnte, die eine partielle Ausweitung der Verantwortlichkeiten anstrebt, aber zugleich Exkulpationsmöglichkeiten für die Fälle vorsieht, in denen der Portalbetreiber den Betroffenen ausreichende Möglichkeiten eingeräumt hat, die Verbreitung persönlichkeitsrelevanter Informationen autonom zu steuern. Beispiele hierfür wären Abuse-Buttons, Kommentierungs- beziehungsweise Stellungnahmefunktionen oder die Möglichkeit, bei einer Eigendarstellung auf ein Identiätsmanagement-System zurückgreifen zu können. Auch automatisierte Abläufe, wie zum Beispiel autonome Löschvorgänge, die den Providern das Entfernen von Inhalten erleichtern, indem sie zum Beispiel auf semantische Filterfunktionen zurückgreifen, könnten einen adäquaten Ausgleich für eine gesteigerte Providerverantwortung für frem-

789 *Fierdag*, in: Götting/Lauber-Rönsberg (Hrsg.), Entwicklungen, S. 51 (57 ff.); vgl., mit z.T. krit. Anm. zu einer Ausweitung der Haftung, *Ladeur*, in: Götting/Schertz/Seitz (Hrsg.), HdPR, § 9 Rn. 4 ff.

790 *Fierdag*, in: Götting/Lauber-Rönsberg (Hrsg.), Entwicklungen, S. 51 (57 ff.); vgl., mit z.T. krit. Anm. zu einer Ausweitung der Haftung, *Ladeur*, in: Götting/Schertz/Seitz (Hrsg.), HdPR, § 9 Rn. 4 ff.; siehe *Kube*, in: Isensee/Kirchhof (Hrsg.), HdStR, Bd. IV, § 91 Rn. 43.

791 BGH, MMR 2004, S. 166 (167 f.); MMR 2007, S. 518 (518 f.).

792 *Fierdag*, in: Götting/Lauber-Rönsberg (Hrsg.), Entwicklungen, S. 51 (57 ff.); *Grzeszick*, AöR 123 (1998), S. 173 (191 f.).

793 Vgl. *Grzeszick*, AöR 123 (1998), S. 173 (191 f.).

794 *Fierdag*, in: Götting/Lauber-Rönsberg (Hrsg.), Entwicklungen, S. 51 (62 ff.).

de Inhalte bieten. Außerdem könnten die Voraussetzungen für Personenmehrheiten, die den Schutz von Persönlichkeitsinteressen verfolgen und Verbandsklagen betreiben wollen, erleichtert werden.[795] Bei den Providern könnte es notwendig sein, durch eine entsprechende gesetzliche Grundlage die Anonymität des Surfverhaltens vorzugeben.[796] Um den Missbrauch des anonymisierten oder pseudonymisierten Sich-Bewegens – beispielsweise im Bereich der Strafverfolgung im Internet – bekämpfen zu können, könnte im Gegenzug daran gedacht werden, eine Art „Nachschlüssel“ für den sich verdeckt Bewegenden beim Provider oder – besser noch – einer staatlichen oder unabhängig-neutralen, vertrauenswürdigen und sicheren Einrichtung hinterlegen zu müssen.[797] Hier bestehen allerdings Bedenken bezüglich der Sicherheit, Realisierbarkeit sowie Gefahr, die durch das Überwachungs- und Kontrollpotential ausgeht, das ein solch großer Identifizierungspool bietet. Jedenfalls wäre eine unabhängige Instanz, die die Sicherheit dieser Schlüssels gewährleisten kann, vonnöten. Wie bereits aufgezeigt wurde, gehen die Bedrohungen für die Persönlichkeitsrechte im Informationszeitalter allerdings weitestgehend von Privaten aus (siehe oben);[798] bei einer Einbindung des Staates in ein Gesamtschutzkonzept Sicherheitsbedenken anzumelden, ist – zumindest in den meisten demokratischen Rechtsstaaten mit einem fortschrittlichen Persönlichkeitsrechtsverständnis – nur bedingt realistisch.[799] Nichtsdestotrotz gilt es auch einem zumindest theoretisch vorstellbaren Missbrauch durch Träger hoheitlicher Gewalt vorzubeugen – zum Beispiel durch die Auslagerung auf eine unabhängige Instanz (siehe oben), deren Umgang mit den Schlüsseln notfalls gerichtlich überprüft und jedenfalls nicht von Hoheitsträgern instrumentalisiert und missbraucht werden kann.[800] Bei Beachtung der verfassungsrechtlichen Vorgaben steht es dem Gesetzgeber jedoch frei, wie er diese umsetzen will, so dass auch Alternativen zu einem solchen Vorschlag vorstellbar sind.

---

795 *Ladeur*, DuD 2000, S. 12 (17).

796 *Hoffmann-Riem*, AöR 123 (1998), S. 513 (535 f.); vgl. *Ladeur*, in: Götting/Schertz/Seitz (Hrsg.), HdPR, § 9 Rn. 4.

797 *Grzeszick*, AöR 123 (1998), S. 173 (190 f.); *Hoffmann-Riem*, AöR 123 (1998), S. 513 (535 f.); *Heckmann*, Vorgänge 4/2008, S. 20 (25 f., 29); *Trute*, JZ 1998, S. 822 (829), jeweils m.w.N.

798 *Hoffmann-Riem*, AöR 123 (1998), S. 513 (514, 522 ff.); *Trute*, JZ 1998, S. 822 (823).

799 *Nitsch*, ZRP 1995, S. 361 (361 ff.); *Trute*, JZ 1998, S. 822 (823, 826); vgl. *Hoffmann-Riem*, AöR 123 (1998), S. 513 (525).

800 Oder ein „Vier-Augen-Prinzip“, so dass sich Hoheitsträger gegenseitig kontrollieren und es zu keiner Ballung von Macht kommt.

2.7 Zusammenfassung und Fazit

Das allgemeine Persönlichkeitsrecht ist wegen seiner entwicklungsoffenen Gestalt durchaus dazu in der Lage, sich den Herausforderungen und Gefahren des Informationszeitalters zu stellen.[801] Eine abschließende oder abstrakte Schutzbereichsbestimmung ist jedoch nicht möglich, da sich der Persönlichkeitsschutz fragmentarisch über eine Vielzahl von Einzelverbürgungen mit zum Teil noch spezielleren Teilgehalten konstituiert.[802] Dementsprechend müssen die Inhalte als Fragmente in den Abwägungsprozess übertragen und dort gesondert gewichtet werden. Es ist nicht nur ein Ausgleich zwischen gleichwertigen Grundrechten, sondern auch zwischen grundsätzlich gleichwertigen Gewichtungspunkten herzustellen. Hierbei kann vor allem die Anonymität im Internet persönlichkeitsschützend wirken. Ohne Zurechenbarkeit von Inhalten ist das Individuum häufig weniger stark betroffen. Die informationelle Selbstbestimmung schützt ferner vor datenbasierten Gefährdungen bei Erhebung, Speicherung, Verwendung und Weitergabe der zugrundeliegenden Daten. Andere Einzelverbürgungen schützen hingegen nur nischenhaft: So sind informationstechnische Systeme nur bis an die Grenze der Hardwarearchitektur geschützt.[803] Der Schutz der Privatheit und anderer Bestandteile der Persönlichkeit im virtuellen Raum scheitert an der massenkommunikativen, grenzauflösenden Art des Internets; Virtuelle Öffentlichkeit ist nicht gleich Öffentlichkeit und gleichzeitig verschwimmen virtuelle Öffentlichkeit und andere Teilöffentlichkeiten.[804] Die „klassischen" Einzelverbürgungen des allgemeinen Persönlichkeitsrechtes schaffen letztlich weder für sich genommen noch gemeinsam einen hinreichenden Schutz für die Herausforderungen der Informationsgesellschaft. Hierzu ist es notwendig, das allgemeine Persönlichkeitsrecht um ein Fragment zu erweitern, dass die persönlichkeitsrelevante Verwendung von Informationen schützt. Eine solche informationsbasierte Einzelverbürgung kann die für die Abwägung notwendigen Gewichtungspunkte beisteuern, um einen vollständigen Schutz darzustellen, da durch sie die Herrschaft über persönlichkeitsrelevante Informationen beurteilt werden kann. Dieser Informationsbezug ist nicht nur notwendig, weil die Infor-

801 *Hufen*, FS BVerfG, 2001, Bd. 2, S. 105 (106 f.); *Kube*, in: Isensee/Kirchhof (Hrsg.), HdStR, Bd. VII, § 148 Rn. 142 ff.; *Di Fabio*, in: Maunz/Dürig (Hrsg.), GG, Art. 2 I Rn. 190; vgl. *T. Böckenförde*, JZ 2008, S. 925 (939); *Vesting*, in: Götting/Schertz/Seitz (Hrsg.), HdPR, § 6 Rn. 3; *Hoffmann-Riem*, AöR 123 (1998), S. 513 (525); *Placzek*, Persönlichkeitsrecht, S. 40.

802 *Placzek*, Persönlichkeitsrecht, S. 42 f.

803 BVerfGE 120, S. 274 (LS Nr. 6, S. 276, 302 ff., 313 ff., 324, 340 ff.).

804 Vgl. *Brunst*, Anonymität, S. 209; *Kube*, in: Isensee/Kirchhof (Hrsg.), HdStR, Bd. VII, § 148 Rn. 71; *Di Fabio*, in: Maunz/Dürig (Hrsg.), GG, Art. 2 I Rn. 197.

mationsverarbeitungsprozesse gegenüber den datenbasierten, schematischen Abläufen an Bedeutung gewinnen, sondern auch, um die Funktionsfähigkeit moderner Kommunikationsabläufe aufrecht zu erhalten. Der Schutz der persönlichkeitsrelevanten Information ist an der Frage der Verselbstständigung und des sich daraus ergebenden, von der Person gelösten Bildes in der Öffentlichkeit, sowie den Einfluss- und Kontrollmöglichkeiten des Betroffenen auszurichten. Eine Betroffenheit der Art. 2 I, 1 I GG ergibt sich dann, wenn die Handlungsoptionen des Individuums durch Intransparenz, Einengung und Fremdzugriff beeinträchtigt werden, wobei Betroffenheit und Eingriff verfassungsmäßig gerechtfertigt sein können. Bei dieser verfassungsmäßigen Rechtfertigung wäre insbesondere zu berücksichtigen, wenn Selbstschutzmaßnahmen bestanden haben und welches Verhalten der Betroffene in Bezug auf diese Schutzchancen gezeigt hat. Nur über das Verhalten des Individuums ist eine Beurteilung des Persönlichkeitsschutzes im Informationszeitalter noch möglich. Daraus ergeben sich fünf Schlussfolgerungen, die neben den reinen Inhalten und Funktionen in dem sich anschließenden Abwägungsprozess berücksichtigt werden müssen, um die Rechtsposition in ihrer Gesamtheit adäquat werten zu können.

Erstens ist, da die Verwendung von persönlichkeitsrechtsrelevanten Inhalten im Internet signifikant gestiegen ist, auch das Ausmaß der Gefahren für das allgemeine Persönlichkeitsrecht per se höher anzusetzen, als außerhalb des Mediums. Dies liegt nicht nur – aber auch – an der Fülle der im Umlauf befindlichen Daten und der darin verkörperten Informationen, die zudem besonders leicht zugänglich sind. Allerdings wird die Effizienz und Effektivität der Informationsverarbeitungsprozesse auch über eine Vielzahl weiterer Faktoren bestimmt, die in ihrer Gesamtheit zu der Gefahrensteigerung beitragen. Dadurch wird nicht nur das informative Korsett um jedes einzelne Individuum enger geschnürt, sondern auch von allen Seiten in den Persönlichkeitsraum des Betroffenen eingedrungen, was bis hin zu einer weitreichenden informatorischen Durchleuchtung oder Prangerwirkung führen kann. Diese multiplen und intensiven, informationsbasierten Grenzüberschreitungen in den Persönlichkeitsraum gilt es im Rahmen der Abwägung an den den Übergriff rechtfertigenden Interessen zu messen und einem Ausgleich zuzuführen.

Zweitens führt die starke Inanspruchnahme von Persönlichkeitsinhalten zu einer andauernden *Präsenz* des Individuums in der Öffentlichkeit. Die Persönlichkeit des Einzelnen ist stets den per se höher anzusetzenden Gefahren (siehe oben) ausgesetzt. Ein Rückzug, auch unter Aufgabe der Einflussmöglichkeit auf die positiven Optionen der informationsoffenen Gesellschaft (die „Chancen“), scheitert an der Faktizität der Verhältnisse. Damit ist der Grundrechtsträger einem per se als größer einzuschätzenden Bedrohungsszenario zugleich stärker und stetiger ausgesetzt. Diese Präsenz ist aber nicht nur unabwendbar, sie ist auch für die Entwicklung der Persönlichkeit des konkreten Individuums unabdingbar. Persönlichkeit und Öffentlichkeit lassen sich nicht länger als Gegensatzpaar begreifen, sie bedingen sich wechselseitig. Deshalb hat der Abwägungsprozess integrierend und nicht abgrenzend zu arbeiten und zu beachten, dass das Abwägungsobjekt „Persönlichkeit in der (informationsoffenen) Öffentlichkeit" intakt bleibt (*Integrationsperspektive*). Diesem Präsenz- und Gefährdungszuwachs steht ein Zuwachs an individueller Eigenverantwortung gegenüber: Ohne aktives Tun des Betroffenen wird ein Schutz der Persönlichkeit in der Informationsgesellschaft jedenfalls nicht effektiv und vollständig umzusetzen sein.

Drittens konkurriert die der Rechtsposition immanente Kommunikationsoffenheit mit der Schutzbereichsverstärkung durch Art. 1 I GG; paradoxerweise sind beide Züge in der Informationsgesellschaft außergewöhnlich stark ausgeprägt, was das Integrationsbedürfnis (siehe oben) erklärt: Während die Ohnmacht, von den eigenen Handlungsmöglichkeiten so Gebrauch machen zu können, dass ein Eindringen in Rückzugsräume des Individuums effektiv abgewendet werden kann, inklusive der damit einhergehenden Schutzbereichsverstärkung durch Art. 1 I GG, zunimmt, sind Informationsgesellschaft und betroffenes Individuum auf der anderen Seite auch essenziell auf die Kommunikationsoffenheit der Art. 2 I, 1 I GG angewiesen. Sie öffnet die Rechtsposition für die gesellschaftlichen Informationsverarbeitungsprozesse und gewährleistet dadurch nicht nur ein Funktionieren der Gesellschaft, sondern auch eine Entwicklung der Persönlichkeit. Dieses Verhältnis führt dazu, dass die Rechtsposition des allgemeinen Persönlichkeitsrechtes im Abwägungsprozess graduell, flexibel und integrativ begriffen werden muss. Auch dort muss eine Dichotomie zwischen Persönlichem und Öffentlichem zugunsten einer verbindenden und integrierenden Sichtweise aufgegeben werden. Dies bedeutet konkret, dass die Rechtsposition Abstufungen bei der Rechtfertigung von Schutzbereichsbeeinträchtigungen kennen muss, die nicht in jedem Fall den nach Art. 1 I GG schutzbereichsverstärkten Innenbereich berühren, sondern, je nach Intensität des Eindringens in den Persönlichkeitsraum, auch Zwischenstadien kennt, die sich den Kernelementen der Persönlichkeit – je nach Sachverhalt – bedrohlicher oder weniger bedrohlich annähern. Die auf der Schutzbereichsebene festen Konturen der Rechtsposition sind auf der Abwägungsebene dynamischer auszulegen, ohne sie aufzulösen. Die Interaktionsoffenheit fungiert als Brücke zwischen Persönlichkeit und Öffentlichkeit und gewährleistet Dynamik und Integration. Auf der „Mikroebene" der grundsätzlich gleichwertigen Gewichtungspunkte kann ein Ausgleich auf dieser Brücke gesucht werden. Interessen der Gesellschaft und Interessen der Persönlichkeit können ausgeglichen werden, ohne Interaktionsoffenheit *oder* geschützten Inhalt zu gefährden. Der Bewertungsmaßstab, das heißt das zentrale

Element für einen Ausgleich, muss dem Element der Interaktion entnommen werden, da dieses beiden Kollisionspositionen immanent ist und sie verbindet. Um welche Faktoren es sich genau handelt (zum Beispiel den Sozialbezug, das Verhalten oder ähnliches (dazu sogleich mehr)), bleibt zu klären.

Viertens ist diese brückenhafte Verbundenheit als Grundlage einer jeden Abwägung in der informationsoffenen Gesellschaft maßgeblich über den Bezug zum informatorischen Gehalt der Äußerung zu konkretisieren. Die Brücke ist außerdem geprägt von der gesteigerten Persönlichkeitsrechtsgefährdung und der beträchtlichen Gegenwärtigkeit dieser Bedrohungen für das allgemeine Persönlichkeitsrecht (siehe oben). Sie kann – je nach Einzelfall – ihren Ursprung bereits im Rückzugs- oder Kernbereich der Persönlichkeit haben, oder erst in einem entfernteren Bereich des Persönlichkeitsraumes angesiedelt sein. Über den „Port" der Interaktionsoffenheit hinaus führt sie gleich einer den Abwägungsprozess führenden Schiene zur konfligierenden Rechtsposition. Allerdings kann nur über den *Informationsbezug* ein Ausgleich zwischen den kollidierenden Interessen gefunden werden. Ein Datenbezug würde neben dem gefährdenden Inhalt zugleich die Funktionsfähigkeit der (Informations-) Gesellschaft und damit auch die Entwicklungschancen des dort eingebetteten Individuums beeinträchtigen, und wäre mit der Interaktionsoffenheit der Art. 2 I, 1 I GG nur schwer vereinbar. Weder eine Hoheit über Inhalte noch eine absolute Kontrolle von Daten können realisiert werden; außerdem wäre ein solcher Zustand auch nicht mit den Art. 2 I, 1 I GG vereinbar, sondern würde andere Grundrechte, zum Beispiel Art. 5 I 1 GG, in ihrem Wesensgehalt verletzen. Über die Information kann aber punktuell ein Herrschaftsanspruch über bestimmte Informationen aufgebaut werden, der nicht zu einer Hoheit über Inhalte führt, aber zu einer Beeinflussbarkeit der Entstehung eines solchen Inhaltes. Zu welchem Ergebnis die informationsgeleitete Ausbalancierung schließlich führt, ist von den Umständen des jeweiligen Einzelfalles abhängig. Die Gewichtungspunkte des allgemeinen Persönlichkeitsrechts und die der Meinungsfreiheit sind jeweils unter dem Gesichtspunkt der Informationsherrschaft auf der Mikroebene der Grundrechte abzuwägen.

Fünftens ist der Ausgleich zwischen den konfligierenden Rechtspositionen *im Abwägungsprozess* auf dieser informationsbasierten Brücke über das Ausmaß der Verselbstständigungsgefahr und des Kontrollverlustes über die eigenen Persönlichkeitsinformationen zu ermitteln. Die Interaktionskomponente kann sich in verschiedenen Faktoren ausdrücken, zum Beispiel dem Sozialbezug oder dem eigenen Verhalten (siehe oben). Ihnen ist aber gemeinsam, dass sie den Verbleib von Persönlichkeitsinformationen kontrollieren können – niemals ganz beherrschen, aber beeinflussen. Eigenverantwortung, Selbststeuerung und Selbstbeeinflussung spielen eine stärkere Rolle, wo die Kommunikationsoffenheit des Persönlichkeitsrechtes dieses gegenüber der Gesellschaft und anderen Interessen öffnet. Diese Maßnahmen der Selbstregulierung stellen die Kehrseite zu einem Schutzbereich dar, der durch Kontrollverlust aktiviert wird. Ein starkes Eindringen in Richtung Persönlichkeitskernbereich und Herauslösen von Informationen in die Gesellschaft muss auch im Rahmen einer Abwägung darin münden, dass dem Betroffenen in größerem Maße Rückzugs- oder Ausweichmöglichkeiten zugestanden werden – unter Umständen so weit, dass dem Persönlichkeitsschutz im Rahmen der Abwägung Vorrang einzuräumen ist. Flexibilität darf nicht zu einer Auflösung der Konturen führen und die Rechtsposition im Kern schutzlos stellen.

3. Kapitel: Die Meinungsfreiheit als Kollisionsposition

Die Funktionen und Inhalte der Meinungsfreiheit müssen im Abwägungsprozess ebenfalls zu optimaler Wirksamkeit gelangen. Meinungsäußerungen können durch das Internet sowohl beeinträchtigt (zum Beispiel durch Internetzensur wie in China) als auch begünstigt werden (zum Beispiel durch die Rolle, die Social Software, insbesondere *Twitter* und *Facebook*, bei der „Arabellion" in den (nord-) afrikanischen und persischen Staaten ab den Jahren 2010/2011 gespielt hat). Da die Meinungsfreiheit im Vergleich zum allgemeinen Persönlichkeitsrecht nicht in Fragmente zerfällt, sind die abwägungsrelevanten Aspekte leichter bestimmbar.

3.1 Entstehungsgeschichte

Inhalte und Funktionen des Art. 5 I GG können auf eine lange Entstehungsgeschichte zurückblicken. Die Meinungsfreiheit gehört, geprägt durch die Zeit der Aufklärung, zu den konstitutiven Elementen eines „westlichen Verfassungsstaates".[805] Seit der amerikanischen Virginia Bill of Rights[806] vom 12. Juni 1776, spätestens aber seit der Déclaration des droits de l'homme et du citoyen[807] vom 23. August 1789 während der französischen Revolution, ist das Recht auf freie Meinungsäußerung elementarer Bestandteil dieses Staatsverständnisses.[808] Die deutschen Wurzeln reichen ebenfalls bis weit in das 19., wenn nicht gar 18. Jahrhundert zurück.[809] Hierzulande wird der Meinungsbildungsprozess durch

---

805 *Schulze-Fielitz*, in: Dreier (Hrsg.), GG, Art. 5 I, II Rn. 1 m.w.N.: Es handelt sich um völkerrechtlich anerkannte Menschenrechte.

806 Art. 12 der Erklärung: „That the freedom of the press is one of the greatest bulwarks of liberty and can never be restrained but by despotic governments." („Die Freiheit der Presse ist eines der stärksten Bollwerke der Freiheit [...]"); siehe auch den 1787 hinzugefügten Zusatzartikel („First Amendment") zur Verfassung, der die Meinungs- und Pressefreiheit umfassender als „freedom of expression" schützt.

807 Art. 11 der Erklärung: „La libre communication des pensées et des opinions est un des droits les plus précieux de l'homme : tout citoyen peut donc parler, écrire, imprimer librement, sauf à répondre de l'abus de cette liberté, dans les cas déterminés par la loi." („Die freie Äußerung von Meinungen und Gedanken ist eines der kostbarsten Menschenrechte [...]").

808 *Schulze-Fielitz*, in: Dreier (Hrsg.), GG, Art. 5 I, II Rn. 1 ff.; *Huber*, Verfassungsgeschichte, Bd. II, S. 774 f.

809 *Schulze-Fielitz*, in: Dreier (Hrsg.), GG, Art. 5 I, II Rn. 1 ff.; *Huber*, Verfassungsgeschichte, Bd. II, S. 774 f.

Art. 5 I 1 GG in seinem Kern (die Position) und durch Art. 5 I 2 GG in seinem Rahmen, zum Beispiel der Presse oder auch dem Internet, geschützt. Art. 5 III GG (Kunst und Wissenschaft, Forschung und Lehre) nimmt eine Sonderstellung ein.

3.1.1 Die frühe Entwicklung

Bereits das Allgemeine Landrecht für die preußischen Staaten („ALR"), in Kraft getreten am 1. Juni 1794, enthielt in den §§ 3 und 4 des 2. Teils, 11. Titel ALR die Meinungsfreiheit – allerdings nur in Bezug auf religiöse Ansichten und ohne einen Status, der dem einer Verfassungsnorm nach heutigem Verständnis gleich käme.[810] Dieser Entwicklung waren Epochen vorausgegangen, in denen die Suche nach Wahrheit – vor allem durch Kirche und Staat – systematisch unterdrückt und durch das Vorgeben vermeintlicher Wahrheiten ersetzt wurde.[811] Im ausgehenden 18. Jahrhundert wurden die Gesellschaften der obrigkeitsdominierten deutschen Polizei- und Wohlfahrtsstaaten liberaler und begannen sich zu öffnen;[812] die Aufklärung setzte der Vorgabe von Wahrheiten die Wahrheitsfindung durch Diskurs entgegen (*Kampf der Meinungen*[813]).[814] Trotzdem wurde die Meinungsfreiheit Anfang des 19. Jahrhunderts, zum Beispiel durch die Karlsbader Beschlüsse von 1819, weiterhin erfolgreich unterdrückt.[815] Dies änderte sich erst durch die Paulskirchenverfassung (PKV) vom 28. März 1849. Ein Hauptanliegen der Revolution war die Gewährleistung von Religions-, Vereins-, Versammlungs- und Pressefreiheit.[816] In § 143 PKV waren deshalb bereits ähnliche Inhalte niedergelegt wie in Art. 5 I GG.[817] Allerdings konnte erst die Weimarer

---

810 *Schulze-Fielitz*, in: Dreier (Hrsg.), GG, Art. 5 I, II Rn. 2 f.; *Huber*, Verfassungsgeschichte, Bd. II, S. 774 f.; § 3 ALR: „Niemand ist schuldig, über seine Privatmeinungen in Religionssachen Vorschriften vom Staate anzunehmen."; § 4 ALR: „Niemand soll wegen seiner Religionsmeinungen beunruhigt, zur Rechenschaft gezogen, verspottet, oder gar verfolgt werden.".

811 *Schulze-Fielitz*, in: Dreier (Hrsg.), GG, Art. 5 I, II Rn. 2 f.; vgl. *Brugger*, Liberalismus, S. 440 f.

812 *Huber*, Verfassungsgeschichte, Bd. II, S. 774 f.

813 Auch: „Auseinandersetzung der Ideen" bzw. „Marktplatz der Meinungen".

814 *Brugger*, Liberalismus, S. 440 ff.; *Brugger*, EuGRZ 1987, S. 189 (195 ff.); siehe BVerfGE 5, S. 85 (205); 7, S. 198 (208); mehr dazu unter Pkt. 3.2.5.

815 *Schulze-Fielitz*, in: Dreier (Hrsg.), GG, Art. 5 I, II Rn. 4.

816 *Huber*, Verfassungsgeschichte, Bd. II, S. 774 f.; *Schulze-Fielitz*, in: Dreier (Hrsg.), GG, Art. 5 I, II Rn. 4.

817 *Huber*, Verfassungsgeschichte, Bd. II, S. 774 f.; *Schulze-Fielitz*, in: Dreier (Hrsg.), GG, Art. 5 I, II Rn. 4: § 143 PKV: „Jeder Deutsche hat das Recht, durch Wort, Schift, Druck und bildliche Darstellung seine Meinung frei zu äußern.".

Reichsverfassung (WRV) von 1919 die Meinungsfreiheit auf gesamtdeutscher Ebene etablieren.[818] Art. 118 WRV schützte die Meinungsbildung und -äußerung unabhängig von Ausdrucksform und Medium.[819] Die Meinungsfreiheit konnte jedoch beinahe beliebig eingeschränkt und entkräftet werden.[820] Das Verständnis der Gewährleistung entsprach nicht dem einer Verbürgung aus dem Grundgesetz.

Der Konvent auf Herrenchiemsee, der einen Verfassungsentwurf für einen deutschen Staat für die Zeit nach dem Nationalsozialismus ausarbeiten sollte (*Herrenchiemsee-Entwurf – HChE*), knüpfte an Art. 118 WRV an.[821] Die Beratungen hinsichtlich der Meinungsfreiheit waren durch die negativen Erfahrungen mit der Instrumentalisierung der Kommunikationsfreiheiten während der nationalsozialistischen Diktatur geprägt.[822] Falsche Wahrheiten und demagogische Behauptungen sollten den Kampf der Meinungen nicht erneut in ein Meinungsrichtertum pervertieren können. Aus Art. 7 HChE ging schließlich die seit dem 23. Mai 1949 unverändert gebliebene Norm des Art. 5 GG hervor; sie vermeidet die übermäßige Disponibilität des Art. 118 WRV und soll einen nachhaltigen, stabilen und wirkungsvollen Schutz der Meinungsfreiheit sicherstellen.[823] Neben der Meinungsfreiheit wurden in Art. 5 I GG weitere Grundrechte, zum Beispiel Rundfunk- und Informationsfreiheit, normiert, die den Schutz des Meinungsbildungsprozesses über die reine Äußerung hinaus ausdehnen sollten; einschränkende Formulierungen wurden zugunsten dieses vollumfänglichen Schutzes fallen gelassen.[824]

Seitdem befinden sich die Meinungsfreiheit in einem stetigen Wandel, da sich die gesellschaftlichen Bedingungen und Bedrohungen ändern.[825] Das Bundesverfassungsgericht greift diesen Wandel auf und er schlägt sich in dessen Rechtsprechung nieder. Im Prinzip gilt für Art. 5 I 1 GG die Devise *Smends*,

---

818 *Schulze-Fielitz*, in: Dreier (Hrsg.), GG, Art. 5 I, II Rn. 4.

819 *Schulze-Fielitz*, in: Dreier (Hrsg.), GG, Art. 5 I, II Rn. 4; Art. 118 WRV: „Jeder hat das Recht, [...] seine Meinung durch Wort, Schrift, Druck, Bild oder in sonstiger Weise frei zu äußern. [...]“.

820 Hierzu *Bethge*, in: Sachs (Hrsg.), GG, Art. 5 Rn. 4.

821 *Schulze-Fielitz*, in: Dreier (Hrsg.), GG, Art. 5 I, II Rn. 6.

822 *Degenhart*, in: Dolzer/Vogel/Graßhof (Hrsg.), GG, Art. 5 I und 2 Rn. 1 ff.; *Schulze-Fielitz*, in: Dreier (Hrsg.), GG, Art. 5 I, II Rn. 6.

823 *Degenhart*, in: Dolzer/Vogel/Graßhof (Hrsg.), GG, Art. 5 I und 2 Rn. 3 ff., 8 f.; *Schulze-Fielitz*, in: Dreier (Hrsg.), GG, Art. 5 I, II Rn. 6.

824 *Degenhart*, in: Dolzer/Vogel/Graßhof (Hrsg.), GG, Art. 5 I und 2 Rn. 3 ff., 8 f.; *Schulze-Fielitz*, in: Dreier (Hrsg.), GG, Art. 5 I, II Rn. 6.

825 *Schulze-Fielitz*, in: Dreier (Hrsg.), GG, Art. 5 I, II Rn. 7; *Bethge*, in: Sachs (Hrsg.), GG, Art. 5 Rn. 14.

dass die Grundgesetznormen so wirken, wie sie das Bundesverfassungsgericht auslegt und sie von der Literatur in dessen Sinne kommentiert werden.[826] Die Rechtsprechung hat somit für die Bestimmung der Funktionen und Inhalte der Meinungsfreiheit eine zentrale Bedeutung. Die Rechtsprechung zu *Spickmich* belegt diese Aussage: Am 16. August 2010 wurde die auf Art. 5 I 1 GG gestützte Verfassungsbeschwerde gegen die Urteile der Fachgerichtsbarkeit ohne Begründung nicht zur Entscheidung angenommen.[827] Trotzdem zeigt sich, dass gesellschaftliche Veränderungen früher oder später zum Gegenstand der verfassungsrechtlichen Erörterung werden. *Spickmich* war nur einer der ersten Fälle von Social Software. Sofern ein Sachverhalt zur Entscheidung ansteht, der stärker von den Besonderheiten der Informationsgesellschaft, des Internets oder anderer Faktoren dieses Umfeldes geprägt ist, wird sich die Auslegung des Art. 5 I 1 GG erneut wandeln.

3.1.2 Konturierung der Meinungsfreiheit

Die Auslegung des Art. 5 I 1 GG durch Judikatur und Wissenschaft bewegt sich auch heute noch in den Bahnen, die das *„Lüth"*-Urteil des Bundesverfassungsgerichtes vom 15. Januar 1958 vorgezeichnet hat.[828] Dort wurde nicht nur die objektiv-rechtliche Dimension im Allgemeinen sowie die mittelbare Drittwirkung, Schutzfunktion und Ausstrahlwirkung der Grundrechte im Besonderen herausgearbeitet (siehe oben), sondern auch die Bedeutung der „allgemeinen Gesetze" als Schranke der Kommunikationsfreiheiten und die von diesen ausgehende Wechselwirkung thematisiert.[829] Aus der *„FKK"*-Entscheidung[830] wird deutlich, dass auch scheinbar „wertlose", triviale oder vermeintlich sittlich verwerfliche Äußerungen den Schutz des Art. 5 I 1 GG genießen.[831] Der Wortlaut der Norm lässt keine Einschränkungen zu; zudem ist ein Abgrenzung auf Schutzbereichsebene undurchführbar.[832] Die *„Strafgefangenen"*-

826 *Smend*, Abhandlungen, S. 582; krit., aber im Grunde zust.: *Bethge*, in: Sachs (Hrsg.), GG, Art. 5 Rn. 14; vgl. zur Rundfunkfreiheit *Brugger*, Rundfunkfreiheit, S. 50 ff.

827 Az. 1 BvR 1750/09; vgl. Anm. von *Höhne*, jurisPR-ITR 5/2011 (Anm. 6).

828 *Grimm*, NJW 1995, S. 1697 (1697): BVerfGE 7, S. 198 (198 ff.); seitdem st. Rspr., vgl. BVerfGE 25, S. 256 (263).

829 BVerfGE 7, S. 198 (199 LS Nr. 1-3, 204 ff., 207, 211 ff., 219 f.); siehe Pkt. 1.2, 1.3.

830 BVerfGE 30, S. 336 (347).

831 St. Rspr., siehe BVerfGE 101, S. 361 (365, 389): „Meinungsbildung und Unterhaltung sind keine Gegensätze"); vgl. BVerfGE 68 („Schwarzer Sheriff"), S. 226 (230), die verdeutlicht, dass die Kürze einer Mitteilung grundsätzlich keinen Rückschluss auf die Eröffnung des Schutzbereiches des Art. 5 I 1 GG zulässt.

832 BVerfGE 30, S. 336 (347).

Entscheidung[833] betont diesen „umfassenden Charakter“ der Meinungsfreiheit: Es darf keine Rolle spielen, ob die Meinung „richtig“ oder „falsch“, emotional oder rational begründet ist; Meinungen als Positionen sind zwangsläufig wertend-subjektiv.[834] Für eine Meinung ist das „Element der Stellungnahme, des Dafürhaltens, des Meinens im Rahmen einer geistigen Auseinandersetzung“ schlechthin konstituierend (*„NPD Europas“*[835]). Die (nach Ansicht des Bundesverfassungsgerichtes) nicht schutzwürdigen unwahren Tatsachenbehauptung werden aus dem Schutzbereich ausgeschlossen.[836] So enthält das Gericht der Leugnung des Holocausts als erwiesen unwahrer Tatsachenbehauptung den Schutz durch Art. 5 I 1 GG bereits durch Nichteröffnung des Schutzbereiches vor (*„Auschwitzlüge“*[837]).

Die Form beziehungsweise Umstände, in die eine Meinungsäußerung eingebettet wird, spielen für deren Schutz grundsätzlich keine Rolle, sofern nicht eine andere Kommunikationsfreiheit als Lex Specialis vorrangig ist.[838] Die Äußerung geht auch nicht ihres Schutzes verlustig, wenn sie scharf oder verletzend formuliert ist.[839] Tatsachenbehauptungen sollen nach Ansicht der Rechtsprechung bereits keine Meinungsäußerungen sein; der Schutzbereich des Art. 5 I 1 GG sei nicht eröffnet (siehe oben).[840] Deshalb sollen auch Falschzitate bereits aus dem Schutzbereich der Meinungsfreiheit ausscheiden (*„Böll“*[841]). Diese und andere unwahre Tatsachenbehauptungen dienten nicht dem Prozess der Meinungsbildung und seien „unter dem Blickwinkel der Meinungsfreiheit kein schützenswertes Gut“.[842] Fragen, die streng genommen keine Meinungsbildung beinhalten, sondern auf diese hinwirken, lassen sich weder den Tatsachenbehauptungen

833 BVerfGE 33, S. 1 (14 f.).

834 BVerfGE 33, S. 1 (14); st. Rspr., siehe BVerfGE 61, S. 1 (7); 85, S. 1 (15).

835 BVerfGE 68, S. 1 (8); st. Rspr., siehe BVerfGE 85, S. 1 (14); vgl. BVerfGE 7, S. 198 (210).

836 BVerfGE 68, S. 1 (7 f.); mehr dazu unter Pkt. 3.3.

837 BVerfGE 90, S. 241 (247).

838 Siehe hierzu BVerfGE 68 („NPD Europas“), S. 1 (7 f.): Abgrenzung gegenüber der Versammlungsfreiheit nach Art. 8 I GG; siehe BVerfGE 54 („Kunstkritik“), S. 129 (138 f.), die betont, dass die Formwahl der Äußerung dem sich Äußernden obliegt; siehe auch BVerfGE 85, S. 23 (30) in Bezug auf die Pressefreiheit und BVerfGE 95, S. 28 (34); vgl. für satirische Verfremdungen BGHZ 156, S. 206 (206 ff.) sowie, mit a.A., das BVerfG unter Az. 1 BvR 240/04.

839 BVerfGE 54, S. 129 (136 ff.); 61, S. 1 (7); 85, S. 1 (15); 90, S. 241 (247). Sie kann auch satirische Verfremdungen beinhalten: BGHZ 156, S. 206 (206 ff.); a.A.: BVerfG, Az. 1 BvR 240/04.

840 BVerfGE 90, S. 241 (247 f.).

841 BVerfGE 54, S. 208 (219 f.).

842 BVerfGE 54, S. 208 (219); vgl. BVerfGE 85, S. 23 (30 f.).

noch den Werturteilen eindeutig zuordnen und bilden eine eigene Kategorie.[843] Da diese nicht richtig oder falsch sein können, stehen sie „unter dem Gesichtspunkt der Meinungsfreiheit Werturteilen gleich“ und sind nach Art. 5 I 1 GG geschützt.[844] Problematisch ist dies bei „rhetorischen Fragen“, die in Wahrheit nur verdeckte Behauptungen darstellen.[845] Auch gemischte und mehrdeutige Äußerungen, die das Gros aller Äußerungen darstellen, können kaum getrennt werden. Solche Sonderfälle führen zu Abgrenzungsschwierigkeiten. Äußerungen mit Tatsachengehalt könnten deshalb zu früh aus dem Meinungsbildungsprozess ausscheiden, wenn sie bereits aus dem Schutzbereich hinausgedrängt würden (mehr dazu unter Punkt 3.3).

Fragen und Tatsachenbehauptungen sollen nach Ansicht des Bundesverfassungsgerichtes aber wiederum von der „Meinungsfreiheit geschützt [sein], weil und soweit sie Voraussetzung der Bildung von Meinungen sind“.[846] Auch verbundene und im Zweifelsfall nicht in Werturteil und Tatsachenbehauptung zerlegbare Äußerungen sind – auch nach Rechtsprechungssicht – im Zweifelsfall dem Schutz des Art. 5 I 1 GG zuzuordnen.[847] Dies soll dem Umstand Rechnung tragen, dass jeder Meinungsbildungsprozess trotz seiner Subjektivität auf einer faktischen Grundlage beruht.[848] Das Gericht macht die Schutzbereichsbestimmung damit allerdings auch komplizierter. Es sei danach zu urteilen, ob das wertende oder das faktische Element überwiegt; ist dies nicht möglich beziehungsweise bestünden Zweifel fort, müsse „die Äußerung im Interesse eines wirksamen Grundrechtsschutzes insgesamt als Meinungsäußerung angesehen und in den Schutzbereich der Meinungsfreiheit einbezogen werden, weil andernfalls eine wesentliche Verkürzung des Grundrechtsschutzes“ drohe.[849] Dies dürfte aber bei vielen Äußerungen der Fall sein. Insofern ergibt es nur bedingt Sinn, eine ultimative Entscheidung bereits auf Schutzbereichsebene zu suchen. Eine plausible Erklärung, wo genau die Trennlinie bei dieser gravierenden Entscheidung liegen soll, bleibt das Bundesverfassungsgericht deshalb auch schuldig. Stattdessen soll beispielsweise bei der Verletzung des allgemeinen Persönlichkeitsrechts durch mehrdeutige Äußerungen ein zweigeteilter Maßstab auf Ab-

---

843 BVerfGE 85, S. 23 (31).

844 BVerfGE 85, S. 23 (32).

845 BVerfGE 85, S. 23 (32 f.); BGH, NJW 05, S. 1933 (1933 ff.); fraglich ist, ob mit der Frage bereits das Ziel einer Stellungnahme erreicht worden ist und wenn ja, ob diese Stellungnahme eine unwahre Behauptung beinhaltet: *Seiler*, WRP 2005, S. 545 (548).

846 BVerfGE 54, S. 208 (219); 61, S. 1 (8); 85, S. 1 (15); 90, S. 241 (247).

847 BVerfGE 85, S. 1 (15 f.); vgl. BVerfGE 7, S. 198 (212).

848 Siehe hierzu Pkt. 3.2.5, der den Bezug zur relativen Richtigkeit im Meinungsbildungsprozess beleuchtet.

849 BVerfGE 90, S. 241 (248); vgl. BVerfGE 82, S. 43 (52).

wägungsebene folgen (*„Stolpe“*[850]). Bei in der Vergangenheit liegenden Verletzungen soll der Äußerung die mildeste Beurteilungsvariante beigemessen werden (in dubio pro libertate), wohingegen bei zukünftigen Äußerungen, bei denen der Äußernde die Möglichkeit hätte, sich zweifelsfreier auszudrücken, ein strengerer Beurteilungsmaßstab gelten soll (in dubio pro dignitate).[851]

Neben der Schutzbereichsbestimmung ist vor allem die Entwicklung bezüglich der Grenzen und der Abwägung der Meinungsfreiheit mit kollidierenden Interessen für die Untersuchung relevant. Große Bedeutung für die Herausbildung einer öffentlichen Meinung kommt dem „Kampf der Meinungen“ zu (zentral: *„Schmid / Spiegel“*[852] und *„Tonjäger“*[853]). Das Bundesverfassungsgericht betont – der Entstehungsgeschichte entsprechend (siehe oben) – die Wichtigkeit eines freien und unvoreingenommenen Diskurses für das demokratische Gemeinwesen.[854] Die Bedeutung des Meinungsbildungsprozesses geht über die Bedeutung der Meinungsfreiheit für das Individuum hinaus. Dies korrespondiert mit der Interaktionsoffenheit anderer Abwehrrechte, wie zum Beispiel des allgemeinen Persönlichkeitsrechts.[855] Die Bedeutung des Kampfes der Meinungen und der Interaktionsoffenheit zeigt sich auch in den Abwägungsentscheidungen des Bundesverfassungsgerichtes.[856] Die Verfassung duldet im öffentlich geführten Meinungskampf nicht jedes Mittel (*„Blinkfüer“*[857]). Art. 5 I 1 GG schützt keine außerargumentativen Druckmittel, wie zum Beispiel die „Androhung oder Ankündigung schwerer Nachteile“ sowie die Ausnutzung einer „sozialen oder wirtschaftlichen Abhängigkeit“.[858] Die Meinungsfreiheit schützt also die *Position* vorbehaltslos; nicht jedoch die Möglichkeit, sie auch im fortlaufenden Meinungsbildungs*prozess* uneingeschränkt beibehalten zu können (vergleiche *„Flugblatt“*[859] und *„Wallraff“*[860]). Im Kampf der Meinungen können inhaltliche Grenzen erreicht werden, an denen Positionen scheitern. Dies erklärt sich entstehungsgeschichtlich bereits dadurch, dass der Prozess nicht Falschbehauptun-

---

850 BVerfGE 114, S. 339 (339 ff.).

851 BVerfGE 114, S. 339 (348 ff., siehe insbes. S. 350); krit. *Herzog*, in: Maunz/Dürig (Hrsg.), GG, Art. 5 I, II Rn. 37.

852 BVerfGE 12, S. 113 (129 ff.).

853 BVerfGE 24, S. 278 (285 f.).

854 Mehr dazu unter Pkt. 3.2.

855 Hierzu Pkt. 2.2.2.4.

856 Vgl. hierzu die Ausführungen des BVerfG in der Rechtssache „Wallraff“: BVerfGE 66, S. 116 (139).

857 BVerfGE 25, S. 256 (264 f.); vgl. BVerfGE 66, S. 116 (136 ff.).

858 BVerfGE 25, S. 256 (265); siehe *Vesting*, AöR 122 (1997), S. 337 (340).

859 BVerfGE 43, S. 130 (138 f.).

860 BVerfGE 66, S. 116 (116 LS Nr. 2. b), Nr. 3, S. 138 f.).

gen, demagogische Hetze oder andere Extremäußerungen zulasten des moderaten Diskurses fördern soll (siehe oben). Das Bundesverfassungsgericht hat unter anderem Grenzen bei der Menschenwürde („*Strauß I*"[861]), bei Schmähkritik und bei Formalbeleidigungen („*Wallraff*"[862], „*Strauß II*"[863], „*Zwangsdemokrat*"[864] und „*Auschwitzlüge*"[865]) gezogen.[866] Allerdings muss bei einer den Abwägungsprozess vorentscheidenden Grenzziehung Zurückhaltung geübt werden.[867] Laut Bundesverfassungsgericht muss bei der Schmähung einer Person beispielsweise die Diffamierung und Herabsetzung derselben eindeutig im Vordergrund stehen.[868] Wegen der Tragweite der Entscheidung („Entweder-Oder") könnte es sich abbieten, sie erst auf Ebene der Rechtfertigung zu treffen (siehe unten).

Bei der Äußerung subjektiver Anschauungen im öffentlichen Raum spielte in der Rechtsprechung des Bundesverfassungsgerichtes auch das Verhältnis Öffentlich-Privat eine große Rolle („*Caroline*"[869]). Für einen Ausgleich mit kollidierenden Abwehrrechten ist dieses Verhältnis elementar.[870] Das Gericht betrachtete Öffentlichkeit und Privatheit zunächst als Gegensätze. In der „*Caroline I*"-Entscheidung wurde Privates und Öffentliches gegeneinander in Stellung gebracht, indem der Adressatenkreis einer Äußerung abgegrenzt wurde.[871] In den „*Caroline II*"-Entscheidungen begann die Rechtsprechung zaghaft damit, das Schützenswerte an der Persönlichkeit *in* der Öffentlichkeit zu bestimmen.[872]

---

861 BVerfGE 75, S. 369 (379 f.).

862 BVerfGE 66, S. 116 (151).

863 BVerfGE 82, S. 43 (52 ff.).

864 BVerfGE 82, S. 272 (272 LS Nr. 1 und 2, S. 281 ff.).

865 BVerfGE 90, S. 241 (248).

866 Vgl. (nach *Grimm*, NJW 1995, S. 1697 (1701 f.)): U.S. Supreme Court („Hustler Magazine and Larry C. Flynt vs. Jerry Falwell"), EuGRZ 88, S. 259 (259 ff.); dort ist ersichtlich, dass der grundsätzliche Vorrang der Kommunikationsfreiheiten in der US-amerikanischen Rechtsprechung auch vor die Menschenwürde verletzenden Äußerungen keinen Halt macht.

867 *Seiler*, WRP 2005, S. 545 (548 f.); in Bezug auf den Aspekt der Schmähkritik: BVerfGE 82, S. 272 (283 f.).

868 BVerfGE 82, S. 272 (284); siehe *Seiler*, WRP 2005, S. 545 (549).

869 BVerfGE 97 („Caroline I"), S. 125 (125 ff.); 101 („Caroline II"), S. 361 (361 ff.); 120 („Caroline III"), S. 180 (180 ff.); vgl. EGMR, NJW 2004 („Caroline II"), S. 2647 (2647 ff.); BGHZ 131 („Caroline II"), S. 332 (332 ff.); *Seiler*, WRP 2005, S. 545 (545 ff.).

870 Vgl. Pkt. 2.6.4.3.

871 Vgl. bspw. BVerfGE 97, S.125 (132 ff., 144 ff.).

872 Vgl. BVerfGE 101, S.361 (361 LS Nr. 1, 365, 367 f., 372 und insbes. S. 382 ff., 391 ff.), wobei der Fokus auf § 23 KUG und dem Merkmal der absoluten Person der

Hierbei bediente sich das Bundesverfassungsgericht einer – nur in räumlicher Hinsicht praktikabel erscheinenden – Zwischenkategorie der „begrenzten Öffentlichkeit“[873]. Es bleibt offen, wie das Internet als virtuelle Öffentlichkeit in der Rechtsprechung wahrgenommen wird.[874]

3.2 Funktionen und Inhalte der Meinungsfreiheit

Die Inhalte der Meinungsfreiheit beruhen im Wesentlichen auf *sechs* Funktionen. Auch ihnen muss in der Abwägung zu optimaler Wirksamkeit verholfen werden.

3.2.1 Schutz des Kommunikationsprozesses als Ganzes

Art. 5 I GG soll den gesamten Meinungsbildungsprozess schützen. Dazu enthält die Norm (mindestens) fünf Kommunikationsfreiheiten:[875] Zunächst das Recht auf freie Meinungsäußerung und -verbreitung in Wort, Schrift und Bild, Art. 5 I 1 GG. Des Weiteren Kommunikationsfreiheiten für Presse, Rundfunk und Film, Art. 5 I 2 GG. Hinzu kommen Informationsfreiheit und Zensurverbot. Dadurch soll der gesamte Kommunikationsprozess umfassend abgedeckt und geschützt werden; ausgehend von der Äußerung bis hin zur Rezeption.[876] Die Form der Meinungsverbreitung, wie zum Beispiel das gesprochene Wort oder die in einer Zeitung oder einem Blog platzierte Äußerung, nimmt die Rolle des Verbreitungsmittels ein und tritt ergänzend zur Äußerung hinzu.[877] Die Meinungsfreiheit schützt den kommunikativen Kerngehalt, das heißt die Position selbst, während die anderen Inhalte der Norm den Rahmen schützen, in dem die Kommunikation stattfindet und der sich aus Elementen wie der Tätigkeit der Presse- oder Rundfunkorgane zusammensetzt.[878] Erst der Schutz von Umgebung und Äußerung sichert die Vielfalt und Bedeutung des ganzen Kommunikationsprozes-

---

Zeitgeschichte lag, das außerhalb von Bildnissen einer Person keine derart dominante Wirkung entfaltet.

873 BVerfGE 101, S. 361 (369, 382 ff., 393 ff., 395).

874 Vgl. *Ladeur*, in: Ladeur (Hrsg.), Regulierung, S. 101 (103, 118).

875 Nach *Schulze-Fielitz*, in: Dreier (Hrsg.), GG, Art. 5 I, II Rn. 39.

876 *Schulze-Fielitz*, in: Dreier (Hrsg.), GG, Art. 5 I, II Rn. 41 f.

877 *Schulze-Fielitz*, in: Dreier (Hrsg.), GG, Art. 5 I, II Rn. 41 f.

878 Vgl. BVerfGE 20, S. 162 (175); 85, S. 1 (11 f.); 86, S. 122 (128); 102, S. 347 (359); *Gounalakis/Rhode*, Persönlichkeitsschutz, Rn. 249; *Ladeur*, in: Ladeur (Hrsg.), Regulierung, S. 101 (101 ff.); nach a.A. geht das Grundrecht der Meinungsfreiheit bei Überschneidungen zwischen inhaltlichem Kern und Rahmen in der jeweiligen Medienfreiheit auf oder steht neben dieser: *Bethge*, in: Sachs (Hrsg.), GG, Art. 5 Rn. 47.

ses.[879] Dem Verbreitungsmedium kommt im Gegensatz zur Äußerung funktionelle und institutionelle Bedeutung zu. Sind diese Faktoren überwiegend betroffen, so geht die entsprechende Kommunikationsfreiheit der Meinungsfreiheit als Lex Specialis vor. Hierbei besteht weder ein Über- und Unterordnungsverhältnis, noch eine einheitliche „Kommunikationsfreiheit".[880]

3.2.2 Schutz des kommunikativen Kerngehalts im Internet

Schutzgut der Meinungsfreiheit ist die Meinungsäußerung und damit auch die Meinungskundgabe im Internet.[881] Art. 5 I 1 GG sind die Sachverhalte zuzuordnen, in denen es primär um die Frage der Zulässigkeit einer konkreten Äußerung geht.[882] Ob beispielsweise die Äußerung in einem Blog (zum Beispiel, dass der Chef einer Firma korrupt sei) grundrechtlich geschützt ist. Beim Schutz der Meinungsfreiheit geht es weniger darum, ob auch das Äußerungsumfeld, das heißt der Blog selbst, grundrechtlich geschützt ist; Internet oder Onlineangebote können als Äußerungsumfeld aber auch diesen Kern selbst beeinflussen. Zum Beispiel wirkt der oben genannte Blogeintrag im Internet stärker, als wenn die Aussage gegenüber einer Gruppe von Arbeitskollegen in der Kantine getätigt worden wäre, da der Adressatenkreis ungleich größer ist, sich die Aussage schneller verbreitet und zudem dauerhaft abrufbar ist. Für die Meinung selbst bleibt stets Art. 5 I 1 GG einschlägig; nichtsdestotrotz kann sie durch die Einflüsse des Umfelds modifiziert werden.

Dieser Kerngehalt ist jedoch vom kommunikativen Rahmen, den das Internet bereitstellt, abzugrenzen.[883] Das Internet wird als System und Organisationseinheit über die Rundfunkfreiheit gemäß Art. 5 I 2 GG geschützt, die auch für neue Formen der Vermittlung von Inhalten offen ist.[884] Auch im Internet werden

---

879 *Jarass*, AfP 1998, S. 133 (135) bezeichnet die Funktion der Rundfunkfreiheit bei diesem Zusammenwirken der Verfassungswerte im Internet anschaulich als „Brückenfunktion" zwischen Meinungs- und Informationsinteresse.

880 *Wendt*, in: von Münch/Kunig (Hrsg.), GG, Art. 5 Rn. 1; *Pieroth/Schlink*, Staatsrecht, Bd. II, § 13 Rn. 591; *Kannengießer*, in: Schmidt-Bleibtreu/Klein (Hrsg.), GG, Art. 5 Rn. 2.

881 *Kube*, in: Isensee/Kirchhof (Hrsg.), HdStR, Bd. IV, § 91 Rn. 12.

882 Stellv. BVerfGE 85, S. 1 (11 f.); 86, S. 122 (128); 102, S. 347 (359); vgl. an dieser Stelle auch die Urteile in der Rechtssache Spickmich: LG Köln, ZUM-RD 2009, S. 205 (205 ff.); OLG Köln, ZUM 2008, S. 869 (869 ff.); BGH, ZUM 2009, S. 753 (753 ff.).

883 *Schulze-Fielitz*, in: Dreier (Hrsg.), GG, Art. 5 I, II Rn. 86.

884 BVerfGE 74, S. 297 (350); 83, S. 238 (302); *Schulze-Fielitz*, in: Dreier (Hrsg.), GG, Art. 5 I, II Rn. 100; *Bethge*, in: Sachs (Hrsg.), GG, Art. 5 Rn. 90a f.; differenzierend: *Kube*, in: Isensee/Kirchhof (Hrsg.), HdStR, Bd. IV, § 91 Rn. 14 ff.

Inhalte „mithilfe elektromagnetischer Schwingungen" für die Allgemeinheit verfügbar gemacht.[885] Das „Hypermedium" verbindet Elemente der Individualkommunikation mit solchen der Massenkommunikation; das vielseitige, interaktive und mehrdimensionale Internet ist im Gegensatz zum Rundfunk im herkömmlichen Sinne nicht auf die institutionalisierte, eingleisige Übertragung von Inhalten beschränkt.[886] Die partizipativen Angebote des Web 2.0 sind ein Beleg dafür.[887] Im „Mitmachnetz" entstehen Inhalte unter Mitwirkung aller Beteiligter. Auch diese Onlineangebote können über Art. 5 I 2 GG geschützt sein, wenn sie in ihrer institutionellen Bedeutung betroffen und kollektiv ausgerichtet sind.[888] Es kommt darauf an, ob die betreffenden Informationen an die Allgemeinheit oder ein Individuum beziehungsweise einen überschaubaren Kreis an Individuen gerichtet sind.[889] Wird ein Internetangebot massenkommunikativ zum Einsatz gebracht und in dieser Funktion gefährdet, so kann der Schutzbereich der Rundfunkfreiheit betroffen sein. Über Art. 5 I 2 GG sind allerdings stets nur Struktur, Organisation und Prozesse geschützt. Geht es im Kern um die Zulässigkeit des Ergebnisses, das heißt des geschaffenen Inhaltes, ist wiederum Art. 5 I 1 GG einschlägig (siehe oben). Zur Verwirklichung und Aufrechterhaltung der Funktionen des Internets und seiner Angebote muss ferner eine „positive Ordnung" gesetzt werden.[890] Das bedeutet, der Gesetzgeber muss die zur effektiven Wahrnehmung des Grundrechtes notwendigen Strukturen schaffen. Diese sollen sicherstellen, „daß die Vielfalt der bestehenden Meinungen im Rundfunk in möglichster Breite und Vollständigkeit Ausdruck findet und auf diese Weise umfassende Information geboten wird"[891].

---

885 *Schulze-Fielitz*, in: Dreier (Hrsg.), GG, Art. 5 I, II Rn. 99; *Starck*, in: von Mangoldt/Klein/Starck (Hrsg.), GG, Art. 5 I, II Rn. 100; *Bethge*, in: Sachs (Hrsg.), GG, Art. 5 Rn. 90a f.

886 *Determann*, Kommunikationsfreiheit, S. 391, 405 ff. (m.w.N. in Fn. 658, S. 405); *Schulze-Fielitz*, in: Dreier (Hrsg.), GG, Art. 5 I, II Rn. 102; *Grzeszick*, AöR 123 (1998), S. 173 (188 ff.); *Kube*, in: Isensee/Kirchhof (Hrsg.), HdStR, Bd. IV, § 91 Rn. 14; *Ladeur*, in: Ladeur (Hrsg.), Regulierung, S. 101 (103, 128); *Bethge*, in: Sachs (Hrsg.), GG, Art. 5 Rn. 90.

887 Vgl. Pkt. 1.1.2-4.

888 *Ladeur*, in: Ladeur (Hrsg.), Regulierung, S. 101 (101 ff., 113) zur Unterscheidung zwischen Individual- und Massenkommunikation; allerdings hat das Internet mittlerweile auch viele Misch- und Zwischenformen hervorgebracht, siehe *Kloepfer*, AfP 2010, S. 120 (120).

889 *Koreng*, Zensur, S. 37.

890 BVerfGE 74, S. 297 (324); 90, S. 60 (87 ff.); *Ladeur*, in: Ladeur (Hrsg.), Regulierung, S. 101 (103); *Ruck*, AöR 117 (1992), S. 543 (546).

891 BVerfGE 57, S. 295 (320).

3.2.3 Funktion der Meinungsfreiheit

Die Meinungsfreiheit wird überwiegend durch ihren Abwehrcharakter geprägt.[892] Art. 5 I 1 GG statuiert ein subjektiv-öffentlich-rechtliches Individualrecht jedes einzelnen Grundrechtsträgers auf Unterlassung hoheitlicher Eingriffe in den Schutzbereich der Meinungsäußerungsfreiheit.[893] In erster Linie soll dadurch das Fundament gelegt werden, damit das Individuum überhaupt „geistig atmen" kann.[894] Dies wird insbesondere dadurch gewährleistet, dass es kommunizieren und seine Gedanken dadurch „formulieren" und anderen gegenüber mitteilen kann. Diese Entwicklung weist also Parallelen mit der des allgemeinen Persönlichkeitsrechts auf, das garantiert, dass der Einzelne seine Persönlichkeit grundsätzlich frei und autonom von den Einflüssen der Gesellschaft herausbilden und schärfen kann.[895] Allerdings funktioniert dies nicht ohne Interaktion mit dem sozialen Umfeld; die Persönlichkeit profitiert von einer kommunikativen Öffnung zur Gesellschaft und deren Individuen (siehe oben). Schutz der geistigen Anlage" ist bisweilen mit der „Formulierung der geistigen Anlage" verbunden.[896] Die Persönlichkeit wird maßgeblich durch die Menschenwürde geprägt, die wiederum aus der „geistigen Anlage" des Menschen herrührt (siehe oben); da die Meinungsfreiheit das „geistige Atmen-Können" durch ein „Sich-Äußern-Können" absichert, ist sie ebenfalls eng mit der Menschenwürde nach Art. 1 I GG verknüpft.[897] Art. 5 I 1 GG schützt den Einzelnen vor Eingriffen in die kommunikative Öffnung nach außen.[898] Zum Beispiel auch dann, wenn er in einem Onlineforum Äußerungen zu einem Thema kund tut, zu dem er sich vorher eine Meinung gebildet hat. Für die Persönlichkeitsentwicklung wäre es abträglich, wenn er in diesem Moment schutzlos wäre. Die Meinungsäußerungsfreiheit

---

892 *Starck*, in: von Mangoldt/Klein/Starck (Hrsg.), GG, Art. 5 I, II Rn. 17 f.; a.A. *Bethge*, in: Sachs (Hrsg.), GG, Art. 5 Rn. 11.

893 *Schmidt-Jortzig*, in: Isensee/Kirchhof (Hrsg.), HdStR, Bd. VII, § 162 Rn. 3; *Herzog*, in: Maunz/Dürig (Hrsg.), GG, Art. 5 I, II Rn. 3, 5 ff.

894 *Schmidt-Jortzig*, in: Isensee/Kirchhof (Hrsg.), HdStR, Bd. VII, § 162 Rn. 3; *Herzog*, in: Maunz/Dürig (Hrsg.), GG, Art. 5 I, II Rn. 7 f.; siehe BVerfGE 7, S. 198 (208); 12, S. 113 (125); 12, S. 205 (259 f.).

895 BVerfGE 35, S. 202 (220); *Starck*, in: von Mangoldt/Klein/Starck (Hrsg.), GG, Art. 5 I, II Rn. 1; siehe auch Pkt. 2.2.2; die kommunikative Öffnung gegenüber der Informationsgesellschaft nimmt besonders intensive und spezielle Züge an; vgl. hierzu die Ausführungen unter Pkt. 2.6.4.2.

896 *Herzog*, in: Maunz/Dürig (Hrsg.), GG, Art. 5 I, II Rn. 2 ff., 13.

897 *Schmidt-Jortzig*, in: Isensee/Kirchhof (Hrsg.), HdStR, Bd. VII, § 162 Rn. 5 f.; hierzu Pkt. 2.2.2.1.

898 Vgl. *Schmidt-Jortzig*, in: Isensee/Kirchhof (Hrsg.), HdStR, Bd. VII, § 162 Rn. 5 f.

fungiert in ihrem Abwehrcharakter quasi als „verlängerter Arm" der dem Kernbereich menschlichen Daseins innewohnenden Persönlichkeitsentwicklung.[899] Im Abwägungsprozess ist zu berücksichtigen, wie viel die Meinungsäußerung dem Einzelnen in der konkreten Situation bedeutet und wie wichtig sie für ihn ist, um seine geistige Anlage auszudrücken.

Die Meinungsäußerungsfreiheit ist aber nicht nur für das einzelne Individuum von herausragender Bedeutung, sondern auch für die Gemeinschaft aller Individuen, also der Gesellschaft als „Makroebene der Individuen". Öffentlichkeit und Persönlichkeit sind integrativ zu verstehen (siehe oben). Die als Brücke zwischen Individuum und Gesellschaft verlaufende Interaktions- und Kommunikationsoffenheit des Einzelnen wird durch ein Zusammenspiel der Grundrechtsnormen der Art. 5 I 1 GG und 2 I, 1 I GG sowohl geschützt als auch auf ein sozialverträgliches Maß beschränkt. Das auf dieser Brücke stattfindende „Sich-Mitteilen", also das Äußern der eigenen Meinung innerhalb der Gesellschaft, ist ein derart natürlicher Vorgang, dass er nicht extra erlaubt sein muss, um ausgeübt zu werden.[900] Dementsprechend „aktiviert" sich Art. 5 I 1 GG in seinem Charakter als Abwehrrecht, wenn eine Äußerung, zum Beispiel wegen einer vermeintlichen Verletzung von Persönlichkeitsinteressen, untersagt werden soll. Die Anfänge der Brücke befinden sich in den Menschenwürdegehalten der Art. 2 I, 1 I und 5 I 1 GG. Durch das Verhältnis von „Schutz geistiger Anlage" und „Formulieren der geistigen Anlage" ist aber vorherbestimmt, dass die „Stoßrichtung", das heißt die Richtung, in der diese Brücke im Kollisionsfall beschritten wird, vom Persönlichkeitsrecht hin zur Meinungsfreiheit verläuft. Bei ihr ist die Eigenschaft als Rechtfertigungsgrund im Rahmen des Abwägungsprozesses stärker zu berücksichtigen.

3.2.4 Bedeutung der Meinungsfreiheit

Wenn der Meinungsfreiheit eine Bedeutung beigemessen werden kann, die über die des Inhalts und der Funktionen hinausgeht, so ist auch diese abstrakte Bedeutung im Abwägungsprozess zu berücksichtigen. Bereits das Bundesverfassungsgericht hat in seiner *„Lüth"*-Entscheidung[901] konstatiert, dass es sich bei der Meinungsfreiheit als „unmittelbarster Ausdruck der menschlichen Persönlichkeit in der Gesellschaft [um] eines der vornehmsten Grundrechte überhaupt" handle, das für eine „freiheitlich-demokratische Staatsordnung [...] schlechthin

---

899 Vgl. *Schmidt-Jortzig*, in: Isensee/Kirchhof (Hrsg.), HdStR, Bd. VII, § 162 Rn. 5 f.; *Herzog*, in: Maunz/Dürig (Hrsg.), GG, Art. 5 I, II Rn. 6 f.

900 *Ipsen*, Staatsrecht, Bd. II, § 10 Rn. 424.

901 BVerfGE 7, S. 198 (208); siehe auch BVerfGE 5, S. 85 (205).

konstituierend" sei.[902] Hiermit wird in Bezug auf die Bedeutung des Art. 5 I 1 GG bestätigt, was in Bezug auf die Funktion bereits festgestellt worden ist: Schon aus einer privaten, subjektiv-individuellen Sichtweise ist das Grundrecht auf freie Meinungsäußerung elementar wichtig; hinzu kommt die identitätsbildende Bedeutung des (öffentlichen) Meinungsbildungsprozesses für die demokratische Gesellschaft als solche.[903] Beispielsweise kann ein Internetnutzer über *Twitter* seine Meinung bezüglich politischen Vorgängen kund tun (zum Beispiel über vermeintliche Demokratiedefizite, Missstände in der Regierung oder die Unfähigkeit von Repräsentanten des Staates). Seine individuelle Einstellung hilft ihm, seine Identität zu bestätigen oder fortzuentwickeln. Wie die Geschehnisse während der sogenannten „Arabellion" (siehe oben) gezeigt haben, können solche Äußerungen aber auch für den Demokratisierungsprozess als solchen immense Bedeutung erlangen. Dort waren viele Nutzer wegen ähnlicher Umstände von den Regierungen enttäuscht. Die Gemeinschaft im Netz mobilisierte die Individuen und animierte sie zum Tätigwerden auch in der realen Welt. Dadurch kam jeder einzelnen Äußerung auch eine große Bedeutung im demokratischen, öffentlichen Meinungsbildungsprozess zu.

Erst durch den Kampf der Meinungen wird überhaupt ein gemeinschaftskonstituierender Prozess angestoßen.[904] Der Schutz des Kommunikationsvorganges ist deshalb eng mit dem von Meinungsvielfalt lebenden Demokratieprinzip des Art. 20 I, II GG verflochten, wobei die konstituierende und identitätsstiftende Wirkung nicht alleine von Meinungsäußerungen mit politischem Inhalt ausgeht.[905] Die Doppelbedeutung steigert die Relevanz der Grundrechtsverbürgung insgesamt. Dies muss objektiv Berücksichtigung finden, ohne dem Grundrecht per se Vorrang vor anderen Verbürgungen einzuräumen; dies widerspräche nämlich der Gleichordnung der Grundrechte innerhalb des Grundgesetzes (*In-*

---

902 Diese Rspr. hat das BVerfG im folgenden stets erneuert: BVerfGE 20, S. 56 (97); 101, S. 361 (389); siehe *Brugger*, EuGRZ 1987, S. 189 (189).

903 *Brugger*, EuGRZ 1987, S. 189 (197 ff.) m.w.N.; *Schulze-Fielitz*, in: Dreier (Hrsg.), GG, Art. 5 I, II Rn. 40, 43; *Grimm*, NJW 1995, S. 1697 (1703 f.); *Herzog*, in: Maunz/Dürig (Hrsg.), GG, Art. 5 I, II Rn. 2 ff.; *Bethge*, in: Sachs (Hrsg.), GG, Art. 5 Rn. 11, 46a; vgl. BVerfGE 7, S. 198 (208); 35, S. 202 (221 f.); 66, S. 369 (380); 73, S. 40 (85); 82, S. 272 (281 f.).

904 *Brugger*, Liberalismus, S. 440 ff.; *Brugger*, EuGRZ 1987, S. 189 (195 ff.); vgl. Pkt. 3.2.5.2 weiter unten.

905 *Grimm*, NJW 1995, S. 1697 (1703); *Kube*, in: Isensee/Kirchhof (Hrsg.), HdStR, Bd. IV, § 91 Rn. 74; *Herzog*, in: Maunz/Dürig (Hrsg.), GG, Art. 5 I, II Rn. 8, 13 f.; *Bethge*, in: Sachs (Hrsg.), GG, Art. 5 Rn. 17; *Vesting*, AöR 122 (1997), S. 337 (351).

haltsneutralität des Grundgesetzes; dazu später mehr).[906] Folglich bietet sich insbesondere die Abwägung zur Berücksichtigung dieses „Vorranges der freien Rede" an, da sie zunächst ergebnisoffen ist und durch die Verhältnismäßigkeitsprüfung Raum für eine Berücksichtigung aller Einzelfallumstände bietet.[907]

3.2.5 Wesentliche Inhalte der Meinungsfreiheit

Nach *Brugger* definiert sich die Meinungsfreiheit inhaltlich – neben dem Schutz der Meinungsäußerung als solcher – über *fünf Elemente*.[908] Hiervon sind der *„Bezug der Meinung auf zumindest relative Richtigkeit"* sowie der *„Kampf der Meinungen"* abwägungsrelevant und deshalb an dieser Stelle zu erörtern.

3.2.5.1 Bezug des Meinungsbildungsprozesses auf relative Richtigkeit

Die Meinungsfreiheit soll gewährleisten, dass der Einzelne seine Anschauungen ohne fremden Einfluss in den Meinungsbildungsprozess einbringen kann; Art. 5 I 1 GG schützt deshalb nicht jede Aussage, sondern nur die *Meinungsäußerung*.[909] Der dahinterstehende Zweck ist der Schutz individueller Interessen und des gesamten Meinungsbildungsprozesses.[910] Welche Äußerungen den Schutzbereich eröffnen, ist eine Frage des Einzelfalls. Der Inhalt einer Äußerung als subjektive *Position* darf jedenfalls nicht bewertet, vor allem nicht auf- oder abgewertet werden, da sonst ein Meinungsrichtertum entstünde, das dem Charakter des Art. 5 I 1 GG gerade widerspräche.[911] Die Auffassung, der Kreationismus sei gegenüber der Evolutionstheorie vorzugswürdig, ist beispielsweise eine solche Position. Unterstellt, sie unterfiele nicht Art. 5 III GG, wäre der Schutzbereich von Art. 5 I 1 GG eröffnet. Etwas anderes gilt jedoch für den Meinungsbildungs*prozess*. Dieser ist funktionell nur schutzwürdig, wenn er auf Wahrheitsfindung und Richtigkeit angelegt ist.[912] Dies war schon ein Anliegen der

---

906 *Schulze-Fielitz*, in: Dreier (Hrsg.), GG, Art. 5 I, II Rn. 45; *Grimm*, NJW 1995, S. 1697 (1703 f.); *Vesting*, AöR 122 (1997), S. 337 (338 f., 350 ff.).

907 Vgl. BVerfGE 7, S. 198 (212); 60, S. 234 (240); 66, S. 116 (139); 85, S. 1 (16); 93, S. 266 (294 f.); siehe *Brugger*, EuGRZ 1987, S. 189 (198); *Vesting*, AöR 122 (1997), S. 337 (338 ff.).

908 *Brugger*, EuGRZ 1987, S. 189 (191 ff.).

909 Stellv. BVerfGE 54, S. 208 (219); *Grimm*, NJW 1995, S. 1697 (1698).

910 Der Schutzzweck der Norm ist im Weiteren str.: *Herzog*, in: Maunz/Dürig (Hrsg.), GG, Art. 5 I, II Rn. 2 ff.

911 BVerfGE 33, S. 1 (14 f.); *Wendt*, in: von Münch/Kunig (Hrsg.), GG, Art. 5 Rn. 8 ff.

912 Vor allem: *Wendt*, in: von Münch/Kunig (Hrsg.), GG, Art. 5 Rn. 9 f.; was den gesamten Prozess anbelangt wohl h.M.: BVerfGE 42, S. 163 (171); 54, S. 208 (219); *Brugger*,

verfassungsgebenden Gewalt (siehe oben). Dieser Bezug zu relativer Richtigkeit gefährdet auch nicht die Freiheit subjektiver Positionen, da diese Bewertung verfassungsrechtlich neutral ist. Weder werden bestimmte Meinungen gefördert noch unterdrückt. Dies liegt daran, dass Tatsachen, die mit den meisten Meinungen und Werturteilen zusammenfinden, im gesamten Prozess zahlreich vorhanden sind und aus sich heraus überzeugen können. Einem einzelnen Werturteil muss hingegen nicht zwingend eine Tatsache innewohnen.[913] Tatsachen sind dem Beweis zugänglich und schaffen objektive Bezüge zur Realität, die verwendet und beurteilt werden können. Sie werden für das Bilden beinahe jeder Meinung herangezogen, selbst wenn zwei völlig unterschiedliche Positionen herauskommen können. Art. 5 I 1 GG schützt die Unsicherheit dieser Positionen. Positionen können unrichtig sein, wobei sich die Unrichtigkeit häufig erst im Laufe eines Prozesses herausstellt. Je weiter dieser Prozess geht und je sicherer von Unrichtigkeit gesprochen werden kann, desto weniger ist die „falsche“ Position ein schützenswertes Gut im Diskurs.[914] Der Schutzbereich des Art. 5 I 1 GG bildet diesen Prozess nur zum Teil ab. Fälle, in denen richtig oder falsch schwer zu beurteilen sind, sind – wenn überhaupt – erst auf Ebene der verfassungsrechtlichen Rechtfertigung zu entscheiden.[915] Kann eine Entscheidung nicht mit ausreichender Sicherheit getroffen werden, müssen andere Faktoren die Abwägung entscheiden. Notfalls kommt es zu einem „non liquet“ und die nicht als unrichtig bewertbare Äußerung muss geduldet werden. Verstärkt sich der Eindruck der Unrichtigkeit, wird sie zu einem späteren Zeitpunkt im Kampf der Meinungen verdrängt. Um das Beispiel des Kreationismus aufzugreifen, so arbeitet dieser fast ausschließlich mit Behauptungen. Die Evolutionstheorie kann hingegen auf gewisse Fakten verweisen. Sie machen die Argumentation insgesamt schlüssig. So legen Fossilien beispielsweise eine Anpassung der Lebewesen nahe. Geologische Zustände belegen die Umstände, warum sie sich angepasst haben könnten. Die Evolutionstheorie ist damit „relativ richtig“, zumindest aber richtiger als der Kreationismus. Im Meinungsbildungsprozess wäre letztgenannte Ansicht daher zumindest weniger schutzwürdig, wobei zu bedenken ist, dass der (hohe)

EuGRZ 1987, S. 189 (192 ff.); *Bethge*, in: Sachs (Hrsg.), GG, Art. 5 Rn. 28 f.; *Kannengießer*, in: Schmidt-Bleibtreu/Klein (Hrsg.), GG, Art. 5 Rn. 3; *Vesting*, AöR 122 (1997), S. 337 (340); a.A. *Köhler*, NJW 1985, S. 2389 (2390).

913 Vgl. *Brugger*, EuGRZ 1987, S. 189 (192) m.w.N.

914 BVerfGE 54, S. 208 (219); 90, S. 241 (247); *Grimm*, NJW 1995, S. 1697 (1699); *Vesting*, AöR 122 (1997), S. 337 (341); vgl. BVerfGE 7, S. 198 (208 ff.).

915 Vgl. *Brugger*, EuGRZ 1987, S. 189 (193 f.); *Grimm*, NJW 1995, S. 1697 (1698); siehe BVerfGE 33, S. 1 (14 f.) und 61, S. 1 (8).

verfassungsrechtliche Schutz des Art. 5 I GG grundsätzlich jeder Äußerung zugute kommt.

3.2.5.2 Kampf der Meinungen

Kennzeichnend für einen Meinungsbildungsprozess, in dem die Meinungsäußerung als subjektiver Bestandteil durch Art. 5 I 1 GG geschützt wird, ist ferner der „Kampf der Meinungen". In dieser „Auseinandersetzung der Ideen" treten die subjektiven Anschauungen der sie vertretenden Individuen in Konkurrenz zueinander und befördern den Erkenntnisgewinn, indem sich diejenigen Ansichten durchsetzen, die die größte Zustimmung für sich verbuchen können.[916] Das „Element der Stellungnahme und des Dafürhaltens im Rahmen einer geistigen Auseinandersetzung" muss überwiegen, um Schutz durch Art. 5 I 1 GG beanspruchen zu können.[917] Daran zeigt sich, dass Meinungen kompetitiv veranlagt sind. Sie sollen überzeugen oder zumindest erklären. Das sich zu Wort meldende Individuum und seine subjektive Äußerung stehen im Mittelpunkt; ihnen kommt Schutz nach Art. 5 I 1 GG unabhängig davon zu, wie Dritte den Äußerungsinhalt beurteilen.[918] Nichtsdestotrotz muss ihnen eine sich im Meinungsbildungsprozess durchsetzende Äußerung zumindest „angesonnen" werden können.[919] Insbesondere dann, wenn sich andere Meinungen als „richtiger" herausstellen. Einem Vertreter des Kreationismus, dem diese grundrechtlich geschützte Position auch nicht genommen werden kann (siehe oben), müsste sich beispielsweise im Rahmen eines Gerichtsprozesses erschließen, dass die Evolutionstheorie gewisse wissenschaftlich fundierte Argumente für sich verbuchen kann und er auf deren Basis den Prozess verliert. „Meinungsfrieden" kann sich nur einstellen, wenn die abweichende Auffassung im Kampf der Meinungen zumindest „zähneknirschend" akzeptiert wird. Aus dieser kompetitiv-diskursiven Natur resultiert schließlich, dass Mittel, die sich von einem solchen „argumentativen Kampf" lösen, wiederum nicht schutzwürdig sein können.[920] Meinungsäußerungen, die von Art. 5 I 1 GG geschützt werden, zeichnen sich allein durch ihre argumentative Kraft aus. Darüber hinaus verlieren zutreffende Argumente einer „unterliegenden Meinung" sowie solche, deren Falschheit nicht zweifelsfrei festgestellt werden kann, im meinungspluralistischen System

---

916 *Brugger*, EuGRZ 1987, S. 189 (195).

917 St. Rspr. des BVerfG, siehe stellv.: BVerfGE 7, S. 198 (208 ff.); BVerfGE 85, S. 1 (14 f.).

918 *Schulze-Fielitz*, in: Dreier (Hrsg.), GG, Art. 5 I, II Rn. 62.

919 *Brugger*, EuGRZ 1987, S. 189 (195).

920 BVerfGE 25, S. 256 (264 f.).

des Grundgesetzes nicht ihre Daseinsberechtigung.[921] Für den gesamten Prozess sind sie nach wie vor wertvoll, wenn auch, um sich von ihnen abzugrenzen.

3.2.5.3 Fazit

Meinungsbildung bedeutet Auseinandersetzung der Anschauungen verschiedener Individuen, die unterschiedlich intensiv vonstatten gehen kann. Sie darf ausschließlich argumentativ geführt werden; die Überzeugungskraft genießt einen hohen Stellenwert im Meinungsbildungsprozess. Dadurch nähert er sich relativer Richtigkeit an. Die Wahrheitsfindung begleitet den gesamten Prozess, selbst wenn die einzelne Meinungsäußerung unabhängig von ihrer inhaltlichen Wertigkeit oder Richtigkeit in den Schutz des Art. 5 I 1 GG einbezogen wird. Dieser unterschiedliche Schutz von Position und Prozess begründet sich durch die Doppelbedeutung der Norm; der Meinungsbildungsprozess ist nicht nur für das Individuum und seine Identitätsbildung wichtig, sondern auch für den demokratischen Rechtsstaat mit seiner pluralistischen und meinungsoffenen Gesellschaft. Dem Gut der Meinungsäußerung kommt ein hoher abstrakter Stellenwert zu. Die Abwägung zwischen den Art. 2 I, 1 I GG einerseits und Art. 5 I 1 GG andererseits kann sich daran orientieren. Die Abwägung kann sich ferner daran orientieren, in welchem Verhältnis die Meinungsäußerung zu relativer Richtigkeit steht. Die Weite des Schutzbereiches, der durchaus auch unrichtige Äußerungen schützt, muss dann aber jedenfalls im Rahmen der Abwägung entsprechend korrigiert werden.

3.2.6 Objektiv-rechtliche Dimension

Die objektiv-rechtliche Dimension der Meinungsfreiheit wird maßgeblich durch ihre konstituierende Bedeutung für das Gemeinwesen eines demokratischen Staates bestimmt und drückt sich im Wesentlichen in zwei Aspekten aus: Einem Schutz- und Ausgestaltungsauftrag an die staatlichen Gewalten und einer Geltung für die Rechtsbeziehungen unter Privaten über eine Ausstrahl- und Drittwirkung des Art. 5 I 1 GG, sowie durch eine abstrakte Gewichtung der Rechtsposition aufgrund ihrer überragenden Bedeutung.[922]

In Bezug auf Schutzpflicht und Ausgestaltungsauftrag des Staates ist bei der Meinungsfreiheit zu beachten, dass sich Privatpersonen nicht explizit auf das Grundrecht der Meinungsfreiheit berufen müssen, da das Äußern einer subjektiven Anschauung nicht eigens erlaubt werden muss; die Rolle der Meinungsfrei-

921 *Brugger*, EuGRZ 1987, S. 189 (196).

922 *Schmidt-Jortzig*, in: Isensee/Kirchhof (Hrsg.), HdStR, Bd. VII, § 162 Rn. 11.

heit wird im einfachen Recht also aus der Frage ihrer *Begrenzbarkeit* heraus bestimmt.[923] Das Internet ist in seiner existierenden, kommunikativ-anarchistischen Form grundsätzlich selbst dazu in der Lage, hervorragende kommunikative Grundbedingungen bereit zu stellen. Der Staat muss also grundsätzlich auch nicht (gesetzgeberisch) dafür Sorge tragen, dass die faktischen Bedingungen für eine Ausübung der Kommunikationsfreiheiten geschaffen werden.[924] Eine Handlungspflicht würde sich erst dann aufdrängen, wenn diese vorteilhaften Grundbedingungen in Abrede gestellt würden; zum Beispiel dann, wenn die Netzneutralität gefährdet ist.[925] Das Internet ist „Grundrechtsverwirklichungsnetz"[926] und kann in dieser Eigenschaft bedroht werden, was den Staat aus der objektiv-rechtlichen Funktion des Art. 5 I 1 GG heraus zu gesetzgeberischem Handeln veranlassen müsste.[927] Freiheitsbeschneidende Tendenzen sind momentan allerdings nicht ersichtlich, so dass der Ausgestaltungsauftrag derzeit „ruht".

Aufgrund ihrer überragenden Bedeutung für das demokratische Gemeinwesen muss der Meinungsfreiheit ein größeres abstraktes Gewicht bei der Konkurrenz mit anderen Verfassungspositionen zukommen (siehe oben).[928] Es wäre möglich, dass kollidierende Rechtsgüter umso eher im Rahmen der Abwägung zurück zu treten haben, je stärker die konkrete, individuelle Inanspruchnahme des Rechts auf freie Meinungsäußerung zugleich einen „Beitrag zum geistigen Meinungskampf in einer die Öffentlichkeit wesentlich berührenden Frage" erbringt.[929] Dies würde eine *Vermutungsregel für die Zulässigkeit der freien Rede*[930] darstellen. Sie dürfte allerdings weder auf Schutzbereichs- noch auf Abwägungsebene als „Per-se-Privilegierung" missinterpretiert werden, da dies in Widerspruch zur Inhaltsneutralität des Grundgesetzes stünde.[931] Es kann allenfalls *im Ausgangspunkt vermutet* werden, dass eine Äußerung grundsätzlich zulässig sein müsste.[932] Die letztgültige Entscheidung muss die Umstände des Einzelfalles berücksichtigen können und ergebnisoffen bleiben. Die Vermutungsregel

923 *Ipsen*, Staatsrecht, Bd. II, § 10 Rn. 424; vgl. den folgenden Pkt. 3.4.

924 *Schmidt-Jortzig*, in: Isensee/Kirchhof (Hrsg.), HdStR, Bd. VII, § 162 Rn. 11.

925 Hierzu Pkt. 2.6.4.8; vgl. *Pieroth/Schlink*, Staatsrecht, Bd. II, § 4, Rn. 110 ff.

926 *Kloepfer*, AfP 2010, S. 120 (121).

927 *Pieroth/Schlink*, Staatsrecht, Bd. II, § 4 Rn. 110 ff.

928 *Schmidt-Jortzig*, in: Isensee/Kirchhof (Hrsg.), HdStR, Bd. VII, § 162 Rn. 11.

929 BVerfGE 7, S. 198 (212); 61, S. 1 (11); 66, S. 116 (139); *Schmidt-Jortzig*, in: Isensee/Kirchhof (Hrsg.), HdStR, Bd. VII, § 162 Rn. 11.

930 BVerfGE 7, S. 198 (212); 61, S. 1 (11); 66, S. 116 (139).

931 *Schulze-Fielitz*, in: Dreier (Hrsg.), GG, Art. 5 I, II Rn. 45; *Herzog*, in: Maunz/Dürig (Hrsg.), GG, Art. 5 I, II Rn. 14 f.

932 *Herzog*, in: Maunz/Dürig (Hrsg.), GG, Art. 5 I, II Rn. 14 f.

kann also nur so verstanden werden, dass der Doppelbedeutung des Grundrechtes so viel an Freiheitsgehalt für das Individuum und Bedeutungsgehalt für die Gesellschaft abgewonnen werden kann, dass ein Zulässigkeitsvorsprung besteht, der erst durch die im Einzelfall von den kollidierenden Rechtsinteressen eingebrachten Aspekte aufgeholt oder überlagert werden kann.[933]

3.3 Sachlicher Schutzbereich der Meinungsfreiheit

Schutzgut der Meinungsfreiheit gemäß Art. 5 I 1 GG ist nicht jede Äußerung schlechthin, sondern nur die *Meinungsäußerung* (siehe oben); dies gilt auch für Äußerungen im Internet.[934] Bei der Frage, ob eine im Internet platzierte Aussage den Schutz des Art. 5 I 1 GG genießt, kommt es folglich darauf an, was überhaupt als Meinungsäußerung zu definieren ist. Eine Richtungsentscheidung zwischen Werturteil und Tatsachenbehauptung muss hierbei nicht zwingend bereits auf Schutzbereichsebene getroffen werden. Dies stünde zumindest in einer gewissen Spannung zum Prozesscharakter der Meinungsbildung und des Diskurses. Die Unterscheidung beeinflusst aber in jedem Fall die Abwägung, die (spätestens) die unterschiedlichen Wertigkeiten für den Meinungsbildungsprozess aufgreifen und berücksichtigen muss.

3.3.1 Meinungsäußerungen

Meinungsäußerungen sind durch die subjektive Beziehung des sich Äußernden zu seiner Äußerung geprägt und grundsätzlich weit zu verstehen.[935] Es kommt nicht darauf an, ob die Äußerung wertvoll oder wertlos, richtig oder falsch, emotional oder rational oder allgemeingültig ist.[936] Die Äußerung kann auch pointiert, überzogen, polemisch oder gar ausfallend oder verletzend sein, solange keine außerargumentativen Mittel eingesetzt werden (siehe oben).[937] Das Element der Stellungnahme und des Dafürhaltens im Rahmen einer geistigen Aus-

---

933 *Schulze-Fielitz*, in: Dreier (Hrsg.), GG, Art. 5 I, II Rn. 45.

934 BVerfGE 54, S. 208 (219); *Grimm*, NJW 1995, S. 1697 (1698); *Kube*, in: Isensee/Kirchhof (Hrsg.), HdStR, Bd. IV, § 91 Rn. 12 m.w.N.

935 BVerfGE 33, S. 1 (14); 61, S. 1 (8 f.); 71, S. 162 (179); 90, S. 241 (247); 94, S. 1 (8); *Schulze-Fielitz*, in: Dreier (Hrsg.), GG, Art. 5 I, II Rn. 62; vgl. *Bethge*, in: Sachs (Hrsg.), GG, Art. 5 Rn. 29.

936 BVerfGE 30, S. 336 (347); 33, S. 1 (14); 42, S. 163 (171); 61, S. 1 (7); 85, S. 1 (14 f.); 93, S. 266 (289).

937 BVerfGE 25, S. 256 (264 f.); 93, S. 266 (289); *Schulze-Fielitz*, in: Dreier (Hrsg.), GG, Art. 5 I, II Rn. 72 f.; *Vesting*, AöR 122 (1997), S. 337 (340).

einandersetzung, das „Meinen“ im eigentlichen Sinne, überwiegt.[938] Das sich äußernde Subjekt tritt in den Vordergrund, während die Beziehung zur Realität, die bei Tatsachenbehauptungen im Vordergrund steht und eine Subsumtion unter den Begriff der Meinungsäußerung erschwert, zurücktritt.[939]

Eine Meinungsäußerung ist ungeachtet ihres Wahrheitsgehaltes schutzwürdig, da sich schwerlich objektiv beurteilen lässt, ob eine Position oder Anschauung als subjektive Einstellungen zu einem Inhalt richtig oder falsch ist.[940] Dies steht nicht in Widerspruch dazu, dass der über die Meinungsäußerungsfreiheit geschützte Ablauf auf relative Richtigkeit des Ergebnisses zusteuern soll (siehe oben). Der Diskurs ist auf das Suchen und Finden von Wahrheiten, nicht jedoch auf die Verbreitung von Unwahrheiten gerichtet; jene müssen sich innerhalb des Meinungsbildungsprozesses aber erst einmal als solche herausstellen (siehe oben).[941] Der Meinungsbildungsprozess kann außerdem meistens nur relative Richtigkeit hervorbringen.[942] Hiermit ist also noch keine verbindliche Aussage darüber getroffen, *wo* im Prüfungsablauf die Frage nach dem Streben nach zumindest relativer Richtigkeit veranschlagt werden sollte.[943] Der Wahrheitsbezug ist für den gesamten Prozess erforderlich, nicht jedoch für die einzelne Meinungsäußerung und nicht zwingend für die Schutzbereichsebene.[944] Ist ein Werturteil unvertretbar, so wird das Verhältnis von Schutzbereich und Schranke(n) aktiviert und die Eröffnung des Schutzbereiches auf Ebene der Rechtfertigung korrigiert, so dass kein automatischer Vorrang der Meinungsfreiheit existiert.[945]

Der Begriff des Werturteils reduziert sich auf seinen subjektiv-wertenden Gehalt, um einen möglichst umfassenden Schutz der Meinungsbildung in ihrem Ursprung zu gewährleisten.[946] Die Gefahr des Meinungsrichtertums muss ausgeschlossen werden; vor allem die Exekutive darf das Definitionsmonopol über

---

938 St. Rspr.: BVerfGE 7, S. 198 (210); 85, S. 1 (14).

939 BVerfGE 90, S. 241 (247); *Grimm*, NJW 1995, S. 1697 (1698).

940 *Vesting*, AöR 122 (1997), S. 337 (339); mehr dazu unter Pkt. 4.3.3, 4.4.3.

941 BVerfGE 90, S. 241 (254); 99, S. 185 (197); *Brugger*, EuGRZ 1987, S. 189 (192 ff.); *Bethge*, in: Sachs (Hrsg.), GG, Art. 5 Rn. 28; *Vesting*, AöR 122 (1997), S. 337 (340).

942 *Brugger*, EuGRZ 1987, S. 189 (192 ff.).

943 Mehr dazu unter Pkt. 4.3.3, 4.4.3.

944 *Vesting*, AöR 122 (1997), S. 337 (340), siehe das BVerfG zur auf umfassende, wahrheitsgemäße Information angelegten Rundfunkfreiheit in BVerfGE 83, S. 238 (296); 87, S. 181 (198); 90, S. 60 (87).

945 *Brugger*, EuGRZ 1987, S. 189 (193 f.); *Grimm*, NJW 1995, S. 1697 (1698); siehe BVerfGE 61, S. 1 (8).

946 *Bethge*, in: Sachs (Hrsg.), GG, Art. 5 Rn. 28: vgl. stellv. das BVerfG in seiner „FKK“-Entscheidung: BVerfGE 30, S. 336 (347).

diejenigen Äußerungen, die schutzwürdig sind, und diejenigen, die nicht schutzwürdig sind, nicht an sich reißen.[947] Dies drückt sich unter anderem dadurch aus, dass Zeit und Ort vom Äußernden frei gewählt werden können; er kann sich diejenigen Umstände aussuchen, die ihm die stärkste Wirkung und größtmögliche Verbreitung versprechen.[948] Die Nutzung des kommunikativ besonders günstigen Internetumfeldes ist also für die Qualifikation als Werturteil nicht nur unschädlich, sondern wird von der Meinungsfreiheit gerade ermutigt.[949] Entscheidend ist aber der Wille des sich Äußernden, dem auch an einer vertraulichen oder besonders konzilianten und zurückhaltenden Äußerung gelegen sein kann.

3.3.2 Tatsachenbehauptungen

Ob auch Tatsachenbehauptungen dem Schutzbereich von Art. 5 I 1 GG unterfallen können, ist strittig und nach Ansicht des Bundesverfassungsgerichts grundsätzlich zu verneinen.[950] Bei der Tatsachenbehauptung tritt die subjektive Beziehung zwischen Äußerndem und Äußerung zugunsten einer objektiven Beziehung zwischen Äußerung und Realität in den Hintergrund.[951] Diese objektive Beziehung ist grundsätzlich dem Beweis zugänglich.[952] Tatsachenbehauptungen können anhand des strengen Maßstabes von wahr und unwahr beurteilt werden, so dass die Eröffnung des Schutzbereiches zur Sicherung des Meinungsbildungsprozesses nicht notwendig sein könnte.[953] Unwahre Tatsachenbehauptungen würden dann bereits aus dem Schutzbereich des Art. 5 I 1 GG ausscheiden.

Es entspräche allerdings eher dem Sinn und Zweck des Art. 5 I 1 GG, wenn der Schutzbereich auch für Tatsachenbehauptungen offen gehalten würde. Zwar

---

947 BVerfGE 33, S. 1 (14 f.); *Brugger*, EuGRZ 1987, S. 189 (192); *Grimm*, NJW 1995, S. 1697 (1698).

948 *Schulze-Fielitz*, in: Dreier (Hrsg.), GG, Art. 5 I, II Rn. 68 f.; *Vesting*, AöR 122 (1997), S. 337 (340).

949 Vgl. BVerfGE 7, S. 198 (210); *Grimm*, NJW 1995, S. 1697 (1698 f.).

950 St. Rspr. des BVerfG: BVerfGE 54, S. 208 (219); 61, S. 1 (8); 90, S. 241 (247); Lit.: *Bethge*, in: Sachs (Hrsg.), GG, Art. 5 Rn. 28 f.; *Kannengießer*, in: Schmidt-Bleibtreu/Klein (Hrsg.), GG, Art. 5 Rn. 3; *Vesting*, AöR 122 (1997), S. 337 (340); a.A. *Köhler*, NJW 1985, S. 2389 (2390); *Wendt*, in: von Münch/Kunig (Hrsg.), GG, Art. 5 Rn. 9 f.

951 BVerfGE 90, S. 241 (247).

952 BGHZ 139, S. 95 (102); BVerfGE 90, S. 241 (247); *Kannengießer*, in: Schmidt-Bleibtreu/Klein (Hrsg.), GG, Art. 5 Rn. 3.

953 *Grimm*, NJW 1995, S. 1697 (1699); *Vesting*, AöR 122 (1997), S. 337 (341): BVerfGE 90, S. 241 (247); 7, S. 198 (210).

ist der unrichtige Inhalt kein schützenswertes Gut im Bereich der Meinungsbildung.[954] Allerdings gilt dies für die Meinungsbildung als *Prozess*. Richtige oder falsche Ergebnisse werden erst in einem langwierigen Prozedere herausarbeitet, das bestehende Irrtümer ausräumt.[955] Dabei ist auch die Entstehung neuer beziehungsweise Bekräftigung alter Irrtümer und Fehler bisweilen schwer zu vermeiden.[956] Tatsachen sind zudem unabhängig davon, ob sie richtig oder falsch sind, das Fundament für einen darauf aufbauenden Diskurs. Unwahre Positionen können zur Abgrenzung von ihnen dienen. Damit sind sie für die Meinungsbildung möglicherweise sogar wertvoller als wahre Tatsachen, denn sie ermöglichen es dem Individuum, krasse Fehleinschätzungen nicht zu wiederholen. Darüber hinaus sind Tatsachen mit Werturteilen in den meisten Fällen auch untrennbar verbunden und vermischt. Auch das Bundesverfassungsgericht erkennt: „Da sich Meinungen in der Regel auf tatsächliche Annahmen stützen oder zu tatsächlichen Verhältnissen Stellung beziehen, sind sie durch das Grundrecht jedenfalls insoweit geschützt, als sie Voraussetzung für die Bildung von Meinungen sind, welche Art. 5 I GG in seiner Gesamtheit gewährleistet".[957] Werden also faktische Elemente in den Meinungsbildungsprozess eingewoben, was grundsätzlich immer der Fall sein dürfte und sich außerdem nicht zweifelsfrei voneinander abgrenzen ließe, so sind sie ebenfalls geschützt. Dies gilt vor allem für Tatsachen, die der Wahrheit entsprechen, denn auf diesen Wahrheitsgewinn ist der Prozess letztlich gerade ausgerichtet.[958] Erst wenn die (unwahre) Tatsachenbehauptung zum Meinungsbildungsprozess nichts mehr beitragen kann, ist sie nicht schutzwürdig.[959]

Um Unsicherheiten, praktisch nicht durchführbare Abgrenzungen und den Schutz des Meinungsbildungsprozesses in seiner Gesamtheit zu gewährleisten, können unwahre Tatsachenbehauptungen deshalb auch erst auf Ebene der Rechtfertigung auszuscheiden. Dort würden sie dann den *„Schlusspunkt"* einer auf Richtigkeit, Wahrhaftigkeit und Plausibilität beruhenden Abwägungsschiene bilden.[960] Damit kann Unwahrheit genauso sicher aus dem Meinungsbildungsprozess entfernt werden, als wenn man die Eröffnung des Schutzbereiches versagt. Eine höherer Schutz unwahrer Behauptungen, wie zum Beispiel der *Aus-*

---

954 BVerfGE 54, S. 208 (219); *Grimm*, NJW 1995, S. 1697 (1699).

955 *Brugger*, EuGRZ 1987, S. 189 (192 ff.); *Grimm*, NJW 1995, S. 1697 (1699).

956 *Grimm*, NJW 1995, S. 1697 (1699).

957 BVerfGE 90, S. 241 (247); 94, S. 1 (7 ff.); vgl. BVerfGE 54, S. 208 (219); 61, S. 1 (8); 85, S. 1 (15); *Grimm*, NJW 1995, S. 1697 (1699).

958 *Brugger*, EuGRZ 1987, S. 189 (192); *Wendt*, in: von Münch/Kunig (Hrsg.), GG, Art. 5 Rn. 10.

959 BVerfGE 90, S. 241 (247); *Brugger*, EuGRZ 1987, S. 189 (193).

960 Siehe Pkt. 4.3.3, 4.4.3.

schwitzlüge[961], besteht hingegen nicht. Das Ergebnis ist das Gleiche. Vielmehr ist die unwahre Tatsache als abschreckende Position überhaupt existent und andere Individuen können sich von ihr abgrenzen, um eine eigene Position einzunehmen, die eher der Wahrheit entspricht. Damit ist selbst eine Lüge für den Meinungsbildungsprozess noch nützlich. Handelt es sich nicht um eindeutig unwahre Äußerungen, wie beispielsweise die Leugnung des Holocausts, kann dieser Unsicherheit bei der Beurteilung im Abwägungsprozess zudem auch besser Rechnung getragen werden. Besteht Unsicherheit, wird nicht der Schlusspunkt der Abwägungsschiene erreicht; sie kann dennoch eine Tendenz aufzeigen. Eine Entscheidung über die Eröffnung des Schutzbereiches ist demgegenüber eine Entweder-oder-Entscheidungen. Inwieweit eine unwahre Äußerung im Abwägungsprozess relevant ist, beispielsweise um sich von ihr abzugrenzen (siehe oben), darf dann streng genommen überhaupt nicht hinterfragt werden. Gerade wenn die Unwahrheit aber nicht eindeutig feststeht, ist es zumindest nicht ausgeschlossen, dass die Aussage doch noch einen Beitrag zur Wahrheitsfindung leisten kann.[962] Und selbst wenn die Unwahrheit schon feststeht, ist ein Erkenntnisgewinn an anderer Stelle des Meinungsbildungsprozesses nicht von vorne herein auszuschließen. Ist eine Äußerung zudem aus wertenden Bestandteilen und Tatsachen zu einer Sinneinheit im Meinungsbildungsprozess verbunden, was häufig der Fall sein dürfte (siehe oben), so kann eine getrennte Eröffnung beziehungsweise Versagung des Schutzbereichs für diese Bestandteile nicht erfolgen, ohne dass dadurch der Sinn der Äußerung verfälscht würde.[963] Dass es dies zu vermeiden gilt, ergibt sich bereits aus dem Sinn und Zweck der Doppelbedeutung des von Art. 5 I 1 GG geschützten Inhalts für Gesellschaft und Individuum und ist im Weiteren eine Entscheidung des konkreten Einzelfalles und damit eine Entscheidung, die auf Rechtfertigungsebene abzuschließen ist.

Dies bedeutet – wie bereits erwähnt – keinen Schutz von Lügen und anderen, (evident) unwahren Tatsachenbehauptungen, wie zum Beispiel der Leugnung des Holocausts. Dieser wurde vielfach dokumentiert und lässt sich zweifelsfrei belegen. Als evident unwahre Tatsachenbehauptung fällt er eindeutig aus dem Anwendungsbereich des Grundrechtsschutzes heraus, insbesondere, da die Unwahrheit bereits im Zeitpunkt der Äußerung klar ist (*bewusste Lüge*). Das rechtfertigt, sie als absolute Abwägungsgrenze einer graduellen Abstufung anhand der Plausibilität zu formulieren und kategorisch auszuscheiden.[964] Dieses

---

961 Vgl. BVerfGE 61, S. 1 (8); 90, S. 241 (249, 254); 99, S. 185 (197).

962 *Brugger*, EuGRZ 1987, S. 189 (193).

963 BVerfGE 90, S. 241 (247); *Brugger*, EuGRZ 1987, S. 189 (193); *Huster*, NJW 1996, S. 487 (487 f.).

964 Siehe Pkt. 4.3.3, 4.4.3.

Ausscheiden kann aber auch auf die Ebene der Rechtfertigung verlagert werden. Die Gefahren einer Entweder-Oder-Entscheidung auf Schutzbereichsebene werden durch die Verortung in einer einzelfallabhängigen Prüfung im Rahmen der Abwägung prinzipiell vermieden. Denn nicht jeder Fall ermöglicht eine klare Entscheidung, wie beispielsweise die alleinige Leugnung des Holocausts. Denn während die Ausschwitzlüge ein Überwiegen des Art. 5 I 1 GG im Rahmen der Abwägung unmöglich macht, handelt es sich beispielsweise bei der Frage nach der Schuld und Verantwortung für historische Ereignisse, zum Beispiel die Schuld am Ausbruch eines Krieges, um einen komplexen Diskurs, der sich (noch) nicht eindeutig, wertungsfrei und pauschal, und schon gar nicht im Zeitpunkt der Äußerung als evident richtig oder falsch, beantworten lässt.[965]

Deshalb können sowohl Tatsachenbehauptungen als auch Werturteile den Schutzbereich des Art. 5 I 1 GG eröffnen. Der weitreichende Schutzbereich müsste dann jedoch auf der Ebene der Rechtfertigung korrigiert werden. Als Maßstab für dieses Korrektiv drängt sich der Bezug zur (relativen) Richtigkeit auf. Ist die Aussage definitiv richtig, wie beispielsweise die Behauptung, unter dem Nationalsozialismus seien Millionen Juden ermordet worden, können andere Behauptungen kategorisch verdrängt werden. Ist die Aussage nur relativ richtig, ist abzuschichten. So wird der „Nutzwert“ von Lügen und unwahren Tatsachenbehauptungen nicht verkannt. Er liegt beispielsweise darin, dass sich die kollidierenden Positionen und Behauptungen von ihm abgrenzen können. Das schafft zusätzliche Legitimität, die der auf Richtigkeit angelegte Meinungsbildungsprozess erfordert. Wäre bereits der Schutzbereich zu versagen, könnte sich streng genommen nicht einmal von unwahren Tatsachenbehauptungen abgegrenzt werden.

3.4 Die Rolle des Gesetzesvorbehalts in Art. 5 II GG

Gesetzesvorbehalte befähigen die Legislative dazu, Interessenkollisionen durch in ihrer Einschätzungsprärogative stehende Maßnahmen einzudämmen. Fehlt ein solcher Vorbehalt, kommt die Einschränkung eines Grundrechtes durch verfassungsimmanente Schranken in Betracht. Zudem verbleibt die Möglichkeit einer Grundrechtsabwägung im Rahmen der mittelbaren Drittwirkung, sofern ein Ausstrahlen in Einbruchstellen des einfachen Rechts stattfindet. Wie die Interessenkollision zustande kommt, prägt die Auflösung durch Abwägung. Die hier

965 BVerfGE 90, S. 241 (249 f., 252 f.); *Brugger*, EuGRZ 1987, S. 189 (192, Fn. 40); *Kannengießer*, in: Schmidt-Bleibtreu/Klein (Hrsg.), GG, Art. 5 Rn. 3; *Vesting*, AöR 122 (1997), S. 337 (341 f.); siehe *Huster*, NJW 1996, S. 487 (487 f.).

untersuchte Kollision ist davon geprägt, dass eine Beeinträchtigung der Art. 2 I, 1 I GG durch Art. 5 I 1 GG gerechtfertigt sein könnte (siehe oben).

3.4.1 Gesetzesvorbehalt und verfassungsimmanente Schranken

Kollision und Abwägung zwischen den Art. 5 I 1 GG und 2 I, 1 I GG werden, da die Meinungsäußerungsfreiheit mit Art. 5 II GG einem Gesetzesvorbehalt unterliegt („*Schrankentrias*"[966]), von den Besonderheiten dieser Schrankennorm beeinflusst.[967] Dies liegt daran, dass das Recht auf freie Meinungsäußerung nicht geltend gemacht werden muss, sondern aus der Frage seiner Beschränkbarkeit heraus relevant wird.[968] Die Stoßrichtung der Kollision ist gegen die Meinungsfreiheit gerichtet, deren Einschränkbarkeit es, auch wegen des weiten Schutzbereiches (siehe oben), zu diskutieren gilt. Neben der Ausstrahlwirkung der Grundrechte muss auch die Schrankentrias des Art. 5 II GG untersucht werden, da die Abwägung auch in Tatbestandsmerkmalen des einfachen Rechts beheimatet sein kann, die im Rahmen von Art. 5 II GG normiert wurden, um die Meinungsfreiheit einzuschränken (beispielsweise § 18 JuSchG). Kollision und Abwägung müssen sich dann im Rahmen des Art. 5 II GG bewegen und auch das sonstige Verfassungsrecht, insbesondere kollidierende Grundrechte (als *„Schranken-Schranke"*), berücksichtigen.

3.4.2 Schrankentrias der Meinungsfreiheit

3.4.2.1 Die allgemeinen Gesetze

Die wohl wichtigste Schranke des Art. 5 II GG ist die der allgemeinen Gesetze.[969] „Allgemein" ist ein Gesetz nicht schon dann, wenn es abstrakt-generell formuliert ist; diese Definition würde mit dem Gesetzesbegriff als solchem und dem Verbot von Einzelfallgesetzen (Art. 19 I 1 GG) zuwider laufen und zudem die beiden weiteren Schranken des Art. 5 II GG umfassen und Bestandteile des

---

966 *Bethge*, in: Sachs (Hrsg.), GG, Art. 5 Rn. 136.

967 *Lenski*, Massenkommunikation, S. 181.

968 *Pieroth/Schlink*, Staatsrecht, Bd. II, § 6 Rn. 407; auch das allgemeine Persönlichkeitsrecht unterliegt einer Schranke, dem Gesetzesvorbehalt des Art. 2 I GG; siehe stellv. BVerfGE 65, S. 1 (43 f.).

969 *Schulze-Fielitz*, in: Dreier (Hrsg.), GG, Art. 5 I, II Rn. 136; *Herzog*, in: Maunz/Dürig (Hrsg.), GG, Art. 5 I, II Rn. 249.

Grundgesetzes somit überflüssig machen.[970] Von daher legen Wortlaut, Systematik und Sinn und Zweck nahe, dass der Begriff inhaltlich ausgefüllt werden muss.[971] Die Definition dessen, was genau unter allgemeinen Gesetzen zu verstehen ist, ist allerdings nach wie vor strittig.[972]

Bezüglich Art. 118 I 2 WRV wurde vertreten, dass „besondere Gesetze" als Gegenpart zu den durch Gesetzesvorbehalt erlaubten „allgemeinen Gesetzen" solche seien, die „eine an sich erlaubte Handlung allein wegen ihrer geistigen Zielrichtung und der dadurch hervorgerufenen schädlichen geistigen Wirkung verbieten oder beschränken"[973]. Sie würden sich als Sonderrecht gegen eine bestimmte Meinung als solche richten und schon begrifflich keine allgemeinen Gesetze sein (*Sonderrechtslehre*).[974] Diese Ansicht kann plausibel erklären, warum in Art. 5 II GG im Gegensatz zu Art. 118 WRV der Ehr- und Jugendschutz explizit normiert worden ist, da hierauf basierende Gesetze wegen ihrer geistigen Zielrichtung konkret gegen die Meinungsfreiheit gerichtet sind.[975] Der formalistische und pauschale Ansatz ist aber zu unflexibel, um den Inhalt des Art. 5 I GG in einer Rechtsordnung zu schützen, die viele Interessen zugleich verfolgt.[976]

---

970 *Starck*, in: von Mangoldt/Klein/Starck (Hrsg.), GG, Art. 5 I, II Rn. 197; *Herzog*, in: Maunz/Dürig (Hrsg.), GG, Art. 5 I, II Rn. 252 ff.; *Pieroth/Schlink*, Staatsrecht, Bd. II, § 13 Rn. 632; *Bethge*, in: Sachs (Hrsg.), GG, Art. 5 Rn. 142; vgl. *Ipsen*, Staatsrecht, Bd. II, § 10 Rn. 470.

971 *Starck*, in: von Mangoldt/Klein/Starck (Hrsg.), GG, Art. 5 I, II Rn. 194 ff.; *Herzog*, in: Maunz/Dürig (Hrsg.), GG, Art. 5 I, II Rn. 250 ff.; vgl. *Schmidt-Jortzig*, in: Isensee/Kirchhof (Hrsg.), HdStR, Bd. VII, § 162 Rn. 50; eine historische Auslegung führt hingegen zu keinen eindeutigen Ergebnissen: *Starck* und *Herzog* a.a.O. Allerdings kann die Tatsache, dass die Schranken der persönlichen Ehre und des Jugendschutzes erst in Art. 5 II GG, nicht aber in Art. 118 WRV enthalten waren, nur i.S.d. vorgenommenen Auslegung verstanden werden.

972 *Schulze-Fielitz*, in: Dreier (Hrsg.), GG, Art. 5 I, II Rn. 137 ff. (siehe insbes. Rn. 144); *Ipsen*, Staatsrecht, Bd. II, § 10 Rn. 469 ff.; *Lücke*, Allgemeine Gesetze, S. 4 ff.; *Herzog*, in: Maunz/Dürig (Hrsg.), GG, Art. 5 I, II Rn. 256 ff.

973 *Häntzschel*, in: Anschütz/Thoma, HdDStR Bd. II, § 105 S. 659 f. (m.w.N. in Fn. 22).

974 *Anschütz*, VVDStRL 4 (1928), S. 74 (75); zust. zu *Rothenbüchers* Ausführungen (S. 20 ff.); *Häntzschel*, in: Anschütz/Thoma, HdDStR Bd. II, § 105 S. 659 f. (m.w.N. in Fn. 22); *Häntzschel*, AöR 10 (1926), S. 228 (232 ff.); siehe *Lücke*, Allgemeine Gesetze, S. 4 ff.

975 *Pieroth/Schlink*, Staatsrecht, Bd. II, § 13 Rn. 635.

976 *Schulze-Fielitz*, in: Dreier (Hrsg.), GG, Art. 5 I, II Rn. 138 f.; *Lücke*, Allgemeine Gesetze, S. 5 ff.; *Pieroth/Schlink*, Staatsrecht, Bd. II, § 13 Rn. 636.

„Allgemeine Gesetze“ in materieller Hinsicht sind solche, in denen das „von ihnen geschützte gesellschaftliche Gut wichtiger ist als die Meinungsfreiheit“[977]. Dies ist im Rahmen einer Abwägung zu ermitteln (*Abwägungslehre*).[978] Das ausschlaggebende Element ist die materielle Überwertigkeit der im allgemeinen Gesetz geschützten Interessen gegenüber der (abstrakten) Bedeutung der Meinungsäußerungsfreiheit.[979] Die Abwägungslehre kann für sich verbuchen, die Starrheit und Rigorosität der Sonderrechtslehre zu durchbrechen, wobei problematisch ist, dass eine Abwägung unbestimmt ist und zu „schwankenden“, also unberechenbaren Ergebnissen führt.[980] Die Ergebnisse einer konkreten Abwägung könnten außerdem bereits im Rahmen der Verhältnismäßigkeit als Schranken-Schranke erreicht werden.[981]

Vielversprechend ist daher der Ansatz des Bundesverfassungsgerichtes, den dieses erstmals in seinem „*Lüth*“-Urteil[982] formuliert hat. Die zu pauschale und formale Sonderrechtslehre wird durch die für sich genommen zu unbestimmten Elemente der Abwägungslehre aufgelockert. Danach sind unter allgemeinen Gesetzen solche zu verstehen, die „‚nicht eine Meinung als solche verbieten, die sich nicht gegen die Äußerung der Meinung als solche richten', die vielmehr ‚dem Schutze eines schlechthin, ohne Rücksicht auf eine bestimmte Meinung, zu schützenden Rechtsguts dienen', dem Schutze eines Gemeinschaftswertes, der gegenüber der Betätigung der Meinungsfreiheit den Vorrang hat“[983]. Dadurch lässt sich flexibel anhand des konkreten Gesetzes ermitteln, ob es sich vordergründig gegen die Meinungsfreiheit richtet oder diese „nur reflexiv“ tangiert und damit als „allgemein“ im Sinne der Vorschrift einzustufen ist.[984] Der

---

977 *Smend*, VVDStRL 4 (1928), S. 44 (52).

978 *Smend*, VVDStRL 4 (1928), S. 44 (52 f.); *Schulze-Fielitz*, in: Dreier (Hrsg.), GG, Art. 5 I, II Rn. 140; *Lücke*, Allgemeine Gesetze, S. 17 ff.; *Pieroth/Schlink*, Staatsrecht, Bd. II, § 13 Rn. 636, jeweils m.w.N.

979 *Schulze-Fielitz*, in: Dreier (Hrsg.), GG, Art. 5 I, II Rn. 140; *Lücke*, Allgemeine Gesetze, S. 17.

980 *Schulze-Fielitz*, in: Dreier (Hrsg.), GG, Art. 5 I, II Rn. 140; *Lücke*, Allgemeine Gesetze, S. 18 ff.; dies hat schon *Smend*, VVDStRL 4 (1928), S. 44 (53) erkannt.

981 *Schmidt-Jortzig*, in: Isensee/Kirchhof (Hrsg.), HdStR, Bd. VII, § 162 Rn. 54; *Lücke*, Allgemeine Gesetze, S. 18 und *Pieroth/Schlink*, Staatsrecht, Bd. II, § 13 Rn. 639; vgl. hierzu auch die Ausführungen im Anschluss.

982 BVerfGE 7, S. 198 (209 f.).

983 Seitdem st. Rspr.: BVerfGE 28, S. 282 (292); 50, S. 234 (241); 62, S. 230 (243 f.); 71, S. 162 (175); 91, S. 125 (135); 97, S. 125 (146); siehe *Ipsen*, Staatsrecht, Bd. II, § 10 Rn. 472 ff.; *Lücke*, Allgemeine Gesetze, S. 21 ff.

984 *Schulze-Fielitz*, in: Dreier (Hrsg.), GG, Art. 5 I, II Rn. 142; *Ipsen*, Staatsrecht, Bd. II, § 10 Rn. 472 ff.; vgl. *Bethge*, in: Sachs (Hrsg.), GG, Art. 5 Rn. 144 ff.

Vorteil liegt in der nach Klärung der Sonderrechtsfrage angeschlossenen Prüfung der konkreten Höherwertigkeit im Rahmen einer Abwägung, wodurch letztlich eine angemessene Qualifikation als allgemeines Gesetz sichergestellt werden kann, da notfalls Korrekturen vorgenommen werden können.[985]

Diese kombinierende Ansicht schaltet die vorhin erläuterten Lehren in zwei Stufen hintereinander: Wenn die Kommunikationsneutralität geklärt ist, dann ist die Kontrolle auf Ebene der Grundrechtsschranken abgeschlossen und es kann sich eine Güterabwägung anschließen, die entweder im Rahmen des Verhältnismäßigkeitsgrundsatzes oder einer hieran zumindest orientierten Variante erfolgt (*Wechselwirkungstheorie*).[986] Sonderrechtslehre und Verhältnismäßigkeitsprüfung unter Abwägungsgesichtspunkten werden verschränkt; der Nutzen dieser Kombination liegt in seiner klarstellenden, die Kritikpunkte an den einzelnen Elementen ausräumenden Funktion.[987] Allerdings ist der Abwägungsprozess in der Rechtsprechung des Bundesverfassungsgerichtes durch zahlreiche Besonderheiten geprägt.[988] Zu nennen ist beispielsweise die Vermutung des Vorrangs der freien Rede (siehe oben).[989]

3.4.2.2 Schutz der Jugend und Recht der persönlichen Ehre

Meinungsäußerungen können leicht die Ehre einen Anderen verletzen. Des Weiteren können sie erheblichen (negativen) Einfluss auf die noch unbestimmte Entwicklung jugendlicher Individuen haben. Über Art. 5 II GG kann die Meinungsfreiheit zum Schutz dieser Rechtsgüter beschränkt werden. Das Grundgesetz stellt sie *neben* die allgemeinen Gesetze und erlaubt dem Gesetzgeber aus-

---

985 *Pieroth/Schlink*, Staatsrecht, Bd. II, § 13 Rn. 639; *Starck*, in: von Mangoldt/Klein/Starck (Hrsg.), GG, Art. 5 I, II Rn. 201; vgl. *Schulze-Fielitz*, in: Dreier (Hrsg.), GG, Art. 5 I, II Rn. 142 f.; vgl., wenngleich krit., *Lücke*, Allgemeine Gesetze, S. 21 ff.

986 *Lücke*, Allgemeine Gesetze, S.22 ff.; *Starck*, in: von Mangoldt/Klein/Starck (Hrsg.), GG, Art. 5 I, II Rn. 201; *Pieroth/Schlink*, Staatsrecht, Bd. II, § 13 Rn. 640; *Bethge*, in: Sachs (Hrsg.), GG, Art. 5 Rn. 144 ff.

987 *Schulze-Fielitz*, in: Dreier (Hrsg.), GG, Art. 5 I, II Rn. 143; vgl. *Lücke*, Allgemeine Gesetze, S.22 ff., *Bethge*, in: Sachs (Hrsg.), GG, Art. 5 Rn. 144 ff.; insofern hat *Schulze-Fielitz* (a.a.O.) Recht, dass die sperrige Formel des BVerfG „praktisch als alternativlos“ bezeichnet werden kann; die Kritik von *Lücke* (S. 24 f. a.a.O.), dass die vorgebrachten Kritikpunkte nicht ausgeräumt würden, wird nicht weiter substanziiert.

988 *Lücke*, Allgemeine Gesetze, S.22 ff.; *Bethge*, in: Sachs (Hrsg.), GG, Art. 5 Rn. 144 ff.

989 *Vesting*, AöR 122 (1997), S. 337 (350); *Brugger*, EuGRZ 1987, S. 189 (198); Überblick über andere Deutungsregeln: *Pieroth/Schlink*, Staatsrecht, Bd. II, § 13 Rn. 641; *Bethge*, in: Sachs (Hrsg.), GG, Art. 5 Rn. 147 ff.

nahmsweise den Erlass von Sonderrecht.[990] Die Verfassung trifft eine bewusste Entscheidung zugunsten dieser Rechtsgüter.[991] Gefahren für das „verfassungsrechtlich bedeutsame Interesse an einer ungestörten Entwicklung der Jugend, [...] drohen auf sittlichem Gebiet von allen Druck-, Ton- und Bilderzeugnissen, die Gewalttätigkeiten oder Verbrechen glorifizieren, Rassenhaß provozieren, den Krieg verherrlichen oder sexuelle Vorgänge in grob schamverletzender Weise darstellen".[992] Vorschriften zum Schutze der Ehre schützen die gleichnamige Einzelverbürgung des allgemeinen Persönlichkeitsrechts.[993] Im einfachen Recht wird die persönliche Ehre zum Beispiel durch Vorschriften des Strafgesetzbuches (§§ 185 ff. StGB) und Bürgerlichen Gesetzbuches (§§ 12, 823, 826 BGB) geschützt, so dass sich Überschneidungen mit der Schranke der allgemeinen Gesetze ergeben.[994] Auch die auf Ehrschutz und Jugendschutz beruhenden Normen der Schrankentrias sehen sich aber einer an Verhältnismäßigkeitsgrundsätzen orientieren Güterabwägung ausgesetzt.[995]

3.4.2.3 Beispiel „I share Gossip" und Jugendschutzgesetz

Ein Beispiel, das besonders gut veranschaulicht, wie relevant Art. 5 II GG werden kann, wenn Persönlichkeits- und Kommunikationsinteresse im Internet aufeinanderprallen, bietet das – nach seiner Indizierung im Frühjahr 2011 mittlerweile aus dem Blickfeld der (Internet-) Öffentlichkeit verschwundene – Portal *I share Gossip*.

Im März 2011 wurde die Domain, unter der das Forum aufgerufen und benutzt werden konnte, von der Bundesprüfstelle für jugendgefährdende Medien (BPjM) auf den Index gesetzt und war seitdem nur noch schwer im Internet auffindbar.[996] Durch den Internetdienst war es Nutzern – die laut Impressum des Betreibers anonym bleiben konnten – möglich, andere Personen namentlich und

---

990 *Bethge*, in: Sachs (Hrsg.), GG, Art. 5 Rn. 159.

991 Vgl. für den Schutz der Jugend: BVerfGE 30, S. 336 (347); 77, S. 346 (356); 90, 1 (18 ff).

992 BVerfGE 30, S. 336 (347); 90, S. 1 (16 f.); siehe zur Verallgemeinerungsbedürftigkeit dieser Formel *Starck*, in: von Mangoldt/Klein/Starck (Hrsg.), GG, Art. 5 I, II Rn. 204.

993 Mehr dazu unter Pkt. 2.6.2.

994 *Schulze-Fielitz*, in: Dreier (Hrsg.), GG, Art. 5 I, II Rn. 150 f.; *Bethge*, in: Sachs (Hrsg.), GG, Art. 5 Rn. 162.

995 BVerfGE 30, S. 336 (347); 93, S. 266 (290); *Schulze-Fielitz*, in: Dreier (Hrsg.), GG, Art. 5 I, II Rn. 148 f.; *Kannengießer*, in: Schmidt-Bleibtreu/Klein (Hrsg.), GG, Art. 5 Rn. 24.

996 Bundesministerium für Familie, Senioren, Frauen und Jugend, Pressemitteilung Nr. 22 vom 25.03.2011, zuletzt abgerufen: 7. Januar 2011, abrufbar unter: http://www.bmfsfj.de/.

unter Angabe weiterer Identifikationsmerkmale zu identifizieren und schwer zu beleidigen, zu bedrohen oder sonst wie zu diffamieren oder zu schädigen. Die Schäden waren dabei längst nicht auf den virtuellen Bereich beschränkt: So kam es durch die virtuelle Hetzjagd zu körperlichen Auseinandersetzungen, Androhungen von Amokläufen und anderen Straftaten sowie Suiziden beziehungsweise Suizidversuchen.[997]

Daraufhin sah sich die Bundesprüfstelle für jugendgefährdende Medien dazu veranlasst, tätig zu werden. Da der Betreiber von *I share Gossip* seine Niederlassung im lettischen Riga hatte, war eine Strafverfolgung und Abschaltung zunächst nicht möglich. Gemäß § 18 JuSchG wurde *I share Gossip* indiziert, so dass die Website von Suchmaschinen, zum Beispiel *Google Deutschland*, nicht mehr gefunden werden konnte. Der Nutzen dieses Vorgehens war hingegen durchaus fraglich. Denn auch nach der Indizierung war es möglich, die Seite aufzurufen; sie war nur aus den Suchlisten verschwunden, nicht jedoch abgeschaltet. Wurde die Domain im Browserfenster eingegeben, kam man direkt auf die Website; kannte man die Domain nicht oder hatte sie nicht bereits als Lesezeichen im Browser gespeichert, reichte ein Ausweichen auf ausländische Suchmaschinen, zum Beispiel *Google Österreich*.

Die Bundesprüfstelle für jugendgefährdende Medien wurde allerdings aufgrund der ihr nach dem Jugendschutzrecht zustehenden Rechte tätig. Das Jugendschutzgesetz ist eine Schranke im Sinne von Art. 5 II GG. Der dort verwendete, unbestimmte Rechtsbegriff der „Jugendgefährdung" ist wiederum eine Einbruchstelle für die Berücksichtigung der Werte des Grundgesetzes. Im Rahmen dieses wertausfüllungsbedürftigen Begriffes kann es auch zu einer Abwägung zwischen Art. 5 I 1 GG und Art. 2 I, 1 I GG kommen. Auch wenn es sich bei *I share Gossip* um einen Extremfall handelte, zeigt dieses Beispiel dennoch, wie eine Kollision von Persönlichkeits- und Kommunikationsinteressen von Art. 5 II GG abhängen kann.

3.5 Zusammenfassung und Fazit

Für den Abwägungsprozess lassen sich fünf Schlussfolgerungen ziehen, die, neben den Inhalten und Funktionen, berücksichtigt werden müssen, um eine Gesamtabwägung sicher zu stellen, die praktische Konkordanz herstellt.

Erstens kommt der Kollisionsposition der Meinungsfreiheit aufgrund ihrer Doppelbedeutung für Gesellschaft und Individuum grundsätzlich ein *höherer*

997 Hierzu Sueddeutsche.de, zuletzt abgerufen am: 17. Juni 2011, abrufbar unter: http://www.sueddeutsche.de/digital/laesterseite-isharegossip-geknackt-hacker-kapern-mobbing-portal-1.1108267.de.

abstrakter Stellenwert zu, der sich auch in der Abwägung niederschlagen könnte. Allerdings steht hierbei noch nicht fest, wie dies vonstatten gehen muss; es steht allerdings fest, dass es eine Per-se-Privilegierung nicht geben kann. Im Konflikt mit dem allgemeinen Persönlichkeitsrecht ist die identitätsbildende Bedeutung des Kommunikationsprozesses für das Individuum sogar für beide Kollisionspositionen von elementarer Wichtigkeit. Eine Verstärkung tritt zudem durch die gemeinschaftskonstituierende Relevanz hinzu.

Zweitens führt der *weite und äußerungsfreundliche Schutzbereich* dazu, dass eine Begrenzung und Korrektur in einer Kollision mit anderen Grundrechten besser auf Rechtfertigungs- und Abwägungsebene erfolgen kann. Auf Schutzbereichsebene ist ein Ende der Schutzwürdigkeit erst dann erreicht, wenn außerargumentative Druckmittel zum Einsatz kommen. Das Grundgesetz schützt den Prozess der Meinungsbildung in seiner Gesamtheit, der im Schutzbereich seinen Anfang nimmt; um diesen umfassenden Schutz zu gewährleisten, fließt alles, was als Position in den Prozess einfließen kann, auch in den Schutzbereich ein. Um die (Doppel-) Bedeutung des Meinungsbildungsprozesses für Gesellschaft und Individuum nicht zu gefährden, wird die notwendige Korrektur auf die Ebene der Rechtfertigung und Abwägung verlagert. Dies ermöglicht auch eine Negativabgrenzug zu Positionen, die dem Meinungsbildungsprozess abträglich sind (zum Beispiel dem Beharren auf evident unwahren Tatsachenbehauptungen). Dies äußert sich zum Beispiel darin, dass die Vermutungsregel für den Vorrang der freien Rede im konkreten Einzelfall auf dieser Ebene entkräftet werden kann. Diese Korrektur auf Rechtfertigungsebene ist eine signifikante Eigenart der Kollision zwischen Meinungsfreiheit und allgemeinem Persönlichkeitsrecht. Die Meinungsfreiheit ist aus der Perspektive ihrer Begrenzbarkeit heraus zu betrachten. Die Grenzen und Abwägungskriterien, anhand derer die Austarierung im Einzelfall zu erfolgen hat, sind für das Gesamtbild der Rechtsposition mithin von großer Bedeutung.

Drittens steht auch die Abwägung unter der Prämisse der „Auseinandersetzung der Ideen". Der Meinungsbildungsprozess ist in seiner Gesamtheit auf *relative Richtigkeit* und *Wahrheitsfindung* angelegt. Da die Rechtsposition über einen weiten Schutzbereich verfügt und aus der Perspektive der Beschränkbarkeit heraus zu betrachten ist (siehe oben), ist der Gehalt an Richtigkeit und Wahrheitsfindung in der Abwägung soweit zu berücksichtigen, wie die Relativität des unvollendeten Prozesses dies bereits zulässt. Dies führt nicht dazu, die Äußerung nachträglich anhand ihrer – sowieso nur subjektiv feststellbaren – „inhaltlichen Wertigkeit" zu beurteilen. Vielmehr geht es um die „überschießende", über das Individuum hinausgehende Notwendigkeit der Betrachtung des gesamten, öffentlichen Meinungsbildungsprozesses. Hier ist bereits die integrierende Einbeziehung des Individuums in das Verständnis von Öffentlichkeit mit veranlagt (dazu sogleich mehr). Dieses Verständnis von Öffentlichkeit bildet einen richtungsweisenden Gradmesser für die Abwägung und ist anhand der Charakteristika der Informationsgesellschaft, die bereits in Bezug auf das allgemeine Persönlichkeitsrecht dargelegt worden sind, zu definieren.

Viertens drücken sich diese, die Meinungsfreiheit bereits grundsätzlich, aber noch stärker innerhalb der Informationsgesellschaft und des Lebensbereichs des Internets stärkenden Faktoren, in einer *faktischen Überlegenheit* der Meinungsfreiheit aus. Die Realität in der vernetzen Welt sieht so aus, dass ein erheblicher Zuwachs an (Kommunikations-) Freiheiten konstatiert werden kann, der mit der – aus äußerungsbezogener Perspektive gesprochen – positiven, unkomplizierten, kommunikativ-anarchistischen Form des Internets zusammenhängt. Er geht aber nicht mit einem Zuwachs des Schutzstandards des allgemeinen Persönlichkeitsrechts einher, der zu einer „natürlichen Waffengleichheit" führen würde. Gerade die Vereinfachung und Vereinheitlichung der Kommunikationsformen und Informationsformate über das Internet sorgt dafür, dass sich erhebliche positive Effekte für die Kommunikationsfreiheiten des Art. 5 I GG einstellen. Die Grundvoraussetzungen, die dem Individuum gewährleisten sollen, dass dieses „geistig atmen" kann, werden übererfüllt. Im Gegensatz hierzu stehen die ohne Schutzzuwachs steigenden Gefährdungen für die Persönlichkeitsrechte des Einzelnen (siehe oben). So kann zum Beispiel von einer einschüchternden Wirkung des Verbots einer Äußerung im Internet kaum ausgegangen werden, da diese sich ohne weiteres Zutun des Äußernden sowieso verselbstständigt und reproduziert. Während also auf der einen Seite beinahe ausschließlich Vorteile für die Meinungsfreiheit zu Buche schlagen, stehen auf der anderen Seite beinahe ausschließlich, nicht selten aus demselben Aspekt herrührende Nachteile für die andere Kollisionsposition. Vor- und Nachteile der Informationsgesellschaft stehen sich bei einer grundrechtlichen Betrachtung wechselseitig gegenüber. Eine Über-Kreuz-Abwägung im Sinne einer „Herstellung praktischer Konkordanz auf Mikroebene" kann nur über eine integrierende, informationsbasierte Abwägung über die Brücke der Interaktion gelingen. Ohne ein Aufwerten der Interaktionsmöglichkeiten zugunsten des allgemeinen Persönlichkeitsrechtes, würde die faktische Überlegenheit der Meinungsfreiheit stets dazu führen, dass zugunsten des unterliegenden Persönlichkeitsrechts abgewogen werden müsste. Um dieses „Überschießen" des Defizites des Persönlichkeitsschutzes zu verhindern, müssen die Interaktionsmöglichkeiten zum Selbstschutz aufgewertet werden. Im Idealfall so weit, dass sie an die faktische Überlegenheit der Meinungsfreiheit heranreichen. Dann ließe sich von einer optimalen Wirksamkeit beider Kollisionspositionen sprechen.

Fünftens und abschließend führt dies dazu, dass auch aus der Sicht der Meinungsfreiheit, Öffentlichkeit und Individualität in der Informationsgesellschaft in ein den Äußernden in die Öffentlichkeit integrierendes Verhältnis gesetzt werden müssen (*Integrationsperspektive*). In doppelter Hinsicht ist sich zu vergegenwärtigen, dass die Durchschlagskraft individueller Äußerungen im Internet in keinem Verhältnis zu einem (abwegigen) „Nicht-Gehör-Finden" steht: Einmal aus Sicht des Äußernden und einmal aus Sicht des Betroffenen. Im Zentrum der Betrachtung steht einmal mehr der zu entäußernde, informatorische Gehalt. Dieser verläuft in Form der Information brückenartig zwischen den Kollisionspositionen – und entäußert sich in die Öffentlichkeit der Informationsgesellschaft. Die Persönlichkeit wird zwangsläufig in die Öffentlichkeit integriert, schon allein wegen ihrer eigenen Interaktionsoffenheit. Im Weiteren ist zu differenzieren: Die meinungsäußerungsfreundliche Umgebung des Internets kann das Individuum kaum daran hindern, seine Persönlichkeit über die Brücke der Interaktionsoffenheit zu entfalten. Leichter ist es, über diese in den Schutzbereich des Persönlichkeitsrechts einzudringen. Gewichtungspunkte der Meinungsäußerungsfreiheit und der aktiven Persönlichkeitsrechtsentfaltung können bei der Herstellung praktischer Konkordanz leichter ihre Integrität wahren, sofern nicht die sie begünstigenden Strukturen des Internets – wie zum Beispiel die Netzneutralität – in ihren Grundlagen betroffen sind. Ihre Inhalte und Funktionen sind per se „robuster". Übrig bleibt die Verletzungsanfälligkeit der Inhalte und Funktionen, die die Persönlichkeit passiv vor der ausufernden aktiven Interaktion schützen können. Sie sehen sich erheblichen Gefahren ausgesetzt (siehe oben). Ihr Schutzdefizit kann jedoch ausgeglichen werden, indem auch sie in den Bereich der Öffentlichkeit integriert werden. Was zunächst paradox klingt, erklärt sich dadurch, dass ein rein passiver Schutz nicht ausreicht, um die Inhalte zu schützen. Der faktischen Überlegenheit der Meinungsfreiheit kann effektiver Schutz aus den Art. 2 I, 1 I GG entgegen gehalten werden, wenn der Betroffene einen gleich guten Einfluss auf die Informationsverarbeitungsprozesse der Gesellschaft ausüben beziehungsweise bewahren kann. Die Schutzdefizite des allgemeinen Persönlichkeitsrechtes rühren gerade daher, dass der Betroffene seinen Kontroll- und Regulierungsmöglichkeiten über sein Erscheinungsbild in der virtuellen beziehungsweise vernetzen Welt verlustig geht. Demgegenüber sind die anarchistisch-kommunikativen Gegebenheiten schon von Natur aus dazu geeignet, einen freien Informations- und Kommunikationsfluss zu unterstützen. Dies zeigt sich eindrucksvoll daran, wie schwer es autoritäre Regime bisweilen haben, missliebige Äußerungen effektiv zu unterbinden (siehe oben). Je nachdem, wie stark dem Betroffenen einer Persönlichkeitsrechtsverletzung die Einflussnahme möglich ist oder verwehrt bleibt, desto eher wird im Rahmen einer Abwägung ein Überwiegen persönlichkeitsrechtlicher Interessen zu konstatieren oder abzuweisen sein (mehr dazu in den abschließenden beiden Kapiteln).

4. Kapitel: Auflösung durch Abwägung – das Schlusspunktmodell

Das Ergebnis einer von deutschen Gerichten stets einzelfallabhängig vorgenommenen Abwägung steht vorher nicht fest; das Prozessrisiko ist dementsprechend groß, die Kritik an der Unvorhersehbarkeit und Fehleranfälligkeit reichhaltig.[998] Auch die Prinzipientheorie *Alexys*[999] kann die Abwägungsvorgänge und -ergebnisse nur besser erklären, nicht jedoch auch besser antizipieren.[1000] Der prinzipielle Vorrang einer Rechtsposition, zum Beispiel der Meinungsfreiheit in den USA (vergleiche *„Hustler Magazine and Larry C. Flynt vs. Jerry Falwell“*[1001]), erscheint im Vergleich dazu auch nicht vorzugswürdig. Dann müssten Betroffene selbst Darstellungen, die die Menschenwürde auf drastische Weise verletzen, hinnehmen. So wird *Fallwell* in der der Entscheidung des U.S. Supreme Court zugrunde liegenden Karikatur als Säufer dargestellt, der Inzest mit seiner Mutter treibt.[1002] Ein Abwägungsmodell könnte hingegen die Defizite einer einzelfallabhängigen Abwägung, insbesondere in Bezug auf mangelnde Bestimmtheit und Objektivität, verringern und Rechtsunsicherheiten vorbeugen.[1003] Bestehende Abwägungsansätze müssten hierzu in ein Abwägungssystem überführt werden, das Rechtsklarheit unter Wahrung von Einzelfallgerechtigkeit gewährleisten kann (hier sogenanntes *„Schlusspunktmodell“*). Dieses Modell muss feste Strukturen für die Abwägung schaffen und gleichzeitig Raum lassen, um die Funktionen und Inhalte der kollidierenden Grundrechte, inklusive ihrer speziellen Ausprägung im Einzelfall, zu berücksichtigen.

4.1 Grundrechtskollisionen

Grundrechtskollisionen sind im Prinzip nichts anderes als zwangsläufig aus dem Gebrauchmachen von Rechtsinteressen herrührende Konflikte, bei denen die

---

998 *Couzinet*, JuS 2009, S. 603 (605); *Grimm*, NJW 1995, S. 1697 (1701); *Ladeur*, AfP 1993, S. 531 (531) jeweils m.w.N.; vgl. (krit.) *Kriele*, NJW 1994, S. 1897 (1897 ff.); siehe *Lenski*, Massenkommunikation, S. 179, 196 m.w.N.

999 Dazu Pkt. 4.1.3.

1000 *Jestaedt*, FS Isensee, 2007, S. 253 (259 ff.); *Klement*, JZ 2008, S. 756 (756 f., 763).

1001 U.S. Supreme Court, EuGRZ 88, S. 259 (259 ff.): nach *Grimm*, NJW 1995, S. 1697 (1701 f.).

1002 *Vesting*, AöR 122 (1997), S. 337 (365); vgl. als ähnlich gelagerten, aber anders entschiedenen Fall BVerfGE 75 („Franz Josef Strauß“), S. 369 (369 ff.).

1003 *Lenski*, Massenkommunikation, S. 179, 295.

Kollisionspositionen Verfassungsrang genießen.[1004] Werden diese Konflikte einem Ausgleich zugeführt, so muss letztlich einer der Rechtspositionen der Vorrang einräumt werden; andernfalls wäre der verbürgte Gehalt und eine Abwägung nichts anderes als ein „Nullsummenspiel".[1005] Problematisch ist, dass eine der grundsätzlich gleichwertigen Rechtsposition dabei zwangsläufig unterliegt und auch nach dem Abwägungsprozess nicht zum Zuge kommt. Um dennoch davon sprechen zu können, dass die Abwägung zu einem selbst für das unterliegende Grundrecht möglichst schonenden und gar „optimalen" Ergebnis gekommen ist, muss der zu diesem Ergebnis führende Prozess gewährleisten, dass die Funktionen und Inhalte beider Kollisionspositionen vollständig zur Geltung kommen konnten, so dass im Fall des Unterliegens kein vernünftiger Zweifel mehr fortbesteht, dass das obsiegende Grundrecht in der konkreten Situation als schutzwürdiger einzustufen war.[1006]

4.1.1 Optimales Zur-Geltung-Bringen der Funktionen und Inhalte

Wenn die kollidierenden Rechte gleichwertig sind (zum Beispiel als Grundrechte), haben beide ein Anrecht darauf, dass ihre Inhalte und Funktionen so gut es geht zur Geltung kommen. Dies ergibt sich bereits aus der Ebenbürtigkeit.[1007] Die Problematik besteht dann darin, dass nicht (ausschließlich) auf die gängigste und an sich tauglichste juristische Ausgleichsmethode zurückgegriffen werden kann, um eine beidseitige und vollumfängliche Berücksichtigung der Funktionen und Inhalte zu gewährleisten: Die Zweck-Mittel-Relation (*Verhältnismäßigkeitsprüfung*).[1008] Denn würde im Rahmen der Abwägung für die betroffenen Positionen gesondert hinterfragt, ob die eingesetzten Mittel geeignet, erforderlich und noch in einem angemessenen Verhältnis zum zu erreichenden Ziel stünden, müssten sich die Grundrechtsträger wechselseitig, jeweils gegenüber dem anderen Grundrechtsträger, faktisch dafür rechtfertigen, dass sie ihre Interessen verfolgen beziehungsweise sich auf die ihnen zustehenden Rechte beru-

---

1004 *Pieroth/Schlink*, Staatsrecht, Bd. II, § 6 Rn. 327; vgl. *Hesse*, Verfassungsrecht, Rn. 317.

1005 *Hoffmann-Riem*, AöR 128 (2003), S. 173 (191 f.).

1006 *Jestaedt*, FS Isensee, 2007, S. 253 (259 ff.); *Klement*, JZ 2008, S. 756 (756 f., 763) zur „Erklärungsleistung" der Prinzipientheorie.

1007 Hierzu detaillierter Pkt. 4.3.1, 4.4.1.

1008 *Lenski*, Massenkommunikation, S. 180 f.; siehe auch *Hoffmann-Riem*, AöR 128 (2003), S. 173 (191) und *Kaiser*, NVwZ 2009, S. 1474 (1475), die darauf verweist, dass der BGH in der „Spickmich"-Entscheidung genau dies getan hätte, vgl. hierzu BGH, ZUM 2009, S. 753 (753 ff.).

fen.[1009] Angesichts der Tatsache, dass die Verfassung die jeweiligen Interessen zusichert, und Private nicht an Grundrechte anderer – zumindest nicht unmittelbar[1010] – gebunden sind, kann ein derartiger Rechtfertigungszwang grundsätzlich nicht existieren.

Stattdessen müssen die beiden in Konflikt stehenden Positionen zunächst einander gegenüber gestellt, und erst anschließend wechselseitig, proportional und symmetrisch gewichtet werden.[1011] Aus dieser Gegenüberstellung müssen die Funktionen, Inhalte und sonstigen, im Abwägungsprozess „ins Gewicht fallenden" Aspekte (*Gewichtungspunkte*), abzulesen sein, so dass eine für beide Kollisionspositionen im Ergebnis bestmögliche, das heißt vor allem schonendste Abwägungsentscheidung getroffen werden kann.[1012] Letztendlich kommt die Abwägungsentscheidung aber nicht darum herum, eine Position obsiegen und die andere unterliegen zu lassen (siehe oben).[1013] Über einen möglichst schonenden Ausgleich selbst für die unterliegende Rechtsposition kann dennoch gesprochen werden, sofern die volle Bandbreite der für sie sprechenden Gewichtungspunkte bei der Entscheidung Berücksichtigung gefunden hat.[1014] Darüber hinaus gilt es zu bedenken, dass in der Praxis Gestaltungsmöglichkeiten bestehen, die auch für die unterliegende Rechtsposition konkrete Zugeständnisse, beispielsweise in einem Urteilsspruch, vorsehen können.

4.1.2 Herstellung praktischer Konkordanz

Ein möglichst schonender Ausgleich gleichwertiger Interessen gelingt nach *Hesse* durch *„Herstellung praktischer Konkordanz"*.[1015] Die Ausgleichsentscheidung hat sich daran zu orientieren, dass die konfligierenden Grundrechte zu *op-*

1009 *Lenski*, Massenkommunikation, S. 180 f.; vgl. *Hesse*, Verfassungsrecht, Rn. 72 und *Hoffmann-Riem*, AöR 128 (2003), S. 173 (191 f.).

1010 Siehe Pkt. 1.2.

1011 *Lenski*, Massenkommunikation, S. 181; *Hesse*, Verfassungsrecht, Rn. 318, spricht von einer „verhältnismäßigen Zuordnung von Grundrechten und grundrechtsbezogenen Rechtsgütern"; siehe auch *Hoffmann-Riem*, AöR 128 (2003), S. 173 (191 f.) und *Zöbeley*, NJW 1985, S. 254 (256).

1012 *Lenski*, Massenkommunikation, S. 178, 210; *Hesse*, Verfassungsrecht, Rn. 317 ff.; *Zöbeley*, NJW 1985, S. 254 (256).

1013 *Lenski*, Massenkommunikation, S. 210.

1014 Deshalb auch „Optimierung": *Zöbeley*, NJW 1985, S. 254 (256).

1015 *Hesse*, Verfassungsrecht, Rn. 317 ff.; BVerfGE 89, S. 214 (232); *Hoffmann-Riem*, AöR 128 (2003), S. 173 (191).

timaler Wirksamkeit gelangen.[1016] Damit dies gelingen kann, müssen alle Gewichtungspunkte der kollidierenden Grundrechte, insbesondere die Funktionen und Inhalte, optimale Wirkung entfalten. Müssen die Grundrechte Abstriche hinnehmen, ist die Wirkung der Gewichtungspunkte optimal, wenn die Abstriche so gering wie möglich ausfallen. So sind bei der Meinungsfreiheit der offene Diskurs, beim allgemeinen Persönlichkeitsrecht die Möglichkeit zur Interaktion tragende Funktionen (siehe oben). Findet die Interaktion ohne Zustimmung des Betroffenen statt und verletzt sie die Inhalte der Art. 2 I, 1 I GG, müsste die Offenheit des Diskurses als Funktion des Art. 5 I 1 GG Abstriche hinnehmen, wenn zugunsten des Persönlichkeitsrechtes abgewogen würde. Gelingt es, den Diskurs von der Person des Betroffenen zu lösen (zum Beispiel durch eine Anonymisierung), könnte die Interaktion wiederum intensiver sein und dennoch gelangten beide Rechtspositionen zu optimaler Wirksamkeit.

Im Rahmen einer „doppelten Verhältnismäßigkeitsprüfung" muss bei *beiden* Grundrechten *gleichzeitig* untersucht werden, ob die Entscheidung dazu *geeignet* ist, die Gewichtungspunkte wirksam zu schützen, ob sie *erforderlich* ist, oder nicht auch ein milderes Mittel existiert, und ob sie in einem *angemessenen Verhältnis* zu Bedeutung, Inhalt und den sonstigen Gewichtungspunkten der Kollisionsposition steht.[1017] Erst danach sind die kollidierenden Grundrechte *im Verhältnis zueinander* zu gewichten, wobei nur unter Berücksichtigung der ganzen Fülle an Gewichtungspunkten der Vorrang einer Kollisionsposition gegenüber der anderen zulässig ist. Es kann dahinstehen, ob sich das Ergebnis in einer Formel abbilden lässt (beispielsweise einer „bedingten Vorrangrelation"[1018]), oder – was vielversprechender klingt[1019] – als reines Einzelfallergebnis angesehen werden sollte.[1020] In dieser Untersuchung soll eine doppelte Verhältnismäßigkeitsprüfung – auf abstrakter Ebene – jedenfalls bei Meinungsfreiheit und allgemeinem Persönlichkeitsrecht durchgeführt werden. Die Gewichtungspunkte dieser Grundrechte wurden bereits ermittelt (Kapitel zwei und drei). Sie sind notwendig, um die erste Verhältnismäßigkeitsprüfung durchführen zu können. Für die Gewichtung der Grundrechte und ihrer Gewichtungspunkte untereinan-

---

1016 *Hesse*, Verfassungsrecht, Rn. 317 ff.; *Alexy*, Grundrechte, S. 75 ff.; *Borowski*, Grundrechte, S. 78 f., 87 f.; *Jestaedt*, FS Isensee, 2007, S. 253 (256); *Zöbeley*, NJW 1985, S. 254 (256).

1017 *Hesse*, Verfassungsrecht, Rn. 318; *Lenski*, Massenkommunikation, S. 204 f.

1018 *Alexy*, Grundrechte, S. 81.

1019 Krit. *Jestaedt*, FS Isensee, 2007, S. 253 (265 f.) m.w.N.; insbes., da jede Kollisionsposition im Einzelfall Eigenheiten aufweist, die in den Parametern einer abstrakten Formel nur schwer berücksichtigt werden können.

1020 *Alexy*, Grundrechte, S. 79 ff.; *Couzinet*, JuS 2009, S. 603 (606); *Jestaedt*, FS Isensee, 2007, S. 253 (256 f.).

der ist das integrative Verhältnis des Persönlichkeitsrechtes zur Öffentlichkeit ausschlaggebend (siehe oben). Die Interaktionsoffenheit dient als Brücke zwischen den Kollisionsrechten, die dazu genutzt werden kann, die Gewichtungspunkte einander gegenüber zu stellen; so kann die abstrakte Betrachtung um eine konkrete erweitert werden („Mikroebene" der Gewichtungspunkte; mehr dazu unter den Punkten 4.2-5).

4.1.3 Struktur einer optimierenden Abwägung – Die Prinzipientheorie *Alexys*

Anknüpfend an den Ansatz *Hesses* (Abwägung als optimale Zur-Geltung-Bringung der Inhalte und Funktionen der Kollisionspositionen), hat *Alexy* mit seiner *Prinzipientheorie*[1021] das Verfahren der Optimierung weiterentwickelt.[1022] Diese Erkenntnisse können, soweit sie dazu beitragen, die Inhalte und Funktionen der Meinungsfreiheit und des allgemeinen Persönlichkeitsrecht über die Brücke der Interaktionsoffenheit zusammen zu führen, in einem Abwägungsmodell berücksichtigt, müssen jedoch insoweit, wie sich die Prinzipientheorie auf ein „praxisfernes Niveau geschraubt"[1023] hat, auch kritisch hinterfragt werden.

4.1.3.1 Kernelemente der Prinzipientheorie

Die Prinzipientheorie der Grundrechte weist viele Facetten auf. Die Basis bildet die Unterscheidung zwischen Regeln und Prinzipien.[1024] Eine Regel soll sich dadurch auszeichnen, dass sie über einen „Alles-oder-nichts-Charakter" verfügt, während ein Prinzip ein „Prima-facie-Sollen"[1025] statuiert.[1026] Grundrechte, die nach *Alexy* den Prinzipien zuzuordnen sind, gebieten mit ihrem „Mehr-oder-

1021 *Alexy*, Grundrechte, S. 1 ff.; grundlegend (Auswahl): *Borowski*, Grundrechte, S. 68 ff.; *Couzinet*, JuS 2009, S. 603 (603 ff.); *Jestaedt*, FS Isensee, 2007, S. 253 (253 ff.; siehe insbes. die Verweise unter den Fn. 2 und 5); *Klement*, JZ 2008, S. 756 (756 ff.); *Sieckmann*, in: Sieckmann (Hrsg.), Prinzipientheorie, S. 17 (17 ff.); *Poscher*, S. 59 (59 ff.).

1022 *Jestaedt*, FS Isensee, 2007, S. 253 (258 f.).

1023 *Klement*, JZ 2008, S. 756 (757).

1024 *Alexy*, Grundrechte, S. 71 ff., 77 ff., *Couzinet*, JuS 2009, S. 603 (603 f.), *Jestaedt*, FS Isensee, 2007, S. 253 (255 f.); *Klement*, JZ 2008, S. 756 (758).

1025 *Couzinet*, JuS 2009, S. 603 (604): Ein „definitives Sollen".

1026 *Alexy*, Grundrechte, S. 76 f., 87 ff.; *Couzinet*, JuS 2009, S. 603 (604); *Jestaedt*, FS Isensee, 2007, S. 253 (255 f.); krit. hinsichtlich der Dichotomie Regel versus Prinzip: *Jestaedt*, FS Isensee, 2007, S. 253 (261, 264 f.); *Klement*, JZ 2008, S. 756 (760 f.); *Poscher*, in: Sieckmann (Hrsg.), Prinzipientheorie, S. 59 (65 ff.).

weniger-Charakter", dass ihr Inhalt relativ, gemessen an dem rechtlich und tatsächlich Möglichen, gewährleistet wird.[1027] Regeln sollen sich durch die Besonderheit auszeichnen, dass sie stets ultimativ gelten: Entweder ist eine Regel erfüllt und findet ultimativ und vollumfänglich Anwendung, oder sie ist nicht erfüllt und muss ultimativ und vollumfänglich unberücksichtigt bleiben.[1028] Daran knüpft die Überlegung an, dass das rechtlich und tatsächlich Mögliche realisiert werden kann, indem versucht wird, die in eine Kollision eingebrachten Gewichtungspunkte der konfligierenden Grundrechte zu optimieren (Prinzipien als *„Optimierungsgebote"*[1029]). Prinzipien könnten schon ihrer Struktur nach nicht gewährleisten, dass ihr Inhalt ultimativ zur Geltung kommt, sondern nur relativ, gemessen an dem, was in der Kollisionssituation rechtlich und tatsächlich möglich ist. Optimieren sei also „das Fortschreiten auf dem Weg zur bestmöglichen Realität"[1030]. Inwieweit das Ziel einer Optimierung erreicht worden sei, könne anhand einer Gewichtsformel festgestellt werden.[1031]

4.1.3.2 Vorteile, Schwächen, Probleme der Prinzipientheorie

Die Prinzipientheorie schreibt die Prämissen der Herstellung praktischer Konkordanz durch Hinleiten der Kollisionspositionen zu optimaler Wirksamkeit fort. Ihre entscheidende Stärke liegt darin, dass ein durch zahlreiche Unabwägbarkeiten geprägtes Feld präzisiert wird. Grundrechte können zu bestmöglicher Wirksamkeit geführt werden, indem ihre Funktionen bestmöglich gewahrt und gefördert werden. Beispielsweise können die Menschenwürde des allgemeinen Persönlichkeitsrechts und die größtmögliche Offenheit des Diskurses bei der Meinungsfreiheit gleichzeitig gewahrt werden, indem die Diskussion um den Bereich der Menschenwürde herum geleitet und nicht gänzlich untersagt wird. Zum Beispiel, indem nur bestimmte Passagen einer Äußerung untersagt werden und nicht die Äußerung als solche. Der grundlegende, Allgemeingültigkeit beanspruchende und abstrakt-theoretische Charakter der Prinzipientheorie bringt es jedoch mit sich, dass im Einzelfall auch Probleme auftreten. Dies liegt vor allem an der Unversöhnlichkeit von Regeln und Prinzipien, deren strenge Dichotomie keine Ausnahmen zulässt, wie sie in einer Abwägung vonnöten sind,

---

1027 *Couzinet*, JuS 2009, S. 603 (604).

1028 *Alexy*, Grundrechte, S. 75 f.; *Jestaedt*, FS Isensee, 2007, S. 253 (255).

1029 *Alexy*, Grundrechte, S. 75 f.; vgl. *Borowski*, Grundrechte, S. 78 f., 87 f.; *Jestaedt*, FS Isensee, 2007, S. 253 (256).

1030 *Klement*, JZ 2008, S. 756 (758).

1031 *Alexy*, Grundrechte, S. 79 ff.; *Jestaedt*, FS Isensee, 2007, S. 253 (256 f.).

die die Umstände des Einzelfalls berücksichtigen muss.[1032] Einerseits bedeuten die schematischen Überlegungen eine Vereinfachung der Abwägungsvorgänge und machen sie besser erklärbar.[1033] Andererseits erscheint es notwendig, die abstrakten Grundsätze der Prinzipientheorie für den Einzelfall aufzulockern.[1034] Denn die Aussage allein, dass Prinzipien miteinander kollidieren, deren Gehalt nur relativ zur Geltung kommen kann und deren Parameter in einer Gegenüberstellung miteinander ausgeglichen werden müssen, hilft nur weiter, wenn auch die Parameter selbst unterschieden und in ein Verhältnis zueinander gesetzt werden. Also nicht nur die Menschenwürde oder die Offenheit des Diskurses (siehe oben), sondern auch die Wahrung der Individualität im Internet oder die Möglichkeit, eine Auseinandersetzung der Ideen über das Internet zu betreiben. Neben der „Makroebene" der Grundrechte fehlt die „Mikroebene" ihrer Gewichtungspunkte. Die Aufstellung der Rechtspositionen und deren Prinzipiencharakter sagt alleine noch nichts über die Gefährdung der einzelnen Schutzparameter im direkten Vergleich. Damit wäre die zweite Verhältnismäßigkeitsbetrachtung der „doppelten Verhältnismäßigkeitsprüfung" aber unvollständig.[1035]

In Anbetracht dieser Umstände erscheint es fraglich, ob man von einem dem Grunde nach unterschiedlichen Kollisionsverhalten von Regeln und Prinzipien ausgehen kann.[1036] Selbst wenn es sich bei Grundrechten grundsätzlich um Prinzipien im Sinne des *Alexy*'schen Verständnisses handelt, so sind diesen dennoch Bestandteile immanent, die nicht relativiert werden können und dürfen.[1037] Dies zeigt bereits Art. 19 II GG, der ausdrückt, dass die Grundrechte nicht in ihrem Wesensgehalt angetastet werden dürfen; oder Art. 1 I GG, da die Menschenwürde, sofern und soweit sie der jeweiligen Kollisionsposition innewohnt, unveräußerlich ist. Trotz des Charakters von Grundrechten als Prinzipien können gewisse Bereiche nicht disponibel gemacht werden. Dies widerspräche dem Willen des Verfassungsgebers, dem Wortlaut und der Systematik des Grundgesetzes sowie auch dem Sinn und Zweck der Grundrechte als Verbürgungen eines im Wesenskern festen Inhaltes.[1038] Um die Vorteile beizubehalten und den Schwächen zu begegnen, muss die Prinzipientheorie für die Ebene des Einzelfalles

1032 *Jestaedt*, FS Isensee, 2007, S. 253 (261, 264 f.); *Klement*, JZ 2008, S. 756 (760 f.); *Poscher*, in: Sieckmann (Hrsg.), Prinzipientheorie, S. 59 (65 ff.).

1033 *Jestaedt*, FS Isensee, 2007, S. 253 (259 f.).

1034 *Jestaedt*, FS Isensee, 2007, S. 253 (266).

1035 *Jestaedt*, FS Isensee, 2007, S. 253 (266); mehr dazu unter den Pkt. 4.2-4 im Anschluss.

1036 *Alexy*, Grundrechte, S. 77 ff.; a.A. *Jestaedt*, FS Isensee, 2007, S. 253 (260).

1037 Mehr dazu unter Pkt. 4.3.1, 4.4.1.

1038 Vgl. *Klement*, JZ 2008, S. 756 (759 f., 762).

fortgedacht werden („Mikroebene“). Dieser braucht sowohl die Flexibilität einer Regel im *Alexy*'schen Sinne, als auch den strukturierenden Halt einer Regel.

4.1.3.3 Die Rolle der Prinzipientheorie im Abwägungsgerüst

Die Aussagen der Prinzipientheorie sind im Abwägungsmodell insoweit zu berücksichtigen, wie sie eine (richtungs-) leitende oder strukturierende Funktion haben. Prinzipien sind flexibel und schaffen eine grobe Orientierung, die eine Gewichtung pauschal beeinflussen kann; Regeln ordnen durch ihren Fixcharakter und schaffen mehr Klarheit und verlässliche Aussagen in der ansonsten offenen Abwägung. Fraglich ist, wie aus diesen Definitionen ein Abwägungsmodell für die Gewichtungspunkte von Meinungsfreiheit und allgemeinem Persönlichkeitsrecht entstehen kann.

Um bei einer Kollision von Grundrechten als Prinzipien im Sinne des *Alexy*'schen Verständnisses deren optimierenden „Je-mehr-desto-besser-Charakter“ auf eine Mikroebene der auszugleichenden Parameter zu übertragen, bräuchte es auch dort Prinzipien – um die gleiche Terminologie und grundsätzlich auch die gleiche Bedeutung anzulegen –, um diese Gewichtungspunkte in ein graduelles Verhältnis zueinander zu bringen. Beispielsweise kann der Einzelne das Bild von sich in der Öffentlichkeit nicht beliebig selbst bestimmen, selbst wenn er grundsätzlich nur für die Anknüpfungspunkte verantwortlich ist, die er durch sein eigenes Verhalten gesetzt hat; zugleich strebt der Meinungsbildungsprozess auf Wahrheit und (relative) Richtigkeit (Einzelheiten hierzu später). Die Parameter der Grundrechte als Prinzipien weisen also Verbindungslinien auf, die eine graduelle Gewichtung der Gewichtungspunkte im Sinne des *Alexy*'schen Verständnisses des Prinzips zulassen. Diese *Abwägungsschienen* (oder: Abwägungsprinzipien beziehungsweise Abwägungsleitlinien) schaffen eine Groborientierung. Zum Beispiel, ob wegen des Wahrheitsgehaltes die Aussage tendenziell zu dulden ist oder wegen eines größtenteil frei erfundenen Inhaltes tendenziell den Persönlichkeitsinteressen Vorrang einzuräumen ist.

Überwindet man zudem das Verständnis einer Grundrechtskollision als reine Prinzipienkollision, was verfassungsrechtlich zwingend geboten scheint (siehe oben), müssten darüber hinaus bestimmte Aspekte zwischen den Grundrechten unumstößlich sein und – um auch hier die gleiche Terminologie und grundsätzlich auch das gleiche Verständnis anzulegen – als Regeln mit „Alles-oder-nichts-Charakter“ fungieren. Diese *Schlusspunkte* haben Fixcharakter und schaffen Struktur, da sie nicht oder kaum flexibel sind. Darüber hinaus geben sie einem Abwägungsgerüst Grenzen, zwischen denen die Abwägungsschienen verlaufen (sie zwängen die Leitlinien als Prinzipien in ein Korsett). Sie haben ordnende und systematisierende Funktion. Dadurch entsteht ein *Orientierungsbe-*

reich, der ebenfalls Fixpunkte aufnehmen kann (*Orientierungspunkte*). Da er zugleich abgesteckt ist (durch die Schlusspunkte an den Enden und die Abwägungsschienen im dazwischenliegenden Feld), lassen sich Orientierungspunkte finden, die sowohl Fixcharakter als auch „Je-mehr-desto-besser-Charakter" haben. Hierbei handelt es sich um eine Mischform zwischen Regeln und Prinzipien nach *Alexy*'schem Verständnis. Regel, weil ein Orientierungspunkt auch „ganz oder gar nicht" existieren kann; Prinzip, weil er auch flexibel auf der Abwägungsschiene verortet werden kann, je nachdem, wie stark die Einzelfallsituation ihn ausfüllt. Die Schiene der Wahrheit, (relativen) Richtigkeit und Schlüssigkeit findet zum Beispiel dort ihre Schlusspunkte, wo es um Lügen oder eindeutige Wahrheiten geht. Ob sich Orientierungspunkte für den Zwischenbereich finden lassen, wird zu klären sein. Die Prinzipientheorie gliedert sich bei der Verhältnismäßigkeitsprüfung der Gewichtungspunkte untereinander jedenfalls nach dem hier zugrunde gelegten Verständnis in Abwägungsschienen, Schlusspunkte und Orientierungspunkte auf (mehr dazu unter den Punkten 4.2-4).

4.1.3.4 Fazit

Der Erklärungswert der Prinzipientheorie liegt vor allem in ihrer strukturanalytischen und ordnenden Funktion, die den Ausgleich im konkreten Einzelfall jedoch nicht von einer individuellen Berücksichtigung seiner Facetten entbinden, sondern nur deren Allokation erleichtern kann.[1039] Die Erklärungsmuster des Modells sind nachvollziehbar und anwendbar; praktikabel jedoch nur insoweit, wie ein greifbares Gerüst für die konkrete Abwägung zweier Grundrechte in einem bestimmten Kollisionsumfeld eine Diversifizierung erlaubt und Flexibilität beibehält, die Einzelfallgerechtigkeit und die Berücksichtigung aller individuellen Umstände des jeweiligen Sachverhalts gewährleistet.

4.1.4 Zusammenfassung

Aufgrund der schier unbegrenzten Vielfalt der Möglichkeiten, wie Gewichtungspunkte miteinander vermengt sein könnten, ist eine Entscheidungsstruktur, die von vorne herein und endgültig alle für die beiden kollidierenden Rechtspositionen sprechenden Gesichtspunkte berücksichtigt, schwer vorstellbar.[1040] Selten sind die Fälle so eindeutig gelagert wie beim Portal *I share Gossip* (siehe oben), wo viele der infrage kommenden Kollisionsfälle auch ohne umfassende Abwägung einem richtigen Ergebnis zugeführt werden konnten. In den meisten

1039 *Jestaedt*, FS Isensee, 2007, S. 253 (260).

1040 *Luch*, Medienpersönlichkeitsrecht, S. 395 f.; *Vesting*, AöR 122 (1997), S. 337 (362 f.).

Fällen wird es jedoch nötig sein, die Gewichtungspunkte in ein Verhältnis zueinander zu bringen und miteinander zu vergleichen. Dies hat unter dem Gedanken der *optimierenden doppelten Verhältnismäßigkeitsprüfung* zu erfolgen (siehe oben). Trotz der Einzigartigkeit der jeweiligen Situation lässt sich unter dieser Prämisse ein prüfungsleitendes Abwägungsgerüst entwickeln, das dazu in der Lage ist, Beständigkeit, Vorhersehbarkeit und in einem bestimmten Umfang auch Gewissheit in Bezug auf den Ausgang des Abwägungsprozesses zu begünstigen.[1041] Hierbei ist der Prinzipiengedanke *Alexys*, das heißt der „Je-mehr-desto-besser-Charakter" der Grundrechte als relative „Prima-facie-Gebote", auf das Verhältnis der Gewichtungspunkte im direkten Vergleich zu übertragen, so dass eine unmittelbare Vergleichbarkeit der abzuwägenden Gewichtungspunkte der konfligierenden Grundrechte entsteht. Ein Abwägungsgerüst kann Bereiche der Grundrechte bestimmen, die – vom Einzelfall unabhängig – der Abwägung (weitgehend) entzogen sind. Im Zwischenbereich können disponible Orientierungspunkte gesetzt werden, die zwar ebenfalls inhaltlich feste Konturen aufweisen, jedoch bei ihrer Begutachtung im Einzelfall unterschiedlich stark gewichtet werden müssen. Somit ist der graduelle Bereich zwischen den Kollisionspositionen vom Prinzipiengedanken beherrscht, während daneben nichtsdestotrotz Fixpunkte benannt werden können, die, sofern sie in einer Abwägung nicht preisgegeben werden dürfen, Regelcharakter haben. Können darüber hinaus Orientierungspunkte ausgemacht werden, denen im Abwägungsprozess eine gewisse Festigkeit und Indizwirkung zukommt, ohne gänzlich relativ zu sein, die jedoch auch nicht im Sinne einer „Alles-oder-nichts"-Betrachtung qualifiziert werden können, so handelt es sich um eine nicht eindeutig nach der Prinzipienlehre zu qualifizierende Mischform, die sich tendenziell einem prinzipiellen „Prima-Facie-Sollen" annähert. In Kombination könnte davon gesprochen werden, dass ein Abwägungsmaßstab aus Prinzipien und *Kriterien*, worunter feste Schlusspunkte im Sinne von Regeln und flexible Orientierungspunkte zu verstehen sind, bestehen müsste.

4.2 Prinzipien, Regeln und Kriterien im Schlusspunktmodell

Um der Komplexität einer Abwägung zweier grundsätzlich gleichwertiger Rechtspositionen gerecht zu werden, muss ein Abwägungsmodell flexibel und offen für die individuellen Aspekte des Einzelfalles sein. Gleichzeitig muss es die Vielfalt des konkreten Sachverhaltes erfassen und für eine einzelfallgerechte Abwägungsentscheidung entflechten können. Die Abwägung zwischen Mei-

1041 *Lenski*, Massenkommunikation, S. 246; *Vesting*, AöR 122 (1997), S. 337 (339, 362 f.).

nungsfreiheit und allgemeinem Persönlichkeitsrecht kann sich an drei Abwägungsschienen orientieren: Gewichtung nach Verhaltenssphären, Wahrheitsgehalt und Öffentlichkeitsbeeinflussung; Orientierungs- und Schlusspunkte auf den Schienen verleihen dem Abwägungsmaßstab Struktur (mehr dazu unter den Punkten 4.3-4). Das daraus resultierende *Schlusspunktmodell* führt prüfungsleitende Strukturen in einen an sich ergebnisoffenen Prozess ein. Die Art. 1 I GG (Menschenwürde) und Art. 19 II GG in Verbindung mit der jeweiligen Kollisionsnorm (Wesensgehalt der Rechtsposition) substanziieren das Ende einer Abwägung, deren Zwischenbereich flexibel ausgeschöpft werden kann. Die dort einzuordnenden Orientierungspunkte sind geprägt von der jeweiligen Abwägungsschiene und legitimieren sich durch deren Besonderheiten. Unter Wahrung der Einzelfallgerechtigkeit kann die Schwankungsbreite und Unsicherheit der Abwägung verringert werden. Ihr Ausgang wird vorhersehbarer und berechenbarer.

4.2.1 Kombinationsmethodik

Abwägungsschienen und -kriterien werde kombiniert, um flexibel und strukturiert zugleich abwägen zu können. Die Abwägungsschienen greifen die wesentlichen Schwerpunkte des Einzelfalles auf und gewichten sie graduell im Sinne eines *Alexy*'schen Prinzips. Zum Beispiel, ob es sich um persönlichkeitsrelevante Informationen des privaten oder gar intimen Bereiches handelt; je intimer, desto eher muss zugunsten der Art. 2 I, 1 I GG abgewogen werden. Die Abwägungskriterien korrigieren oder modifizieren die pauschale Richtungsentscheidung. Möglicherweise sind die intimen Informationen beispielsweise in Zusammenhang mit einer sozialen Rolle entstanden, die sich die Person selbst ausgesucht hat (vielleicht handelt es sich um eine prominente Person, die von Skandalen und Tabubrüchen lebt). Die letztgültige Entscheidung der Abwägung ist einzelfallabhängig zu treffen und kann im Vorfeld nicht vollständig antizipiert werden. Die Orientierungs- und Schlusspunkte lassen aber bereits vorab Rückschlüsse zu, in welche Richtung die Abwägung tendieren wird, wenn sie verwirklicht werden und keine anderen Umstände sie ausgleichen. Die Abwägungsentscheidung kann basierend auf der Kombination von Leitlinien und Kriterien getroffen werden. Der Schwerpunkt der Entscheidung kann – muss aber nicht – auf einer Abwägungsschiene beziehungsweise einigen zentralen Merkmalen liegen. Dies hängt davon ab, wie stark der Einzelfall die Elemente herausstellt. Zwischen den Bestandteilen des Abwägungsmodells besteht kein Über- und Unterordnungsverhältnis; die jeweils passendsten Elemente sind heranzuziehen. Die im Abwägungsprozess besonders schwer wiegende Gewichtung einzelner Aspekte, wie zum Beispiel das Eindringen in Sphären, in denen größere

Vertraulichkeit herrscht als in anderen Lebensbereichen, kann durch einen Blick über die jeweilige Leitlinie hinweg durchaus nivelliert werden. Zum Beispiel, wenn wahre Tatsachen mit hohem Wert für die Öffentlichkeit, die plausibel und sachlich aufbereitet werden, aus diesen Sphären herausgelöst werden. Beispielsweise, indem Informationen aus dem Innenbereich einer Sekte wie *Scientology* an einer Enthüllungsplattform wie *Wikileaks* weitergegeben werden.

4.2.2 Funktionsweise der Abwägungsprinzipien

Die Abwägungsprinzipien nehmen in diesem System die Rolle des richtungsweisenden Gerüstes ein. Durch die graduelle und pauschale Gewichtung der Sachverhaltselemente gelingt eine Abbildung der abwägungsrelevanten Merkmale in einer rudimentären Form. Darüber hinaus fungieren die Prinzipien als Leitlinien zur Verortung der Schluss- und Orientierungspunkte. Obwohl die Möglichkeit, die speziellen Facetten des konkreten Einzelfalles angemessen zu berücksichtigen, nur eingeschränkt funktioniert, sind insbesondere die „Je-Desto-Formeln“[1042] der Ansätze dazu in der Lage, die Abwägung anhand eines vorhersehbaren Rasters ablaufen zu lassen.

4.2.3 Funktionsweise der Schlusspunktbereiche

Der Schlusspunktbereich einer Kollisionsposition markiert die Grenze, die im Rahmen der Abwägung nicht zulasten dieser Rechtsposition überschritten werden darf. Andernfalls droht die Verletzung des Menschenwürdegehaltes nach Art. 1 I GG oder des Wesensgehaltes dieser Kollisionsposition nach Art. 19 II GG (mehr dazu unter Punkt 4.4.1). In Kombination des Wesensgehaltes mit dem Würdegehalt wird ein Grenzbereich geschaffen, der die elementaren Bestandteile der Rechtsposition, die nach der Wertung des Grundgesetzes unveräußerlich beziehungsweise nicht im Wesenskern antastbar sein sollen, besonders schützt. Hierbei handelt es sich um eine „Alles-oder-nichts“-Entscheidung, die grundsätzlich ultimative Züge trägt.[1043]

Dementsprechend weist der Inhalt der Schlusspunktbereiche auch diejenigen Aussagen zur Abwägung auf, die am leichtesten über den Einzelfall hinaus verallgemeinert werden können. Dabei gilt es zu bedenken, dass nur die Bestandteile, die der Menschenwürde unterfallen, unveräußerlich sind; der Wesensgehalt bestimmt sich einzelfallabhängig, so dass ein Eindringen in den geschützten Bereich zwar ein Überwiegen der betroffenen Rechtsposition nahe legt, dieser Be-

---

1042 Hierzu die Pkt. 4.3.2.1, 4.3.3.1, 4.3.4.1.

1043 Vgl. *Alexy*, Grundrechte, S. 87 ff.

reich jedoch – abhängig von den Umständen der konkreten Situation – weitläufiger oder enger zu fassen ist (mehr dazu unter Punkt 4.4). In diese, aus den Art. 1 I und 19 II GG in Verbindung mit dem einschlägigen Grundrecht bestehenden, abwägungsfesten Bereiche fallen die Gehalte der konfligierenden Rechtspositionen, die beim Herstellen praktischer Konkordanz am vordringlichsten zu optimaler Wirksamkeit gelangen müssen, da sie aufgrund ihrer Wichtigkeit und verfassungsrechtlichen Privilegierung im Abwägungsprozess bevorzugt werden müssen.

4.2.4 Funktionsweise des Orientierungsbereichs

Der Orientierungsbereich stellt den Bereich mit der größten Rechtsunsicherheit im Abwägungsprozess dar. Dies liegt daran, dass er die individuellsten Züge trägt, da der Großteil der Aspekte des Einzelfalles, das heißt alle, die nicht besonders markante Züge tragen und die Rechtspositionen so stark berühren, dass sie dem Schlusspunktbereich zuzuordnen sind (siehe oben), diesem Abwägungsbereich unterfallen. Neben den abstrakten Abwägungsprinzipien dienen die Orientierungspunkte dazu, Bezugsgrößen in diesem Bereich zu verankern. Sie orientieren sich inhaltlich an denjenigen Leitlinien, auf denen sie verortet werden können und präzisieren damit gleichzeitig deren abstrakte Aussagen. Als solche sind sie damit feste und verallgemeinerungsfähige Größen, die jedoch im Einzelfall individuell verschoben werden müssen, je nachdem wie stark der Inhalt verwirklicht worden ist. Spielt der Inhalt in der konkreten Situation überhaupt keine Rolle, so muss der entsprechende Orientierungspunkt im Abwägungsergebnis und -prozess unberücksichtigt bleiben.

4.3 Abwägungsprinzipien – flexible Ansätze zum Interessenausgleich

Im Wesentlichen lässt sich über *vier Modelle* – von denen eines im weiteren Verlauf wegfällt (dazu später mehr) – diskutieren, die eine graduelle Abstufung auf vier thematisch voneinander unterschiedlichen Schienen ermöglichen. *Erstens* ist die Frage einer abstrakten Höherwertigkeit als graduell-flexibles Abwägungsprinzip zu untersuchen. *Zweitens* sind Abwägungsansätze zu untersuchen, die auf dem Persönlichkeitsrecht als Modell konzentrischer Kreise basieren (*Sphärentheorie*). *Drittens* soll der Aspekt der Wahrheit, (relativen) Richtigkeit und Plausibilität beziehungsweise Authentizität für ein Abwägungsprinzip fruchtbar gemacht werden. *Viertens* soll der Aspekt der Öffentlichkeitsrelevanz im Sinne eines abstufenden Abwägungsprinzips untersucht werden. Zwischen den Abwägungsschienen können sich Überschneidungen ergeben. Die Darstellung ist nicht abschließend.

4.3.1 Abstrakte Höherwertigkeiten

Selbst wenn keine Rechtsposition per se vorrangig ist, könnte eine abstrakte Allokation der Gewichtungspunkte der konfligierenden Rechtspositionen Rückschlüsse zulassen, wie die Kollisionspositionen im Abwägungsprozess zu behandeln sind.[1044]

4.3.1.1 Abstufungsmechanismus

Die Meinungsfreiheit ist für die Gesellschaft von großer Bedeutung, da sie eine „schlechthin konstituierende Wirkung für die freiheitlich demokratische Grundordnung"[1045] entfaltet. Auf der anderen Seite hat das allgemeine Persönlichkeitsrecht eine enorme Bedeutung für das einzelne Individuum und die Gesellschaft als „Masse der Individuen"; im Grunde genommen weisen die Art. 2 I, 1 I GG damit ebenfalls eine „schlechthin konstituierende Wirkung" für die Gesellschaft auf.[1046] Fraglich ist aber, ob und gegebenenfalls wie sich derartige Höherwertigkeiten in einer Vorzugsregel für die Gewichtungspunkte der Mikroebene ausdrücken könnten.

Eine Vorzugsregel, die basierend auf einer abstrakten qualitativen Wertung der Kollisionspositionen Orientierungspunkte und graduelle Abstufungen für den Abwägungsprozess zuließe, müsste *Intensitätsstufen dieser abstrakt-generellen Wertigkeit* identifizieren, die eine über den Einzelfall hinausgehende, prüfungsleitende Regelung ermöglichten. Für das allgemeine Persönlichkeitsrecht konnte bereits eine „Wertigkeitspotenzierung"[1047] durch die Schutzbereichsverstärkung des Art. 1 I GG festgestellt werden, die dem allgemeinen Persönlichkeitsrecht als Kombinationsgrundrecht immanent ist und die den Art. 2 I, 1 I GG in ihrem Menschenwürdebereiche ein höheres Gewicht verleiht (siehe oben). Allerdings weist auch die Meinungsäußerungsfreiheit einen Bezug zur

---

1044 Nach *Luch*, Medienpersönlichkeitsrecht, S. 355 m.w.N. in Fn. 1847 und *Schmitt Glaeser*, AöR 97 (1972), S. 60 (60 ff.).

1045 BVerfGE 7, S. 198 (210).

1046 Hierzu Pkt. 2.2.1-2; vgl. BVerfGE 7, S. 198 (208); 35, S. 202 (221 f.); 66, S. 369 (380); 73, S. 40 (85); 82, S. 272 (281 f.); *Brugger*, EuGRZ 1987, S. 189 (197 ff.); *Schulze-Fielitz*, in: Dreier (Hrsg.), GG, Art. 5 I, II Rn. 40, 43; *Grimm*, NJW 1995, S. 1697 (1703 f.); *Herzog*, in: Maunz/Dürig (Hrsg.), GG, Art. 5 I, II Rn. 2 ff.; *Bethge*, in: Sachs (Hrsg.), GG, Art. 5 Rn. 11, 46a.

1047 *Luch*, Medienpersönlichkeitsrecht, S. 390.

Menschenwürde auf, da auch die nach außen gerichtete, Stellung nehmende Kommunikation mit anderen Individuen für den Einzelnen eine Bedeutung erlangen kann, die in engem Bezug zu dem durch Art. 1 I GG geschützten Inhalt steht.[1048] Kommunikation ermöglicht dem Individuum, „geistig atmen zu können“ und ist deshalb ein elementarer Bestandteil der menschlichen Würde, die durch die „geistige Anlage“[1049] überhaupt erst bestimmt wird (siehe oben).[1050]

Folglich können beide Kollisionspositionen einen auf die Menschenwürde zurück zu führenden, qualitativen Gehalt aufweisen. Dies ist für ein Abwägungsmodell nicht per se widersprüchlich, da nicht in jedem Fall beide Menschenwürdegehalte betroffen sein müssen (oder überhaupt einer). Allerdings führt die „ultimative Wirkkraft“ der Menschenwürde dazu, dass der Abschluss einer Abwägung erreicht wird (*Schlusspunkt* beziehungsweise *Abwägungsgrenze*).[1051] Dieser Charakter ist jedoch mehr ab*schließender* und nicht ab*schichtender* Natur. Als Abwägungsschiene wäre er nur in Betracht zu ziehen, wenn Orientierungspunkte im Zwischenbereich existieren würden.

Für die Meinungsfreiheit käme ferner der *öffentlichkeitsrelevante Diskurs* in Betracht, wenn einer Äußerung eine höhere Wertigkeit durch das Demokratieprinzip gemäß Art. 20 I, II GG i.V.m. Art. 79 III GG bescheinigt werden könnte.[1052] Darüber hinaus ließe sich aus Besonderheiten, die bei der Einschränkbarkeit des Art. 5 I 1 GG über Art. 5 II GG zu beachten sind,[1053] auf einen tendenziellen Vorrang der Meinungsfreiheit gegenüber dem allgemeinen Persönlichkeitsrecht schließen, da die Möglichkeit der Beschränkung möglicherweise ihrerseits Einschränkungen unterliegt und damit die Besonderheit der Meinungs-

---

1048 *Schmidt-Jortzig*, in: Isensee/Kirchhof (Hrsg.), HdStR, Bd. VII, § 162 Rn. 5 f.; *Lenski*, Massenkommunikation, S. 208; vgl. *Herzog*, in: Maunz/Dürig (Hrsg.), GG, Art. 5 I, II Rn. 6 f.; vgl. auch Pkt. 3.2.

1049 *Hubmann*, Persönlichkeitsrecht, S. 42 m.w.N.; hierzu bereits Pkt. 2.2.2.1.

1050 Siehe Pkt. 3.2.

1051 In diesem Fall wird die Schutzbereichsverstärkung so intensiv, dass sie ultimativ auf das Ergebnis des Abwägungsprozesses durchschlägt; vgl. Pkt. 2.2.1-2; siehe *Augsberg/Augsberg*, AöR 132 (2007), S. 539 (570); *Kahl*, Schutzergänzungsfunktion, S. 7, 12 ff.; *Murswiek*, in: Sachs (Hrsg.), GG, Art. 2 Rn. 62; siehe auch *Lenski*, Massenkommunikation, S. 208.

1052 Vgl. *Lenski*, Massenkommunikation, S. 223 f.; dies ließe sich dadurch rechtfertigen, dass das Demokratieprinzip wie die Menschenwürde zur sog. Verfassungsidentität des Grundgesetzes zu rechnen und damit grundsätzlich in ihrer Wertigkeit höher zu veranschlagen wäre: *Luch*, Medienpersönlichkeitsrecht, S. 358 ff.; vgl. *Sannwald*, in Schmidt-Bleibtreu/Klein (Hrsg.), GG, Art. 79 Rn. 33; *E.-W. Böckenförde*, NJW 1974, S. 1529 (1534 f.).

1053 *Luch*, Medienpersönlichkeitsrecht, S. 356 f.; *Schmitt Glaeser*, AöR 97 (1972), S. 60 (276 ff., 293 f.).

freiheit bewiese.[1054] Darüber hinaus sind allerdings keine Orientierungspunkte ersichtlich, die sich aus einer abstrakten und begründbaren Höherwertigkeit herleiten ließen.

4.3.1.2 Stellungnahme

Auf den ersten Blick erscheint eine pauschale Abstufung anhand abstrakter Höherwertigkeiten verfassungswidrig.[1055] Auf den zweiten Blick lassen sich jedoch durchaus Argumente finden, die für einen solchen Abwägungsmodus ins Feld geführt und deshalb zumindest diskutiert werden sollten.[1056]

Das Grundgesetz schützt die Freiheit des Einzelnen thematisch vielseitig und damit universell, indem spezielle Gewährleistungen formuliert werden (Grundrechte und Grundprinzipien).[1057] Eine hierarchische Struktur zwischen ihnen gibt es nicht; das Grundgesetz ist inhaltlich neutral.[1058] Diese systematische Auslegung schließt jedoch nicht grundsätzlich aus, dass sich aus den anderen zur Verfügung stehenden Auslegungsmethoden nicht doch eine höhere Wertigkeit einzelner Grundrechte oder gewisser Teilaspekte ergeben könnte.[1059] Hierfür spricht zum Beispiel, dass Art. 79 III GG eine klare Privilegierung zugunsten der Art. 1 und 20 GG erkennen lässt, indem sie der *„Verfassungsidentität"* zugerechnet werden und eine *„Ewigkeitsgarantie"* genießen.[1060] Damit wird die Inhaltsneutralität bereits abgeschwächt. Auch die unterschiedlich geregelte Einschränkbarkeit der Grundrechte spricht dafür, dass eine gewisse Bevorzugung nicht ausgeschlossen, sondern sogar beabsichtigt gewesen ist.[1061]

1054 Vgl. zur Wechselwirkungslehre und anderen Facetten dieses Aspekts Pkt. 3.4.

1055 *von Gerlach*, JZ 1998, S. 741 (750 f.); *Hillgruber/Schemmer*, JZ 1992, S. 946 (948 f.); *Lenski*, Massenkommunikation, S. 206 ff.; *Luch*, Medienpersönlichkeitsrecht, S. 355 ff.; *Scholz/Konrad*, AöR 123 (1998), S. 60 (102 ff.): auf abstrakter Höherwertigkeit basierende Abwägungsmechanismen werden zu Recht kontrovers beurteilt.

1056 *Schmitt Glaeser*, AöR 97 (1972), S. 60 (293 f.).

1057 *Lenski*, Massenkommunikation, S. 206.

1058 *Schulze-Fielitz*, in: Dreier (Hrsg.), GG, Art. 5 I, II Rn. 45; *Grimm*, NJW 1995, S. 1697 (1703 f.); *Wendt*, in: von Münch/Kunig (Hrsg.), GG, Art. 5 Rn. 2; *Vesting*, AöR 122 (1997), S. 337 (338 f., 350 ff.); vgl. *Hillgruber/Schemmer*, JZ 1992, S. 946 (948).

1059 *Luch*, Medienpersönlichkeitsrecht, S. 355 ff. (m.w.N., z.B. in Fn. 1852); *Schmitt Glaeser*, AöR 97 (1972), S. 60 (276 ff., 293 f.).

1060 *Luch*, Medienpersönlichkeitsrecht, S. 357 ff.; *Sannwald*, in: Schmidt-Bleibtreu/Klein (Hrsg.), GG, Art. 79 Rn. 32 ff.

1061 *Hillgruber/Schemmer*, JZ 1992, S. 946 (948 in Fn. 28); *Luch*, Medienpersönlichkeitsrecht, S. 374 f.; *Schmitt Glaeser*, AöR 97 (1972), S. 60 (276 ff., 293 f.).

Die Argumentation einer Privilegierung über Art. 79 III GG verfängt aber nur in eingeschränktem Maße. Die Menschenwürde kommt sowohl der Meinungsfreiheit als auch dem allgemeinen Persönlichkeitsrecht zugute (siehe oben). Bei einem graduellen Abwägungsprinzip nivellieren sich die auf dem „qualitätssteigernden" Art. 1 I GG basierenden Gewichtungselemente selbst dann, wenn sie im Einzelfall unterschiedlich stark betroffen sind, denn die Menschenwürde ist absolut unveräußerlich.[1062]

Anders verhält es sich bei der Kombination des Art. 79 III GG mit Art. 20 I, II GG und einer Bezugnahme auf den öffentlichkeitsrelevanten Diskurs. Dieses Höherwertigkeitselement stünde als Orientierungspunkt allerdings für sich alleine und würde einen Abstufungsbereich, der sich über weitere abstrakte Höherwertigkeiten definiert, nicht auffächern können. Die Höherwertigkeit bezieht sich auf den Diskurs als solchen, der allen zugute kommt (einzelnem Individuum und Gesellschaft als „Masse aller Individuen"). Der Regelungsbereich einer Abwägungsschiene würde auf eine einzige Stufe reduziert, sofern nur diese Höherwertigkeit betrachtet wird. Erschöpft sich der Anwendungsbereich eines Prinzips aber in einem einzigen Aspekt, dann besteht kein Mehrwert. Zudem ermöglicht das Element der Öffentlichkeitsrelevanz eine facettenreiche In-sich-Abschichtung und ist deshalb losgelöst vom Aspekt der abstrakten Höherwertigkeit getrennt zu begutachten.[1063] Die Art. 79 III, 20 I, II GG würden eine solche Abstufungsschiene jedenfalls legitimieren.

Darüber hinaus hat sich auch gezeigt, dass bei entsprechendem Verständnis des Art. 5 II GG keine Besonderheiten zugunsten des Rechts auf freie Meinungsäußerung bestehen.[1064] Dadurch lässt sich auch über die Einschränkbarkeit der hier untersuchten Grundrechte kein indizieller Vorrang herleiten.

4.3.1.3 Fazit

Eine graduelle Abwägung anhand abstrakter Höherwertigkeiten erscheint nicht durchführbar. Zwar weisen Menschenwürde und öffentlicher Diskurs einen herausragenden Stellenwert auf, allerdings kann daraus kein Bereich substanziiert werden, der zu einer Abstufung taugen würde. Vielmehr bildet die Menschenwürde die Substanz für ultimative Schlusspunkte. Die Öffentlichkeitswirkung könnte bei einer In-sich-Abschichtung hingegen eine eigene Abwägungsschiene darstellen.

1062 *Lenski*, Massenkommunikation, S. 209; *Luch*, Medienpersönlichkeitsrecht, S. 358.

1063 *Lenski*, Massenkommunikation, S. 223 f.; mehr dazu unter Pkt. 4.3.4, 4.4.4.

1064 Siehe Pkt. 3.4.

4.3.2 Sphärentheorie

Indem verschiedenen Verhaltensbereichen unterschiedliche Wertigkeiten im Rahmen der Abwägung zugeordnet würden, ließe sich ebenfalls ein graduelles und prüfungsleitendes Schema in den Abwägungsprozess einfügen.[1065]

4.3.2.1 Abstufungsmechanismus

Die Sphärentheorie stellt verallgemeinerungsfähige Abstufungen her, indem der Verhaltensraum des Individuums in Unterdomänen aufgeteilt wird (*Sphären*), die an unterschiedliche Wertigkeiten[1066] im Abwägungsprozess gekoppelt sind.[1067] Die Wertigkeiten können sowohl Richtung Persönlichkeitsrecht als auch Richtung Meinungsfreiheit tendieren. Sie bewegen sich zwischen den Extremen einer grundsätzlich nicht oder nur geringwertig geschützten „Öffentlichkeitssphäre" und einer grundsätzlich nicht oder nur in Ausnahmefällen antastbaren „Intimsphäre".[1068] Um den unantastbaren Persönlichkeitsinnenbereich[1069] gruppieren sich weitere Sphären wie konzentrische Kreise, wobei die „Öffent-

---

1065 Grundlegend zur Sphärentheorie: *K. Amelung*, NJW 1990, S. 1753 (1755 ff.); BGHZ 15, S. 249 (261); 36, S. 77 (80); 50, S. 133 (142); 73, S. 120 (124); 80, S. 25 (32); BVerfGE 27, S. 1 (6); 27, S. 344 (350 ff.); 35, S. 202 (220); 54, S. 208 (217 ff.); 80. S. 367 (373 ff.); 89, S. 69 (82 f.); 109, S. 279 (319); 119, S. 1 (29 f.); *Geis*, JZ 1991, S. 112 (113 ff.); *Gössel*, NJW 1981, S. 649 (655 f.); *Kube*, in: Isensee/Kirchhof (Hrsg.), HdStR, Bd. VII, § 148 Rn. 80; *Horn*, in: Isensee/Kirchhof (Hrsg.), HdStR, Bd. VII, § 149 Rn. 32 ff.; *Lenski*, Massenkommunikation, S. 199 ff., 242 ff.; *Luch*, Medienpersönlichkeitsrecht, S. 13 f., 42 ff.; *Scholz/Konrad*, AöR 123 (1998), S. 60 (64 ff.); *Schröder*, VerwArch 2010, S. 205 (217 f.); *Vogelgesang*, Selbstbestimmung, S. 42 ff.

1066 *Murswiek*, in: Sachs (Hrsg.), GG, Art. 2 Rn. 104 spricht von Sphären mit „verschieden starker Eingriffsresistenz".

1067 *Geis*, JZ 1991, S. 112 (113); *Horn*, in: Isensee/Kirchhof (Hrsg.), HdStR, Bd. VII, § 149 Rn. 32 f.; *Lenski*, Massenkommunikation, S. 199 f.; vgl. *Luch*, Medienpersönlichkeitsrecht, S. 13 f., 45 ff.; *Scholz/Konrad*, AöR 123 (1998), S. 60 (64 ff.); *Vogelgesang*, Selbstbestimmung, S. 42 ff.

1068 *Lenski*, Massenkommunikation, S. 199 f., 245 f.; *Luch*, Medienpersönlichkeitsrecht, S. 14, 45 ff.; vgl. *Horn*, in: Isensee/Kirchhof (Hrsg.), HdStR, Bd. VII, § 149 Rn. 33; *Scholz/Konrad*, AöR 123 (1998), S. 60 (64 ff.); *Vogelgesang*, Selbstbestimmung, S. 42 ff.; vgl. zur Abgrenzung dieses Kernbereiches *Geis*, JZ 1991, S. 112 (112 ff.).

1069 BVerfGE 6, S. 32 (41); 6, S. 389 (433); 27, S. 1 (6); 27, S. 344 (351); 54, S. 143 (146); 89, S. 69 (82 f.), jeweils m.w.N.; vgl. *Horn*, in: Isensee/Kirchhof (Hrsg.), HdStR, Bd. VII, § 149 Rn. 14.

lichkeitssphäre“ den am weitesten außen liegenden Ring bezeichnet.[1070] So stellt beispielsweise der Garten hinter dem eigenen Haus für das Individuum eine „Sphäre“ mit größerer Wertigkeit dar, als ein (teilweise) öffentliches Straßenfest in der Nachbarschaft, bei dem es Gast ist. Ein dort geführtes Gespräch wäre aber wiederum – sphärentheoretisch gesprochen – werthaltiger, als wenn sich zwei Bewohner eines Mietshauses am Bahnhof treffen und in der dortigen (absoluten) Öffentlichkeit „Smalltalk“ betrieben.

Als abstufendes Prinzip wird die Sphärentheorie wiederum funktionsfähig, indem der Bereich zwischen Öffentlichkeit und Intimität mit weiteren Kategorien angereichert wird, die den Abwägungsbereich nicht ultimativ festlegen, sondern im Einzelfall flexibel gesetzt und gewichtet werden können.[1071] Ausschlaggebend ist das Maß, mit dem sich der Grundrechtsträger mitsamt seiner Persönlichkeit in die Gesellschaft begibt und dort einen Anknüpfungspunkt hinterlässt (*Verhalten* beziehungsweise *Sozialbezug*).[1072] Entscheidet sich das Individum, ein Nachbarschaftsfest aufzusuchen (siehe oben), so entscheidet es sich auch dafür, mit anderen Individuen zu interagieren. Eindringungsfeste *Schlusspunkte* des Abwägungsprinzips („Öffentlichkeits-“ und „Intimsphäre“ für Art. 5 I 1 GG respektive die Art. 2 I, 1 I GG) werden mit disponiblen, im Einzelfall individuell zu gewichtenden und die Prüfung führenden *Orientierungspunkten* („Zwischensphären“) kombiniert.

Für ein Abwägungsprinzip, das auf einer Unterscheidung von Sphären basiert, ließe sich also folgender Leitsatz formulieren: Je stärker die Umstände des Einzelfalles in der unantastbaren Intimsphäre liegen oder davor liegende Orientierungspunkte verwirklichen, desto eher ist das allgemeine Persönlichkeitsrecht vorrangig; je deutlicher sich die Umstände des Einzelfalles hingegen in der nicht geschützten Öffentlichkeitssphäre oder davor liegenden Orientierungsbereichen bewegen, desto eher ist die Meinungsfreiheit vorrangig.[1073] Der Schutz des für alle hörbaren Smalltalks am Bahnhof ist mithin persönlichkeitsrechtlich weniger

---

1070 Nach *Luch*, Medienpersönlichkeitsrecht, S. 14, 45 ff.; vgl. *Götting*, in: Götting/Schertz/Seitz (Hrsg.), HdPR, § 1 Rn. 5.

1071 *Lenski*, Massenkommunikation, S. 245 f.; *Luch*, Medienpersönlichkeitsrecht, S. 45 ff.; mehr dazu unter Pkt. 4.4.2.

1072 *Lenski*, Massenkommunikation, S. 242 f.; BVerfGE 80, S. 367 (374); 109, S. 279 (319).

1073 Vgl. BVerfGE 89, S. 69 (82 f.); 119, S. 1 (29 f.); *Kube*, in: Isensee/Kirchhof (Hrsg.), HdStR, Bd. VII, § 148 Rn. 6; *Horn*, in: Isensee/Kirchhof (Hrsg.), HdStR, Bd. VII, § 149 Rn. 80; *Lenski*, Massenkommunikation, S. 242; *Schröder*, VerwArch 2010, S. 205 (218); *Vogelgesang*, Selbstbestimmung, S. 44; siehe *Dreier*, in: Dreier (Hrsg.), GG, Art. 2 I Rn. 62, der ebenfalls eine „allgemeine Abwägungsdirektive“ formuliert, die Unterscheidung nach Sphären aber als „zu schematisch“ verwirft.

schutzwürdig als die Diskussion von Eheproblemen im heimischen Wohnzimmer.

4.3.2.2 Stellungnahme

Das Abwägungsprinzip der Sphärentheorie wird unter anderem durch das Argument der Schutzbereichsverstärkung getragen.[1074] Gerade in Hinblick auf das allgemeine Persönlichkeitsrecht mit seiner Kombinationsmethodik[1075] ist der Rechtsposition umso eher im Rahmen der Abwägung der Vorzug einzuräumen, desto eher Bestandteile der Intimsphäre betroffen sind (siehe oben); diese wird wiederum durch Art. 1 I GG substanziiert und damit grundsätzlich abwägungsfest gemacht.[1076] Auch im Rahmen der Abwägung kann der Gedanke der Meistbetroffenheit also weiter verfolgt werden.[1077] Und auch wenn die Meinungsfreiheit nicht nach der Kombinationsmethodik mit Art. 1 I GG direkt verbunden ist, so lassen sich auch hier Bezüge zur Menschenwürde ausmachen, die – zusammen mit einer Bezugnahme auf den Wesensgehalt des Grundrechtes – ebenfalls einen unantastbaren Kern- und damit abwägungsfesten Schlusspunktbereich konstruieren.[1078]

Problematisch ist allerdings, dass die Bestimmung der Verhaltenssphären, vielleicht mit Ausnahme der Schlusspunktbereiche, im Grunde genommen beliebig erfolgt, so dass Unklarheiten und Abgrenzungsschwierigkeiten die Folge sind.[1079] Insbesondere ist es schwierig, die volle Komplexität natürlicher Persönlichkeit in einer schematischen Formel abzubilden.[1080] Dieser Vorwurf ist allerdings mehr in Bezug auf die Bestimmung des Schutzbereiches zutreffend; die Tauglichkeit, Tendenzen im Rahmen der Abwägung vorzugeben, ist hiervon nur eingeschränkt betroffen, da die Möglichkeit besteht, Einzelverbürgungen, Teilgehalte und sonstige Fragmente der Persönlichkeit und des allgemeinen Persön-

---

1074 *Geis*, JZ 1991, S. 112 (113); *Kahl*, Schutzergänzungsfunktion, S. 7, 12 ff.; *Murswiek*, in: Sachs (Hrsg.), GG, Art. 2 Rn. 62; weitere Ausführungen unter Pkt. 2.2.1.

1075 *Augsberg/Augsberg*, AöR 132 (2007), S. 539 (569); siehe Pkt. 2.2.1.2.

1076 *Horn*, in: Isensee/Kirchhof (Hrsg.), HdStR, Bd. VII, § 149 Rn. 32 f.; vgl. *Geis*, JZ 1991, S. 112 (112 f.) und BVerfGE 6, S. 32 (41); 27, S. 1 (6); 34, S. 238 (245).

1077 *Augsberg/Augsberg*, AöR 132 (2007), S. 539 (570) m.w.N.; siehe Pkt. 2.2.1.3.

1078 *Schmidt-Jortzig*, in: Isensee/Kirchhof (Hrsg.), HdStR, Bd. VII, § 162 Rn. 5 f.; *Lenski*, Massenkommunikation, S. 208; vgl. *Herzog*, in: Maunz/Dürig (Hrsg.), GG, Art. 5 I, II Rn. 6 f.; mehr dazu unter Pkt. 4.4.1; vgl. bereits Pkt. 3.2.

1079 *K. Amelung*, NJW 1990, S. 1753 (1755); *Vesting*, AöR 122 (1997), S. 337 (355 ff.); vgl. *Degenhart*, JuS 1992, S. 361 (364); *Lenski*, Massenkommunikation, S. 245 f. m.w.N. in Fn. 280; *Schröder*, VerwArch 2010, S. 205 (218).

1080 *K. Amelung*, NJW 1990, S. 1753 (1755); *Horn*, in: Isensee/Kirchhof (Hrsg.), HdStR, Bd. VII, § 149 Rn. 35, 74, 80.

lichkeitsrechts vorher zu identifizieren, im Rahmen der Gegenüberstellung der Rechtspositionen als auszugleichende Kollisionspositionen zu berücksichtigen und in dem sich anschließenden Abwägungsprozess entsprechend individuell zu gewichten.[1081] Durch Bestimmung der Teilöffentlichkeit und der konkret betroffenen Gehalte des Grundrechts lässt sich der Verhaltensraum sehr konkret bestimmen – daran kann die Bestimmung von Wertigkeiten explizit anknüpfen.

Dadurch kann auch dem Vorwurf entgegengetreten werden, dass das Individuum selbst in einer Öffentlichkeitssphäre nicht völlig schutzlos gestellt sein dürfe, weshalb die Sphärentheorie generell abzulehnen sei.[1082] Denn je nachdem, welche Einzelverbürgungen betroffen sind und bei der Aufstellung der Kollisionspositionen für die sich anschließende Abwägung festgehalten werden müssen, bestimmt sich die (Teil-) Öffentlichkeitssphäre, so dass ein vollständig Art. 5 I 1 GG zuzurechnender Schlusspunktbereich, mit einem Vorrang gegenüber dem Persönlichkeitsrecht, genau identifiziert werden kann. Dies wird deutlicher, wenn man sich vergegenwärtigt, dass der Begriff der Privatsphäre auch im Rahmen der Schutzbereichsbestimmung fruchtbar gemacht, nicht jedoch mit der Bedeutung im Abwägungsprozess gleichgesetzt werden kann.[1083] Problematisch erscheint jedoch eine Übertragung auf die Informationsgesellschaft und das Internet als Teilöffentlichkeit, die durch ihre internetbedingte Verwischung und Verbindung der Konturen zwischen den Verhaltensräumen einen Einheitsbereich schafft, in dem die Verortung von Wertigkeiten fraglich erscheint.[1084]

Ein Argument sowohl für die Begründung der Sphärentheorie als solcher als auch für die Abschichtung der konkreten Stufen lässt sich auch aus dem Charakter beider Kollisionspositionen als Interaktionsrechte herleiten.[1085] Für das ge-

---

1081 A.A.: *Horn*, in: Isensee/Kirchhof (Hrsg.), HdStR, Bd. VII, § 149 Rn. 35; *Horn* setzt sich jedoch nicht damit auseinander, dass bei einer doppelten Verhältnismäßigkeitsprüfung der Sphärenlogik durchaus wieder konsistent gefolgt werden kann. Allenfalls droht sie bei bestimmten Einzelverbürgungen zu versagen und müsste dort unanwendbar bleiben (ausführlicher das anschließende 5. Kap.).

1082 *Luch*, Medienpersönlichkeitsrecht, S. 50 ff., 56 ff. m.w.N.

1083 Hierzu Pkt. 2.4.2.

1084 *Vesting*, AöR 122 (1997), S. 337 (355 ff.); ausführlicher Pkt. 5.1.1; es ergeben sich Parallelen zum Recht auf informationelle Selbstbestimmung (siehe Pkt. 2.6.3); auch hier hätte eine Sphärenabschichtung nach Aussage des BVerfG so große Schwierigkeiten verursacht, dass auf eine Anwendung auf diese Einzelverbürgung verzichtet werden solle, vgl. *Horn*, in: Isensee/Kirchhof (Hrsg.), HdStR, Bd. VII, § 149 Rn. 35, 47.

1085 BVerfGE 80, S. 367 (374); 109, S. 279 (319); *Lenski*, Massenkommunikation, S. 215 f., 241 f.; hierzu Pkt. 2.2.2.4 für das allgemeine Persönlichkeitsrecht; Pkt. 3.2 für die Meinungsäußerungsfreiheit.

meinschaftsgebundene Individuum ist es zwangsläufig notwendig, sich gegenüber anderen Individuen in der Gesellschaft zu öffnen; je weiter diese Öffnung reicht, desto eher lässt sich ein geringerer persönlichkeitsrechtlicher Schutz dieser Verhaltensräume konstatieren.[1086] Dieser Sozialbezug gibt als Intensitätskriterium zumindest einen gewissen Aufschluss darüber, wie stark das Individuum notwendigerweise in „Sphären" befindlich ist, die einen besonders starken beziehungsweise nur abgeschwächten persönlichkeitsrechtlichen Schutz erfordern.[1087] Hierbei kommt der Sphärentheorie als Abwägungsprinzip gerade zugute, dass der Tendenzcharakter genügend Raum bietet, um den flexiblen Abwägungsbereich zwischen den Schlusspunkten einzelfallgerecht mit Orientierungspunkten zu bestücken.[1088] Darüber hinaus kann kombinatorisch auf andere Abwägungsschienen und -kriterien ausgewichen werden, wie beispielsweise das Vorverhalten des Betroffenen.[1089] In einer Gesamtschau lässt sich dadurch schon im Vorfeld des Einzelfalles die tendenzielle Richtung ablesen, die der Abwägungsprozess nehmen muss; gleichzeitig können die Besonderheiten des konkreten Einzelfalles berücksichtigt werden, so dass praktische Konkordanz gewährleistet werden kann.[1090]

4.3.2.3 Fazit

Eine Abstufung über Verhaltensräumen zugeordnete Sphären kann praktikabel, stabil und gleichzeitig flexibel, einzelfallgerecht und vor allem (verfassungs-) rechtlich legitimierbar vorgenommen werden. Das Funktionieren des Abwägungsprinzips hängt dabei entscheidend davon ab, welche Orientierungspunkte den Ausgleichsprozess zwischen den Abwägungsgrenzen leiten. Gerade in Bezug auf die Informationsgesellschaft, in der sich feste Verhaltensmuster aufzulösen beginnen, ist es fraglich, ob die Tauglichkeit des Abwägungsprinzips fortbestehen kann. Der Ansatz kann aber nicht schon deshalb verworfen werden, weil er eine Verallgemeinerung anstrebt; dies ist Sinn und Zweck einer jeden Regel und Norm und auch für ein Abwägungsprinzip nicht zuletzt aus Gründen der Rechtssicherheit und -klarheit erstrebenswert.

1086 *Lenski*, Massenkommunikation, S. 242 f.; *Luch*, Medienpersönlichkeitsrecht, S. 48.

1087 *Lenski*, Massenkommunikation, S. 242 f.; *Luch*, Medienpersönlichkeitsrecht, S. 50 ff.

1088 Krit. *Luch*, Medienpersönlichkeitsrecht, S. 50 ff. m.w.N.

1089 Hierzu Pkt. 4.4.4.3; vgl. *Luch*, Medienpersönlichkeitsrecht, S. 53.

1090 Vgl. *Horn*, in: Isensee/Kirchhof (Hrsg.), HdStR, Bd. VII, § 149 Rn. 73 f., 80; *Lenski*, Massenkommunikation, S. 245 f.; vgl. BVerfGE 34, S. 238 (248); 80, S. 367 (374); 109, S. 279 (314).

4.3.3 Wahrheit, (relative) Richtigkeit und Schlüssigkeit

Auch über Wahrheit, Richtigkeit und Schlüssigkeit auf der einen, beziehungsweise Unwahrheit, Falschheit und Unschlüssigkeit auf der anderen (Abwägungs-) Seite, könnte möglicherweise abgeschichtet werden.[1091]

4.3.3.1 Abstufungsmechanismus

Die Kommunikation von Individuen, die mit anderen Individuen der Gesellschaft interagieren und sich mit deren Anschauungen auseinandersetzen, ist auf das Streben nach Erkenntnis und (relativer) Richtigkeit des Diskurses ausgerichtet.[1092] Dementsprechend könnte eine Abwägungsschiene zwischen Art. 5 I 1 GG und den Art. 2 I, 1 I GG verlaufen, die eine Tendenz anhand des Wahrheits-, Richtigkeits- oder zumindest Schlüssigkeitsgrades aufzeigt.[1093] Unwahrheit ist im Meinungsbildungsprozess kein (dauerhaft) schützenswertes Gut; fraglich ist nur, an welchem Punkt und in welcher Weise sie aus dem Prozess ausscheidet (siehe oben).[1094]

Die Schlusspunkte lägen jedenfalls dort, wo evident wahre beziehungsweise evident unwahre Aussagen, das heißt Positionen, die stärker durch ihren objektiven Gehalt als durch das Überwiegen des subjektiven Momentes der Stellungnahme gekennzeichnet sind und deshalb als erwiesenermaßen falsch oder richtig gelten können, ein Abwägen verhindern.[1095] Abgeschwächte Intensitätsstufen dazwischen schaffen hingegen Orientierung im eigentlichen Abwägungsbereich. So könnten Orientierungspunkte dort gesetzt werden, wo Schlüssigkeit, Plausibilität und Authentizität zwar noch nicht dazu geführt haben, dass sicheres Wissen, Wahrheit und objektiv richtige Erkenntnis gewonnen werden konnten, sich der Kampf der Meinungen jedoch bereits in eine Richtung neigt beziehungsweise die subjektiv-wertende Auseinandersetzung zumindest sachliche Züge trägt.[1096] Die sogenannte Ausschwitzlüge (siehe oben) scheidet als evident un-

---

1091 Nach *Lenski*, Massenkommunikation, S. 202 ff., 212 ff.; siehe das BVerfG – teilweise allerdings in Bezug auf die Schutzbereichsbetroffenheit – in BVerfGE 85, S. 1 (16 f.); 90, S. 241 (247, 253 f.); vgl. *Vesting*, AöR 122 (1997), S. 337 (347 ff.).

1092 Siehe Pkt. 3.2.5.1.

1093 Nach *Lenski*, Massenkommunikation, S. 202 ff., 212 ff.; vgl. BVerfGE 85, S. 1 (17).

1094 BVerfGE 54, S. 208 (219); 61, S. 1 (6 ff.); 90, S. 241 (247); siehe die Ausführungen unter Pkt. 3.2.5, 3.3.

1095 *Lerche*, FS Schweizer, 1999, S. 45 (55 f.); mehr dazu unter Pkt. 4.4.3.

1096 *Lenski*, Massenkommunikation, S. 212 ff., die aber a.A. bzgl. der Tauglichkeit der Authentizität bzw. Sachlichkeit bei einer wertend-subjektiven Äußerung ist; siehe Pkt. 3.2.5.

wahre Behauptung somit beispielsweise sofort aus dem Ausgleichsprozess aus; der Schlusspunkt der Abwägung wird erreicht, bevor wirklich mit ihr begonnen wird.

Eine derartige Abwägung ist allerdings problematisch, da die Gefahr des Meinungsrichtertums besteht. Eine subjektive Anschauung darf gegenüber einer anderen keinen per se höheren Stellenwert besitzen.[1097] Dementsprechend darf die eigene Meinung als Position dem Betroffenen nicht zum Nachteil gereichen, auch nicht im Abwägungsprozess. Andernfalls droht ein affirmatives, nicht reflektierendes oder kritisierendes Meinungsklima.[1098] Dies wäre das Gegenteil dessen, was der Schutz der Meinungsfreiheit bezwecken will: Offener und freier Diskurs, der den Individuen selbst und der Gesellschaft dient. Wahrheit, (relative) Richtigkeit und Schlüssigkeit können also allenfalls insoweit gewichtet werden, als dass objektiv-faktische und subjektiv-wertende Elemente getrennt werden. Dies ist aber schwer durchführbar, da „der Begriff der Wahrheit [...] untrennbar [...] mit der Kategorie der Tatsachenbehauptung [verknüpft ist]“[1099]. Werden Tatsachen in Werturteile eingeflochten, ist diese Wahrheit schwer, aber auch nicht unmöglich zu erkennen. Eine Berücksichtigung im Abwägungsprozess ist zumindest vorstellbar. Er bietet nämlich genau die Möglichkeit, die der Schutzbereich der Meinungsfreiheit nicht bietet: Die Vermischung der Elemente zu einer Einheit beizubehalten und trotzdem punkutell zu berücksichtigen. Was zunächst paradox klingt, ist durchaus gangbar, da bestimmte Aussagebestandteile regelmäßig als „wahr“ oder „unwahr“, „richtig“ oder „falsch“, „plausibel“ oder „unschlüssig“ beurteilt werden und *punktuell* in die Abwägung als Gesamtprozess einfließen können. Denn der Orientierungspunkt kann flexibel auf der Schiene zwischen den Art. 5 I 1 und 2 I, 1 I GG bewegt werden.[1100] Orientierung bietet zum Beispiel eine schlüssig und plausibel geschaffene Grundlage für eine nachfolgende Äußerung, die sie gegenüber haltlosen Äußerungen abhebt. Dem stehen Äußerungen entgegen, die pauschal beleidigend oder unsachlich und rigoros aburteilend sind. Die derart gewichtbaren Bestandteile zeigen wiederum Tendenzen der gesamten Äußerung für den Abwägungsprozess auf, solange eine einzelfallgerechte Entscheidung offen bleibt.[1101]

1097 BVerfGE 54, S. 208 (219 f.); 61, S. 1 (8); 85, S. 1 (17).

1098 *Vesting*, AöR 122 (1997), S. 337 (347 ff.); mehr dazu unter Pkt. 4.3.4, 4.4.4.6.

1099 *Lenski*, Massenkommunikation, S. 213.

1100 *Lenski*, Massenkommunikation, S. 215 f.: Zur schwierigen Ermittlung der Richtigkeit und des Wahrheitsgehaltes; vgl. BVerfGE 54, S. 208 (220); das BVerfG spricht davon, dass keine übersteigerten Anforderungen an die Wahrheitspflicht gestellt werden können; vgl. *Vesting*, AöR 122 (1997), S. 337 (347 f.).

1101 A.A. *Lenski*, Massenkommunikation, S. 212 ff.

Ein prüfungsleitendes Abwägungsprinzip ließe sich dann in folgendem Leitsatz zusammenfassen: Mit zunehmender Plausibilität bis hin zu Wahrheit und (relativer) Richtigkeit steigt das Gewicht der objektiv beurteilbaren Elemente einer Aussage und damit der Meinungsfreiheit im Abwägungsprozess; bei abnehmender Schlüssigkeit bis hin zu Unwahrheit und Unrichtigkeit der Äußerungselemente ist tendenziell dem allgemeinen Persönlichkeitsrecht der Vorrang einzuräumen.[1102]

4.3.3.2 Stellungnahme

Der weite Schutzbereich des Art. 5 I 1 GG droht zulasten gleichwertiger Schutzbereiche anderer Grundrechte auszuufern. Eine Abschichtung nach Wahrheit, (relativer) Richtigkeit und Schlüssigkeit bietet die Möglichkeit für ein Korrektiv; die Ebene der Rechtfertigung den grundrechtsdogmatisch günstigsten Standort. Damit stünde es sowohl mit der normimmanenten Systematik des Art. 5 I 1 GG, die den *Prozesscharakter der Meinungsbildung* schützt, aber ein Korrektiv sucht, als auch mit der Systematik des Grundgesetzes als solchem, das von der Inhaltsneutralität der Grundrechte geprägt ist, im Einklang. Dies ist vor allem bei vermischten Äußerungen von Vorteil. Sie können inhaltlich punktuell *gewichtet* werden, ohne dass sie inhaltlich auch *getrennt* werden müssten. Damit würde Abgrenzungsschwierigkeiten bei der Unterscheidung von Werturteil und Tatsachenbehauptung vorgebeugt, was der Meinungsfreiheit und der Rechtssicherheit und -klarheit zuträglich wäre. Es müsste zu keiner grundsätzlichen Versagung des Schutzbereiches und damit einhergehenden, den ganzen Meinungsbildungsprozess in Mitleidenschaft ziehenden Absenkung des Schutzstandards kommen. Eine einzelfallgerechte Berücksichtigung und Gewichtung objektiv-faktischer Elemente einer Aussage – sofern sie im Einzelfall realisierbar ist – ermöglicht, dass die Äußerung in ihrer ganzen Komplexität als Orientierungspunkt eingebracht und auf der Abwägungsschiene individuell, flexibel und den gesamten Umständen entsprechend verortet werden könnte.[1103]

1102 BVerfGE 85, S. 1 (17); 97, S. 391 (402); *Lenski*, Massenkommunikation, S. 216, 296, die allerdings konstatiert, dass eine solche Tendenzregelung nur den Art. 2 I, 1 I GG zugute kommen könnte; dies widerspräche allerdings der Gleichwertigkeit der Rechtspositionen im Abwägungsprozess, der grundsätzlich in beide Richtungen offen gehalten werden muss, und schränkt die Möglichkeit, zu einem einzelfallgerechten Ergebnis zu kommen, einseitig ein.

1103 Vgl. *Lenski*, Massenkommunikation, S. 213 ff. Dadurch wird der Schwierigkeit vorgebeugt, dass sich Wahrheit und Richtigkeit nur schwer zweifelsfrei feststellen lassen (sog. Relativität der Wahrheit, vgl. Pkt. 3.2.5.1); fortbestehenden Zweifeln könnte bei einer Subsumtion als flexibel gewichtbarer Orientierungspunkt dadurch

Problematisch ist auch, dass eine Kommunikation nicht zwangsläufig über ausformulierte Äußerungen ablaufen muss.[1104] Wird beispielsweise visuell kommuniziert, so kann dem Inhalt nur schwer allein deswegen Richtigkeit, Wahrheit oder Plausibilität attestiert oder abgesprochen werden.[1105] Dem ist allerdings entgegen zu halten, dass faktische Kommunikationsbestandteile, wie zum Beispiel Fotografien, erst mithilfe von Umschreibungen oder sonstigen Bezugnahmen in einen kommunikativen Gesamtzusammenhang eingebettet werden müssen, der dem Ganzen wiederum einen subjektiv-wertenden beziehungsweise objektiv-faktischen Charakter gibt.[1106] Die vermischte Äußerung ist dann durchaus für die Abwägungsschiene der Schlüssigkeit, Wahrheit und Richtigkeit zugänglich. Berührt ein Bildnis per se den Persönlichkeitsschutz des Betroffenen, kann zumindest über die Authentizität graduell gewichtet werden.[1107]

Durch die Interaktionsoffenheit *beider* Grundrechtsverbürgungen wird außerdem indiziert, dass das Individuum an objektiven, personenbezogenen Aussagen zu vertreten hat, was es eigenverantwortlich geäußert hat beziehungsweise ihm aufgrund einer solchen Äußerung berechtigterweise zugerechnet werden kann.[1108] Dementsprechend sind Personen zugeschriebene Falschinformationen weniger schutzwürdig als Informationen, die den Personen korrekterweise als Folgen ihres Handelns zugeschrieben werden können. Dies kann sogar so weit reichen, dass der Einzelne zum bloßen Objekt einer nicht mit der Wirklichkeit übereinstimmenden Kommunikation degradiert wird, was eine Verletzung des Menschenwürdegehaltes des allgemeinen Persönlichkeitsrechtes darstellen würde und einen Schlusspunkt zugunsten des allgemeinen Persönlichkeitsrechtes darstellen könnte.[1109]

4.3.3.3 Fazit

Unterstellt, die einzellfallabhängigen Schwierigkeiten bezüglich einer Allokation objektiv-faktischer und demnach objektiv gewichtbarer Elemente einer Gesamtäußerung können überwunden werden, erscheint ein auf Richtigkeits-,

---

Rechnung getragen werden, dass die Gewichtung im Verhältnis zu den Zweifeln abgeschwächt wird.

1104 Nach *Lenski*, Massenkommunikation, S. 213 ff.

1105 *Lenski*, Massenkommunikation, S. 213 ff.

1106 *Lenski*, Massenkommunikation, S. 213 ff.

1107 *Lenski*, Massenkommunikation, S. 214.

1108 Siehe hierzu auch Pkt. 4.3.4.

1109 *Lenski*, Massenkommunikation, S. 216; vgl. Pkt. 2.2.2.1; siehe zur Menschenwürde als Schlusspunkt einer personenbezogenen objektiven oder wertend-subjektiven Äußerung Pkt. 4.4.3.

Wahrheits- beziehungsweise Schlüssigkeitserwägungen basierendes Abwägungsprinzip durchaus realisierbar. Die Schlusspunkte lägen dort, wo der Würde- und Wesensgehalt der Kollisionspositionen durch die evident und erwiesenermaßen feststehende (Un-) Richtigkeit verletzt wird, und das Abwägungsergebnis feststünde. In einem Fall wie der Auschwitzlüge wäre die Abwägungsentscheidung somit „vorprogrammiert". Allerdings würde die Aussage nur so überhaupt in den Abwägungsprozess einfließen und könnte beispielsweise zur Negativabgrenzung dienen. Im Orientierungsbereich zwischen diesen Extremen hängt die Praktikabilität davon ab, ob sich punktuell Elemente aus der Äußerung entnehmen lassen, die gewichtet werden können. Subjektiv-wertende Anschauungen und Positionen dürfen nicht aufgelöst und zulasten des Äußernden gewichtet werden (*Gefahr des Meinungsrichtertums*). Gelänge es, hiervon objektiv-faktische Elemente abzusondern, so gelänge auch das Aussondern von Falschaussagen aus dem Meinungsbildungsprozess und die Substanziierung von Orientierungspunkten auf der Abwägungsschiene. Der Sinn und Zweck des Meinungsbildungsprozesses, der auf (relative) Richtigkeit ausgerichtet ist, würde jedenfalls gefördert.

4.3.4 Auswirkungen auf und durch die Öffentlichkeit(en)

Gerade in Hinblick auf den Wandel der Öffentlichkeit[1110], sowie die Bedeutung[1111] von Kommunikationsprozessen für diese Öffentlichkeit, erscheint die Entwicklung eines Abwägungsprinzips vielversprechend, das die Auswirkungen der Abwägung auf ihre Umgebung sowie auch umgekehrt, durch die Umgebung auf die den Abwägungsprozess konstituierenden Faktoren, untersucht.[1112 / 1113] Durch diesen wechselseitigen Bezug beider Kollisionspositionen zur Öffentlich-

---

1110 Siehe Pkt. 2.6.4.3.

1111 Siehe Pkt. 3.2.4-5.

1112 *Beater*, ZUM 2005, S. 602 (603); *Vesting*, AöR 122 (1997), S. 337 (339, 350 ff., insbes. 361 ff.) m.w.N.; vgl. *Grimm*, NJW 1995, S. 1697 (1703 f.); *Halfmeier*, AfP 2004, S. 417 (419 ff.); *Lerche*, FS Schweizer, 1999, S. 45 (49 ff.); *Schröder*, VerwArch 2010, S. 205 (214 ff., insbes. 216); krit. ist bspw. *Luch*, Medienpersönlichkeitsrecht, S. 397 ff.

1113 Die Abwägungsschiene könnte auch unter den Begriffen „Öffentlichkeitsrelevanz", „öffentlichess Interesse" bzw. „die Öffentlichkeit wesentlich berührende Frage" firmieren; diese Begriffe intendieren aber einen Vorrang der Meinungsfreiheit und sollten vermieden werden: BVerfGE 7, S. 198 (212); 61, S. 1 (11); 66, S. 116 (139); *Schmidt-Jortzig*, in: Isensee/Kirchhof (Hrsg.), HdStR, Bd. VII, § 162 Rn. 11; krit. *Vesting*, AöR 122 (1997), S. 337 (350).

keit wird ein umfassendes Abwägungsprinzip abseits einer unzulässigen Per-se-Privilegierung möglich.[1114]

4.3.4.1 Abstufungsmechanismus

Zur Funktionsfähigkeit eines auf Öffentlichkeitsgesichtspunkten beruhenden Abwägungsprinzips trägt entscheidend die Interaktionsoffenheit beider Rechtspositionen bei.[1115] Wie sich gezeigt hat, kann nicht von einem gegensätzlichen Verhältnis der beiden Grundrechtsverbürgungen ausgegangen, sondern muss eine integrierende Sichtweise eingenommen werden.[1116] Durch die brückenartige Verbundenheit der Kollisionspositionen, die sich durch eine vom fragmentierten Teilbereich der Öffentlichkeit abhängige Einbettung des allgemeinen Persönlichkeitsrechtes in dieselbe ausdrückt, wird ein abstraktes Abwägungsprinzip auf eben dieser brückenartigen Abwägungsschiene der Öffentlichkeit möglich und sinnvoll, dessen Abwägungsstufen anhand der Intensität dieser Einbettung zu bestimmen sind.[1117]

Dabei werden im Grunde genommen drei Akteure in den Abwägungsprozess eingebunden:[1118] Der von der Äußerung betroffene Grundrechtsträger der Art. 2 I, 1 I GG, der sich im Rahmen der Meinungsfreiheit nach Art. 5 I 1 GG äußernde Grundrechtsträger sowie die beidseitig betroffene Öffentlichkeit, das heißt die Gemeinschaft anderer Individuen. Da es sich bei der Abwägung allerdings um den Ausgleich der Rechtsinteressen der Grundrechtsträger durch Herstellung praktischer Konkordanz handelt, sind die (mittelbaren) Interessen der Öffentlichkeit auf der Abwägungsschiene zugunsten der in Stellung gebrachten Kollisionspositionen zu integrieren, sofern sie zugleich Relevanz für eine der Kollisionspositionen aufweisen.

Die Abstufung eines auf Öffentlichkeitsgesichtspunkten basierenden Abwägungsprinzips funktioniert maßgeblich über die auf der Schiene zu platzierenden Schluss- und Orientierungspunkte. Diese sind, da nicht anhand der inhaltlichen Wertigkeit einer Aussage abgeschichtet werden darf,[1119] an der *Intensität der Öffentlichkeitswirkung* für die jeweilige Kollisionsposition und dem *Handeln*

1114 *Vesting*, AöR 122 (1997), S. 337 (351); *Grimm*, NJW 1995, S. 1697 (1703 f.).

1115 Hierzu Pkt. 2.2.2.4, 3.2; vgl. *Vesting*, AöR 122 (1997), S. 337 (350 ff.).

1116 Hierzu Pkt. 2.7, 3.5.

1117 Vgl. *Grimm*, NJW 1995, S. 1697 (1703 f.); *Vesting*, AöR 122 (1997), S. 337 (351).

1118 *Vesting*, AöR 122 (1997), S. 337 (351).

1119 *Halfmeier*, AfP 2004, S. 417 (419 f.); *Lenski*, Massenkommunikation, S. 223; *Lerche*, FS Schweizer, 1999, S. 45 (52 ff.); *Schmitt Glaeser*, AöR 97 (1972), S. 60 (293); *Vesting*, AöR 122 (1997), S. 337 (340).

des betroffenen Grundrechtsträgers auszurichten.[1120] Die sich daraus ergebenden Punkte (*exogene Wertigkeitsfaktoren*[1121]) weisen die Besonderheit auf, dass sie nicht zwangsläufig den Schaden oder Nutzen *einer* Kollisionsposition intendieren müssen. So ist es möglich, dass ein exogener Wertigkeitsfaktor, wie beispielsweise das *Verhalten der am Kollisionsgeschehen Beteiligten*[1122], in einem Kollisionsfall für einen Vorrang der Art. 2 I, 1 I GG spricht, wohingegen es in einem anderen Kollisionsfall für den Vorrang des Art. 5 I 1 GG spricht. Dabei arbeitet es trotz unterschiedlicher Subsumtion in beiden Situationen nach der gleichen Funktionsweise. Die Schlusspunkte des Prinzips sind folgerichtig dort zu verorten, wo die Intensität derart starke Ausmaße annimmt, dass die Auswirkungen für oder durch die Öffentlichkeit ultimative Züge tragen.[1123] Hier ist die Tendenz in Richtung eines bestimmten Grundrechtes klar.

Ein Abwägungsprinzip, das sich der Öffentlichkeit der Gesellschaft zur inhaltlichen Ausgestaltung bedient und über die Intensität der Einwirkung abschichten würde, muss aus *zwei kumulativ anzuwendenden Komponenten* aufgebaut sein, um dem Dreiecksverhältnis einer öffentlichkeitsbasierten Abwägungsschiene Rechnung zu tragen, funktionsfähig und präzisierend statt pauschalisierend zu sein:

Erstens einer das *Außenverhältnis* berücksichtigenden Komponente, die den Öffentlichkeitsbezug beider Rechtspositionen widerspiegelt und die wie folgt formuliert werden könnte: Je intensiver die persönlichkeitsrechtsverletzenden Einwirkungen auf das Individuum durch das Interesse der Öffentlichkeit verstärkt werden, desto eher ist die Auflösung der Kollisionslage zugunsten des allgemeinen Persönlichkeitsrechts vorzunehmen; je stärker die Äußerungen zur persönlichkeitsrechtlichen Entfaltung der involvierten Individuen in der Gesellschaft beitragen oder von anderweitigem Nutzen für die Gesellschaft als solche und deren Meinungsbildungs- und Kommunikationsprozesse sind, desto eher ist der Meinungsfreiheit Vorrang einzuräumen.[1124]

1120 *Lerche*, FS Schweizer, 1999, S. 45 (49 ff.); *Schmitt Glaeser*, AöR 97 (1972), S. 60 (293); siehe auch *Beater*, ZUM 2005, S. 602 (604); vgl. *Lenski*, Massenkommunikation, S. 225 f.; *Lerche* erkennt (S. 50), dass sich endogene Wertigkeiten aufgrund ihrer gleichwertigen Bedeutung bei einer Gegenüberstellung nivellieren würden – für die Auflösung einer Kollisionslage wäre dies wenig hilfreich.

1121 Im Gegensatz zu sog. „endogenen Wertigkeitsfaktoren“, die die inhaltliche Wertigkeit umschreiben, die jedes Individuum nur für sich selbst bestimmen kann: *Lenski*, Massenkommunikation, S. 225 f.

1122 Mehr dazu unter Pkt. 4.4.4.2-3.

1123 Hierzu Pkt. 4.4.4.1, 4.4.4.6.

1124 *Beater*, ZUM 2005, S. 602 (603 m.w.N.); vgl. ähnlich, wenn auch (teilweise) in Bezug auf eine Vermutungsregel für den einseitigen und so nicht verallgemeinerungsfähigen

Zweitens einer das *Innenverhältnis* berücksichtigenden Komponente, die auf das individuelle Verhalten der am Kollisionsgeschehen beteiligten Grundrechtsträger abstellt und die wie folgt lauten könnte: Je stärker der von der Äußerung Betroffene selbst durch sein Verhalten dazu beigetragen hat, dass die Öffentlichkeit die Persönlichkeitsrechtsverletzung fördert, desto schwerer ist die Meinungsfreiheit zu gewichten; je stärker das Verhalten des Betroffenen dazu gedacht war, seine Persönlichkeit in der Öffentlichkeit bestmöglich zu schützen und je weniger die ihm zur Verfügung stehenden (Selbstschutz-) Möglichkeiten dies effektiv und effizient gestatteten, desto stärker ist das allgemeine Persönlichkeitsrecht zu gewichten.[1125]

4.3.4.2 Stellungnahme

Das Demokratieprinzip der Art. 79 III, 20 I, II GG legitimiert eine Abschichtung basierend auf der Öffentlichkeitswirkung (siehe oben).[1126] Das Grundgesetz gibt jedoch keinen Aufschluss darüber, *was* am besonders schutzwürdigen öffentlichen Diskurs besonders schwer wiegen soll.[1127] Auch „belanglose Inhalte" sind grundsätzlich schutzwürdig und können ein enormes öffentliches, vor allem breitenwirksames Interesse wecken.[1128] Zum Beispiel wertende Stellungnahmen zu sportlichen Massenveranstaltungen wie beispielsweise Fußballspielen.[1129]

Vorrang einer Kollisionsposition: *Scholz/Konrad*, AöR 123 (1998), S. 60 (102); *Lerche*, FS Schweizer, 1999, S. 45 (49 ff. m.w.N., insbes. S. 49); *Schröder*, VerwArch 2010, S. 205 (217); siehe BGH, NJW 96, S. 1138 (1130) und BVerfGE 20, S. 162 (178); vgl. *Vesting*, AöR 122 (1997), S. 337 (362 ff.), der die Intensität an fragmentierte Öffentlichkeiten koppelt.

1125 Der Aspekt, dass derjenige, der sein Privatleben freiwillig und umfangreich selbst publik macht, eine intensivere Auseinandersetzung in der Öffentlichkeit zu erdulden hat, ist grundsätzlich anerkannt: *Beater*, ZUM 2005, S. 602 (609); *Halfmeier*, AfP 2004, S. 417 (421); *Vesting*, AöR 122 (1997), S. 337 (367 ff.).

1126 *Grimm*, NJW 1995, S. 1697 (1703 f.); *Lenski*, Massenkommunikation, S. 223 f.; *Vesting*, AöR 122 (1997), S. 337 (351); vgl. *Beater*, ZUM 2005, S. 602 (603); zumindest krit., wenn auch eher in Bezug auf eine grundlegende Vermutungsformel, ist *Ossenbühl*, ZUM 1999, S. 505 (505 ff., insbes. 509 ff.); a.A. bzgl. der verfassungsrechtlichen Legitimierbarkeit ist *Luch*, Medienpersönlichkeitsrecht, S. 397 ff.

1127 *Beater*, ZUM 2005, S. 602 (603 f.); *Schröder*, VerwArch 2010, S. 205 (216).

1128 Vgl. BVerfGE 30, S. 336 (347); 33, S. 1 (14); 42, S. 163 (171); 61, S. 1 (8 f.); 71, S. 162 (179); 85, S. 1 (14 f.); 90, S. 241 (247); 93, S. 266 (289); 94, S. 1 (8); vgl. *Halfmeier*, AfP 2004, S. 417 (419 f.); *Schulze-Fielitz*, in: Dreier (Hrsg.), GG, Art. 5 I, II Rn. 62; *Bethge*, in: Sachs (Hrsg.), GG, Art. 5 Rn. 29; *Vesting*, AöR 122 (1997), S. 337 (340).

1129 Vgl. *Beater*, ZUM 2005, S. 602 (606 f.); *Halfmeier*, AfP 2004, S. 417 (419).

Der weite Schutzbereich der Meinungsfreiheit zeigt jedenfalls auf, dass der Wert von Äußerungen als *Position* ausschließlich von den Individuen selbst und subjektiv beurteilt werden soll (siehe oben).[1130] Deshalb kann die besondere Bedeutung nur dem Meinungsbildungs*prozess* als solchem zukommen. Demzufolge ist ein auf die Auswirkungen für und durch die Öffentlichkeit Bezug nehmendes Abwägungsprinzip nur realisierbar, wenn Elemente des Öffentlichkeitsbezuges konsultiert werden, die eine unzulässige Bewertung der meinenden Stellungnahme vermeiden (*exogene Wertigkeitsmerkmale*, siehe oben).[1131]

Ähnlich wie bei der unterschiedlichen Gewichtung von wertend-subjektiven und objektiv-faktisch Elementen einer Äußerung (siehe oben), bedarf es der Differenzierung nach exogenen und endogenen Merkmalen der Öffentlichkeitsaus- oder -einwirkung. Beim öffentlichen Kommunikationsprozess können die *inhaltlich neutralen Faktoren* für die Abwägung genutzt und gewertet werden; solche Bestandteile des Meinungsbildungs- und Kommunikationsprozesses, die nicht das individuelle Substrat einer Äußerung betreffen und unter dem Deckmantel der Öffentlichkeitswirkung unzulässigerweise qualitativ bewerten, sondern Aspekte der *Äußerungsumgebung*.[1132] Hierbei kann es sich beispielsweise um das Verhalten der Grundrechtsträger bei Entäußerung des Inhaltes oder den Zeitmoment einer in die Gesellschaft entäußerten Aussage handeln (mehr dazu unter Punkt 4.4.4).

Die Art. 79 III, 20 I, II (Demokratieprinzip) GG sprechen dafür, dass anhand des herausragenden Merkmals des öffentlichen Interesses abgewogen werden *sollte*, während die Unterscheidung der exogenen Wertigkeitsmerkmalen von den für eine Abschichtung untauglichen endogenen Merkmalen dafür spricht, dass auch verfassungskonform abgewogen werden *könnte*. Dafür spricht auch die Struktur beider Kollisionspositionen: Sowohl das allgemeine Persönlichkeitsrecht als auch die Meinungsäußerungsfreiheit sind auf einen Öffentlichkeitsbezug angewiesen und durch diesen miteinander verbunden (*Interaktionsoffenheit*). Aus systematischen Gründen drängt sich eine Abschichtung, die diese Schnittstelle mit Orientierungspunkten versieht, geradezu auf. Dies würde auch dazu beitragen, Rechtsunsicherheiten auf dem abstrakten und weitläufigen Feld

---

1130 Vgl. *Halfmeier*, AfP 2004, S. 417 (419 f.); *Lenski*, Massenkommunikation, S. 223 ff.; *Lerche*, FS Schweizer, 1999, S. 45 (51 ff.); *Schmitt Glaeser*, AöR 97 (1972), S. 60 (293); es muss „individuelle Beliebigkeit“ herrschen (*Schmitt Glaeser* a.a.O.); a.A. scheint *Beater*, ZUM 2005, S. 602 (603 ff.) zu sein, der qualitative Abschichtungen des Öffentlichkeitsinteresses in Betracht zieht; aufgeschlossener für inhaltliche Wertungen ist *Lenski* a.a.O.

1131 Vgl. *Beater*, ZUM 2005, S. 602 (603 f.); *Lenski*, Massenkommunikation, S. 225 f.

1132 Vgl. *Lenski*, Massenkommunikation, S. 225 f.; *Beater*, ZUM 2005, S. 602 (603 ff.), der in inhaltlicher Hinsicht spektischer ist.

der Öffentlichkeitswirkung einzudämmen. Es erscheint außerdem überzeugend, das Verhältnis von Privatem und Öffentlichem, beziehungsweise vielmehr der einzelnen Persönlichkeit *in* der Öffentlichkeit, über das Verhalten dieser Persönlichkeit weiter zu konkretisieren.[1133] Die Auswirkungen auf die Öffentlichkeit und durch die Öffentlichkeit hängen im Wesentlichen vom Verhalten des Individuums ab.[1134] Zwar haben auch die Verhaltensweisen anderer Individuen und sonstige Faktoren Einfluss auf den öffentlichen Diskurs, jedoch kann nur das Verhalten des betroffenen Individuums und dessen Auswirkungen unter Wahrung der Rechtsklarheit als Punkt zur Anknüpfung von Rechtsfolgen herangezogen werden. Dies gilt insbesondere dann, wenn dem betroffenen Individuum effektive Selbstschutzmöglichkeiten zur Verfügung stehen.[1135] Die Unbeeinflussbarkeit vieler Faktoren der konkreten Konfliktsituation kann bei einem zweigeteilten Abstufungsprinzip des Weiteren dadurch berücksichtigt werden, dass sie in Verhältnis zu den Auswirkungen für den Einzelnen auf der einen beziehungsweise die Gesellschaft auf der anderen Seite gesetzt werden, womit Einzelfallgerechtigkeit und Verhältnismäßigkeit für die konkrete Abwägungsentscheidung sicher gestellt werden können.

Problematisch ist allerdings, dass der Begriff der Öffentlichkeit stark von der jeweiligen Kommunikationsumgebung abhängt (*Fragmentierung der Öffentlichkeit*[1136]). Dies stellt den oben beschriebenen Abwägungsmechanismus in seinen beiden Komponenten vor Schwierigkeiten, weil die Intensität der Öffentlichkeitswirkung unterschiedlich bestimmt werden müsste.[1137] Informationsgesellschaft und Internet weisen beispielsweise signifikante Unterschiede zu anderen Öffentlichkeitsbereichen auf (siehe oben). Dies betrifft sowohl die Intensität der Persönlichkeitsbeeinträchtigung als auch die Frage des Verhaltens der Betroffenen. Legt man fragmentierte Öffentlichkeiten für die jeweiligen Kommunikationsbereiche zugrunde, so sind die Auswirkungen von und durch die Öffentlichkeit nicht mehr einheitlich feststellbar, da sich das ansonsten homogene

---

1133 *Beater*, ZUM 2005, S. 602 (609 m.w.N.); *Halfmeier*, AfP 2004, S. 417 (421); *Vesting*, AöR 122 (1997), S. 337 (367 ff.).

1134 *Beater*, ZUM 2005, S. 602 (609 m.w.N.); *Vesting*, AöR 122 (1997), S. 337 (367 ff.).

1135 *Vesting*, AöR 122 (1997), S. 337 (367 ff.); *Beater*, ZUM 2005, S. 602 (609) betont, dass es jedem frei steht, die Öffentlichkeit zu meiden; kritisch wird es, wenn ihm diese Möglichkeit nicht zur Verfügung steht.

1136 *Ladeur*, AfP 1993, S. 531 (531 ff., insbes. 535); *Schröder*, VerwArch 2010, S. 205 (216 m.w.N. in Fn. 77); *Vesting*, AöR 122 (1997), S. 337 (352 ff.); vgl. *Luch*, Medienpersönlichkeitsrecht, S. 402 ff.; siehe hierzu auch Pkt. 2.6.4.3.

1137 *Beater*, ZUM 2005, S. 602 (603 f.); *Ladeur*, AfP 1993, S. 531 (531 ff., insbes. 535); *Schröder*, VerwArch 2010, S. 205 (216); krit. *Luch*, Medienpersönlichkeitsrecht, S. 402 ff., 435 f.

Bild zersplittert.[1138] Dem könnte dadurch begegnet werden, dass die einzelnen Öffentlichkeitsfragmente gesondert ausdifferenziert werden.[1139] Zum Beispiel, indem eine getrennte Betrachtung des Öffentlichkeitsbereiches der Informationsgesellschaft vorgenommen wird (siehe unten). Die Gefahr der Zersplitterung und Konturlosigkeit würde sich dann in den Vorteil einer Präzisierung umkehren.[1140] Dies ist auch unter dem Gesichtspunkt notwendig, dass eine Außenverhältniskomponente (siehe oben), die den Einfluss auf und durch die gesamte, nicht-fragmentierte Öffentlichkeit abbilden will, ohne Bezugnahme auf spezielle Öffentlichkeitsteilbereiche zu pauschalisierend wirken und das komplexe Verhältnis der Persönlichkeit *in* der Öffentlichkeit wieder auf die Dichotomie öffentlich versus privat verengen würde, selbst wenn sie durch die kumulativ hinzutretende Innenkomponente konkretisiert würde.[1141]

4.3.4.3 Fazit

Bereits Wortlaut und Systematik des Grundgesetzes, basierend auf den Art. 79 III, 20 I, II GG (Demokratieprinzip), erfordern eine besondere Behandlung des öffentlich geführten, die Demokratie belebenden und stärkenden Diskurses. Darauf kann eine Abwägungsschiene basieren. Um gegenüber wertend-subjektiven Inhalten neutral zu sein, sind nur exogene Wertigkeitsfaktoren des Öffentlichkeitseinflusses im Abwägungsprozess zuzulassen. Unabhängig von der nur subjektiv messbaren, endogenen Wertigkeit, lässt sich so ein aus einer Innen- und einer Außenkomponente bestehendes Abwägungsprinzip erstellen, das die Öffentlichkeit als Abwägungsmaßstab zu beiden Kollisionspositionen hin öffnet. Dabei ist die Beeinflussung *durch* und die Beeinflussung *der* Öffentlichkeit in punkto Intensität der Einwirkung als solcher (*Außenverhältniskomponente*) und Intensität des zurechenbaren Verhaltens in der Öffentlichkeit (*Innenverhältniskomponente*) zu betrachten. Schwierigkeiten in Bezug auf die Handhabung des abstrakten und weitläufigen Tatbestandsmerkmals der Öffentlichkeit

---

1138 *Ladeur*, AfP 1993, S. 531 (531 ff., insbes. 535); vgl. *Vesting*, AöR 122 (1997), S. 337 (339, 352 ff., 362); *Lenski*, Massenkommunikation, S. 224 f.; krit. *Luch*, Medienpersönlichkeitsrecht, S. 402 ff., 435 f.

1139 *Ladeur*, AfP 1993, S. 531 (531 ff., insbes. 535); *Schröder*, VerwArch 2010, S. 205 (216 m.w.N. in Fn. 77); *Vesting*, AöR 122 (1997), S. 337 (339, 352 ff., 362 ff.).

1140 *Vesting*, AöR 122 (1997), S. 337 (339, 352 ff., 362 ff.); a.A. wohl *Luch*, Medienpersönlichkeitsrecht, S. 402 ff. (insbes. 408 und 435 f.), die die Abgrenzungsschwierigkeiten im Bereich der fragmentierten Öffentlichkeiten für unüberwindbar hält.

1141 Vgl. *Beater*, ZUM 2005, S. 602 (603 f.).

können dadurch vorgebeugt werden, dass einzelne Fragmente gesondert betrachtet werden (zum Beispiel das Internet; mehr dazu im fünften Kapitel).

4.3.5 Zusammenfassung und Beurteilung der Tauglichkeit

Bei der Untersuchung der graduellen Abwägungsprinzipien hat sich gezeigt, dass letztendlich nur drei der begutachteten Modelle tauglich sind. Auf abstrakten Höherwertigkeiten kann kein grundlegendes Abwägungsprinzip beruhen. Der beiden Grundrechten innewohnende Würde- und Wesensgehalt substanziiert jedoch die Grenzbereiche des Abwägungsfeldes; die herausragende Bedeutung des öffentlichen Meinungsbildungsprozesses überzeugt als Abwägungsmethode mit eigenständigem Innenbereich. Darüber hinaus haben sich die Abschichtung verschiedener Verhaltenssphären und die Abstufung anhand des Wahrheits-, Richtigkeits- beziehungsweise Schlüssigkeitsgehaltes als gangbare Wege erwiesen. Die Funktionalität der abstrakten Ansätze wird dadurch bestimmt, dass sie durch spezielle Orientierungs- und Schlusspunkte konkretisiert werden. Die Abwägungsprinzipien geben Leitlinien und Orientierungsmaßstäbe vor, deren weitläufiger Spielraum den Maßstab bestimmt, in dessen Rahmen der Konfliktfall gelöst werden muss. Die im Innenbereich zu verortenden Orientierungs- und Schlusspunkte verdichten diesen Spielraum zu einem Kriteriengerüst, das mehr Rechtssicherheit und Vorhersehbarkeit herbeiführt, ohne die Einzellfallgerechtigkeit durch fehlende Flexibilität zu gefährden. Dies gilt insbesondere für das Abwägungsfeld der Informationsgesellschaft und des Internets, deren besondere Kriterien sich in ein solches Schlusspunktmodell einfügen lassen (Kapitel fünf).

4.4 Abwägungskriterien – Orientierungs- und Schlusspunkte eines Interessenausgleichs

Den Abwägungsschienen lassen sich *Orientierungs-* und *Schlusspunktbereiche* zuordnen, die Anknüpfungspunkte im Abwägungsprozess definieren und den abstrakten Regelungsinnenbereich inhaltlich konkretisieren. Zusammen mit den Prinzipien wird dadurch eine „Leitlinie einer differenzierten [doppelten] Verhältnismäßigkeitsprüfung“[1142] geschaffen, der Abwägungsprozess präzisiert und dessen Ausgang in der Schwankungsbreite verringert. Die Abwägungslinien können – je nach Einzelfall – kumulativ oder alternativ in Ansatz gebracht wer-

1142 *Schulze-Fielitz*, in: Dreier (Hrsg.), GG, Art. 5 I, II Rn. 161 ff.; siehe *Grimm*, NJW 1995, S. 1697 (1704); *Vesting*, AöR 122 (1997), S. 337 (337 ff.).

den. Den Schlusspunktbereich substanziiert der Würde- und Wesensgehalt[1143] der konfligierenden Grundrechte als „Alles-oder-nichts“-Regel im Sinne des *Alexy*'schen Regelverständnisses (Punkt 4.4.1). Der Orientierungsbereich kombiniert das Verständnis von Prinzip und Regel (siehe oben). Die konkreten Abwägungskriterien sind für die jeweilige Leitlinie gesondert zu ermitteln (Punkte 4.4.2-4). Auch die (modellhafte) Darstellung der Kriterien ist nicht abschließend.

4.4.1 Die Würde- und Wesensgehalte als Kernsubstanz der Schlusspunkte

Die Substanz der Grenzbereiche kann sich ausschließlich aus dem *Wesens-* (Art. 5 I 1 GG beziehungsweise Art. 2 I, 1 I GG i.V.m. Art. 19 II GG) oder *Würdegehalt der Grundrechte* (Art. 5 I 1 GG i.V.m. Art. 1 I GG beziehungsweise Art. 2 I, 1 I GG) ergeben, die einzig abstrakte Wertigkeiten zulassen. Für ein auf Leitlinien und Orientierungspunkten basierendes Abwägungsmodell sollen sie – bildlich gesprochen – als *Schlusspunkte* bezeichnet werden.

4.4.1.1 Wesensgehalte

Der Wesensgehalt[1144] der kollidierenden Grundrechte ist von besonderer Abwägungsfestigkeit. Dies ergibt sich aus der Garantie des Art. 19 II GG, die bereits aufgrund des Wortlautes, zumindest jedoch aufgrund der Entstehungsgeschichte und einer teleologisch-systematischen Auslegung, auf *alle* Grundrechte als objektive *und* subjektive Normen direkt angewendet werden kann.[1145] Die Norm soll verhindern, dass die Grundrechte ausgehöhlt werden beziehungsweise leerlaufen.[1146] Die Wesensgehaltsgarantie betrifft nicht nur gesetzgeberische Maßnahmen, sondern auch Maßnahmen der Judikative und Exekutive.[1147] Dies ergibt

1143 Der Wesensgehalt des Art. 19 II GG ist dabei nicht gleichzusetzen mit dem „Wesen der Grundrechte“, das die Grundrechtserstreckungsnorm des Art. 19 III GG adressiert (hierzu Pkt. 1.5.2); dies verbieten bereits Wortlaut, Telos und Systematik der Normen: *Stern*, Staatsrecht, Bd. III/2, § 85 S. 871.

1144 Auch: Wertekern, Grundrechtskern, Grundsubstanz, Mindestinhalt oder Mindestposition: *Pieroth/Schlink*, Staatsrecht, Bd. II, § 6 Rn. 327.

1145 Stellv. für die h.M.: *Dreier*, in: Dreier (Hrsg.), GG, Art. 19 II Rn. 9; *Herbert*, EuGRZ 1985, S. 321 (324), jeweils m.w.N.; *Remmert*, in: Maunz/Dürig (Hrsg.), GG, Art. 19 Abs. 2, Rn. 22; siehe *Stern*, Staatsrecht, Bd. III/2, § 85 S. 854 (m.w.N. gerade zur Rspr. des BVerfG) und 868 ff., insbes. S. 869 (m.w.N. in Fn. 194).

1146 *Remmert*, in: Maunz/Dürig (Hrsg.), GG, Art. 19 Abs. 2 Rn. 18.

1147 *Remmert*, in: Maunz/Dürig (Hrsg.), GG, Art. 19 Abs. 2 Rn. 27; *Herbert*, EuGRZ 1985, S. 321 (322 f.); *Stern*, Staatsrecht, Bd. III/2, § 85 S. 877 ff., insbes. 881 f.

sich bereits aus dem Wortlaut des Art. 19 II GG, der, anders als zum Beispiel Art. 19 I GG, nicht ausschließlich auf Maßnahmen der Legislative Bezug nimmt.[1148] Folglich muss auch ein Gericht, das eine Kollision zwischen den Art. 5 I 1 GG und 2 I, 1 I GG aufzulösen hat, darauf achten, bei der Entscheidung den unantastbaren Wertekern der abzuwägenden Normen nicht zu verletzen.[1149]

Strittig ist, ob dabei ein *absoluter*[1150] oder ein *relativer*[1151] *Wesensgehalt* zugrunde zu legen ist.[1152] Unstrittig ist jedenfalls, dass der Wesenskern für jedes einzelne Grundrecht gesondert bestimmt werden muss.[1153] Wird er relativ bestimmt, so ist er für jeden einzelnen Fall gesondert zu ermitteln; legt man hingegen ein absolutes Verständnis zugrunde, so handelt es sich beim Wesenskern um eine feste, vom einzelnen Sachverhalt unabhängige Größe.[1154] Nach relativem Verständnis erlaubt erst das Abwägen der Gewichtungspunkte im konkreten Einzelfall eine Aussage darüber, ob die Kollisionsposition in ihrem Grundrechtskern beeinträchtigt worden ist. Damit wird die Wesensgehaltsgarantie des

---

1148 *Remmert*, in: Maunz/Dürig (Hrsg.), GG, Art. 19 Abs. 2 Rn. 22, 27: Die Wendung „In keinem Falle“ stellt keinen Bezug zu Art. 19 I GG her.

1149 *Remmert*, in: Maunz/Dürig (Hrsg.), GG, Art. 19 Abs. 2 Rn. 27.

1150 *Creutz*, ZRP 1988, S. 415 (419); *Ipsen*, Staatsrecht, Bd. II, § 3 Rn. 211 ff. (insbes. 219); *Krüger*, DÖV 1955, S. 597 (600 f.); *Luch*, Medienpersönlichkeitsrecht, S. 334 ff.; *Stern*, Staatsrecht, Bd. III/2, § 85 S. 865 ff. (m.w.N. in Fn. 172); Übersicht bei *Drews*, Wesensgehaltsgarantie, S. 299 f. m.w.N.

1151 *Dreier*, in: Dreier (Hrsg.), GG, Art. 19 II Rn. 11 ff. (insbes. 13); *Häberle*, Wesensgehaltsgarantie, S. 234 ff.; differenzierend *Drews*, Wesensgehaltsgarantie, S. 185 ff., 284 ff. (Übersicht auf S. 299 f.).

1152 *Dreier*, in: Dreier (Hrsg.), GG, Art. 19 II Rn. 11 ff.; *Drews*, Wesensgehaltsgarantie, S. 43 ff., 151 ff. (Übersicht auf S. 299 f.); *Herbert*, EuGRZ 1985, S. 321 (323 ff.); *Ipsen*, Staatsrecht, Bd. II, § 3 Rn. 211 ff.; *Luch*, Medienpersönlichkeitsrecht, S. 334 ff.; *Remmert*, in: Maunz/Dürig (Hrsg.), GG, Art. 19 Abs. 2 Rn. 36 ff.; *Pieroth/Schlink*, Staatsrecht, Bd. II, § 6 Rn. 327 ff.; *Stern*, Staatsrecht, Bd. III/2, § 85 S. 837 ff., jeweils m.w.N. Uneindeutig ist die Haltung des BVerfG: BVerfGE 7, S. 377 (411); 16, S. 194 (201); 34, S. 238 (245); die Ausführungen über den „unantastbaren Intimbereich“ des allgemeinen Persönlichkeitsrechtes sind jedoch aufschlussreich (siehe auch Pkt. 4.4.2.4); hierzu: *Dreier* und *Stern* a.a.O.; *Remmert*, in: Maunz/Dürig (Hrsg.), GG, Art. 19 Abs. 2 Rn. 38 f. (S. 850 ff.); siehe *Herbert*, EuGRZ 1985, S. 321 (326 f.). *Dreier* und *Remmert* gehen richtigerweise von einem relativen Verständnis des BVerfG aus, wobei *Ipsen* (Rn. 212) und *Stern* (S. 850 ff., insbes. 853, 866) dem BVerfG ein absolutes Verständnis attestieren. M.E. scheint das BVerfG zu differenzieren.

1153 BVerfGE 22, S. 180 (219); 109, S. 133 (156); *Remmert*, in: Maunz/Dürig (Hrsg.), GG, Art. 19 Abs. 2 Rn. 40.

1154 *Herbert*, EuGRZ 1985, S. 321 (323); *Dreier*, in: Dreier (Hrsg.), GG, Art. 19 II Rn. 12 f.

Art. 19 II GG zu einer speziellen Ausprägung des Verhältnismäßigkeitsgrundsatzes konkretisiert.[1155] Bei einem absoluten Verständnis müsste für jede Grundrechtsposition konkret und als verallgemeinerungsfähige, nicht relativierbare Größe ermittelt werden, was den unantastbaren Grundrechtskern über den einzelnen Sachverhalt hinaus substanziiert.

Für ein absolutes Verständnis spricht, dass der Wortlaut der Norm ein solches Verständnis auf den ersten Blick nahe legt („In keinem Falle...").[1156] Damit ist allerdings noch nichts darüber gesagt, *wie* die Kernbereiche definiert werden müssen, um den Wesensgehalt zu garantieren.[1157] Aus dem Wortlaut der Norm lässt sich bloß ablesen, dass der Verfassungsgeber den Wesensgehalt *effektiv* und *ultimativ* vor Eingriffen schützen wollte.[1158] Es erscheint allerdings mit dem Sinn und Zweck des Art. 19 II GG nicht übereinzustimmen, wenn die Norm bloß deklaratorisch den sowieso existierenden Verhältnismäßigkeitsgrundsatz wiederholte (siehe oben).[1159] Dann wäre in punkto Effektivität und Qualität der Wesensgehaltsgarantie nichts gewonnen und die Norm liefe leer.[1160] Hiergegen ist allerdings einzuwenden, dass der allgemeine Verhältnismäßigkeitsgrundsatz gerade auf die „normalen" Eingriffe Bezug nimmt, wohingegen Art. 19 II GG dem besonders nachhaltigen Schutz des Wesenskerns dient und damit nicht nur

1155 *Häberle*, Wesensgehaltsgarantie, S. 234 ff.; *Ipsen*, Staatsrecht, Bd. II, § 3 Rn. 212; *Stern*, Staatsrecht, Bd. III/2, § 85 S. 867 f.; differenzierend: *Dreier*, in: Dreier (Hrsg.), GG, Art. 19 II Rn. 13 f.

1156 *Luch*, Medienpersönlichkeitsrecht, S. 335; *Creutz*, ZRP 1988, S. 415 (419); vgl. BVerfGE 7, S. 377 (411); 16, S. 194 (201); *Herbert*, EuGRZ 1985, S. 321 (326) und *Stern*, Staatsrecht, Bd. III/2, § 85 S. 865 f.; a.A. ist *Dreier*, in: Dreier (Hrsg.), GG, Art. 19 II Rn. 12 m.w.N.; der Einwand, dass mit der Aussage, dass es einen ultimativ geschützten Kernbereich geben muss, noch nichts darüber gesagt worden ist, wie dieser ultimative Schutz erreicht werden kann, ist plausibel; würde man den nach einem ultimativen Schutz verlangenden Wortlaut mit dem Verlangen nach einem absoluten Schutz gleichstellen, würde man zirkelschlussartig argumentieren, denn auch durch einen im Einzelfall anzupassenden Schutz kann ein ultimativer Wesenskern bewahrt werden (a.A.: *Stern*, Staatsrecht, Bd. III/2, § 85 S. 867 f.).

1157 *Remmert*, in: Maunz/Dürig (Hrsg.), GG, Art. 19 Abs. 2 Rn. 37; *Stern*, Staatsrecht, Bd. III/2, § 85 S. 854.

1158 *Dreier*, in: Dreier (Hrsg.), GG, Art. 19 II Rn. 12; *Remmert*, in: Maunz/Dürig (Hrsg.), GG, Art. 19 Abs. 2 Rn. 47; *Stern*, Staatsrecht, Bd. III/2, § 85 S. 840: „wesentlichen Stärkung der Grundrechte".

1159 *Stern*, Staatsrecht, Bd. III/2, § 85 S. 865 ff., 872; vgl. auch *Herbert*, EuGRZ 1985, S. 321 (323).

1160 *Häberle*, Wesensgehaltsgarantie, S. 235, 341.

eine Art „letzte Reservebastion“[1161] darstellt, sondern gegenüber der allgemeinen Verhältnismäßigkeitsprüfung qualifizierte Anforderungen erhebt; wird die Norm als besonders strenge Form des allgemeinen Verhältnismäßigkeitsgrundsatzes angesehen und auch so gehandhabt, erfüllt sie gerade den Sinn und Zweck eines ultimativen und über den Normalfall hinausgehenden Schutzes.[1162] Für ein relatives Verständnis spricht außerdem, dass es sowohl die subjektive Bedeutung der Grundrechtsnormen als auch deren objektive Bedeutung angemessen zu berücksichtigen vermag.[1163] Außerdem würde ein überhaupt nicht relativierendes Verständnis zu unüberwindbaren Schwierigkeiten bei vielen Sachverhaltskonstellationen führen.[1164] Beispielsweise bei denen, die einen Eingriff in das Schutzgut Leben zum Gegenstand haben, Art. 2 II 1 GG. Mit einem Eingriff ist das Leben zugleich beendet; zu attestieren, dass von einem absoluten Wesensgehalt noch „etwas übrig bliebe“, wäre absurd.[1165] Gleiches gilt auch für Eingriffe in das Schutzgut des Eigentums, wenn dieses in seiner Substanz komplett vernichtet wird, sowie bei vielen weiteren Grundrechten.[1166] In Anbetracht der Tatsache, dass die Grundrechte in erster Linie Abwehrrechte des Individuums sind und Art. 19 II GG zumindest *auch* dem Schutz der subjektiven Rechtsstellung[1167] dient, ist der Wesensgehalt auch in seiner Bedeutung für den Einzelnen zu suchen, so dass nicht auf ein davon losgelöstes, abstraktes Schutz-

1161 *Stern*, Staatsrecht, Bd. III/2, § 85 S. 856: die Extremfälle dürften bereits an der gängigen Zweck-Mittel-Relation scheitern; vgl. *Drews*, Wesensgehaltsgarantie, S. 285.

1162 *Drews*, Wesensgehaltsgarantie, S. 271 ff., 284; vgl. *Herbert*, EuGRZ 1985, S. 321 (323); *Stern*, Staatsrecht, Bd. III/2, § 85 S. 856. Die Unterscheidung zwischen allgemeiner und spezieller Verhältnismäßigkeit nehmen *Luch*, Medienpersönlichkeitsrecht, S. 335 und *Stern*, Staatsrecht, Bd. III/2, § 85 S. 867 f. soweit ersichtlich nicht vor.

1163 *Dreier*, in: Dreier (Hrsg.), GG, Art. 19 II Rn. 13; vgl. *Herbert*, EuGRZ 1985, S. 321 (333 f.).

1164 *Drews*, Wesensgehaltsgarantie, S. 185 ff.; *Dreier*, in: Dreier (Hrsg.), GG, Art. 19 II Rn. 12 m.w.N. in Fn. 38; a.A. *Luch*, Medienpersönlichkeitsrecht, S. 336, deren Argumentation jedoch nicht ganz zu überzeugen vermag: Wenn bei zwei absolut gewährleisteten, konfligierenden Wesenskernen einer aufgegeben werden muss, heißt das nicht, dass damit der Wesensgehalt bewahrt wird. Stattdessen wird gerade hier die Widersprüchlichkeit des Ansatzes deutlich.

1165 *Ipsen*, Staatsrecht, Bd. II, § 3 Rn. 215 („begriffliche Absurdität“); *Luch*, Medienpersönlichkeitsrecht, S. 335; dies verdeutlicht den unauflösbaren inneren Widerspruch der absoluten Sichtweise.

1166 *Drews*, Wesensgehaltsgarantie, S. 185 ff., 284 ff.; *Dreier*, in: Dreier (Hrsg.), GG, Art. 19 II Rn. 12 m.w.N. in Fn. 38.

1167 *Dreier*, in: Dreier (Hrsg.), GG, Art. 19 II Rn. 9, 12; *Herbert*, EuGRZ 1985, S. 321 (324), jeweils m.w.N.; *Remmert*, in: Maunz/Dürig (Hrsg.), GG, Art. 19 Abs. 2 Rn. 22.

gut für die Allgemeinheit rekurriert werden kann, das in solchen Fällen erhalten bleiben könnte.[1168] Die geschilderten Probleme erweisen sich damit für ein absolutes Verständnis als unüberwindbar.[1169]

Im Ergebnis wird deshalb zu differenzieren sein.[1170] In Anbetracht der Systematik und des Telos des Art. 19 II GG wäre es unangemessen, wenn die Wesensgehaltsgarantie auf den allgemeinen, einfachen Verhältnismäßigkeitsgrundsatz „degradiert" würde.[1171] Allerdings ist mit dieser Aussage noch keine qualitative Abwertung verbunden. Erst wenn die Garantie nicht mehr effektiv und ultimativ gelten würde, würde der Sinn und Zweck der Norm wirklich verfehlt. Diese Verfehlung kann einem relativierenden Verständnis allerdings nicht per se attestiert werden.[1172] Vielmehr ist bei einem umfassenden und zeitgemäßen Verständnis der Grundrechtsnormen als Verkörperung objektiver *und* subjektiver Werte (siehe oben) ein relativierendes Verständnis des Wesensgehalts vorzugswürdig, da der ultimative Garantiebereich für das Individuum – der subjektive – effektiver gewährleistet werden könnte, ohne die objektive Bedeutung der Norm zu gefährden.[1173]

Darüber hinaus gilt es zu bedenken, dass in Kombination mit dem absoluten und unantastbaren Menschenwürdekern ein gemeinsamer Schlusspunktbereich für die Abwägung geschaffen wird, der verallgemeinerungsfähige Züge trägt und wegen der Verbundenheit und Überschneidung von Wesens- und Würdegehalt den Grundrechtsgehalt sicher bewahrt.[1174] Besonders die Aufnahme des Art. 19 II GG für die Grundrechte als solche, sowie die Normierung der Art. 79 III, 1 I GG für die Menschenwürde im Besonderen, die eine terminologisch kongruente und sich auch inhaltlich überschneidende Sicherung des Würde- und Wesensgehaltes darstellen (siehe oben), sprechen für einen aus zwei Bestandteilen zu-

---

1168 *Herbert*, EuGRZ 1985, S. 321 (324); *Remmert*, in: Maunz/Dürig (Hrsg.), GG, Art. 19 Abs. 2 Rn. 20; *Stern*, Staatsrecht, Bd. III/2, § 85 S. 854; a.A.: *Ipsen*, Staatsrecht, Bd. II, § 3 Rn. 214 ff., insbes. 219.

1169 *Dreier*, in: Dreier (Hrsg.), GG, Art. 19 II Rn. 12; *Herbert*, EuGRZ 1985, S. 321 (324).

1170 *Drews*, Wesensgehaltsgarantie, S. 284 ff.; *Dreier*, in: Dreier (Hrsg.), GG, Art. 19 II Rn. 13 ff.; *Herbert*, EuGRZ 1985, S. 321 (321 ff.); ähnlich das BVerfG a.a.O.; vgl. auch *Stern*, Staatsrecht, Bd. III/2, § 85 S. 867 f.

1171 *Ipsen*, Staatsrecht, Bd. II, § 3 Rn. 212.

1172 Gerade das „Prinzip der verhältnismäßigen Zuordnung" (s.o.) verhindert eine Verfehlung des Normzwecks: Ergibt die Gegenüberstellung und Abwägung, dass der Wesensgehalt nicht angetastet werden kann, ist der Schutz dieses konkreten Grundrechtsminimums im Abwägungsprozess ultimativ und absolut: *Herbert*, EuGRZ 1985, S. 321 (333).

1173 *Dreier*, in: Dreier (Hrsg.), GG, Art. 19 II Rn. 13.

1174 *Remmert*, in: Maunz/Dürig (Hrsg.), GG, Art. 19 Abs. 2 Rn. 36.

sammengesetzten Schlusspunktbereich für die Abwägung.[1175] Allerdings können Wesensgehalt und Menschenwürdegehalt trotz Überschneidungen und ähnlicher Terminologie nicht gleichgesetzt werden, was eine kombinatorische Betrachtung mit unterschiedlichen Aussagen zur Absolutheit der Gehalte möglich macht.[1176] Die Absolutheit der Menschenwürde wird insbesondere dadurch gerechtfertigt, dass sie als oberster Wert der Verfassung gegenüber den anderen Grundrechten eine herausragende Stellung einnimmt.[1177] Dies deutet darauf hin, einen Grenzbereich aus relativem Wesens- und absolutem Menschenwürdegehalt zu konstituieren.[1178]

Im Weiteren ist zu differenzieren: Der Wesensgehalt der Grundrechte bestimmt sich nicht nur separat für die einzelnen Grundrechte, sondern relativ in Anbetracht der konkreten Sachverhaltskonstellation. Nichtsdestotrotz ist auf einen ultimativen und effektiven Schutz zu achten, um der Wesensgehaltsgarantie des Art. 19 II GG zu entsprechen. Durch das Prinzip der verhältnismäßigen Zuordnung ist dieses Ziel nicht gefährdet. Aufgrund der Kombination und Überschneidung mit dem absolut geschützten Menschenwürdegehalt kann ein Schlusspunktbereich ermittelt werden, der in subjektiver wie objektiver Hinsicht einen Grenzbereich schafft, der unantastbar ist.

Ungeachtet der Tatsache, dass der Wesensgehalt sachverhaltsabhängig zu bestimmen ist, lassen sich einige „typusbestimmende Wesensgehaltskriterien“[1179] herausarbeiten, die sachverhaltsübergreifend gelten. Dies trifft auf Konfliktsituationen zu, die durch die gleichen Konstanten beeinflusst werden (zum Beispiel durch die Charakteristika der Informationsgesellschaft und des Internets). Von diesen Charakteristika sind die Teile zu trennen, die dem Menschenwürdekern zuzurechnen sind. Die Wesensgehalte bilden den *„Vorhof“ des Schlusspunktbereiches*, wohingegen Menschenwürdeelemente ihr unantastbares

---

1175 *Luch*, Medienpersönlichkeitsrecht, S. 337; vgl. *Stern*, Staatsrecht, Bd. III/2, § 85 S. 873; *Remmert*, in: Maunz/Dürig (Hrsg.), GG, Art. 19 Abs. 2 Rn. 36 m.w.N.; *Stern* verkennt, dass die Terminologie gerade wegen der Uneindeutigkeit des Wortlautes und des herausragenden Stellenwertes der Menschenwürde ggü. den anderen Grundrechten keine gleichlaufenden Aussagen bezüglich der Absolutheit zulässt.

1176 *Luch*, Medienpersönlichkeitsrecht, S. 337; vgl. *Dreier*, in: Dreier (Hrsg.), GG, Art. 19 II Rn. 13; *Remmert*, in: Maunz/Dürig (Hrsg.), GG, Art. 19 Abs. 2 Rn. 36; vor allem wäre Art. 19 II GG überflüssig, wenn der gleiche Gehalt bereits über Art. 79 III GG gleich effektiv und ultimativ geschützt würde.

1177 BVerfGE 54, S. 148 (153); 75, S. 369 (380); 93, S. 266 (293).

1178 Zu bedenken ist freilich, dass die Grundrechte unterschiedlich stark mit Art. 1 I GG zusammenhängen; das allgemeine Persönlichkeitsrecht ist als Kombinationsgrundrecht der Art. 2 I, 1 I GG besonders stark mit der Menschenwürde verzahnt, vgl. Pkt. 2.2.1.

1179 *Stern*, Staatsrecht, Bd. III/2, § 85 S. 875.

Ende markieren.[1180] Nur die Wesenselemente sind relativ, nicht jedoch Menschenwürdeelemente. Typusbestimmende Wesensgehalte gilt es vor Leerlauf und Aushöhlung zu bewahren – und notfalls der Abwägbarkeit zu entziehen.[1181]

Beim allgemeinen Persönlichkeitsrecht ist eine wiederkehrende, einzelverbürgungsübergreifende Terminologie auffällig: Das allgemeine Persönlichkeitsrecht soll einen „unantastbaren [Kern-] Bereich privater Lebensgestaltung"[1182] dem Zugriff anderer entziehen, beziehungsweise einen „Intimbereich" abschirmen oder einen Bereich schaffen, in dem der Betroffene „sich selbst gehört".[1183] Als wiederkehrendes Wesenselement taucht das Element der *Rückzugsmöglichkeit* und *Eindringungsfestigkeit* bestimmter „Persönlichkeitsreservate" auf. Beispielsweise im Sinne einer der Abwägung entzogenen Intimsphäre, oder im Sinne einer internetverursachten öffentlichen Prangerwirkung. Die elementaren Bestandteile der *Individualität* und *Personalität*, sofern sie nicht dem Menschenwürdegehalt zuzurechnen sind, sind dazu geeignet, den relativ zu bestimmenden Wesensgehalt weiter zu konkretisieren. Zum Beispiel dann, wenn dem Betroffenen die Möglichkeit genommen wird, seine Individualität hinreichend zu entfalten und zu leben.

Typusbestimmende Wesensgehaltskriterien der Meinungsfreiheit sichern die Kommunikationsstrukturen in ihrer Existenz.[1184] Im Bereich der Informationsgesellschaft und des Internets zum Beispiel dort, wo durch Nichtgewährung der Netzneutralität oder andere Zugangshürden zum Internet ein partielles, affirmatives Meinungsklima geschaffen und die Auseinandersetzung der Ideen behindert wird.[1185] Zum Wesensgehalt der Meinungsfreiheit gehören auch Aussagen, die den auf Wahrheitsfindung und (relative) Richtigkeit angelegten Prozess vollendet oder verlassen haben. Absolut wahre Behauptungen haben ihn, soweit es die (relative) Richtigkeit gestattet, vollendet. Sie unterfallen dem Wesensgehalt des Art. 5 I 1 GG, wenn nicht sogar dem Menschenwürdegehalt („die

---

1180 Die Menschenwürde kann die Wesensgehalte der Einzelverbürgungen als programmatische Leitlinie beeinflussen: BVerfGE 27, S. 344 (351); *Dreier*, in: Dreier (Hrsg.), GG, Art. 2 I Rn. 68; *Vesting*, in: Götting/Schertz/Seitz (Hrsg.), HdPR, § 6 Rn. 1; *Ladeur*, in: Götting/Schertz/Seitz (Hrsg.), HdPR, § 7 Rn. 3 f.; *Kube*, in: Isensee/Kirchhof (Hrsg.), HdStR, Bd. VII, § 148 Rn. 32; *Kahl*, Schutzergänzungsfunktion, S. 6; *Starck*, in: von Mangoldt/Klein/Starck (Hrsg.), GG, Art. 2 I Rn. 15, 56 f.; siehe Pkt. 2.2.1 2.

1181 *Remmert*, in: Maunz/Dürig (Hrsg.), GG, Art. 19 Abs. 2 Rn. 18.

1182 BVerfGE 6, S. 32 (41); S. 389 (433); 27, S. 1 (6); 34, S. 269 (281); 79, S. 256 (268); 119, S. 1 (29).

1183 BVerfG a.a.O.; *Herbert*, EuGRZ 1985, S. 321 (327, 331).

1184 *Herbert*, EuGRZ 1985, S. 321 (331).

1185 Vgl. *Herbert*, EuGRZ 1985, S. 321 (331).

Wahrheit muss man sagen können“). Lügen und andere evidet unwahre Aussagen verlassen an dieser Stelle den Meinungsbildungsprozess. Die Meinungsfreiheit bildet einen Schlusspunktbereich zugunsten des *kollidierenden* Grundrechtes. Hier zeigt sich, dass mit einer Lüge, wie beispielsweise der sogenannten Ausschwitzlüge (siehe oben), keine endgültiger Schutz einhergehen muss, wenn der Schutzbereich des Art. 5 I 1 GG eröffnet wird. Denn dadurch, dass der Wesens- oder sogar Würdegehalt berührt wird, ist das Ausscheiden in der Abwägung vorhersehbar. Die Relativität des Schlusspunktes entspricht der Relativität, mit der eine Aussage über wahr oder unwahr, richtig oder falsch getroffen werden kann.

4.4.1.2 Menschenwürdegehalte

Der Schlusspunktbereich der Grundrechte wird durch den Menschenwürdegehalt vervollständigt. Anders als beim Wesensgehalt wohnt dem Menschenwürdegehalt aufgrund der überragenden Bedeutung als oberstes Leitbild und Mittelpunkt der Verfassung[1186] ein ultimativer *und* absoluter Wert inne, der sachverhaltsübergreifend in den Schlusspunktbereich einer jeden Abwägung eingebracht werden kann.[1187] Dementsprechend muss – anders als bei Art. 19 II GG und dem Wesensgehalt – keine Diskussion darüber angestoßen werden, *wie* mit dem Gehalt verfahren werden muss, sondern ausschließlich, *wo* und *wann* Menschenwürdegehalte betroffen sind, die im konkreten Fall nicht überwogen werden können.[1188]

Mit der überragenden Bedeutung der Menschenwürde für die Gesellschaft und deren Verfassungsrang ist ein sozialer Geltungs- und Achtungsanspruch des Menschen verbunden, der es verbietet, ihn zum bloßen Objekt staatlichen Handelns zu degradieren (*Objektformel*[1189]).[1190] Die Verletzung der Würde eines Menschen setzt voraus, dass er einer Behandlung ausgesetzt wird, „die seine

1186 BVerfGE 5, S. 85 (204); 54, S. 148 (153); 75, S. 369 (380); 93, S. 266 (293); vgl. Pkt. 2.2.2.1.

1187 *Lenski*, Massenkommunikation, S. 207 f.

1188 *Lenski*, Massenkommunikation, S. 207 f.; *Luch*, Medienpersönlichkeitsrecht, S. 330. Dabei wird auch auf die Frage einzugehen sein, ob und wie allgemeines Persönlichkeitsrecht und Recht auf freie Meinungsäußerung Bezug zur Menschenwürde herstellen (dazu gleich im Anschluss mehr).

1189 *Herdegen*, in: Maunz/Dürig (Hrsg.), GG, Art. 1 I Rn. 36 f. mit detaillierteren Ausführungen zu Entstehung und Ausprägung der Ansätze, die den Menschenwürdegehalt über die Verobjektivierung des Individuums zu bestimmen versuchen.

1190 Stellv. BVerfGE 87, S. 209 (228); 109, S. 133 (149 f.); 115, S. 118 (153); *Herdegen*, in: Maunz/Dürig (Hrsg.), GG, Art. 1 I Rn. 36 f.; *Hofmann*, in: Schmidt-Bleibtreu/Klein (Hrsg.), GG, Art. 1 Rn. 7, jeweils m.w.N.

Subjektqualität prinzipiell in Frage stellt oder dass in der Behandlung im konkreten Fall eine willkürliche Missachtung der Würde des Menschen liegt"[1191]. Der Maßstab, den die Menschenwürde als Bestandteil des abwägungsfesten Schlusspunktbereiches einer Abwägung zwischen zwei Grundrechten bildet, ist konkretisierungsbedürftig.[1192] Er lässt sich aufgrund der negativen Objektformel nur auf bestimmte Fallkonstellationen bezogen bemessen (im vorliegenden Fall: Konstellationen aus dem Bereich des Internets und der Informationsgesellschaft).[1193] Im Weiteren ist zwischen allgemeinem Persönlichkeitsrecht und Meinungsfreiheit zu differenzieren.

Beim allgemeinen Persönlichkeitsrecht handelt es sich um ein Grundrecht, das kombinatorisch mit der Menschenwürde gebildet wird und – je nach Einzelfall und Einzelverbürgung – unterschiedlich stark auf den Wertgehalt der Menschenwürde Bezug nimmt (siehe oben). Hier fällt die Ermittlung des abwägungsrelevanten Menschenwürdegehaltes schwer; die Grundrechtsnormen sind strukturell untrennbar miteinander verbunden und die Menschenwürde ist bereits originär im allgemeinen Persönlichkeitsrecht enthalten (siehe oben). Die Schutzbereichsverstärkung durch die Menschenwürde führt dazu, dass der Schutzbereich programmatischen Einflüssen unterliegt und die Menschenwürde als Abwägungsgrenze verhältnismäßig „dick" ist.[1194] Die Kombination ist aber auch nicht so zu verstehen, dass jede Betroffenheit des allgemeinen Persönlichkeitsrechts zugleich eine Betroffenheit der Menschenwürde darstellen würde, die, da sie unantastbar ist, das Abwägungsergebnis bereits vorweg nähme.[1195] Vielmehr gilt es im Rahmen der Abwägung zu ermitteln, ob die Menschenwürde im Schlusspunktbereich einer Abwägung konkret verletzt worden ist und ihr Inhalt und ihre Funktionsweise im Kombinationsgrundrecht der Art. 2 I, 1 I GG in abwägungsrelevanter Weise verlustig gehen würde. Dies ist dort der Fall, wo so intensiv in Persönlichkeitsbereiche vorgedrungen wird, dass die elementarsten Bestandteile der Persönlichkeit zur Disposition stünden (zum Beispiel im Intimbereich). Nur dies entspricht dem Charakter der Menschenwürde als Schutzbereichsverstärkung. Wenn dem Individuum überhaupt kein Bereich verbliebe, den er von der Öffentlichkeit abschirmen könnte, wäre er derselben bis ins Mark schutzlos ausgeliefert und damit nichts mehr als ein Spielball fremder Interessen

---

1191 BVerfGE 30, S. 1 (26); vgl. BVerfGE 109, S. 279 (312 f.); *Herdegen*, in: Maunz/Dürig (Hrsg.), GG, Art. 1 I Rn. 37.

1192 Vgl. *Dreier*, in: Dreier (Hrsg.), GG, Art. 1 I Rn. 39; *Herdegen*, in: Maunz/Dürig (Hrsg.), GG, Art. 1 I Rn. 37, 46 ff.

1193 BVerfGE 30, S. 1 (25); *Dreier*, in: Dreier (Hrsg.), GG, Art. 1 I Rn. 44.

1194 *Ladeur*, in: Götting/Schertz/Seitz (Hrsg.), HdPR, § 7 Rn. 3.

1195 *Lenski*, Massenkommunikation, S. 208.

und ein Objekt Dritter. Entscheidend ist die *Intensität* des Vorstoßes in Richtung Persönlichkeitsinnenbereich.[1196] Wenn dem betroffenen Individuum nichts vom Schutzgehalt der Einzelverbürgung verbliebe, würde der Persönlichkeitsinnenbereich und Menschenwürdekern zum Allgemeingut der Öffentlichkeit verobjektiviert. Dies zeigt sich beispielsweise dort, wo der Druck der Öffentlichkeit so stark wird, dass sich das Individuum in einer Prangerwirkung und permanenten Bloßstellung wiederfindet.[1197] Zum Beispiel beim Hetzportal *I share Gossip*.[1198] In einer solchen Situationen kann es dem Betroffenen nicht gelingen, seine Menschenwürde als geistige Anlage weiterhin dazu zu nutzen, Individualität und Personalität – und damit Persönlichkeit – darzustellen, weil ihm die Menschenwürde in ihrem Kern entzogen würde.[1199] Dies muss die Abwägungsentscheidung berücksichtigen, indem sie diese unantastbaren Gehalte wiederum dem Abwägungsprozess entzieht.

Bei der Meinungsfreiheit ist zunächst die Schnittmenge des Art. 5 I 1 GG mit der Menschenwürde zu bemessen, bevor ein konkreter Abwägungsgrenzbereich ermittelt werden kann. Anders als beim allgemeinen Persönlichkeitsrecht ist das Recht auf freie Meinungsäußerung nicht schon originär mit Art. 1 I GG verknüpft. Nichtsdestotrotz besitzt auch die Meinungsfreiheit eine „Grundverankerung in der Menschenwürde“[1200].[1201] Dies zeigt sich daran, dass das „Wertesystem [des Grundgesetzes], das seinen Mittelpunkt in der innerhalb der sozialen Gemeinschaft sich frei entfaltenden menschlichen Persönlichkeit und ihrer Würde findet, [...] als verfassungsrechtliche Grundentscheidung für alle Bereiche des Rechts gelten [muss]“[1202]. Die Meinungsfreiheit hilft dem Individuum, und damit auch der von Art. 2 I, 1 I GG strukturell beinhalteten *Interaktionsoffenheit* des allgemeinen Persönlichkeitsrechtes, sich innerhalb der Gesellschaft zu verwirklichen – und es entspricht gerade der Würde des Menschen, seine In-

---

1196 Vgl. BVerfGE 6, S. 32 (41); 6, S. 389 (433); 27, S. 1 (6); 27, S. 344 (351); 54, S. 143 (146); 89, S. 69 (82 f.), jeweils m.w.N.; vgl. *Horn*, in: Isensee/Kirchhof (Hrsg.), HdStR, Bd. VII, § 149 Rn. 14.

1197 Mehr dazu unter Pkt. 4.4.4.1.

1198 Siehe Pkt. 3.4.2.3.

1199 Vgl. *Hubmann*, Persönlichkeitsrecht, S. 45; *Starck*, in: von Mangoldt/Klein/Starck (Hrsg.), GG, Art. 2 I Rn. 56 f.

1200 *Lenski*, Massenkommunikation, S. 208.

1201 BVerfGE 7, S. 198 (205); 62, S. 230 (247); *Luch*, Medienpersönlichkeitsrecht, S. 346 ff.; *Herzog*, in: Maunz/Dürig (Hrsg.), GG, Art. 5 I, II Rn. 7 f., 54; *Hofmann*, in: Schmidt-Bleibtreu/Klein (Hrsg.), GG, Art. 1 Rn. 6; *Scholz/Konrad*, AöR 123 (1998), S. 60 (95); vgl. *Bethge*, in: Sachs (Hrsg.), GG, Art. 5 Rn. 17.

1202 BVerfG a.a.O.

dividualität und Persönlichkeit entwickeln zu können.[1203] Es kann die Menschenwürde beeinträchtigen, wenn der durch Art. 5 I 1 GG gewährleistete Schutzgehalt nicht verwirklicht werden kann. Zum Beispiel dann, wenn im Rahmen einer Abwägung einem kollidierenden Grundrecht Vorrang gegenüber der Meinungsfreiheit und einem elementaren Teilbereich eingeräumt würde, der auf die Menschenwürde durchschlägt. Da auch im Bereich der Meinungsfreiheit Gehalte nach Art. 1 I GG nie angetastet werden können, ist ein solches Durchschlagen notfalls im Abwägungsergebnis zu unterbinden. Daraus lassen sich auch für das Recht auf freie Meinungsäußerung Mindeststandards ableiten, die einen nach Art. 1 I GG unantastbaren Schlusspunktbereich im Rahmen der Abwägung markieren. Die Schlusspunkte sind wiederum – ähnlich der Wesensgehaltsgarantie – abhängig von der konkreten *Kommunikationssituation* (Informationsgesellschaft und Internet) und dem konkreten Fall.[1204]

Die Grundverankerung der Meinungsfreiheit in der Menschenwürde wird nur dort abwägungsrelevant, wo die „geistige Anlage“[1205] des Menschen durch die kommunikative Betätigung innerhalb der Gesellschaft verwirklicht wird. Die Schlusspunktdecke ist „dünner“ als beim originär mit der Menschenwürde verknüpften allgemeinen Persönlichkeitsrecht. Nur diejenigen in den Abwägungsprozess eingebrachten Elemente der Meinungsfreiheit, die dem Individuum das geistige „Atem-Können“ ermöglichen, sind gemäß Art. 1 I GG unantastbar.[1206] Nicht jeder den Kommunikationsprozess in seinem Wesen bedrohende Einfluss schlägt zugleich auf die Menschenwürde des vom Prozess betroffenen Individuums durch. Es tritt nur dann auch eine Verobjektivierung ein, wenn ein Individuum aus dem Kommunikationsprozess in die zuschauende Statistenrolle hinausgedrängt wird, obwohl seine Persönlichkeit und Menschenwürde eine Partizipation an dem Ablauf erfordern würde, so dass er zum Objekt eines ihn betreffenden Kommunikationsablaufs degradiert wird, ohne überhaupt die *Möglichkeit* zu haben, den Prozess zu beeinflussen (*Objektrolle im Kommunikationsprozess*). Dies bedeutet auf der anderen Seite nicht, dass der Einzelne ein Recht dazu hätte, den Prozess als Subjekt vollkommen zu beherrschen (*Herrscherrolle im Kommunikationsprozess*). Es besteht kein „Auseinandersetzungszwang“ mit dem Individuum.

1203 *Luch*, Medienpersönlichkeitsrecht, S. 346 f. m.w.N.; vgl. *Dreier*, in: Dreier (Hrsg.), GG, Art. 1 I Rn. 44; *Bethge*, in: Sachs (Hrsg.), GG, Art. 5 Rn. 17.

1204 Vgl. *Grimm*, NJW 1995, S. 1697 (1703).

1205 *Hubmann*, Persönlichkeitsrecht, S. 42 m.w.N.; siehe Pkt. 2.2.2.1.

1206 *Schmidt-Jortzig*, in: Isensee/Kirchhof (Hrsg.), HdStR, Bd. VII, § 162 Rn. 3; *Herzog*, in: Maunz/Dürig (Hrsg.), GG, Art. 5 I, II Rn. 7 f.; siehe BVerfGE 7, S. 198 (208); 12, S. 113 (125); 12, S. 205 (259 f.).

Die Objektrolle wird gerade in den hocheffizienten Kommunikationsprozessen der Gegenwart nur in Ausnahmefällen vorliegen. Zum Beispiel dann, wenn der Betroffene durch eine „maulkorbartige“ beziehungsweise „zensurartige“ Wirkung gänzlich und von vorne herein davon abgehalten würde, sich über Dinge zu äußern, die er aufgrund der elementaren Wichtigkeit für ihn als kommunizierendes Individuum schlicht äußern können muss.[1207] Oder wenn er daran gehindert würde, seine Kommunikationspartner frei zu wählen.[1208] Dies *kann* – muss aber nicht – Fälle betreffen, wo sich der Einzelne über Gegenstände aus dem Bereich der Öffentlichkeitssphäre[1209] äußern will und dies – unter Verdrängung in eine Objektrolle – nicht tun kann. Auch Fakten – also wahre oder unwahre Tatsachenbehauptungen[1210] – können für den Kommunikationsprozess und das Individuum derart elementar sein, dass eine Objektrolle im Kommunikationsprozess drohen kann, wenn er dieses (sichere) Wissen nicht äußern dürfte.[1211] Eine Objektrolle im Internet droht also nur in kaum vorstellbaren Extremfällen. Durch die anarchistischen und unter Kommunikationsgesichtspunkten hoch effektiven und effizienten Strukturen des Internets ist es beinahe unmöglich, dass der Betroffene kategorisch dergestalt aus diesem Teilbereich der Öffentlichkeit der Informationsgesellschaft hinausgedrängt wird, dass das Grundrecht der freien Meinungsäußerung und zugleich die unantastbare Menschenwürde berührt würde.

4.4.1.3 Fazit

Würde- und Wesensgehalt der Kollisionsrechte substanziieren gemeinsam die abwägungsfesten Schlusspunktbereiche. Der Wesensgehalt der Grundrechte ist gemäß Art. 19 II GG relativ im jeweiligen Einzelfall zu ermitteln. Ohne die Relativierung wäre es nicht möglich, objektive *und* subjektive Bedeutung der Grundrechte hinreichend verfassungskonform, das heißt vor allem widerspruchsfrei, abzubilden. Mit Relativierung ist es hingegen möglich, den Wesensgehalt effektiv zu bewahren und der Garantie des Art. 19 II GG gerecht zu werden. Insbesondere dann, wenn man bei der Bewertung des Schutzniveaus

---

1207 *Luch*, Medienpersönlichkeitsrecht, S. 348.

1208 *Luch*, Medienpersönlichkeitsrecht, S. 347 f.

1209 Hierzu Pkt. 4.4.2.1.

1210 Hierzu Pkt. 4.4.3.

1211 Vgl. *Luch*, Medienpersönlichkeitsrecht, S. 348; die „Wesentlichkeit“ i.S.v. Art. 19 II GG ist wiederum eine Sache des Einzelfalles; die Verobjektivierung betrifft nur die Frage, ob bei einer Abwägung zu Ungunsten des Betroffenen dieser in seiner Qualität als Kommunikationssubjekt infrage gestellt würde, wenn er bzgl. der Tatsachen mundtot gemacht würde; vgl. *Grimm*, NJW 1995, S. 1697 (1702 f.).

den Würdegehalt hinzuzieht. Dieser ist eine absolute Größe, die einzelfallunabhängig in die Abwägung eingebracht werden kann und die dem Schlusspunktbereich eine besondere Festigkeit verleiht. Während der Wesensgehalt Kernelemente der Grundrechte im weiteren Sinne betrifft, schützt die Menschenwürde absolut, was im Falle einer Verobjektivierung als geistige Veranlagung und „Menschsein " verloren gehen würde. Der *kombinierte Schlusspunktbereich* einer Abwägung ist durch einen weitläufigen Bereich gekennzeichnet, der Wesensbestandteile beinhalten kann („Vorhof"), sowie einen engen Bereich, der den Innenbereich der Grundrechtsverbürgungen abschirmt („Kern"). Die Ausdehnung des Wesensgehalts des Schlusspunktbereichs ist im Einzelfall anzupassen und in ein Verhältnis zu konfligierendem Recht und Spannungsfeld zu setzen (im vorliegenden Fall: Internet und Informationsgesellschaft).

Das Grundrechtsminimum des allgemeinen Persönlichkeitsrecht definiert sich sowohl über Rückzugsmöglichkeiten und -gebiete des Individuums als auch über dessen Entfaltungsmöglichkeiten. Bei der Meinungsfreiheit garantiert der Wesensgehalt, dass die elementaren Grundbedingungen der Kommunikation im Abwägungsprozess entsprechend geschützt werden. Dies ist von der jeweiligen Kommunikationssituation abhängig – in der Informationsgesellschaft also vom Internet als zentralem Zugangs- und Austauschmedium. Durch die natürliche Robustheit der Strukturen dieses Mediums sind massive Eingriffe in den Wesensgehalt des Art. 5 I 1 GG nicht zu erwarten. Auch bei der Stärke der absolut unantastbaren Menschenwürdeschicht im Schlusspunktbereich ist zu differenzieren: Beim originär mit Art. 1 I GG verknüpften allgemeinen Persönlichkeitsrecht ist sie ausgeprägter als beim Recht auf freie Meinungsäußerung. Allerdings gewährt erst die Kombination der zweistufigen Schlusspunktbereiche mit den flexibel zu gewichtenden Orientierungspunkten Aufschluss darüber, wie der Kollisionsfall im konkreten Fall aufzulösen ist.

4.4.2 Orientierungs- und Schlusspunkte aus dem Bereich der Sphärenabstufung

Bisweilen wird angeführt, die Abgrenzung einzelner Sphären wäre nicht möglich beziehungsweise würde sich darin erschöpfen, gleiche Verhaltensräume mit mehreren inhaltlich identischen Begriffen zu belegen.[1212] Zu einem derartigen „Sphärendurcheinander"[1213] darf es hingegen nicht kommen, wenn eine Abwä-

---

1212 *Horn*, in: Isensee/Kirchhof (Hrsg.), HdStR, Bd. VII, § 149 Rn. 32 f. und *Luch*, Medienpersönlichkeitsrecht, S. 42 ff.

1213 *K. Amelung*, NJW 1990, S. 1753 (1755); *Luch*, Medienpersönlichkeitsrecht, S. 42 ff., jeweils m.w.N.

gung über Sphären funktionieren soll. Nur wenn die Orientierungspunkte einer sphärenbasierten Abwägungsschiene prüfungsleitende Strukturen bilden, hat die Abwägungsschiene einen verallgemeinerungsfähigen Nutzen.[1214] Deshalb gilt es, die Orientierungs- und Schlusspunkte einer Sphärenabstufung zu bestimmen, selbst wenn die Übergänge in diesem graduellen Zwischenbereich fließend bleiben.[1215]

4.4.2.1 Die Öffentlichkeitssphäre

Sphären mit unterschiedlichen Wertigkeiten können nur abgeschichtet werden, wenn ein Innen- und ein Außenbereich das jeweilige Schlussgebiet markiert.[1216] Den Außenbereich bildet die Öffentlichkeitssphäre; davon sind alle Sphären, die auch die geringste Art von Privatheit begründen wollen, abzugrenzen.[1217] Die Öffentlichkeitssphäre beschreibt einen Bereich, der „von der Umwelt [sowieso] nicht abgeschirmt werden kann“[1218] oder soll, weil es sich beispielsweise um Informationen handelt, die nicht vertraulich sind. Hierunter fällt der „Smalltalk“ in öffentlichen Verkehrsmitteln, Cafés, Supermärkten und anderen Begegnungsstätten genauso wie eine Äußerung auf einer öffentlich abrufbaren Website. Vertraulichkeit spielt grundsätzlich keine Rolle, weil von vorne herein klar ist, dass auch Fremde die Äußerung aufnehmen.

Im Bereich der Öffentlichkeit ist die Persönlichkeit grundsätzlich nicht geschützt, weshalb die Abwägung in diesem Schlusspunktbereich in der Regel zugunsten der Meinungsäußerungsfreiheit getroffen werden muss.[1219] Dies ergibt sich bereits aus dem Wesensgehalt des Art. 5 I 1 GG i.V.m. Art. 19 II GG, der einen Bereich garantiert, in dem der „Marktplatz der Meinungen“ ohne be-

---

1214 Vgl. die Abwägungsschiene der abstrakten Höherwertigkeit, die sich unter anderem dadurch als nicht praktikabel erwiesen hat, dass sie keinen Orientierungsbereich formulieren konnte.

1215 *Degenhart*, JuS 1992, S. 361 (364); *Schröder*, VerwArch 2010, S. 205 (218); darüber hinaus gilt es zu bedenken, dass die Abschichtung nach Sphären nicht in jedem Sachverhalt und bei jeder Abwägung gleich hilfreich sein kann, vgl. bspw. zum Recht auf informationelle Selbstbestimmung BVerfGE 65, S. 1 (43 ff., insbes. 45) sowie *Dreier*, in: Dreier (Hrsg.), GG, Art. 2 I Rn. 88 und *Lenski*, Massenkommunikation, S. 200.

1216 *Vogelgesang*, Selbstbestimmung, S. 44; vgl. *Luch*, Medienpersönlichkeitsrecht, S. 56, 58.

1217 *Luch*, Medienpersönlichkeitsrecht, S. 13, 56; *Vogelgesang*, Selbstbestimmung, S. 44; vgl. *Degenhart*, JuS 1992, S. 361 (361 ff.).

1218 *Di Fabio*, in: Maunz/Dürig (Hrsg.), GG, Art. 2 I Rn. 160; siehe *Lenski*, Massenkommunikation, S. 200.

1219 Vgl. *Degenhart*, JuS 1992, S. 361 (364); *Vogelgesang*, Selbstbestimmung, S. 44.

schränkende Einflüsse auskommen kann. Zum Beispiel dann, wenn die für die breite Öffentlichkeit bestimmten Aussagen auch von dieser diskutiert werden wollen. Es wäre mit dem Wesensgehalt des Art. 5 I 1 GG nicht vereinbar, wenn über in der Öffentlichkeit befindliche Persönlichkeitsfragmente nachträglich eine Art Kommunikationssperre verhängt werden könnte. Beispielsweise dann, wenn auf Informationen über eine Lehrkraft, die mit deren Einverständnis über die Homepage der Schule der Öffentlichkeit zugänglich gemacht worden sind, nicht auch in einem anderen Zusammenhang Bezug genommen werden dürfte.[1220]

Entscheidend für die Öffentlichkeitssphäre ist also, wie die persönlichkeitsrelevanten Informationen dorthin gelangt sind.[1221] Eigenverantwortlich preisgegebene Informationen rechtfertigen, dass sie ihres persönlichkeitsrechtlichen Schutzanspruches grundsätzlich verlustig gehen.[1222] Argumentativ kann die Existenz einer Öffentlichkeitssphäre deshalb auch auf den *Sozialbezug* des Individuums gestützt werden.[1223] Durch die Gemeinschaftsgebundenheit des Individuums und die Interaktionsoffenheit der Art. 2 I, 1 I GG wird automatisch ein Teil der Persönlichkeit in die Öffentlichkeit transportiert.[1224] Der freiwillig exportierte Teil tritt aus dem Schutz der Persönlichkeit hinaus. Er ist aber auch weiterhin vor Verfälschung geschützt. Die genaue Ausdehnung dieses öffentlichen Bereiches ist im Einzelfall zu bestimmen und relativ zu bemessen. Deshalb ist die Persönlichkeit auch in der Öffentlichkeitssphäre nicht völlig schutzlos.[1225] Der Schlusspunktbereich wird nur dann absolut der Abwägung mit dem allgemeinen Persönlichkeitsrecht entzogen, wenn dem Kommunizierenden der Zugang zur (Teil-) Öffentlichkeit komplett versagt bliebe und er seine auf Interaktion angewiesene Menschlichkeit nicht voll entfalten könnte.

1220 So geschehen im Fall Spickmich, hierzu: LG Köln, ZUM-RD 2009, S. 205 (205 ff.); OLG Köln, ZUM 2008, S. 869 (869 ff.); BGH, ZUM 2009, S. 753 (753 ff.).

1221 Vgl. *Luch*, Medienpersönlichkeitsrecht, S. 57.

1222 Vgl. *Lenski*, Massenkommunikation, S. 244.

1223 Vgl. hierzu stellv. BVerfGE 80, S. 367 (374); 109, S. 279 (319); *Beater*, ZUM 2005, S. 602 (609); *Lenski*, Massenkommunikation, S. 242 f.; vgl. zu extremen Fällen der „Selbstöffnung der Privatsphäre" *Wanckel*, in: Götting/Schertz/Seitz (Hrsg.), HdPR, § 19 Rn. 25 ff.

1224 *Lenski*, Massenkommunikation, S. 242 f.

1225 *Luch*, Medienpersönlichkeitsrecht, S. 56 f. m.w.N.; a.A. ist *Vogelgesang*, Selbstbestimmung, S. 44, der meint, dass sich der Öffentlichkeitsbereich gerade dadurch von den anderen Sphären unterscheidet, „daß hier kein Schutz gewährt wird"; in diesem Sinne (wohl) auch *Schröder*, VerwArch 2010, S. 205 (218).

4.4.2.2 Die Sozialsphäre

Die Sozialsphäre erfasst die Verbindungen und Beziehungen des Individuums zur Außenwelt (*Sozialbezug*).[1226] Dabei werden Verhaltensweisen einer Sphäre mit meinungsäußerungsfreundlicher Wertigkeit zugeordnet, die sich zwischen einem der Öffentlichkeit preisgegebenen und einem von ihr abgeschirmten Bereich bewegen. Dies betrifft vor allem das gesellschaftliche Wirken und Kommunizieren mit der Umwelt, wie beispielsweise das Auftreten im Beruf.[1227] Hier finden sich Individuen zusammen, um ihre Lebensgrundlage zu verdienen. Und um geschäftlich überein zu kommen und miteinander zusammen zu arbeiten, wird ein Teil der Individualität, der eventuell Anlass für Konflikte bietet, zurückgestellt. Gerade Individualität und Personalität werden im Zusammenspiel mit anderen Individuen und anhand gesellschaftlicher Konstrukte entwickelt.[1228] Die gesellschaftlich geprägten Bereiche der Persönlichkeit werden unter Umständen durch Einzelverbürgungen der Art. 2 I, 1 I GG geschützt.[1229] Beispielsweise dort, wo ein Achtungsanspruch für die gesellschaftliche Stellung der Person und deren Namen besteht.[1230] Die durch die Beziehungen zur Außenwelt autonom geschaffene Gesamtrolle des Individuums ist jedoch mit einer *wechselseitigen Rollenerwartung* (siehe oben) verbunden, die damit einhergeht, dass sich die Öffentlichkeit mit ihr auch in stärkerem Maße auseinander setzen darf. Mit zunehmendem sozialen Kontakt schwächt sich der Schutz des privaten Lebensumfeldes ab.[1231] Dementsprechend kann sich die Abwägungsentscheidung legitimerweise dort in Richtung Art. 5 I 1 GG orientieren, wo Verhaltensweisen der betroffenen Persönlichkeit Äußerungsgegenstand waren, die besonders stark mit den gesellschaftlichen Strukturen zusammenhingen.

4.4.2.3 Die Privatsphäre

Die Privatsphäre erfasst den Einzelnen im Gegensatz zu den der Meinungsfreiheit zugeneigten Orientierungspunkten in Bereichen, die von der Öffentlichkeit nicht unmittelbar wahrnehmbar und dem Privatleben des Betroffenen zuzurech-

---

1226 *Vogelgesang*, Selbstbestimmung, S. 43; *Scholz/Konrad*, AöR 123 (1998), S. 60 (64); vgl. bspw. auch BVerfGE 6, S. 389 (433); 33, S. 367 (377); 35, S. 202 (220).

1227 *Scholz/Konrad*, AöR 123 (1998), S. 60 (64).

1228 Hierzu Pkt. 2.2.2.2-4.

1229 Hierzu Pkt. 2.3-6.

1230 Siehe Pkt. 2.3.1, 2.6.2.

1231 *Di Fabio*, in: Maunz/Dürig (Hrsg.), GG, Art. 2 I Rn. 157; *Lenski*, Massenkommunikation, S. 245; vgl. *Britz*, Persönlichkeitsrecht, S. 74 f.

nen sind.[1232] Nichtsdestotrotz definiert sich auch die Privatsphäre durch ihren Sozialbezug.[1233] Allerdings ist er bei der Privatsphäre mittelbarer Natur.[1234] Die gesellschaftlichen Bezüge werden nicht bewusst geschaffen, wie zum Beispiel durch eine Ehe, Vereinsmitgliedschaft oder den Beruf, sondern fallen als „Nebenprodukte" des Lebens in einer Gemeinschaft an. Momente der zwischenmenschlichen Verbundenheit treten aus dem abgeschirmten, vertrauten Persönlichkeitsbereich hinaus, wenn man sie in der Öffentlichkeit stattfinden lässt (beispielsweise ein Heiratsantrag).[1235] Der Privatsphäre wäre zum Beispiel auch ein Rendezvous in einem Restaurant zuzurechnen (privat und doch öffentlich). Im Gegensatz zum meinungsäußerungsfreundlichen Bereich ist der Sozialbezug im persönlichkeitsrechtsfreundlichen Bereich rückläufig, das heißt weniger prägend für das Verhältnis zur Öffentlichkeit. Die Privatsphäre unterscheidet sich von der Intimsphäre wiederum dadurch, dass dieser jeglicher Sozialbezug fehlt.[1236] Zum Beispiel dann, wenn das Paar im obigen Beispiel das Restaurant verlässt und gemeinsam nach Hause geht. Das Vertrauensverhältnis im Privatsphärenbereich ist jedoch auch nicht unverbrüchlich.[1237] Zum Beispiel kann ein vertrauliches Gespräch oder ein vertraulicher Brief „über Umwege" weiteren Personen bekannt werden.[1238] Der Wunsch nach Vertraulichkeit und die Abschirmung und Zuordnung zum Privatleben des Betroffenen ist dann grundsätzlich, je nach den anderen Umständen des Einzelfalles, zugunsten des Persönlichkeitsrechtes zu würdigen und kann nur unter strengeren Verhältnismäßigkeitsgesichtspunkten gegenüber anderen Interessen zurücktreten.[1239]

1232 *Lenski*, Massenkommunikation, S. 244 f.; *Scholz/Konrad*, AöR 123 (1998), S. 60 (64 f.); vgl. BVerfGE 27, S. 344 (350); 34, 238 (245).

1233 *Di Fabio*, in: Maunz/Dürig (Hrsg.), GG, Art. 2 I Rn. 159; vgl. *Lenski*, Massenkommunikation, S. 244 f.; *Vogelgesang*, Selbstbestimmung, S. 43.

1234 Deswegen wird bisweilen von einer „Geheimsphäre" gesprochen: *Luch*, Medienpersönlichkeitsrecht, S. 44; *Di Fabio*, in: Maunz/Dürig (Hrsg.), GG, Art. 2 I Rn. 159.

1235 Vgl. *Lenski*, Massenkommunikation, S. 200.

1236 *Lenski*, Massenkommunikation, S. 200; *Vogelgesang*, Selbstbestimmung, S. 43.

1237 *Lenski*, Massenkommunikation, S. 244.

1238 Vgl. BVerfGE 33, S. 367 (377) und *Vogelgesang*, Selbstbestimmung, S. 43.

1239 Vgl. *Lenski*, Massenkommunikation, S. 200; vgl. BVerfGE 27, S. 344 (351); 34, S. 205 (210); dass es sich bei diesem Punkt nur um einen Orientierung gebenden Aspekt handeln kann, zeigen nicht zuletzt die vielen Kompromissnormen des einfachen Rechts (hierzu Pkt. 1.3); siehe *Lenski*, Massenkommunikation, S. 245, die in Bezug auf das allgemeine Persönlichkeitsrecht davon spricht, dass „sich [...] [k]ein eindeutiges Präjudiz für sein Überwiegen ausmachen ließe".

4.4.2.4 Die Intimsphäre

Die Intimsphäre gewährleistet „einen unantastbaren Bereich privater Lebensgestaltung [...], der der Einwirkung der öffentlichen Gewalt entzogen ist"[1240]. Dieser Bereich lässt sich in einen nach den Art. 2 I, 1 I, 19 II GG (Wesensgehalt) relativ und einen nach Art. 2 I, 1 I GG (Menschenwürdegehalt) absolut zu bemessenden Teil trennen.[1241]

Ein Eindringen in den unantastbaren Bereich privater Lebensgestaltung berührt den Wesensgehalt der Art. 2 I, 1 I, 19 II GG.[1242] Die genaue Ausdehnung ist relativ zu bemessen und abhängig von den betroffenen Teilgehalten des Persönlichkeitsrechts sowie den Umständen des Einzelfalls.[1243] Die Intimsphäre hält die dem Persönlichkeitskern am nächsten gelegenen Bestandteile der Rechtsposition bereit, das heißt die elementare Grundsubstanz der jeweils betroffenen Einzelverbürgung im zugrundeliegenden Umfeld.[1244] Es geht vorwiegend um die *innere Gefühls-* oder *Gedankenwelt.*[1245] Ein Eindringen in diese Grenzbereiche könnte dazu führen, dass der Persönlichkeit keine Rückzugsgebiete verbleiben und das Grundrechtsminimum der Art. 2 I, 1 I GG gefährdet würde (siehe oben). Die Relativität kommt dann zum Tragen, wenn der Intimbereich (freiwillig) geöffnet und dadurch ein über die komplett dem Betroffenen gehörende Sphäre hinausgehender Bezug zur Öffentlichkeit hergestellt wird.[1246] Zum Beispiel da-

1240 BVerfGE 6, S. 32 (41); 6, S. 389 (433); 27, S. 1 (6); 34, S. 269 (281); 79, S. 256 (268); 80, S. 367 (374 ff.); 109, S. 279 (313); 113, S. 348 (390); 119, S. 1 (29).

1241 So, wenn auch nicht ausdrücklich, *Di Fabio*, in: Maunz/Dürig (Hrsg.), GG, Art. 2 I Rn. 158 und *Lenski*, Massenkommunikation, S. 244; ähnlich *Luch*, Medienpersönlichkeitsrecht, S. 338 ff.; vgl. *Horn*, in: Isensee/Kirchhof (Hrsg.), HdStR, Bd. VII, § 149 Rn. 33, der von einer „mitdefinierten" Intimsphäre spricht.

1242 *Di Fabio*, in: Maunz/Dürig (Hrsg.), GG, Art. 2 I Rn. 161.

1243 *Vogelgesang*, Selbstbestimmung, S. 43 f.; *Horn*, in: Isensee/Kirchhof (Hrsg.), HdStR, Bd. VII, § 149 Rn. 33; Bsp. bei *Wanckel*, in: Götting/Schertz/Seitz (Hrsg.), HdPR, § 19 Rn. 27 ff.

1244 *Di Fabio*, in: Maunz/Dürig (Hrsg.), GG, Art. 2 I Rn. 158.

1245 *Scholz/Konrad*, AöR 123 (1998), S. 60 (65).

1246 Vgl. *Di Fabio*, in: Maunz/Dürig (Hrsg.), GG, Art. 2 I Rn. 161; insofern ist unklar, wenn von einem „weniger intensiven Bezug der Privatsphäre zur Menschenwürde" gesprochen wird; entweder die Menschenwürde ist als unantastbarer Gehalt im Rahmen der Abwägung vor Verobjektivierung zu bewahren oder nicht: siehe *Luch*, Medienpersönlichkeitsrecht, S. 48 m.w.N. und *Horn*, in: Isensee/Kirchhof (Hrsg.), HdStR, Bd. VII, § 149 Rn. 34 zur bisweilen unklaren Rspr. des BVerfG. In inhaltlicher Hinsicht kann die Schutzbereichsverstärkung der Menschenwürde den Wesensgehalt der Art. 2 I, 1 I, 19 II GG so stärken, dass die Rechtsposition in einem relativ gewichteten Abwägungsprozess schwer überwindbar ist (vgl. Pkt. 2.2.1);

durch, dass Gefühlsregungen oder Gedanken schriftlich niedergelegt oder Aspekte mit Gesellschaftsbezug offenbart werden (zum Beispiel in Tagebüchern).[1247] Die Öffnung schließt nicht aus, dass nach wie vor ein Entzug des Grundrechtskerns drohen kann, der eine Verletzung des Art. 1 I GG und absolute Unantastbarkeit des allgemeinen Persönlichkeitsrechts nach sich zieht.[1248] Eine Chat-Konversation berührt zum Beispiel die Intimsphäre, wenn der Inhalt Einblicke in das innerste Seelenleben zulässt (zum Beispiel über die sexuelle Ausrichtung). Durch die Konverstion besteht aber auch ein Bezug zur Außenwelt.

Anders verhält es sich beim absolut unantastbaren Teil der Intimsphäre. Der Menschenwürdegehalt der Art. 2 I, 1 I GG verbürgt einen über den Wesensgehalt hinausgehenden, absolut unantastbaren Persönlichkeitsinnenbereich, der auch im Rahmen einer Abwägung niemals preisgegeben werden darf.[1249] In diesem „Bereich der Nicht-Kommunikation“[1250] muss das Individuum ausschließlich „sich selbst gehören“ können.[1251] Die dort passierenden Lebensmomente sind nicht nur privat, sondern durch *uneingeschränktes Vertrauen* geprägt. Die intimsten und dem Persönlichkeitskern am nächsten gelegenen Elemente der Persönlichkeit müssen vor einer aufgezwungenen öffentlichen Auseinandersetzung geschützt werden, wenn andernfalls das Subjekt vollständig verobjektiviert würde. Während ein Eindringen in Richtung Persönlichkeitskern bei vielen Fragmenten des Grundrechts vorstellbar ist, ist die Menschenwürde aber nur in Ausnahmefällen betroffen.[1252] Das Eindringen in Bereiche, die (räumliche) Abgeschiedenheit und Privatheit ausdrücken (zum Beispiel die Wohnung), verletzt

---

nichtsdestotrotz dürfen die verschiedenen Aussagen zu Art. 1 I GG nicht vermengt werden.

1247 Vgl. BVerfGE 80, S. 367 (367 ff.).

1248 Vgl. *Luch*, Medienpersönlichkeitsrecht, S. 62 ff.

1249 Allgemein BVerfGE 6, S. 32 (41); 6, S. 389 (433); 27, S. 1 (6); 27, S. 344 (351); 54, S. 143 (146); 89, S. 69 (82 f.), jeweils m.w.N.; vgl. *Horn*, in: Isensee/Kirchhof (Hrsg.), HdStR, Bd. VII, § 149 Rn. 14; *Di Fabio*, in: Maunz/Dürig (Hrsg.), GG, Art. 2 I Rn. 158; *Luch*, Medienpersönlichkeitsrecht, S. 338 ff.

1250 *Rohlf*, Privatsphäre, S. 87, 123.

1251 BVerfGE 27, S. 1 (6); 35, S. 202 (220); 44, S. 197 (203); *Luch*, Medienpersönlichkeitsrecht, S. 338 ff.; *Di Fabio*, in: Maunz/Dürig (Hrsg.), GG, Art. 2 I Rn. 158; jeweils m.w.N. Der Begriff der „Nicht-Kommunikation“ ist missverständlich: In erster Linie geht es um das Vertrauen, das in dieser Sphäre uneingeschränkt genossen und ausgesprochen wird. Es geht auch um die Kommunikation mit (Vertrauens-) Personen. Zu Recht krit. deshalb *Luch*, Medienpersönlichkeitsrecht, S. 61 f.; *Lenski*, Massenkommunikation, S. 243 f.

1252 *Di Fabio*, in: Maunz/Dürig (Hrsg.), GG, Art. 2 I Rn. 158; für den Lebensbereich Internet siehe Pkt. 2.3-6.

beispielsweise die Intimsphäre. Ihr unantastbarer Teil ist jedoch nur betroffen, wenn dem Subjekt die geschützte Abgeschiedenheit signifikant entzogen würde (zum Beispiel bei einer umfassenden, langen Wohnraumüberwachung[1253]). Persönliche Aufzeichnungen von intimen Gedanken, zum Beispiel in einem Tagebuch, gehören ebenfalls nicht per se zum unantastbaren Bereich der Intimsphäre, da durch die Aufzeichnung ein Bezug zur Außenwelt geschaffen wurde.[1254] Allerdings droht bei einer umfassenden Dokumentation von Vorgängen des innersten Seelenlebens in einem Tagebuch die Verobjektivierung der Persönlichkeit, so dass die Verletzung der Menschenwürde durchaus möglich ist.[1255] Auch die Missachtung des Vertrauens in einer intimen Chat-Konversation verletzt die Intimsphäre, nicht jedoch deren unantastbaren Bereich. Möglicherweise jedoch das Sich-Bemächtigen eines fremden *Facebook*-Profils über einen langen Zeitraum, in dem viele intime Informationen abgezogen und in späteren Äußerungen preis gegeben werden.[1256]

4.4.2.5 Fazit

Das Abwägungsprinzip der Sphärentheorie bietet durchaus eine verlässliche Leitlinie für den Abwägungsprozess.[1257] Allerdings hängt die Tauglichkeit stark vom Einzelfall und der Möglichkeit ab, Verhaltensräume in der jeweiligen Teilöffentlichkeit zu bestimmen. Dies erscheint bei umfangreichen Sachverhalten grundsätzlich realisierbar. Vor allem dann, wenn gegenüber alternativen Lebensbereichen abgegrenzt werden kann (zum Beispiel Gespräch mit der Ehefrau versus Vortrag vor Publikum). Die Tauglichkeit in speziellen und homogenen Lebensbereichen erscheint aber fraglich. So ist die Frage, ob eine Sphärenabgrenzung auch bei Informationsgesellschaft und Internet durchführbar ist, nämlich davon abhängig, ob Verhaltensräume in diesem anarchistischen Umfeld bestimmt werden können.

1253 Vgl. BVerfGE 109, S. 279 (313, 319 f., 324); 113, S. 348 (390 ff.); *Luch*, Medienpersönlichkeitsrecht, S. 69 ff.; so kann Abgeschiedenheit z.B. durch sofortiges Löschen abgehörter persönlichkeitsrelevanter Inhalte und Unterlassen des Abhörens für die (nähere) Zukunft umgehend wiederhergestellt werden.

1254 BVerfGE 80, S. 367 (367 ff.); vgl. auch das „Ehescheidungsakten"-Urteil in BVerfGE 27, S. 344 (351), das mit der Ehe ebenfalls freiwillig eingegangene, gesellschaftliche Bezüge und damit i.S.v. Art. 19 II GG relativierungsfähige Bereiche der Intimsphäre anspricht.

1255 Vgl. BVerfGE 80, S. 367 (367 ff.; 373 ff., 379); krit.: *Dreier*, in: Dreier (Hrsg.), GG, Art. 2 I Rn. 87; *Di Fabio*, in: Maunz/Dürig (Hrsg.), GG, Art. 2 I Rn. 158, 161 f.

1256 Weitere Bsp. bei *Wanckel*, in: Götting/Schertz/Seitz (Hrsg.), HdPR, § 19 Rn. 27 ff.

1257 Zurückhaltender *Luch*, Medienpersönlichkeitsrecht, S. 73, die von einer „Groborientierung" spricht.

4.4.3 Orientierungs- und Schlusspunkte aus dem Bereich der Abstufung nach Wahrheitsgehalt, Schlüssigkeit und Sachlichkeit

Mangelnde Übereinstimmung von Aussage und Realität kann bei der Abwägung grundsätzlich berücksichtigt werden. Vorraussetzung für die Funktionalität sind strukturierende Schluss- und Orientierungspunkte.

4.4.3.1 Erwiesenermaßen und evident unwahre Tatsachenbehauptungen sowie formal beleidigende, schmähende und diffamierende Werturteile

Sowohl erwiesenermaßen und evident unwahre Tatsachenbehauptungen als auch formal beleidigende, schmähende und diffamierende Werturteile bilden das Ende der Abwägung zugunsten des allgemeinen Persönlichkeitsrechts, wenn über die Kriterien der Wahrheit, (relativen) Richtigkeit und Schlüssigkeit abgewogen wird. Ob der relativ zu bemessende Wesensgehalt oder der absolut geschützte Menschenwürdegehalt der Art. 2 I, 1 I GG betroffen ist, ist für Tatsachenbehauptungen und Werturteile gesondert zu hinterfragen.

Aussagen, die durch ihren objektiv-faktischen Gehalt geprägt sind, selbst evident unwahre Tatsachenbehauptungen, können in den Schutzbereich der Meinungsfreiheit fallen; so könnten sie bei der Abwägung thematisiert werden (siehe oben).[1258] Dort würden sie dann als Schlusspunkte das Ende des Abwägungsbereichs zugunsten des allgemeinen Persönlichkeitsrechts markieren.[1259] Dem Orientierungsbereich vor diesem Extrem würden sie ermöglichen, sich davon abzugrenzen; diese Möglichkeit entfiele, wenn unwahre Tatsachenbehauptungen nicht in die Abwägung gelangten, weil sie bereits den Schutzbereich nicht eröffneten (siehe oben). Die Unwahrheit ist im Meinungsbildungsprozess kein (dauerhaft) schützenswertes Gut; nur wenn die Äußerung zumindest „einen Funken Wahrheit“ in sich trägt, kann überhaupt darüber diskutiert werden, ob eine Äußerung in der Abwägung überwiegt.[1260] Dies sichert der Wesensgehalt der Art. 2 I, 1 I, 19 II GG. Dieser hält einen Bereich für das allgemeine Persön-

1258 Siehe Pkt. 3.3.

1259 Vgl. BVerfGE 61, S. 1 (8), 85, S. 1 (17); 90, S. 241 (249); 99, S. 185 (196 f.); vgl. *Lerche*, FS Schweizer, 1999, S. 45 (55 f.), der konstatiert, dass „für irgendeine Abwägung [...] kein Platz“ sei, wobei er bereits die Schutzbereichsbetroffenheit ablehnt.

1260 BVerfGE 34, S. 269 (283); 54, S. 208 (219); 61, S. 1 (8); 90, S. 241 (247, 253); 99, S. 185 (197); vgl. auch 54, S. 148 (155) und *Vesting*, AöR 122 (1997), S. 337 (341); *Lerche*, FS Schweizer, 1999, S. 45 (55 f.).

lichkeitsrecht frei, den der Betroffene mit seinem Handeln und Kommunizieren, also dem eigenen Auftreten, individuell ausfüllen kann.[1261] Die Ergebnisse seines Verhaltens sind zugleich die Ergebnisse seiner Individualität und Personalität. Eine mangelnde Übereinstimmung zwischen Äußerung und Verhalten muss bei der Abwägung berücksichtigt werden.[1262] Unterschiede zwischen Äußerung und Realität, das heißt unwahre Inhalte, beschreiben eine Persönlichkeit, die mit der des Betroffenen, dem der Inhalt zugeschrieben wird, nicht (gänzlich) übereinstimmt. Die Persönlichkeit des Betroffenen wird zum Objekt der Kommunikation durch Dritte, so dass auch der Menschenwürdegehalt verletzt wird. Dieser ist absolut geschützt, so dass die Verletzung stets zugunsten der Art. 2 I, 1 I GG berücksichtigt werden muss. Bei evident unwahren Tatsachenbehauptungen, die Teil einer mit wertend-subjektiven Elementen vermischten Gesamtaussage sind, können diese Teile – trotz inhaltlicher Untrennbarkeit – getrennt gewichtet werden.[1263]

Wertend-subjektive Äußerungen bieten ebenfalls Schlusspunktsubstanz für eine Abwägung zugunsten des allgemeinen Persönlichkeitsrechts. Dies gilt insbesondere für *Formalbeleidigungen* und *Schmähkritik*.[1264] Dabei geht es um Äußerungen, deren Wertung sich in der Diffamierung und Herabwürdigung einer Person erschöpft.[1265] Dadurch berühren sie den Wesensgehalt der Art. 2 I, 1 I, 19 II GG. Dieser garantiert dem Einzelnen zwar nicht, dass er in der Öffentlichkeit so wahrgenommen werden muss, wie er sich das vorstellt; er garantiert jedoch, dass dem Betroffenen keine falschen Verhaltensweisen zugeschrieben werden.[1266] Die *innere Ehre*[1267] schützt darüber hinaus den Wert des Individuums

1261 BVerfGE 54, S. 148 (155): „Dies folgt aus dem dem Schutz des Persönlichkeitsrechts zugrundeliegenden Gedanken der Selbstbestimmung"; *Lenski*, Massenkommunikation, S. 215 f.

1262 *Lenski*, Massenkommunikation, S. 216.

1263 Vgl. hierzu BVerfGE 90, S. 241 (253) und Pkt. 3.3 sowie 4.3.3.

1264 BVerfGE 60, S. 234 (242); 61, S. 1 (10); 66, S. 116 (151); 82, S. 43 (51); 82, S. 272 (281, 283 ff.); 85, S. 1 (14, 16); 90, S. 241 (248); 93, S. 246 (292 ff.); *Kriele*, NJW 1994, S. 1897 (1899); *Kannengießer*, in: Schmidt-Bleibtreu/Klein (Hrsg.), GG, Art. 5 Rn. 5; vgl. *Luch*, Medienpersönlichkeitsrecht, S. 450 ff.; *Scholz/Konrad*, AöR 123 (1998), S. 60 (76 f., 90 ff.).

1265 BVerfGE 61, S. 1 (12); 66, S. 116 (151); 82, S. 272 (285); 85, S. 1 (17); vgl. *Ossenbühl*, ZUM 1999, S. 505 (508); *Murswiek*, in: Sachs (Hrsg.), GG, Art. 2 Rn. 128 f.

1266 BVerfGE 82, S. 236 (269); 97, S. 125 (149); 99, S. 185 (194); 101, S. 361 (380, 384 f.); 120, 180 (198); *Vesting*, in: Götting/Schertz/Seitz (Hrsg.), HdPR, § 6 Rn. 18 ff.; vgl. *Britz*, Persönlichkeitsrecht, S. 14 f.; *Wintrich*, Grundrechte, S. 7; vgl. BVerfGE 33, S. 1 (14 f.); *Brugger*, EuGRZ 1987, S. 189 (192); *Grimm*, NJW 1995, S. 1697 (1698).

innerhalb der Gesellschaft als solchen und damit einen originär der Menschenwürde innewohnenden Wert.[1268] Der Grundrechtskern, das *„Ehrenminimum"*, ist unantastbar.[1269] Es wird verletzt, wenn es bloß darum geht, den Betroffenen herabzuwürdigen und zu diskreditieren.[1270] Diffamierende Äußerungen sollen nicht nur eine *geringere* Wertschätzung zum Ausdruck bringen, sondern zeigen, dass der Wert dieses konkreten Individuums *überhaupt* nicht geschätzt wird. Es geht also gerade darum, nicht einmal ein Minimum an Respekt für die Persönlichkeit übrig zu lassen. In diesem Ablehnen des menschlichen Achtungsanspruches liegt eine Menschenwürdeverletzung.[1271] Durch das „Bescheinigen der Wertlosigkeit" des Betroffenen durch Verwendung einer entwürdigenden Äußerung wird die Subjektqualität generell infrage gestellt.[1272] So wird beispielsweise einem Menschen mit der Bezeichnung als „Alte Judensau"[1273] oder „Dummes Judenschwein"[1274], um damit – aus der Sichtweise des Äußernden – zum Ausdruck zu bringen, dass er ihn allenfalls als Lebewesen zweiter Klasse betrachtet[1275], Wertlosigkeit bescheinigt, und damit das gesellschaftlich und nach Art. 19 II GG erforderliche Ehrenminimum abgeschnitten sowie die Würde des Betroffenen als Mensch gleicher Güte infrage stellt.[1276]

1267 Hierzu Pkt. 2.6.2.

1268 *Hubmann*, Persönlichkeitsrecht, S. 288 f., 292; *Lenski*, Massenkommunikation, S. 164 f.; *Starck*, in: von Mangoldt/Klein/Starck (Hrsg.), GG, Art. 1 I Rn. 109, Art. 2 I Rn. 171; *Herdegen*, in: Maunz/Dürig (Hrsg.), GG, Art. 1 I Rn. 117; *Stark*, Ehrenschutz, S. 25 f., 29; *Tettinger*, Ehre, S. 16 f.

1269 *Murswiek*, in: Sachs (Hrsg.), GG, Art. 2 Rn. 128; Pkt. 2.6.2.

1270 BVerfGE 61, S. 1 (12); 66, S. 116 (151); 82, S. 272 (285); 85, S. 1 (17); vgl. *Ossenbühl*, ZUM 1999, S. 505 (508); *Murswiek*, in: Sachs (Hrsg.), GG, Art. 2 Rn. 128 f.

1271 *Lenski*, Massenkommunikation, S. 164 f.; *Luch*, Medienpersönlichkeitsrecht, S. 454; *Starck*, in: von Mangoldt/Klein/Starck (Hrsg.), GG, Art. 1 I Rn. 109; *Herdegen*, in: Maunz/Dürig (Hrsg.), GG, Art. 1 I Rn. 117; *Hofmann*, in: Schmidt-Bleibtreu/Klein (Hrsg.), GG, Art. 1 Rn. 17; so auch das BVerfG in seiner „Strauß"-Entscheidung in BVerfGE 75, S. 369 (369 ff.); siehe Pkt. 2.6.2.

1272 *Herdegen*, in: Maunz/Dürig (Hrsg.), GG, Art. 1 I Rn. 117.

1273 ArbG Bremen-Bremerhaven, BB 1994, S. 1568 (1568 f.); siehe *Schmitz-Scholemann*, BB 2000, S. 926 (932); vgl. AG Gummersbach vom 14.09.2009 unter Az. 82 Ls-121 Js 539/08-1/09 („Dreckige Judensau").

1274 ArbG Bremen-*Bremer*haven a.a.O.

1275 Insbes. dadurch, dass hinzugefügt wird, „den [Betroffenen] haben sie damals vergessen zu vergasen", siehe die Ausführungen des ArbG Bremen-Bremerhaven a.a.O.

1276 Vgl. auch *Herdegen*, in: Maunz/Dürig (Hrsg.), GG, Art. 1 I Rn. 117.

4.4.3.2 Äußere Ehre und sozialer Achtungsanspruch

Im Vorfeld einer die Würde des Betroffenen verletzenden Äußerung kann die Verletzung der äußeren Ehre und des sozialen Achtungsanspruches Orientierung im Abwägungsprozess verschaffen.[1277] Auch wenn der Betroffene grundsätzlich nicht darauf hinwirken kann, von der Öffentlichkeit in einem bestimmten Licht gesehen zu werden (siehe oben), so liegt dennoch eine Schutzbereichsbetroffenheit der Art. 2 I, 1 I GG vor, wenn eine Identitätsverfälschung vorgenommen wird, die das Bild des Betroffenen in der Öffentlichkeit entgegen der ihm zurechenbaren Verhaltensweisen und der damit bezweckten Wirkung entstellt (siehe oben).[1278] Dieser im „Peripheriebereich" der Ehre als Wert des Individuums anzusiedelnde soziale Achtungsanspruch kann als Orientierungspunkt bei gesellschaftlich ehrabschneidenden Äußerungen dienen.[1279] Dabei gilt es zu bedenken, dass das Aufzwingen von Meinungen, auch gesellschaftlicher Achtung gegenüber einer nicht geschätzten Person, mit Art. 5 I 1 GG grundsätzlich unvereinbar ist (siehe oben).[1280] Demzufolge bietet die äußere Ehre und der soziale Achtungsanspruch nur dort einen Orientierungspunkt zugunsten der Art. 2 I, 1 I GG, wo sich die in die Gesellschaft „hineingetragene" Würde des Einzelnen in sozialen Konstrukten manifestiert, die dem Kommunizierenden ein Mindestmaß an Achtung bei der Art und Weise seiner Auseinandersetzung damit abnötigen (zum Beispiel Beruf, Ehrenamt, Auftreten gegenüber anderen, Einsatz für einen dem Gemeinwohl zuträglichen Zweck etc.).[1281] Eine bestimmte (berufliche) Stellung in der Gesellschaft kann aufgrund ihrer Bedeutung für das Gemeinwesen Achtung erzwingen; zum Beispiel bei Anwälten, die als Organe der Rechtspflege mit besonderem Vertrauen ausgestattet und Bestandteil eines fairen Interessenausgleichs zwischen den Individuen der Gesellschaft sind. Für eine Relevanz im Abwägungsprozess ist eine Anknüpfungstatsache im gesellschaftlichen Miteinander vonnöten, sowie Konnexität zwischen der achtungsverletzenden Äußerung und dieser Tatsache. Dies wird zum Beispiel dann relevant, wenn sich jemand – was ihm als subjektive Anschauung selbst überlassen bleiben muss – abschätzig über Personen in anerkannten und gesellschaftlich wertvollen Funktionen äußert, zum Beispiel durch die Bezeichnung eines Staatsanwaltes als

---

1277 *Luch*, Medienpersönlichkeitsrecht, S. 450 ff.; hierzu Pkt. 2.6.2.

1278 *Lenski*, Massenkommunikation, S. 164, drückt es so aus, dass „der ‚gute Ruf' nur insoweit Schutz verdienen [kann], als er auch tatsächlich verdient ist".

1279 Vgl. *Schulze-Fielitz*, in: Dreier (Hrsg.), GG, Art. 5 I, II Rn. 179.

1280 Vgl. BVerfGE 33, S. 1 (14 f.); *Brugger*, EuGRZ 1987, S. 189 (192); *Grimm*, NJW 1995, S. 1697 (1698).

1281 Vgl. BVerfG, WRP 2009, S. 943 (943 ff.).

„durchgeknallt"[1282]. Sofern sich die Bezeichnung auf die Beweggründe für das Handeln des Würdenträgers und nicht auf seine Rolle als solche bezieht, kann sie zu Gunsten des Art. 5 I 1 GG gewichtet werden. Ähnliches gilt beispielsweise auch bei der Kritik an einer Lehrkraft.[1283] Hier gilt es dem Amt, selbst bei massiver Kritik an der Person und seiner Tätigkeit, mit der notwendigen Wertschätzung zu begegnen. Diese Achtung kann aufrecht erhalten werden, selbst wenn der Unterricht als „schlecht vorbereitet" oder die Lehrkraft als „inkompetent" beziehungsweise der Staatsanwalt als „durchgeknallt" bezeichnet wird.[1284] Insbesondere dann, wenn die dahinterstehende, auch scharf vorgetragene Kritik begründet und plausibel dargelegt wird. Zugunsten der Art. 2 I, 1 I GG sind hingegen Äußerungen zu gewichten, die die Achtung für die Funktion der Lehrkraft oder eines sonstigen gesellschaftlichen Würdenträgers komplett vermissen lassen. Beispielsweise dann, wenn einer Lehrkraft gesagt würde, dass sie „als Frau" sowieso keine Autorität und Wertschätzung als Lehrerin genießen könne.[1285] Oder ihr wird beispielsweise der Mittelfinger gezeigt, um dies stillschweigend deutlich zu machen.[1286] Oder wenn ein Polizist als „Ausländerhasser"[1287] bezeichnet und intendiert würde, dass Polizeibeamte bei Deutschen und Ausländern mit zweierlei Maß messen würden und ihre Funktion als neutrale Respekts- und Schutzperson eine Farce sei. Höhere Anforderungen als dieses Mindestmaß an Achtung für das soziale Auftreten und Engagement des Betroffenen können an Werturteile allerdings nicht gestellt werden, da ansonsten in den neutralen Bereich des Inhaltlichen übergegriffen würde.

4.4.3.3 Plausibilität und Sorgfalt bei Schaffung der Äußerungsgrundlage

Subjektiv-wertende Äußerungen sind unter der Eingriffsschwelle, die die Ehre des Betroffenen berührt, qualitativ „abwägungsneutral" zu bewerten, was auf

---

1282 BVerfG, WRP 2009, S. 943 (943 ff.).

1283 Vgl. Spickmich: LG Köln, ZUM-RD 2009, S. 205 (205 ff.); OLG Köln, ZUM 2008, S. 869 (869 ff.); BGH, ZUM 2009, S. 753 (753 ff.).

1284 Vgl. die Ausführungen der Gerichte zu Spickmich a.a.O. und diejenigen des BVerfG, WRP 2009, S. 943 (943 ff.).

1285 Möglicherweise wird ihr damit auch die Subjektqualität abgesprochen und sie somit in ihrer Menschenwürde verletzt.

1286 Vgl. VG Gelsenkirchen vom 02.02.2005, Az. 4 K 5925/02 (Rn. 26); hierin liegt auch eine Ehrverletzung.

1287 OLG Nürnberg vom 14.10.2009 unter Az. 1 St OLG Ss 41/2009, 1 St OLG Ss 41/09.

eine „meinungsäußerungsfreundliche Neutralität" hinausläuft.[1288] Tatsachenbehauptungen und Werturteile, die objektiv-faktische und subjektiv-wertende Elemente miteinander verbinden, können jedoch anhand ihres Wahrheits-, Richtigkeits- oder Schlüssigkeitsgrades, beziehungsweise der Sorgfalt beim Verschmelzen und Verwenden der Äußerungsgrundlage, eine Neigung zugunsten einer der Kollisionspositionen aufzeigen.[1289] So wie die Unwahrheit im Meinungsbildungsprozess kein bis zuletzt schützenswertes Gut ist, darf die Wahrheit als schützenswertes Gut immer gesagt werden.[1290] Allerdings können Wahrheit und Richtigkeit meist nur relativ beurteilt werden.[1291] In dem Bereich dazwischen ist schutzwürdig, was einen plausiblen, authentischen oder sonst wie sachlich sorgfältig zurecht gelegten Standpunkt in den Meinungsbildungsprozess einfließen lässt (*Sachlichkeit* und *Sachbezogenheit*).[1292] Deren Beitrag zur Ermittlung der Wahrheit ist größer und damit schutzwürdiger. Der Beitrag von Äußerungen, die unglaubwürdig oder nicht nachvollziehbar, unlogisch, inkonsequent, widersprüchlich oder sonst wie sachlich nicht sorgfältig legitimiert sind, ist geringer. Beispielsweise bei Verschwörungstheorien oder Glaubensansätzen, die Fakten und Behauptungen vermengen und den Blick auf die durch objektive Tatsachen substanziierbare Thematik verzerren.[1293] Im Gegensatz zu einer fundierten, sachbezogenen und die Ergebnisse nicht erzwingenden Schlussfolgerung ist der Beitrag von solchen Mutmaßungen zum nach Richtigkeit strebenden Meinungsbildungsprozess gering. Dies rechtfertigt eine Tendenz zugunsten der Art. 2 I, 1 I GG. Diese Tendenz ist jedoch im gesamten Abwägungsmodell gering anzusetzen, da Werturteile an sich nicht neutral sein müssen und sich die

---

1288 *Lenski*, Massenkommunikation, S. 213: „Der Begriff der Wahrheit ist untrennbar verknüpft mit der Kategorie der Tatsachenbehauptung"; andere Abwägungsprinzipien oder -kriterien können trotzdem zu einem Unterliegen des Rechts auf freie Meinungsäußerung im Abwägungsprozess beitragen – das Gesamtbild zählt.

1289 *Lenski*, Massenkommunikation, S. 234 sowie 201 ff., 212 ff.: „Hilfskriterium"; *Luch*, Medienpersönlichkeitsrecht, S. 437 ff. (insbes. S. 441) m.w.N.; BVerfGE 54, S. 208 (220); 85, S. 1 (17); 99, S. 185 (198: „Gegen die Entwicklung derartiger [Sorgfalts-] Pflichten bestehen verfassungsrechtlich keine Einwände").

1290 Siehe Pkt. 3.2-3.

1291 Hierzu Pkt. 3.2.5; vgl. BVerfGE 99, S. 185 (197).

1292 *Lenski*, Massenkommunikation, S. 212 ff., insbes. 215 f.; *Luch*, Medienpersönlichkeitsrecht, S. 437 ff.; vgl. BGH, GRUR 1971, S. 529 (530); NJW 1974, S. 1762 (1763) sowie BVerfGE 42, S. 163 (170 f.); 54, S. 208 (220) und 99, S. 185 (198); vgl. Pkt. 4.3.3 für das Abwägungsprinzip.

1293 Vgl. BVerfGE 99 („Scientology"), S. 185 (198).

Gewichtung auf die objektiv-faktischen Bestandteile beschränken muss.[1294] Darüber hinaus bestehen, wie die angeführten Beispiele belegen, Spannungen zu anderen Grundrechtsverbürgungen (zum Beispiel zur Wissens- und Religionsfreiheit). Deshalb kommt es entscheidend auf das Zusammenwirken mit weiteren Kriterien und Prinzipien der Abwägung an.

Ein an *Spickmich* angelehntes Beispiel ließe sich so formulieren, dass eine Aussage sowohl Bezug auf die fachliche Qualität einzelner Tätigkeiten des Lehrkörpers nimmt (zum Beispiel die Bewertung einer Klassenarbeit, die – trotz Bewertungsspielräumen – zumindest schlüssig als (eher) richtig oder (eher) fehlerhaft beurteilt werden kann), als auch einen vermeintlichen Grund für die sachlich bewertbare Leistung des Lehrkörpers aus dem privaten oder sozialen Bereich benennt. Beispiel: „Frau X war mit ihren Gedanken woanders und hat meine Leistung nur schlecht bewertet, weil ihr Mann sie betrogen hat." In diesem Fall ist in der Aussage die Leistung der Betroffenen nicht (gänzlich) sachlich beurteilt worden; darüber hinaus wird ein (unterstellter) Vorgang aus der Sozial- beziehungsweise Privatsphäre angeschlossen. Die Tendenz zugunsten der Art. 2 I, 1 I GG wird über die Unsachlichkeit hinaus durch die Verletzung dieser Sphäre verstärkt. Anders könnte es gelagert sein, wenn die Kritik an der Lehrerin auf nachprüfbare Punkte, wie beispielsweise Fehler bei der Korrektur (es wurden Seiten übersehen; Punkte falsch zusammengerechnet etc.), gestützt werden könnte.

4.4.3.4 Die erwiesenermaßen und evident wahre Tatsachenbehauptung

Die erwiesenermaßen und evident wahre Tatsachenbehauptung ist so zu behandeln, wie die erwiesenermaßen und evident *un*wahre Tatsachenbehauptung (siehe oben). Sie begründet einen Schlusspunkt zugunsten der Meinungsfreiheit. Denn Äußerungen zu wahren Handlungen des Betroffenen entsprechen dem Ergebnis seiner Verhaltensweise. Das allgemeine Persönlichkeitsrecht gewährt dem Einzelnen kein Anrecht darauf, die Wahrnehmung seiner Person in der Öffentlichkeit vollständig selbst zu bestimmen (siehe oben). Es entspräche noch weniger dem Wesen der Art. 2 I, 1 I GG, wenn das Individuum ein erwiesenermaßen falsches Bild von sich zeichnen könnte. Darüber hinaus wäre auch der Wesens- und Würdegehalt des Art. 5 I 1 GG betroffen, wenn der Kommunizie-

1294 Vgl. auch BVerfGE 85, S. 1 (17 (m.w.N.); 99, S. 185 (198; dort heißt es, dass die „Wahrheitspflicht nicht überspannt" werden dürfte); siehe *Kannengießer*, in: Schmidt-Bleibtreu/Klein (Hrsg.), GG, Art. 5 Rn. 4; *Vesting*, AöR 122 (1997), S. 337 (347 m.w.N.).

rende dazu verpflichtet wäre, Unwahrheiten zu verbreiten oder deren Verbreitung zu dulden, denn dann würde der kommunikative Raum als solcher eingeengt.[1295] Dieser muss nicht nur ein Mindestmaß an Entfaltungsfreiheit gewähren, um Art. 19 II GG gerecht zu werden, sondern darf dem kommunizierenden Individuum nicht nachweislich falsche Inhalte aufzwingen und ihn damit zum Unbeteiligten einer Kommunikation degradieren, die realitätsfern ist, was Art. 1 I GG verletzen könnte. Deshalb bildet die evident wahre Tatsachenbehauptung einen Schlusspunkt zugunsten der Meinungsfreiheit, der im Rahmen dieser Abwägungslinie grundsätzlich überwiegen muss. Wenn solche Tatsachen beispielsweise durch Ausspähen und durch Vertrauensbruch aus der Intimsphäre eines anderen entwendet worden sind, um ihn in der Öffentlichkeit bloß zu stellen, könnte das Gesamtergebnis im Schlusspunktmodell wiederum zu korrigieren sein.[1296]

4.4.3.5 Fazit

Das Abwägungsprinzip ist dort grundsätzlich gangbar, wo der objektiv-faktische Inhalt der Aussage ermittelt und anhand des Maßstabes von richtig oder falsch beurteilt und entsprechend gewichtet werden kann. Lässt sich der Wahrheitsgehalt hingegen nicht feststellen oder handelt es sich um eine aus Tatsachen und Werturteilen kombinierte Aussage, so ist darauf hinzuwirken, dass die Gesamtaussage anhand der gewichtbaren Teile auf der Abwägungsschiene so weit verschoben wird, wie es unter Wahrung der Unabhängigkeit gegenüber der subjektiven Anschauung des Individuums möglich ist. Über die Merkmale der Sachlichkeit und Schlüssigkeit kann diese Verschiebung nur geringfügig betrieben werden. Nur wenn die Aussage nicht nur gänzlich unsachlich ist, sondern auch in den Wesens- und Würdegehalt der Art. 2 I, 1 I GG vordringt, kann auch bei Werturteilen ein Schlusspunkt zugunsten der Art. 2 I, 1 I GG gesetzt werden.

4.4.4 Orientierungs- und Schlusspunkte aus dem Bereich der Öffentlichkeitsbeeinflussung

Bei einer auf Öffentlichkeitsaspekten beruhenden Abwägungslinie sind sowohl diejenigen Einflüsse zu berücksichtigen, die von der Öffentlichkeit auf den Ausgleichsprozess ausgehen, als auch diejenigen, die die Abwägungsentscheidung auf die Öffentlichkeit hätte. Bei einem integrativem Verständnis von Öffentli-

---

1295 Vgl. BVerfGE 97, S. 391 (403); 99, S. 185 (196).

1296 Vgl. BVerfGE 66, 116 (139); 97, S. 391 (403 ff.); *Schröder*, VerwArch 2010, S. 205 (220); *Vesting*, AöR 122 (1997), S. 337 (347 f.).

chem und Persönlichem sind die Ein- und Auswirkungen der Gesellschaft und das eigene Verhalten miteinander zu vergleichen (*Innen-* und *Außenkomponente*, siehe oben).[1297] Der Maßstab, den die Kriterien zusammen mit dem Leitsatz der Abwägungsschiene bilden, ist deshalb – mit Ausnahme der Schlusspunkte – nicht per se einer Abwägungsrichtung zugeneigt. Ein Orientierungspunkt, zum Beispiel die Informationsbeschaffung, kann in einem Sachverhalt zugunsten der Meinungsfreiheit, in einem anderen zugunsten des allgemeinen Persönlichkeitsrechts zu Buche schlagen.

4.4.4.1 Prangerwirkung und gesellschaftliche Bloßstellung

Das integrative Verhältnis von Persönlichkeit und Öffentlichkeit kippt in dem Moment in eine einseitige Beeinträchtigung des Persönlichkeitsrechts um, in dem es nur noch darum geht, den Betroffenen öffentlich vorzuführen (*Prangerwirkung*).[1298]

Eine gesellschaftliche Ächtung kann nur bei einem hinreichenden öffentlichen Interesse erreicht werden.[1299] Ob es sich dabei um ein „berechtigtes Interesse" handelt, kann zunächst dahingestellt bleiben.[1300] Denn je größer der (interessierte) Adressatenkreis, desto größer die Prangerwirkung.[1301] Sie setzt bereits dann ein, wenn die Folgen der bloßstellenden Verbreitung personenbezogener Informationen für den Betroffenen in keinem Verhältnis zu dem angestrebten Zweck mehr stehen.[1302] Als abwägungsfester Schlusspunktbereich wird dies jedoch erst dann relevant, wenn die öffentliche Anteilnahme einen psychischen – und eventuell gar physischen – Druck auf den Betroffenen aufbaut, dem dieser nichts mehr entgegen zu setzen hat und der aufgrund seines Vorverhaltens unangebracht ist.[1303] Im Internet erzeugt vor allem das Herausholen des Indivi-

1297 Siehe die Pkt. 2.6.4.3, 2.7, 4.3.4.

1298 Allgemein: BVerfGE 35, S. 202 (226 ff.); 97, S. 391 (403 ff.); 104 („Schuldnerspiegel"), S. 65 (72 f.); *Ballhausen/Roggenkamp*, K&R 2008, S. 403 (405 f.); *Gomille*, ZUM 2009, S. 815 (816 ff.); *Greve/Schärdel*, MMR 2008, S. 644 (648 f.); *Härting*, CR 2009, S. 21 (23 f.); *Kriele*, NJW 1994, S. 1897 (1903).

1299 *Gomille*, ZUM 2009, S. 815 (817); *Kriele*, NJW 1994, S. 1897 (1903).

1300 Mehr dazu unter Pkt. 4.4.4.4.

1301 BVerfGE 35, S. 202 (226 ff.); *Beater*, ZUM 2005, S. 602 (603); *Härting*, CR 2009, S. 21 (23).

1302 BVerfGE 97, S. 391 (403 f.); *Gomille*, ZUM 2009, S. 815 (817).

1303 *Gomille*, ZUM 2009, S. 815 (817, 819); *Ladeur*, in: Götting/Schertz/Seitz (Hrsg.), HdPR, § 9 Rn. 41; *Wanckel*, in: Götting/Schertz/Seitz (Hrsg.), HdPR, § 19 Rn. 25 ff. Der psychische Druck der Bloßstellung spiegelt das Außenverhältnis der Abwägungsschiene wider; die Frage der Rechtfertigung durch eigenes Vorverhalten das Innenverhältnis; vgl. Pkt. 4.3.4.

duums aus der Anonymität einen enormen Druck; die Belastung der Persönlichkeit ist um ein Vielfaches höher, wenn sie identifizierbar gemacht wird.[1304] Darüber hinaus droht die Zerstörung des gesamten Beziehungsnetzes des Betroffenen[1305] – eine Entfaltung der Persönlichkeit würde dadurch erheblich erschwert, wenn nicht gar unmöglich gemacht.

Der Wesensgehalt der Art. 2 I, 1 I, 19 II GG wird bereits durch die Bloßstellung an sich verletzt. Der Grundrechtsträger braucht einen Bereich, in dem er sich selbst überlassen und der von gesellschaftlichen Einflüssen weitestgehend frei ist.[1306] Insofern darf er nicht gesellschaftlich vorgeführt werden, denn ansonsten würde seine Persönlichkeit nicht nach seinem Ermessen in die Gesellschaft hinein getragen und entwickelt, sondern würde sich von dieser quasi eigenmächtig genommen.[1307] Statt sich beispielsweise durch Anmeldungen bei Portalen wie *Facebook* selbst eine virtuelle Persönlichkeit[1308] aufzubauen, ist eine solche bereits vorhanden, indem in Foren wie *I share Gossip*, *Spickmich* oder *Hot or not?* Inhalte über den Betroffenen zusammengetragen und angeboten werden. Mit der Einsichtnahme in die Person und deren öffentliche Darstellung ist zwar nicht notwendigerweise auch eine Beeinflussung ihres Verhaltens verbunden, die dem Betroffenen die Individualität und Personalität nehmen würde, aber dieser ist grundsätzlich davor zu schützen, dass seine Persönlichkeit und Persönlichkeitsentfaltung öffentlich „protokolliert“ und vordefiniert wird.[1309] Dies wäre der Fall, wenn er schon eine vorgefertigte virtuelle Persönlichkeit (siehe oben) vorfinden würde.

Wie groß das Schutzbedürfnis im Einzelfall ist, ist relativ zu bemessen und von den weiteren Umständen, insbesondere vom Vorverhalten[1310] des Betroffe-

---

1304 Siehe Pkt. 2.3.2; vgl. BVerfGE 119, S. 1 (1 ff.).

1305 *Kriele*, NJW 1994, S. 1897 (1903).

1306 BVerfGE 27, S. 1 (6); 35, S. 202 (220); 44, S. 197 (203); *Luch*, Medienpersönlichkeitsrecht, S. 338 ff.; *Di Fabio*, in: Maunz/Dürig (Hrsg.), GG, Art. 2 I Rn. 158, jeweils m.w.N.

1307 Hier spielt es auch eine entscheidende Rolle, welche persönlichkeitsrelevanten Informationen entnommen werden: *Greve/Schärdel*, MMR 2008, S. 644 (646).

1308 Siehe Pkt. 2.2.2.5.

1309 Vgl. BVerfGE 119 („Esra“), S. 1 (1 ff.), die im Ergebnis jedoch durchaus krit. zu beurteilen ist. Die abweichenden Stimmen (S. 37 ff.) verdeutlichen, dass es sich überwiegend um einen fiktiven Roman handelte, der Vorgänge aus der Intimsphäre darstellen kann, solange keine Schmähung einer existierenden Person betrieben wird. Die Fiktionalität macht es dem Leser grundsätzlich unmöglich zu erkennen, was der Intimsphäre der als Vorbild für den Romancharakter dienenden Person entnommen worden ist und was nicht.

1310 Siehe Pkt. 4.4.4.3 weiter unten.

nen, abhängig. Vielleicht hat er selbst bei *I share Gossip* gelästert oder seine ehemalige Partnerin bei *Hot or not?* in ein schlechtes Licht gerückt? Wegen dieser Abhängigkeit vom Vorverhalten ist ein Bezug des Schlusspunktes zu Art. 1 I GG ausgeschlossen.[1311] Die Menschenwürde schützt vor einer Verobjektivierung der Persönlichkeit; die Subjektqualität wird durch die Prangerwirkung aber nicht generell infrage gestellt, da das betroffene Subjekt „lediglich" öffentlich vorgeführt wird, womit es aber nicht automatisch zum Objekt anderer gemacht wird.[1312] Ihm wird weder die Möglichkeit genommen, zu tun und zu lassen was es will, noch wird die Wahrheit in der Darstellung verfälscht.[1313] Unbillige Ergebnisse sind also grundsätzlich nicht zu erwarten: Handelt es sich beispielsweise um intime Informationen[1314] oder Falschaussagen[1315], anhand derer der Betroffene bloßgestellt wird, so kann ein adäquater Schutz im Abwägungsprozess (ggf. kumulativ) über die anderen Abwägungsschienen und -kriterien des Abwägungsprozesses hergestellt werden. Darüber hinaus vermag der im Einzelfall relativ zu bemessende Wesensgehalt des Grundrechts in Situationen, in denen das Vorverhalten des Betroffenen gering war, einen ebenfalls ultimativen Schutz zugunsten des allgemeinen Persönlichkeitsrechts aufzubauen.

Die Ausführungen lassen sich anhand des Sachverhaltes der *„Selbstzensur"*-Entscheidung[1316] des Bundesverfassungsgerichtes verdeutlichen. Der Prozess behandelte die Frage, ob ein Opfer inzestuösen sexuellen Missbrauchs dazu verpflichtet werden kann, die namentliche Nennung des Vergewaltigers zu unterlassen, damit dieser nicht der gesellschaftlichen Ächtung und Bloßstellung ausgesetzt wird.[1317] Das Opfer trat unter anderem in der damals populären Fernsehsendung *„Schreinemakers Live"* auf, die ein Millionenpublikum und damit einen immens großen Adressatenkreis erreichte. Durch den sexuellen Missbrauch seines eigenen Kindes hatte der Täter aber – neben moralischen Grenzen – auch zahlreiche gesellschaftliche Grenzen, insbesondere strafrechtlicher Natur

1311 Vgl. BVerfGE 97, S. 391 (391 ff.): In dieser Situation kam es zu einer Prangerwirkung, die das BVerfG nicht anhand einer Menschenwürdeverletzung diskutierte; ähnlich auch BVerfGE 119, S. 1 (1 ff.).

1312 Anders könnte es dann zu beurteilen sein, wenn die öffentliche Vorführung zur Schmähung des Betroffenen dienen soll (hierzu Pkt. 4.4.3.1, 4.4.2.4); siehe BVerfGE 119, S. 1 (29, 44 (abw. Meinung)) mit Bezugnahme auf BVerfGE 30, 218 (224 (Sondervotum)).

1313 Geschieht dies doch, ist wiederum eine Abwägung über die Schiene der (relativen) Richtigkeit, Wahrheit und Schlüssigkeit mitentscheidend (s.o.).

1314 Hierzu Pkt. 4.4.2.4.

1315 Hierzu Pkt. 4.4.3.1.

1316 BVerfGE 97, S. 391 (391 ff., insbes. 397 ff.).

1317 BVerfGE 97, S. 391 (392); vgl. BVerfGE 35, S. 202 (226 ff.).

(§§ 174 ff. StGB), überschritten.[1318] Der Schlusspunktbereich des Persönlichkeitsrechtes des Täters war aufgrund seines Vorverhaltens in Bezug auf die Prangerwirkung *relativ* eng zu fassen; die Abwägung konnte zugunsten der Kollisionsposition ausfallen, da in diesem konkreten Fall eine Beeinträchtigung des Wesensgehaltes der Art. 2 I, 1 I, 19 II GG durch die Bloßstellung nicht drohte.[1319] Darüber hinaus wird man im Übrigen nicht davon sprechen können, dass die Umstände der unantastbaren Intimsphäre des Täters zuzuordnen und deshalb unantastbar seien, da ein schützenswerter Vertrauensbereich gegen oder ohne Willen des (minderjährigen) Opfers überhaupt nicht hergestellt werden konnte. Darüber hinaus handelt es sich bei den Details zum sexuellen Missbrauch auch um wahre Tatsachenbehauptungen,[1320] die das Opfer jederzeit äußern können muss.[1321]

4.4.4.2 Art und Weise der Informationsbeschaffung

Mit der Frage der Prangerwirkung hängt auch die Frage zusammen, wie persönliche Informationen in die Öffentlichkeit gelangt sind.[1322] Der Orientierungspunkte kann auf der Abwägungsschiene der Öffentlichkeitsbeeinflussung sowohl für die Art. 2 I, 1 I GG als auch für Art. 5 I 1 GG gewichtet werden: Werden die Informationen auf rechtswidrige Art und Weise erlangt oder unter Vertrauensbruch aus dem Persönlichkeitsinnenbereich des Betroffenen entfernt, so ist tendenziell dem allgemeinen Persönlichkeitsrecht Vorrang einzuräumen.[1323] Wurden die Informationen auf rechtmäßige Art und Weise oder durch Weitergabe einer in das Vertrauen gezogenen Person erlangt, so ist tendenziell dem Recht auf freie Meinungsäußerung der Vorzug zu geben.[1324] Dem Individuum sind die Verhaltensweisen zuzurechnen, deren Ursache es selbst gesetzt hat (sie-

---

1318 BVerfGE 97, S. 391 (404 f.).

1319 So auch BVerfGE 97, S. 391 (402). Anders dürfte dies in BVerfGE 104, S. 65 (72) zu beurteilen sein: Die Nichtbegleichung von Forderungen hat (rechtliche) Folgen; eine zusätzliche öffentliche Bloßstellung, die über diese Sanktionen hinausgeht, ist gemessen am Vorverhalten (Konsumieren ohne Liquidität) unverhältnismäßig.

1320 Siehe Pkt. 4.4.3.4.

1321 So auch BVerfGE 97, S. 391 (403 f.).

1322 *Lenski*, Massenkommunikation, S. 230 ff., 242 f.; *Luch*, Medienpersönlichkeitsrecht, S. 443 f.; *Degenhart*, JuS 1992, S. 361 (364 f.); *Wanckel*, in: Götting/Schertz/Seitz (Hrsg.), HdPR, § 19 Rn. 25 ff.; BVerfGE 66, S. 116 (139 ff.); 80, S. 367 (374); 101, S. 361 (391 ff.); 109, S. 279 (319).

1323 *Lenski*, Massenkommunikation, S. 230 ff.; *Luch*, Medienpersönlichkeitsrecht, S. 443 f.; vgl. BVerfGE 66, S. 116 (LS Nr. 2 sowie S. 139 ff.); 101, S. 361 (391 ff.).

1324 *Lenski*, Massenkommunikation, S. 230 ff.; *Luch*, Medienpersönlichkeitsrecht, S. 443 f.; *Degenhart*, JuS 1992, S. 361 (364 f.).

he oben).[1325] Die Beurteilung der Öffentlichkeitswirkung für die Abwägung kann sich daran orientieren, in welchem Verhältnis die Aktion des Individuum und die Reaktion der Öffentlichkeit stehen. Dabei geht es aber nicht nur um den Gegensatz „Preisgabe versus Beschaffung“, sondern um die konkrete Art und Weise des Übergangs von Informationen in die Öffentlichkeit, auf denen der Druck der öffentlichen Auseinandersetzung letztlich beruht.[1326] Werden die Informationen unter Verstoß gegen die Rechtsordnung gewonnen, so steht die Beschaffung in Widerspruch zur Unverbrüchlichkeit des Rechts.[1327] Der Informationsentwender kann sich zum Beispiel gemäß § 201 StGB strafbar machen; möglicherweise liegt sogar ein Verstoß gegen Art. 10 GG vor.[1328] Außerdem besteht eine Nähe zur Sphärenabschichtung: Die Informationsbeschaffung muss nicht rechtswidrig sein, es reicht bereits ein Verstoß gegen gesellschaftliche Konventionen (Belauschen einer Konversation, Ablesen des Laptop-Monitors eines Dritten in der U-Bahn).[1329]

Die Informationsbeschaffung bietet nur Orientierung im Abwägungsprozess und lässt keine Entweder-Oder-Entscheidung zu. Dies liegt zum einen daran, dass nicht jeder Verstoß gegen die Herrschaft über Informationen[1330] rechtswidrig ist. Zum anderen muss auch die Verarbeitung von rechtswidrig zugespielten Informationen manchmal zulässig sein. Zum Beispiel von der Presse, die Missstände in Bereichen aufdeckt, die keine direkten Einblicke zulassen (Unternehmen, Familienclans, Interessenvertretungen, Sekten o.ä.).[1331] Beispielsweise kann die Recherche eines investigativen Journalisten (rechtswidrig) persönlichkeitsrelevante Informationen aus einer fremden Sphäre, wie der Redaktion eines Boulevardblattes, abziehen, ohne dass per se zugunsten des allgemeinen Persön-

---

1325 Vgl. bereits Pkt. 2.2.2.

1326 *Lenski*, Massenkommunikation, S. 230 ff.; *Luch*, Medienpersönlichkeitsrecht, S. 443 f.

1327 *Lenski*, Massenkommunikation, S. 231, 239 in Bezug auf BVerfGE 66, S. 116 (139); *Lenski* weist korrekterweise darauf hin, dass sich in der einfachgesetzlichen Wertung bestimmter Verhaltensweisen der Wille des Gesetzgebers ausdrückt, der auf eine abstrakte Gewichtung der kollidierenden Interessen übertragen werden kann, wenn sich das Spannungsfeld im einfachen Recht befindet.

1328 *Hofmann*, in: Schmidt-Bleibtreu/Klein (Hrsg.), GG, Art. 10, Rn. 6; *Lenski*, Massenkommunikation, S. 230 ff.; *Luch*, Medienpersönlichkeitsrecht, S. 443 f.

1329 *Degenhart*, JuS 1992, S. 361 (364 f.); *Luch*, Medienpersönlichkeitsrecht, S. 444; mehr dazu unter Pkt. 4.4.2.3 und 2.4.2.

1330 Vgl. Pkt. 2.6.4.5.

1331 Vgl. *Degenhart*, JuS 1992, S. 361 (364 f.); *Luch*, Medienpersönlichkeitsrecht, S. 443; BVerfGE 66, S. 116 (139 ff.); siehe auch *Ignor/Jahn*, JuS 2010, S. 390 (390 ff.) und *Starck*, in: von Mangoldt/Klein/Starck (Hrsg.), GG, Art. 5 I, II Rn. 62 f., die die Trennung zwischen rechtswidriger Beschaffung und Verbreitung deutlich machen.

lichkeitsrechts abgewogen werden müsste.[1332] Erschleicht sich der Journalist den Zugang zu den Informationen durch das listige Vorspiegeln einer Motivation, die in Wahrheit gar nicht existiert (zum Beispiel die Absicht, für die Redaktion arbeiten zu wollen), öffnet er möglicherweise einen fremden Persönlichkeitsinnenbereich. Handelt es sich aber um nicht intime[1333] Informationen, die außerdem der Wahrheit[1334] entsprechen und die er schlüssig[1335] aufarbeitet, kann in einer Gesamtschau zugunsten der Meinungsfreiheit abgewogen werden, obwohl die (rechtswidrige) Art und Weise der Informationsbeschaffung in Richtung Persönlichkeitsrecht tendiert.

4.4.4.3 Das Vorverhalten der Beteiligten

Bei der Beurteilung der Öffentlichkeitswirkung kann sich die Abwägung auch am Vorverhalten der Beteiligten orientieren.[1336] Hierbei geht es um die Frage, ob ein Individuum eher auffordernd und freizügig, oder zurückhaltend und Persönliches abschirmend in der Öffentlichkeit aufgetreten ist.[1337] Der Orientierungspunkt stellt ein Äquivalent zum *Sozialbezug* des Individuums dar (siehe oben).[1338] Dem Individuum darf allerdings nicht zum Nachteil gereichen, dass es sich in der Öffentlichkeit bewegt und mit der Gesellschaft interagiert; das kommunikative Zusammenspiel von Individuum und Gesellschaft ist beiden Kollisionspositionen zueigen und daher nicht abwägungstauglich (siehe oben).[1339] Das

---

1332 *Lenski*, Massenkommunikation, S. 232 f.: BVerfGE 66, S. 116 (139 ff.); vgl. BVerfGE 101, S. 361 (391 ff.); siehe *von Gerlach*, JZ 1998, S. 741 (750 f.), der scheinbar von einem grundsätzlichen Vorrang des allgemeinen Persönlichkeitsrechts ausgeht. Interessante Parallelen bieten Fälle rund um den Ankauf von CDs mit Steuersünderdaten (hierzu *Ignor/Jahn*, JuS 2010, S. 390 (390 ff.)) sowie diejenigen Geschehnisse, die sich in Zusammenhang mit der Enthüllungsplattform *Wikileaks* (hierzu *Kläner*, NJW-aktuell 34/2011, S. 14 (14 ff.)) ereignet haben; vgl. zur Trennung von rechtswidriger Informationsbeschaffung und -verbreitung *Starck*, in: von Mangoldt/Klein/Starck (Hrsg.), GG, Art. 5 I, II Rn. 62 f.

1333 Siehe Pkt. 4.4.2.4.

1334 Siehe Pkt. 4.4.3.4.

1335 Siehe Pkt. 4.4.3.3.

1336 Nach *Lenski*, Massenkommunikation, S. 237 ff.; allgemein: BVerfGE 12, 113 (128 ff.); 24, S. 278 (286); 54, S. 129 (138); 66, S. 116 (150 f.); *Beater*, ZUM 2005, S. 602 (609); *Gomille*, ZUM 2009, S. 815 (818 ff. m.w.N.); *Schröder*, VerwArch 2010, S. 205 (219).

1337 *Lenski*, Massenkommunikation, S. 237 f.

1338 *Beater*, ZUM 2005, S. 602 (609); *Schröder*, VerwArch 2010, S. 205 (219); grundlegend Pkt. 2.2.2.

1339 Siehe Pkt. 2.2.2.4, 3.2.3.

Abwägungskriterium des Vorverhaltens bezieht sich auf das Verhältnis des Auftretens des Individuums und der Rezeption und Reaktion der Öffentlichkeit. Wenn der Betroffene eine öffentliche Auseinandersetzung mit den von ihm eingebrachten Informationen sucht oder zumindest zu verantworten hat, ist dies tendenziell zugunsten des Art. 5 I 1 GG zu werten.[1340] So zum Beispiel, wenn ein Politiker Bekanntheit erlangen möchte oder eine Privatperson an einer Casting-Show im Fernsehen teilnimmt, um berühmt zu werden. Zulasten der Art. 2 I, 1 I GG ist ferner grundsätzlich zu berücksichtigen, wenn eine finanzielle Vergütung für die Offenbarung persönlichkeitsrelevanter Details gezahlt worden ist (so wie bei Fernseh-Shows in der Regel üblich).[1341] Wer sich seinen persönlichkeitsrechtlichen Schutz ohne Zwang finanziell abgelten lässt, nimmt eine intensivere öffentliche Auseinandersetzung freiwillig in Kauf. Wird der Betroffene hingegen gegen seinen Willen „in die Öffentlichkeit gezerrt" beziehungsweise hat er die Intensität der öffentlichen Auseinandersetzung nicht durch eigenes Verhalten zu verantworten, so ist der Orientierungspunkt zugunsten der Art. 2 I, 1 I GG zu gewichten.[1342] Bei längeren Auseinandersetzungen ergibt sich ein Wechselspiel („Recht zum Gegenschlag"):[1343] Wer sich kritisch über andere äußert, muss mit Gegenkritik rechnen. Dies ergibt sich bereits aus dem Verhältnis von Angriff und Verteidigung, das im Kampf der Meinungen veranlagt ist.[1344] Betritt ein Individuum freiwillig die „Bühne der Öffentlichkeit", zum Beispiel bei einem sogenannten „Datingportal", so muss er auch mit Reaktionen rechnen, die ihm nicht gefallen (Abgewiesenwerden, Desinteresse, verletzende Äußerungen).[1345] Die (zulässige) Intensität der Reaktion ist aber auch abhängig vom Umfang der Präsentation. Abfällige Bemerkungen über freiwillige Angaben, zum Beispiel Interessen und Hobbies, muss das Individuum eher dulden als Spott und Häme über den Kontaktwunsch als solchen (denn auch die anderen Nutzer des Portals haben sich aus diesem Grund dort angemeldet; ohne Anmeldung ist in der Regel kein Kontakt und keine Bemerkung möglich). Bemerkungen zum

---

1340 *Lenski*, Massenkommunikation, S. 203, 238; BVerfGE 12, 113 (128 ff.); 24, S. 278 (286); 54, S. 129 (138); 66, S. 116 (150 f.); *Gomille*, ZUM 2009, S. 815 (818); *Schröder*, VerwArch 2010, S. 205 (219); vgl. *Grimm*, NJW 1995, S. 1697 (1703).

1341 *Gomille*, ZUM 2009, S. 815 (818).

1342 *Lenski*, Massenkommunikation, S. 237 f.; BVerfGE 12, 113 (128 ff.); 24, S. 278 (286); 54, S. 129 (138); 66, S. 116 (150 f.); *Schröder*, VerwArch 2010, S. 205 (219); vgl. *Grimm*, NJW 1995, S. 1697 (1703).

1343 *Lenski*, Massenkommunikation, S. 203, 238; vgl. BVerfGE 12, 113 (128 ff.); 24, S. 278 (286); 54, S. 129 (138); 66, S. 116 (150 f.); *Schröder*, VerwArch 2010, S. 205 (219); *Beater*, ZUM 2005, S. 602 (604); *Grimm*, NJW 1995, S. 1697 (1703).

1344 *Beater*, ZUM 2005, S. 602 (604); hierzu Pkt. 3.2.5.2.

1345 Vgl. *Lenski*, Massenkommunikation, S. 237 f.

freiwillig präsentierten Erscheinungsbild (zum Beispiel Foto einer korpulenten Person), werden eher hinzunehmen sein als Gästebucheinträge in einem Profil ohne Bild, die die Information bezüglich des Übergewichtes extern einfließen lassen (beispielsweise, wenn ein alter Klassenkamerad über das Profil „stolpert" und einen entsprechenden Eintrag hinterlässt).

4.4.4.4 Der Äußerungsinhalt

Fraglich ist, ob sich aus dem Inhalt einer Äußerung ein Orientierungspunkt für einen öffentlichkeitsbasierten Abwägungsmaßstab gewinnen lässt. Hierbei kann zwischen dem Äußernden als Urheber des Inhaltes und dem Inhalt selbst unterschieden werden.

Bei einer inhaltlichen Äußerung, zum Beispiel über ein Rechtsgeschäft, schwingt nicht selten zugleich eine Äußerung in Bezug auf die Person mit (*personeller Inhalt*). Besonders augenscheinlich ist dies bei kommerziell ausgestalteten Internetangeboten und deren integrierten Bewertungsfunktionen, wie zum Beispiel bei *eBay* oder *Amazon* (sogenannte *„Negativbewertungen"*).[1346] Eine – auch kritische – Bewertung darf als Werturteil bis zur Grenze der Schmähkritik oder sonstigen Eingriffen in den Wesens- oder Würdegehalt der Art. 2 I, 1 I GG auch scharf und schonungslos sein (siehe oben).[1347] Aber auch Tatsachenbehauptungen, insbesondere bei geringem Wahrheitsgehalt, können ein negatives Licht auf die Person werfen. Personelle Inhalte sind zum Beispiel betroffen, wenn der Vertragspartner – wie in der Praxis von Online-Versand- und Auktionshäusern häufig zu beobachten – als „Spaßbieter"[1348] bezeichnet, oder sonst wie der Eindruck der Unaufrichtigkeit, betrügerischen Gesinnung und fehlenden Vertrauenswürdigkeit als infrage kommender Geschäftspartner suggeriert wird.[1349] Allerdings kann sich das Interesse und der Grund für das Sich-Äußern auch beinahe vollständig im personellen Element erschöpfen. So ist es regelmäßig bei Äußerungen, die sich auf „belanglose Informationen" über Prominente beziehen (sogenannte „Klatschpresse").[1350] Hier geht es ganz überwiegend nicht

---

1346 Vgl. Pkt. 1.1.2-4; allgemein: *Dörre/Kochmann*, ZUM 2007, S. 30 (30 ff.).

1347 LG Köln, BeckRS 05, 10688; zivilrechtlich ist die Verletzung einer Nebenpflicht i.S.v. § 241 II BGB vorstellbar; vgl. Pkt. 4.3.3 und 4.4.3.1.

1348 Stellv. AG Koblenz, NJW-RR 2006, S. 1643 (1643 ff.).

1349 Vgl. OLG Oldenburg, MMR 2006, S. 556 (556 f.); LG Düsseldorf, MMR 2004, S. 496 (496 ff.); LG Koblenz, NJW-RR 2004, S. 1635 (1636 f.); AG Hamburg, CR 2006, S. 424 (424 ff.); AG Koblenz, NJW-RR 2006, S. 1643 (1644 f.).

1350 Vgl. das BVerfG in seiner „Caroline"-Rechtsprechung: BVerfGE 97, S. 125 (125 ff.); 101, S. 361 (361 ff.); 120, S. 180 (180 ff.); siehe *Frenz*, NJW 2008, S. 3102 (3102 ff.); siehe auch AG Hamburg, CR 2006, S. 424 (425).

darum, *was* getan oder nicht getan wurde, sondern *wer* es getan oder nicht getan hat.

Da eine Wertung des personellen Inhaltes der Wertung der Person gleich käme, ist eine Berücksichtigung im Abwägungsprozess grundsätzlich nicht möglich. Weder in Struktur und Inhalt der konfligierenden Rechtspositionen, noch in dem Begriff der Öffentlichkeit und dem integrativen Verständnis von Individuum und Gesellschaft ist veranlagt, dass beispielsweise der Bekanntheitsgrad oder die Tätigkeit einer Person, zum Beispiel als Schauspieler oder Politiker, *pauschal* als Orientierungsaspekt zugunsten der Meinungsfreiheit gewertet werden kann.[1351] Viel eher ergibt sich aus einem Erst-Recht-Schluss zur Inhaltsneutralität einer Äußerung, dass auch das damit verknüpfte Subjekt unabhängig von seinen Eigenschaften, beispielsweise der Prominenz oder gesellschaftlichen Funktion, abwägungsneutral behandelt werden muss. Deswegen kann auch eine Unterscheidung in *absolute* und *relative Person der Zeitgeschichte* keinen Gehalt benennen, den man als Orientierungspunkt bei einer öffentlichkeitsbasierten Leitlinie berücksichtigen könnte.[1352] Einzig und allein das Verhalten und der Sozialbezug des Individuums bieten grundgesetzlich verankerte Anhaltspunkte, auf die im Rahmen einer öffentlichkeitsbasierten Abwägungsentscheidung zurückgegriffen werden kann, selbst wenn hier Zusammenhänge mit der Person zwangsläufig sind (siehe oben).[1353] Personen, die ein größeres Interesse in der Öffentlichkeit hervorrufen als andere, haben allenfalls grundsätzlich mit ihrem Vorverhalten oder Sozialbezug zu dieser Nachfrage beigetragen.[1354] Der Orientierungspunkt ist aber dieses Verhalten und nicht die

---

1351 Vgl. Pkt. 2.2, 3.2.

1352 Allgemein zu dieser Rechtsfigur: BGHZ 131, S. 332 (332 ff.); BVerfGE 101, S. 361 (392 f.), siehe *Schertz*, in: Götting/Schertz/Seitz (Hrsg.), HdPR, § 12 Rn. 37 ff.; *Kube*, in: Isensee/Kirchhof (Hrsg.), HdStR, Bd. VII, § 148 Rn. 92 f.; *Horn*, in: Isensee/Kirchhof (Hrsg.), HdStR, Bd. VII, § 149 Rn. 83, jeweils m.w.N.; *Lenski*, Massenkommunikation, S. 198 f.; *Luch*, Medienpersönlichkeitsrecht, S. 416 ff.; krit.: EGMR, NJW 2004, S. 2647 (2647 ff.).

1353 *Frenz*, NJW 2008, S. 3102 (3102 ff.) betont die „soziale Dimension" der Person der Zeitgeschichte.

1354 Differenzierend: BVerfGE 114, S. 339 (350 ff.); 120, S. 180 (196 ff.); EGMR, NJW 2004, S. 2647 (2647 ff.); *Beater*, ZUM 2005, S. 602 (603 f.); *Frenz*, NJW 2008, S. 3102 (3103); *Gomille*, ZUM 2009, S. 815 (818 ff.), *Schertz*, in: Götting/Schertz/Seitz (Hrsg.), HdPR, § 12 Rn. 37 ff.; in Ansätzen: *Lenski*, Massenkommunikation, S. 198 f., 240, 246 f. und *Luch*, Medienpersönlichkeitsrecht, S. 416 ff. (insbes. S. 418); (wohl) a.A.: BGHZ 131, S. 332 (332 ff.); BVerfGE 34, S. 269 (283) und selbst noch BVerfGE 101, S. 361 (392 f.), sowie (auszugsweise aus der Lit.) *Ballhausen/Roggenkamp*, K&R 2008, S. 403 (406); *von Gerlach*, JZ 1998, S. 741 (750); *Hofmann*, in: Schmidt-Bleibtreu/Klein (Hrsg.), GG, Art. 1 Rn. 61.

Person selbst; dem personellen Inhalt lässt sich kein Kriterium abgewinnen, das eine Orientierung im Abwägungsprozess ermöglichen würde.

Ein besonders tragisches Beispiel bietet der Fall des kanadischen Schülers *Ghyslain.*[1355] Er erlangte durch seine unbeholfene Nachahmung eines Lichtschwertkampfes aus dem Science-Fiction-Film *„Star Wars I"* traurige und ungewollte Berühmtheit, indem er eine Golfballangel als Lichtschwert herumschwenkte und Bewegungen der Choreografie einer Kampfszene imitierte.[1356] Unter dem Namen *„Star Wars Kid"* wurde er zum *Youtube*-Phänomen; das nicht für die Öffentlich bestimmte Video aus einem Klassenraum, in dem er sich alleine befand, wurde millionenfach angeschaut, heruntergeladen und weiterverbreitet.[1357] Der Teenager hielt dem psychischen Druck der virtuellen Verhöhnung nicht stand, musste die Schule verlassen und medizinisch behandelt werden.[1358] Das einzige Vorverhalten, das er hierfür geliefert hatte und das dafür sorgte, dass sein Video zeitweilig zum beliebtesten Video im Internet avancierte, lag darin, dass er versehentlich die Videoaufnahme im Klassenraum liegen ließ.[1359]

Auch eine Orientierung am *thematischen Inhalt* ist aber grundsätzlich nicht möglich.[1360] Dies widerspräche dem Neutralitätsgebot des Art. 5 I 1 GG.[1361] Auch aus der Kollisionsposition der Art. 2 I, 1 I GG lässt sich keine Aussage ableiten, dass bestimmte thematische Gehalte unterschiedlich gewichtet werden müssten.[1362] Für das allgemeine Persönlichkeitsrecht ist nur ausschlaggebend, ob durch die Äußerung ein Eingriff in eine Einzelverbürgung oder einen Teilgehalt des fragmentierten Schutzbereiches stattgefunden hat oder nicht. Der Meinungsbildungsprozess an sich hat eine überragende Bedeutung für die Gesellschaft (siehe oben);[1363] welche Inhalte diese Bedeutung herbeiführen, lässt sich aber nicht pauschal beantworten. Dies zeigt sich nicht zuletzt daran, dass selbst völlig triviale und scheinbar wertlose Inhalte den Schutz des Art. 5 I 1 GG genie-

---

1355 Nach *Solove*, Reputation, S. 44 ff. (mit weiteren Beispielen ab S. 42); vgl. *Gomille*, ZUM 2009, S. 815 (818).

1356 *Solove*, Reputation, S. 45.

1357 *Solove*, Reputation, S. 45.

1358 *Solove*, Reputation, S. 47.

1359 *Solove*, Reputation, S. 45.

1360 *Scholz/Konrad*, AöR 123 (1998), S. 60 (114 f.); differenzierend *Beater*, ZUM 2005, S. 602 (604 ff.).

1361 *Schulze-Fielitz*, in: Dreier (Hrsg.), GG, Art. 5 I, II Rn. 45; *Herzog*, in: Maunz/Dürig (Hrsg.), GG, Art. 5 I, II Rn. 14 f.; *Scholz/Konrad*, AöR 123 (1998), S. 60 (114 f.).

1362 *Scholz/Konrad*, AöR 123 (1998), S. 60 (114 f.).

1363 Siehe Pkt. 3.2.4.

ßen.[1364] Es darf nicht ins Gewicht fallen, wenn das Interesse an diesen Inhalten überwältigende Ausmaße annimmt oder gen Null tendiert. Dementsprechend ist es nicht möglich, anhand eines „berechtigten Interesses" einer „interessieren Öffentlichkeit" darauf zu schließen, dass bestimmten Inhalten ein größeres Gewicht in der Abwägung zukommen müsste. Eine Bestimmung dessen, was berechtigterweise interessant ist oder nicht, käme einem Meinungsrichtertum gleich, das Art. 5 I 1 GG gerade ablehnt. Ausschließlich das dieses Interesse hervorrufende Verhalten und der Sozialbezug des Individuums können Ansatzpunkte dafür liefern, dass sich der thematische Inhalt in einer für die Abwägung anerkennenswerten Weise zu einem Orientierungskriterium verdichtet. So handelt es sich beispielsweise bei der Sportart Fußball um die mit Abstand beliebteste Sportart in Deutschland. Thematische Inhalte des Privatlebens eines Fußballers, die vielleicht eine schlechte Leistung bei der Bundesliga-Partie vom letzten Wochenende erklären könnten, können deshalb aber nicht per se zugunsten der Meinungsfreiheit gewichtet werden. Die Beteiligung eines Fußballstars an einer Schlägerei in einer Diskothek am Vorabend des Spieltages schon eher, wenn dieser durch sein Verhalten (u.a. wechselseitig ausgetauschte Körperverletzungen) einen Anknüpfungspunkt geschaffen hat (zusätzlich „twittert" er in angetrunkenem Zustand, wo er sich aufhält und was passiert ist; ein Journalist liest dies, kommt vorbei und dokumentiert die Szene).

4.4.4.5 Zeitmoment und Adressatenkreis

Zeitmoment und Publikum einer Äußerung können im Abwägungsprozess ebenfalls zur Orientierung dienen.[1365] Neben dem Zeitpunkt des Äußerns ist die Dauer, die die Äußerung (voraussichtlich) in der Öffentlichkeit bestehen bleiben wird, bis sie von dem oder den Empfängern rezipiert wird beziehungsweise aus der Öffentlichkeit verschwindet, abwägungsrelevant. Es geht zum einen um den Moment, in dem der Inhalt mitgeteilt wird, zum anderen aber auch um die Zeit, die der Inhalt in der Öffentlichkeit verweilt, um abgerufen zu werden.[1366] Damit wird der öffentliche Teil des Kommunikationsprozesses erfasst; die Rezeption und Verarbeitung der Äußerung findet für gewöhnlich nicht öffentlich statt.[1367]

1364 Stellv. BVerfGE 101, S. 361 (365, 389); siehe Pkt. 3.1, 3.3.

1365 *Beater*, ZUM 2005, S. 602 (603 f., 611 f.); *Härting*, CR 2009, S. 21 (24); BVerfGE 35, S. 202 (234 ff.).

1366 *Baller*, in: Haratsch/Kugelmann/Repkewitz (Hrsg.), Informationsgesellschaft, S. 33 (33 f.); vgl. BVerfGE 35, S. 202 (234 ff.): das BVerfG betont, dass ein Inhalt nach einer Unterbrechung erneut aufgegriffen werden kann; vgl. zum Informationsverarbeitungsprozess Pkt. 2.6.4.1.

1367 Vgl. Pkt. 2.6.4.1.

Der öffentliche Teil umfasst den Teil der Interaktion zwischen den Individuen der Gesellschaft; dieser Interaktionsmoment ist beiden Kollisionspositionen zueigen (siehe oben). Damit vermag der Orientierungspunkt die Funktionen beider Grundrechte zusammen zu optimaler Wirksamkeit zu bringen. So muss beispielsweise eine Äußerung grundsätzlich nicht ewig zur Rezeption bereitstehen; interessierte Adressaten werden versuchen, sie so schnell wie möglich aufzunehmen. Bezüglich des Entäußerungsmomentes kann wiederum gewichtet werden, ob die Inhalte auf einem individuellen Kommunikationsweg an nur wenige Adressaten gerichtet werden, oder ob eine unüberschaubare Personenanzahl erreicht werden soll.

Zu beachten ist jedoch, dass der Äußernde die Mittel wählen kann, die ihm den größten Erfolg versprechen; er darf nur nicht die Grenze zu außerargumentativen Druckmitteln, die dem Meinungsbildungsprozess fremd sind, überschreiten (siehe oben).[1368] So kann er grundsätzlich sogar Aussagen an alle Menschen richten; auch an solche, die noch gar nicht geboren sind. Beispielsweise, weil er sich wünscht, dass auch spätere Generationen seine Positionen teilen (zum Beispiel seine Ablehnung des Rassenhasses, da er als Überlebender des Holocausts persönlich darunter gelitten hat). Durch die *freie Wahl der Kommunikationswege* und *-mittel* gelangt die Meinungsfreiheit durch die Entscheidung des Grundrechtsträgers mithin von selbst zu optimaler Wirksamkeit.[1369] Wenn sich der Äußernde nur eine Person als Adressat wünscht, kann er sie direkt ansprechen (zum Beispiel persönlich, über Telefon oder in einem Brief); möchte er so viele Leute ansprechen wie möglich, kann er eine Website erstellen, Flyer verteilen oder eine Anzeige schalten. Vor allem das Internet als ein Medium, das „nie vergisst", ist besonders nachhaltig, dauerhaft und erreicht einen großen Adressatenkreis.[1370]

Die Beeinträchtigung des Persönlichkeitsrechtes ist umso schwerer, desto länger die persönlichkeitsrechtsverletzenden Informationen in der Öffentlichkeit abrufbar und je größer der Adressatenkreis ist.[1371] Dem allgemeinen Persönlichkeitsrecht fehlt damit ein Äquivalent für die freie Wahl der Kommunikationswege und -mittel und die „natürliche optimale Wirksamkeit" der Meinungsfreiheit. Da auch den Art. 2 I, 1 I GG bei der Abwägung zu optimaler Wirksamkeit

1368 *Degenhart*, FS Lukes, 1989, S. 287 (298); *Vesting*, AöR 122 (1997), S. 337 (340); vgl. BVerfGE 25, S. 256 (265); 66, S. 116 (136 ff.); siehe Pkt. 3.1, 3.2.5.2 und 3.3.

1369 *Ballhausen/Roggenkamp*, K&R 2008, S. 403 (406); *Härting*, CR 2009, S. 21 (24); vgl. BVerfGE 104, S. 65 (72 f.).

1370 Vgl. *Ballhausen/Roggenkamp*, K&R 2008, S. 403 (406); *Härting*, CR 2009, S. 21 (24); vgl. auch Pkt. 1.1.2.

1371 *Beater*, ZUM 2005, S. 602 (603).

verholfen werden muss, ermöglichen Zeitmoment und Adressatenkreis eine Orientierung zu ihren Gunsten. Die Intensität ihrer Gewichtung ist allerdings am Verhalten des Betroffenen zu messen.[1372] Adressatenkreis und Zeitmoment sind nur in dem Maße angemessen, wie das Verhalten des Betroffenen die Ausdehnung zulässt. Als Anknüpfungspunkt kommen beispielsweise soziale Rollen wie Berufe oder soziale Tätigkeiten in Betracht (siehe oben).[1373] Verlässt der Betroffene die Rolle und beendet den konkreten Gesellschaftsbezug, dann endet der Anknüpfungspunkt für Zeitmoment und Adressatenkreis.[1374] Deshalb können Äußerungen, die sich auf die Tätigkeit einer Person als Lehrerin beziehen, nicht zeitlich unbegrenzt fortdauern; verlässt sie die Schule oder geht womöglich sogar ganz in den Ruhestand, stünden Zeitmoment und Adressatenkreis nicht mehr im Verhältnis zum Verhalten.[1375] Dieses muss allerdings für eine bestimmte Zeit nachwirken, weshalb es sich um einen Orientierungspunkt handelt. Wie weit dieser in Richtung Persönlichkeitsrecht verschoben werden muss, ist einzelfallabhängig zu bestimmen. Dies wird am Beispiel *„Heide Simonis"* deutlich.[1376] Kurz nach Abwahl als Ministerpräsidentin von Schleswig-Holstein im Jahre 2005 war der soziale Bezug durch ihre ehemalige, freiwillig aufgenommene Tätigkeit als Berufspolitikerin mit stärker Öffentlichkeitspräsenz noch so nachhaltig, dass ein größeres mediales Echo gerechtfertigt erschien. Das „Informationsinteresse der Allgemeinheit" spielte – entgegen der Ansicht des Bundesgerichtshofes – allerdings keine Rolle.

4.4.4.6 Entstehung eines affirmativen Meinungsklimas

Der öffentlichkeitsbasierte Schlusspunktbereich der Meinungsfreiheit wird erreicht, wenn ein „affirmatives"[1377], individuelle Äußerungen abschreckendes und erstickendes Meinungsklima in der Gesellschaft oder konkreten Situation droht oder bestärkt würde.[1378] Nicht nur der sich konkret Äußernde, auch nach-

1372 *Beater*, ZUM 2005, S. 602 (609 ff.); *Härting*, CR 2009, S. 21 (24); vgl. BVerfGE 35, S. 202 (234 ff.).

1373 Siehe Pkt. 2.2.2.3, 4.3.4.

1374 *Beater*, ZUM 2005, S. 602 (611 f.); *Härting*, CR 2009, S. 21 (24); ähnlich BVerfGE 35, S. 202 (234 ff.).

1375 *Härting*, CR 2009, S. 21 (24).

1376 BGH, NJW 2008, S. 3134 (3134 ff.); Urteil der Berufungsinstanz in AfP 2006, S. 369 ff.

1377 *Grimm*, NJW 1995, S. 1697 (1704).

1378 *Grimm*, NJW 1995, S. 1697 (1703 f.); *Ossenbühl*, ZUM 1999, S. 505 (507); *Vesting*, AöR 122 (1997), S. 337 (350, 361); vgl. das BVerfG in seiner st. Rspr.: BVerfGE 43, S. 130 (136), 54, S. 129 (136); 83, S. 130 (145 f.); 93, S. 266 (292); 94, S. 1 (9); 114, S. 339 (349 f.), das BVerfG spricht davon, dass ansonsten „die Meinungsfreiheit in

folgende Grundrechtsträger würden davor abgeschreckt, ihre Anschauungen kund zu tun.[1379] Neben dem Kerngehalt des Art. 5 I 1 GG wird die Funktionsfähigkeit des demokratischen Gemeinwesens und damit das Demokratieprinzip des Art. 20 I, II GG bedroht.[1380] Es geht um Einflüsse, unter denen sich der Betroffene überhaupt nicht traut, abweichende oder gar kritische Meinungen kund zu tun.[1381] Die Situation, in der er sich wiederfindet, muss so abschreckend auf ihn wirken, dass er sich in Konformität und kommunikative Fügsamkeit pressen lässt (zum Beispiel durch Geldstrafen).[1382] Der Wesensgehalt der Meinungsfreiheit wird angetastet, wenn der Eindruck erweckt wird, dass sich der Äußernde mit seinen Auffassungen und seinem Kommunikationsbedarf kein Gehör verschaffen konnte. Dabei kann er, zum Beispiel bei einer Formalbeleidigung, durchaus verfassungsgemäß um punktuelle Aussagen gebracht werden (siehe oben).[1383] Die Beurteilung der Schlusspunktbetroffenheit ist gemäß Art. 19 II GG relativ anhand der konkreten Situation zu treffen.[1384] In der Informationsgesellschaft sind vor allem Situationen vorstellbar, in denen der Zugang zu bestimmten Medien oder Onlineangeboten verwehrt wird. So wurde der Enthüllungsplattform *Wikileaks* unter anderem durch einen Boykott großer Kreditkartenunternehmen die Finanzierung erschwert. Wenn einem Grundrechtsträger der Meinungsfreiheit in ähnlicher Weise systematisch der Weg zu einer Äußerung versperrt wird, könnte der Wesensgehalt des Art. 5 I 1 GG betroffen sein. Der Menschenwürdegehalt der Norm ist nur betroffen, wenn die Ausübung des Rechts auf freie Meinungsäußerung innerhalb der gesellschaftlichen Strukturen ultimativ unmöglich wäre.[1385] Erst dann fände sich das Individuum in einer Ob-

---

ihrer Substanz" getroffen würde; (wohl) a.A.: *Luch*, Medienpersönlichkeitsrecht, S. 448 f.

1379 *Grimm*, NJW 1995, S. 1697 (1703 f.); *Koreng*, Zensur, S. 34 (m.w.N. in Fn. 70); vgl. Pkt. 3.2, insbes. Pkt. 3.2.4.

1380 *Degenhart*, FS Lukes, 1989, S. 287 (290 ff.); *Grimm*, NJW 1995, S. 1697 (1703 f.); *Ossenbühl*, ZUM 1999, S. 505 (507); hierzu Pkt. 3.2.4.

1381 *Degenhart*, FS Lukes, 1989, S. 287 (293 ff.); *Grimm*, NJW 1995, S. 1697 (1703 f.); *Ossenbühl*, ZUM 1999, S. 505 (507); vgl. das BVerfG a.a.O., das von einer „einschüchternden Wirkung" spricht.

1382 Vgl. BVerfGE 54, S. 129 (136).

1383 Siehe Pkt. 4.4.3.1 und vgl. Pkt. 2.6.2.1.

1384 Siehe bereits Pkt. 4.4.1.1.

1385 Vgl. BVerfGE 43, S. 130 (136); das BVerfG differenziert nicht, sondern spricht allgemein von der „Substanz" der Meinungsfreiheit; vgl. jedoch BVerfGE 54, S. 129 (136), die „besonders strenge Anforderungen" an einen Eingriff stellt und damit intendiert, dass der Schlusspunktbereich jedenfalls nicht grundsätzlich absolut unantastbar ist.

jektsituation wieder, die es seiner Qualität als Subjekt einer kommunikativen Gesellschaft per se berauben würde. Dies ist aufgrund der Vielfalt und natürlichen Effizienz moderner Kommunikationsstrukturen – zumindest in liberalen Verfassungsstaaten nach westlicher Prägung – kaum vorstellbar.[1386] Autokratische Systeme können Kommunikationsprozesse über ihren Machtapparat umfangreicher beeinflussen (zum Beispiel durch Behörden, die Inhalte zensieren, oder Polizeipräsenz, die Zusammenkünfte abschreckt). Die „Arabellion" um 2010/2011 hat allerdings gezeigt, dass das Internet, mit Angeboten wie *Twitter*, *Facebook* usw., diese Vormachtstellung durchaus infrage stellen kann.

4.4.4.7 Fazit

Im Bereich der Öffentlichkeitswirkung konnten zahlreiche abwägungsleitende Kriterien ausfindig gemacht werden. Der Anteil des Persönlichkeitsrechtsbetroffenen an der Verletzung der Art. 2 I, 1 I GG taugt in verschiedenen Ausprägungen als Orientierungspunkt (Vorverhalten, Sozialbezug, Informationsbeschaffung etc.). Aufgrund der Interaktionsoffenheit beider Kollisionsrechte können die Orientierungspunkte grundsätzlich auch in beide Richtungen gewichtet werden. Die Verschiebung auf der Abwägungsschiene der Öffentlichkeitsbeeinflussung ist einzelfallabhängig zu treffen. Nichtsdestotrotz bietet dieser Abwägungsansatz den tauglichsten Ansatzpunkt für eine Abwägung zwischen allgemeinem Persönlichkeitsrecht und Meinungsfreiheit. Da Persönlichkeit und Öffentlichkeit integrativ und kooperativ verstanden werden können, scheinen praktische Konkordanz und optimaler Wirksamkeit beider Rechtsposition am ehesten über dieses Abwägungsprinzip erreicht werden zu können.

4.5 Fallgruppen und Beispiele

Die folgenden Fallgruppen und Beispiele sollen das Schlusspunktmodell erläutern.

Das erste Fallbeispiel betrifft Sachverhalte, die überwiegend durch ihren objektiv-faktischen Gehalt geprägt sind.[1387] Beispielsweise Fälle aus dem Bereich des *investigativen Journalismus*. Dort basiert die Äußerungsgrundlage eines Kommentars (Werturteil) häufig auf vielen Fakten und objektiv-beweisbaren Behauptungen (gemischte Meinungsäußerung, siehe oben).[1388] Es kann sich sogar um eine reine Tatsachenberichterstattung handeln. Werden die Informationen unter Missachtung moralischer oder normativer Strukturen gewonnen (Art

1386 Vgl. Pkt. 1.1.2.

1387 Vgl. BVerfGE 12, S. 113 (113 ff.); 66, S. 116 (116).

1388 Vgl. Pkt. 3.3.1.

und Weise der Informationsbeschaffung),[1389] aber unter Beachtung der Anforderungen an die Sachlichkeit und Sorgfalt[1390] aufbereitet, und verfügen sie zudem über einen erhöhten Wahrheitsgehalt (Abwägungsprinzip der Abstufung nach Wahrheitsgehalt),[1391] und können sich auf ein Vorverhalten[1392] des Persönlichkeitsbetroffenen berufen, das ein erhöhtes öffentliches Interesse rechtfertigt, zum Beispiel auf seine Funktion als Regierungsmitglied (Orientierungspunkt des Vorverhaltens und Abwägungsprinzip der Abstufung nach der Öffentlichkeitsbeeinflussung),[1393] so kommt ein Überwiegen der Meinungsfreiheit in Betracht.[1394]

Ähnlich, aber doch in zentralen Punkten verschieden (hier wird die Abhängigkeit vom Einzelfall deutlich), verhält es sich in Fällen des *Boulevard-Journalismus*.[1395] Diese Art der journalistischen Tätigkeit definiert sich weniger intensiv über den objektiv-faktischen Gehalt der Berichterstattung. Bisweilen werden sogar evident und erwiesenermaßen falsche Tatsachenbehauptungen verbreitet, die den Schlusspunktbereich der Art. 2 I, 1 I GG berühren und für ein klares Abwägungsergebnis sorgen.[1396] Beispielsweise dann, wenn ein Interview gleich ganz frei erfunden und damit die Darstellung der Person verobjektiviert wird.[1397] Allerdings können Berichte des Boulevard-Journalismus auch wahre Tatsachenbehauptungen beinhalten. Zum Beispiel einen Bericht über einen Restaurantbesuch.[1398] Häufig steht aber selbst dann das Ausleuchten und Aufbereiten von Informationen aus Lebensbereichen im Vordergrund, die grundsätzlich als vertraulich eingestuft werden müssten.[1399] Gerade sie rufen bei Adressaten des Boulevard-Journalismus regelmäßig großes Interesse hervor. Dieses Interesse taugt für sich genommen jedoch nicht als Gradmesser einer Abwägung (siehe oben).[1400] Nur Faktoren wie das Vorverhalten oder die Art und Weise der Infor-

---

1389 Siehe Pkt. 4.4.4.2.

1390 Siehe Pkt. 4.4.3.3.

1391 Siehe Pkt. 4.3.3.

1392 Siehe Pkt. 4.4.4.3.

1393 Siehe Pkt. 4.4.4.3, 4.3.4.

1394 Ähnlich das BVerfG a.a.O.

1395 Vgl. den BGH und das BVerfG in den „Caroline"-Entscheidungen: NJW 1995, S. 861 (861 ff.); NJW 1996, S. 984 (984 ff.); BVerfGE 97, S. 125 (125 ff.); 101, S. 361 (361 ff.); 120, S. 180 (180 ff.); vgl. auch BVerfGE 34, S. 269 (269 ff.).

1396 Siehe Pkt. 4.4.3.1.

1397 Vgl. das BVerfG in der „Soraya"-Entscheidung: BVerfGE 34, S. 269 (283 f.).

1398 So in BVerfGE 101, S. 361 (361 ff.).

1399 Vgl. Pkt. 4.3.2, 4.4.2.3-4.

1400 Siehe Pkt. 4.4.4.4.

mationsbeschaffung,[1401] oder auch die Tiefe des Eindringens in Sphären der Vertraulichkeit (graduell im Sinne der Je-Desto-Formel der Abstufung nach Sphärengesichtspunkten oder auch punktuell im Sinne der Verwirklichung des Orientierungspunktes der Privatsphäre oder gar desjenigen der Intimsphäre),[1402] können die Abwägung lenken. Da ihnen keine Punkte wie im Falle des investigativen Journalismus gegenüber stehen, liegt ein Überwiegen des allgemeinen Persönlichkeitsrechts näher.[1403] Evident und erwiesenermaßen wahre Tatsachenbehauptungen, wie beispielsweise der Restaurantbesuch, fallen auch bei separater Gewichtung dieses Teils als Schlusspunkt zugunsten der Meinungsfreiheit insgesamt nicht derart stark ins Gewicht, dass der gesamte Bericht zugunsten des Art. 5 I 1 GG freigegeben werden müsste.[1404]

Anders könnte es sich wiederum in Fällen des (Boulevard-) Journalismus verhalten, die zwar tief in vertrauliche Sphären des Betroffenen eindringen, in denen ein Nicht-Äußern-Können der privaten oder gar intimen Informationen jedoch ein affirmatives Meinungsklima (Schlusspunktbereich zugunsten des Art. 5 I 1 GG)[1405] befördern würde. Von einem solchen Klima wäre auszugehen, wenn Fakten im öffentlichen Meinungsbildungsprozess totgeschwiegen werden müssten, deren kritische Reflektion für das demokratische Gemeinwesen unerlässlich ist.[1406] Zu denken wäre beispielsweise an eine Situation, die mit den Zuständen im Italien der „Berlusconi-Ära" vergleichbar ist: Hier kann es unter Umständen geboten sein, politisch brisante Missstände wie Korruption, Günstlingswirtschaft oder das (sexuell) nötigende oder zumindest nötigungsähnliche Einfordern und Abgelten von Leistungen aufzudecken, obwohl dabei in private oder gar intime Sphären eingedrungen wird, da ansonsten die (Medien-) Macht einzelner Personen, Gruppen oder Institutionen kritische Regungen im Keim ersticken könnte. Die Gefahr eines relativen affirmativen Meinungsklimas ist in solchen Situationen zumindest vorstellbar.

Zum Abschluss sei noch auf ein letztes Beispiel hingewiesen, das die Idee der sexuellen Intimität aufgreift, und das neben der Funktionsweise des Schlusspunktbereiches die Überschneidung der Prinzipien und Kriterien sowie die daraus resultierende Flexibilität des Modells demonstriert:[1407] Es geht um das Ent-

---

1401 Hierzu Pkt. 4.4.4.2-3.

1402 Hierzu Pkt. 4.3.2, 4.4.2.3-4.

1403 Vgl. BVerfGE 101, S. 361 (379 ff.).

1404 Vgl. Pkt. 4.4.3.4.

1405 Hierzu Pkt. 4.4.4.6.

1406 Vgl. Pkt. 3.2.3-4.

1407 Vgl. hierzu BVerfGE 97, S. 391 (391 ff., insbes. 397 ff.) sowie die Ausführungen unter Pkt. 4.4.4.1.

wenden intimer beziehungsweise privater Informationen aus dem Herrschaftsbereich des Betroffenen (sexueller Missbrauch eines Schutzbefohlenen). Betroffener ist in diesem Fall der Persönlichkeitsrechtsbetroffene, das heißt der Täter des Sexualdeliktes. Er wird die Informationen rund um den Übergriff vermutlich als privat oder gar intim empfinden.[1408] Allerdings lässt bereits sein Vorverhalten (Orientierungspunkt auf der Abwägungsschiene der Öffentlichkeitswirkung)[1409] den Aufbau einer intimen und abwägungsfesten Vertraulichkeitssphäre gegen oder ohne Willen seines Opfers nicht zu (siehe oben).[1410] Damit wäre ein Schlusspunkt zugunsten der Art. 2 I, 1 I GG grundsätzlich nicht gegeben. Vielmehr veranlasst ein derartiges Vorverhalten sogar eine Tendenz zugunsten der Meinungsfreiheit, da sexueller Missbrauch die moralischen und normativen Strukturen der Gesellschaft und damit eine Beeinflussung der Öffentlichkeit betrifft, die die Abwägung in Richtung Meinungsäußerungsfreiheit zu neigen vermag (sowohl im Sinne der Je-Desto-Formel der Leitlinie, als auch im Sinne des nah an Art. 5 I 1 GG zu verortenden Orientierungspunktes des Vorverhaltens).[1411] Denn die Tatsache des sexuellen Missbrauchs ist (absolut) wahr und das Verhalten des Straftäters als Anknüpfungstatsache zulässig. Insofern kann ein einzelner Aspekt des konkreten Falles verschiedene Aspekte des Schlusspunktmodells – Fixpunkte wie Leitlinien – betreffen.

1408 Siehe Pkt. 4.4.2.3-4.

1409 Hierzu Pkt. 4.4.4.3.

1410 Siehe bereits Pkt. 4.4.4.1.

1411 Pkt. 4.3.4 und 4.4.4.3.

5. Kapitel: Interaktionsorientierte Abwägung im Internet

Die Leitlinien, Orientierungs- und Schlusspunkte einer Abwägung werden im Internet wie in keinem anderen sozialen Umfeld durch das gesellschaftlich dominierende Merkmal der *Information* beeinflusst.[1412] Zur Herstellung praktischer Konkordanz muss die gesteigerte *Präsenz*[1413] des Individuums in der Öffentlichkeit berücksichtigt werden, indem die Inhalte und Funktionen beider Kollisionspositionen über das Merkmal der *Interaktion* zusammen geführt werden (*Brückenfunktion*). Über diese Brücke lässt sich eine Entscheidung über die Herrschaft über eine Information fällen. Eine Abwägungsentscheidung außerhalb des Internets, in der beispielsweise die Missachtung von Verhaltenssphären unter losen Bekannten, zum Beispiel Nachbarn, gegenständlich ist, kommt ohne diese Entscheidung aus: Schleicht sich eine Person beispielswiese nachts vor das Schlafzimmerfenster seines Nachbarn, ist eine Verletzung der Intim- oder zumindest Privatsphäre auch abseits der Entscheidung über die Hoheit über den Inhalt, zum Beispiel einen intimen Moment unter Eheleuten, erkennbar: Der Grundstückseigentümer darf grundsätzlich alleine darüber entscheiden, ob er schläft oder aktiv ist, was er macht und wem er es mitteilt. Seine Befugnis dazu ergibt sich bereits aus dem ihn umgebenden Raum. Sucht derselbe Nachbar im offenen sozialen Umfeld, zum Beispiel einem Café oder am Arbeitsplatz, beharrlich Kontakt zu dem Betroffenen, fällt die Entscheidung zwar etwas schwerer, kommt jedoch durchaus auch ohne die Beurteilung der Herrschaft über Informationen aus (Ist die Begegnungsstätte erkennbar öffentlich? Ziehen sich die Personen in ein privates Zwiegespräch zurück, das andere erkennbar ausschließt?). Dies ist im Internet nicht möglich, da es wenige Anknüpfungspunkte für die Beurteilung neben der Information kennt: Keine räumlichen, keine thematischen und keine persönlichen, sozialen oder sonstigen.[1414] Beispielsweise fehlen räumliche Grenzen wie im oben geschilderten Fall, da es kein „virtuelles Grundstück" und keinen „virtuellen Vorgarten" gibt. Die virtuellen Inhalte werden künstlich durch die Interaktion der Individuen geschaffen; Konflikte müssen also auch über die Frage der Interaktion gelöst werden. Im Internet drängt sich die Frage auf, wem bei der Abwägung die Hoheit über Inhalte zugesprochen werden soll. Da eine absolute Hoheit – auch rechtlich – nicht gangbar ist, wird

1412 Vgl. bereits Pkt. 1.1.1.1.

1413 Vgl. Einleitung zu Pkt. 2.6.4.

1414 Im Fokus stehen außerdem die Tatbestandsmerkmale des Datums und des informationstechnischen Systems, vgl. Pkt. 2.4.1 und 2.6.3.

die Entscheidung anhand der Herrschaft über einzelne Informationen getroffen. Einzelne Informationen bilden die Inhalte.[1415] Die Beherrschbarkeit von Informationen verschafft Einfluss auf Inhalte. So kann eine Person bei *Rottenneigbours*[1416] das Haus, den Vorgarten und die Ausstattung des Grundstücks seines Nachbarn beschreiben, sowie Details zu dessen Verhalten auf dem Grundstück ausbreiten. Ob er die Herrschaft über diese Informationen inne haben oder sie beim Nachbarn bleiben soll, ist wiederum eine Entscheidung, die gegebenenfalls die Abwägung zu treffen hat. Bei komplexen Sachverhalten müssen die Herrschaftsansprüche über eine Vielzahl von Gewichtungspunkten anhand der sie bildenden Informationen in Einklang gebracht werden. Das Schlusspunktmodell hilft dabei, dieses Gesamtbild zu ordnen. Praktische Konkordanz und optimale Wirksamkeit ist nicht nur zwischen den Rechtspositionen insgesamt, sondern auch zwsichen den einzelnen Gewichtungspunkten an sich herzustellen.[1417] Durch die Herrschaft über einzelne Informationen entsteht Einfluss auf den Inhalt. Sowohl allgemeinem Persönlichkeitsrecht als auch freier Meinungsäußerung kann zu optimaler Wirksamkeit verholfen werden, indem dieses Maß an Einfluss auf den Inhalt bestimmt wird.

5.1 Die Abwägungsschienen im Kollisionsumfeld

Es bleibt zu klären, wie die Abwägungsschienen und -kriterien unter den Gesichtspunkten der Informationsdominanz und Interaktionsnotwendigkeit funktionieren.

5.1.1 Sphärenabschichtung und einzelne Sphären

Eine Abschichtung nach Sphären scheitert im Internet an zwei Faktoren: *Erstens* einer fehlenden Rollen- und Vertrauensbildung und *zweitens* der fehlenden Möglichkeit, Verhaltensbereiche mit dazugehörigen Wertigkeiten für die Persönlichkeit abzugrenzen.

5.1.1.1 Fehlende Rollen- und Vertrauensbildung im Internet

Im Internet bilden sich kaum Rollenmodelle, denen klare Erwartungen gegenüberstehen.[1418] Dies lässt sich zum Beispiel an der Rolle der sogenannten „*Moderatoren*" von Internetangeboten deutlich machen. Diese sind zwar in vielen An-

1415 Vgl. Pkt. 2.6.4.1, 2.6.4.6..

1416 Hierzu bereits Pkt. 1.1.4.

1417 Siehe Pkt. 4.1.1-2.

1418 Vgl. hierzu bereits Pkt. 2.5.

geboten des Web 2.0 anzutreffen (Foren, Social Networks, Blogs uvm.), um eine regelnde Funktion in den dortigen Konversationen einzunehmen, werden aber zum Teil völlig unterschiedlich von den Inhabern der Rolle interpretiert beziehungsweise von anderen Nutzern wahrgenommen und behandelt. Während sie zum Beispiel mancherorts Respekt genießen und als Mediatoren zwischen unterschiedlichen Standpunkten geschätzt werden, zum Beispiel bei *Wikipedia*, werden sie bei anderen Onlineangeboten bestenfalls nicht beachtet. Letzteres trifft vor allem auf Plattformen wie *I share Gossip* oder „Untergrundforen" zu, die zum Beispiel zum Austausch von nicht lizensierter Software, Filmen, Musik etc. dienen.

Die *wechselseitige Rollenerwartung*, das heißt das Ausfüllen der Rolle und deren Rezeption, zum Beispiel durch den Moderator und die Nutzer, müsste jedoch gerade verlässliche Verhaltensmuster ergeben, was dem Internet in seinem jetzigen Stadium nicht attestiert werden kann.[1419] Sie wären notwendig, um eine den Mustern entsprechende Erwartungshaltung als Maßstab zur Beurteilung einzelner Sachverhalte heranziehen zu können. Nur anhand eines solchen Maßstabes gelänge es, Sphären abzuschichten, die über die Hoheit über Inhalte entscheiden. Wenn viele Leute erwarten, dass eine bestimmte Verhaltensweise vom Standard abweicht und eine bestimmte Folge nach sich zieht, werden sie deren Legitimation eher akzeptieren. Vielleicht wird sich in der Zukunft zum Beispiel durchsetzen, dass ein Moderator nur mit einer bestimmten Prozentzahl der Stimmen aller Nutzer eines Onlineangebotes als solcher bestellt werden kann, beispielsweise mit Zwei-Drittel-Mehrheit. Dann erwarten auch neue Nutzer des Angebotes, dass er von einem Großteil, einer Mehrheit oder gar absoluten Mehrheit der Nutzer akzeptiert worden ist und respektieren seine Entscheidungen tendenziell eher. Beispielsweise die, eine konkrete Äußerung zu löschen, weil sie das Persönlichkeitsrecht eines anderen verletzt oder jedenfalls nicht den Gepflogenheiten und Umgangsformen eines bestimmten Forums entspricht. Man könnte beispielsweise darauf schließen, dass er bereits mehrfach ähnliche Entscheidungen hat treffen können und über Erfahrung verfügt. Eine Abwägungsentscheidung durch ein Gericht wäre daran zwar nicht gebunden, könnte aber respektieren, dass in dem besagten Forum die Interessen in einer konkreten, akzeptierten und von vorne herein feststehenden Verfahrensweise voneinander abgegrenzt worden sind. Muss sich der Moderator aber nur „hochgedient" haben, zum Beispiel, indem er oft Einträge im Forum verfasst oder es öfter als andere aufgesucht hat, wie es bei vielen Angeboten zurzeit der Fall ist, wird sein Rückhalt geringer einzuordnen sein. Solange wie diese ordnenden und vor allem verlässlichen Strukturen fehlen, fehlt es an Demarkationslinien für die Herr-

1419 Vgl. Pkt. 2.5.

schaftsbereiche über Informationen und die Beeinflussbarkeit von Inhalten. Insofern gibt es auch für die Abwägungsentscheidung keinen Anknüpfungspunkt, der eine Abgrenzung aufgrund der Verhaltensweisen erlauben würde.

Darüber hinaus ist fragwürdig, ob konkrete Rollen in Anbetracht der anarchistischen Strukturen des Internets je in einem ausreichenden Maße entstehen werden und sich Vertrauen bilden kann. Die in der realen Welt existierenden Bezüg des Individuums zu seiner sozialen Umgebung können in den meisten Fällen nicht ohne Weiteres auf die virtuelle Welt übertragen werden. Dies gelingt nur in Ausnahmefällen. Beispielsweise bleiben die Rollen von Verkäufern und Käufern auch im *eCommerce* gleich (siehe oben).[1420] Andere, gerade abstraktere Rollenmodelle, die in sozialen Beziehungen anwendbar wären, lassen sich hingegen nicht im virtuellen Raum verwenden. Beispielsweise viele zwischenmenschliche Rollen, wie die subjektive Einteilung von Personen in Kollegen, lose Bekannte, freundschaftlich Verbundene, ehemalige Freunde, aktuelle Freunde, beste Freunde usw. Je nachdem, mit wem es das Individuum zu tun hat, passt es instinktiv sein Verhalten an. Das Vertrauen, das es einem guten Freund entgegenbringt, reicht weiter als das Vertrauen, das es einem Arbeitskollegen oder losen Bekannten entgegenbringt. Einem guten Freund würde das Individuum eher den Alkoholexzess der letzten Party erzählen als einem Arbeitskollegen. Wenn soziale Netzwerke allerdings keinen Unterschied zwischen den Kontakten machen, kann auch das Individuum nicht ausdifferenzieren. Darüber hinaus weiß der Internetnutzer im „gesichtslosen“ Internet nicht mit Sicherheit, mit wem er es wirklich zu tun hat. Insofern hat das Individuum nur die Wahl, Informationen an alle oder an keinen weiter zu geben; oder auf persönliche Nachrichten umzusteigen, wodurch es überhaupt nicht mehr auf das Soziale Netzwerk angewiesen wäre und sich die Frage nach Rollenmodellen im Internet an sich erübrigen würde. Oder er müsste sich mit dem Risiko abfinden, dass er es nicht mit dem zu tun hat, für den sich sein Gegenüber ausgibt (Stichwort Risikogesellschaft, siehe oben).[1421]

In der „virtuell erweiterten“ Wirklichkeit muss das Individuum jedenfalls wesentlich mehr verantworten als seinem Sozialbezug und Verhalten entspricht. Entscheidet es sich beispielsweise dafür – weil er die Folgen der Party einigen engen Freunden, die sie ebenfalls aufgesucht haben, auf einen Schlag erzählen will –, die Äußerung mit den dafür notwendigen Informationen offen in ein Netzwerk einzustellen, kann es sein, dass auch Arbeitskollegen und womöglich der Arbeitgeber davon Notiz nehmen. Der Adressatenkreis ist im Vergleich zu dem Kreis, der durch das Verhalten des betroffenen Individuums bestenfalls an-

1420 Siehe bereits Pkt. 2.5.

1421 Vgl. Pkt. 1.1.1.2.

gesprochen sein dürfte (die Anwesenden der Party), in jedem Fall größer, da jeder Internetnutzer nur wenige „Klicks“ von der Information entfernt und in unmittelbarer, persönlichkeitsrechtlich bedenklicher Nähe zum Individuum ist. Diese Aussage ist erst dann zu relativieren, wenn den Nutzern umfassendere Möglichkeiten zur Einflussnahme zukommen (zur Rolle des Selbstschutzes sogleich mehr). So bietet *Google+* seinen Nutzern mit dem Feature *„Circles“* die Möglichkeit, die Kontakte anhand der zwischenmenschlichen Beziehung einzuteilen (zum Beispiel nach „Freunden“ und „Bekannten“). Auch *Facebook* ist dieser Entwicklung gefolgt. Dadurch gelingt es zumindest ansatzweise, sowohl eine Aussage öffentlich im Internet zu verfassen, als auch den Leserkreis an eine selbstbestimmte Wertigkeit zu koppeln und somit die Kontrolle über die Informationen teilweise behalten zu können. Die Einstellungen ermöglichen, das Private auch in der Öffentlichkeit abschirmen zu können; die im Internet nicht funktionierende Gegensätzlichkeit von Öffentlichem und Privatem wird zugunsten einer integrierenden Sichtweise aufgegeben.[1422] Allerdings finden diese Entwicklungen nicht in der breiten Masse Anwendung und es bleibt abzuwarten, ob daraus Rollen- und Vertrauensmuster entstehen werden. Momentan sind solche Funktionen, sofern sie existieren, weitgehend unbekannt oder werden nicht genutzt.

5.1.1.2 Verhaltensbereiche und Wertigkeiten im Internet

Die Abschichtung nach Sphären scheitert in der virtuellen Welt auch daran, dass die Verhaltensräume im Internet, die bereits nicht klar genug voneinander abgegrenzt werden können (siehe oben), nicht mit Wertigkeiten für die Persönlichkeit gekoppelt werden können. Weder kann bestimmt werden, wie das Individuum einen Bereich subjektiv bewertet, noch kann beurteilt werden, wie Dritte Bereiche objektiv werten beziehungsweise einschätzen können. Außerhalb des Internets machen der *Sozialbezug* und das *Verhalten* es möglich, Wertigkeiten von Verhaltensbereichen in einer zwischen Individuum und Gesellschaft vermittelnden Art und Weise zu beurteilen (siehe oben).[1423] Je stärker ein Individuum innerhalb der Gesellschaft agiert und sich einbringt, desto eher muss es damit rechnen, dass sich die Gesellschaft anhand dieser Anknüpfungspunkte auch mit ihm beschäftigt (zum Beispiel über öffentliche Auftritte auf Festen, Podiumsdiskussionen oder Fernsehauftritte diskutiert). Durch die Omnipräsenz und Omnipotenz von Informationen im Internet geht die Schere zwischen Verhalten und Folgen dort jedoch zu weit auseinander. Die Ursache, die das Individuum für

1422 Vgl. Pkt. 2.6.4.3.
1423 Vgl. Pkt. 4.3.2, 4.4.2.

das Vorhandensein einer Information als Anknüpfungspunkt für Sozialbezug und Verhalten setzt, zum Beispiel durch das Verfassen von Nachrichten in einem Forum oder das Anlegen eines Profils, steht bisweilen in keinem Verhältnis zu den persönlichkeitsrechtlichen Folgen, die durch das Medium maximiert werden. So hat beispielsweise die bei *Spickmich* betroffene Lehrerin „nur" zugestimmt, dass ihre Tätigkeit als Lehrkraft auf der Homepage der Schule veröffentlicht wird; dies diente bereits dazu, ihre Identität in eine Bewertungsplattform einfließen zu lassen und sie dort zu bewerten und über ihre Person in vielen Facetten zu diskutieren, das heißt einen anderen Kontext zu eröffnen und einen neuen Inhalt zu bilden („menschlich", „witzig", „fair" etc.).

Die Funktionalität der Sphärenabstufung ließe sich nur dann im Onlinebereich aufrecht erhalten, wenn der Abwägungsansatz um eine *„virtuelle Sphäre"* ergänzt werden könnte. Da ohne Sozialbezug und Rollenerwartung aber ein verlässlicher Gradmesser fehlt, um die Grenzen und die Wertigkeit einer solchen Sphäre zu bestimmen, erscheint dieser Weg (noch) nicht gangbar. Zumindest zum jetzigen Zeitpunkt können dem Internet keine Rollen- und Vertrauenselemente entnommen werden, die allgemeingültig wären und einen Orientierungspunkt hinreichend substanziieren könnten (siehe oben). Außerdem misst jedes Individuum der virtuellen Persönlichkeit eine andere Bedeutung zu, so dass auch die Wertigkeit der Sphäre fraglich wäre.[1424] Darüber hinaus könnte sie auch nicht kompensieren, dass das Internet die anderen Sphären perforiert. Die Sphärentheorie lebt aber gerade davon, Sphären *voneinander* abgrenzen zu können. Stünde die virtuelle Sphäre alleine dar, weil die anderen Sphären im Internet nicht bestimmt und ausgefüllt werden können, könnte sie nicht von diesen anderen Verhaltensbereichen abgegrenzt werden.

Es scheint allenfalls praktikabel, die „virtuelle Sphäre" nach unterschiedlichen Onlineangeboten weiter aufzugliedern. Also nicht nur eine virtuelle Sphäre zu schaffen, sondern gleich eine *„virtuelle Abwägungsschiene"* anzuwenden und dort einzelne virtuelle Sphären als Orientierungs- und Schlusspunkte zu verorten. Angebote des *eCommerce* bringen zum Beispiel schon jetzt ausreichende Rollen- und Vertrauensmuster mit; soziale Netzwerke beginnen, solche Strukturen auszubilden (siehe oben). Deshalb könnte zum Beispiel eine Sphäre um Angebote gezogen werden, in denen Individuen miteinander interagieren, um Waren und Dienstleistungen zu verkaufen (*eBay*, *myhammer* etc.). Allerdings müsste dann zwischen einer Vielzahl an Angeboten unterschieden werden. Dies würde dem Abwägungsprozess nicht zu mehr Rechtssicherheit verhelfen,

---

1424 Vgl. für die individuelle, subjektive Bedeutung für jedes Individuum bereits Pkt. 2.2.2.5.

sondern ein „Sphärendurcheinander“[1425] befeuern, weshalb der Nutzen eher gering wäre. Die Angebote unterscheiden sich zum Teil erheblich und die Fluktuation ist groß; unterschiedliche Sphären zu erschaffen und auf die Besonderheiten anzupassen würde bedeuten, sich ständig wandelnden Rollen- und Vertrauensmustern hinterherzulaufen. Intim- und Privatsphäre sind zwar auch unterschiedlich, nehmen aber über Sozialbezug und Intensität der Wertigkeit für die Persönlichkeit auf denselben Maßstab Bezug (das Handeln als Anknüpfungspunkt in der Gesellschaft). Durch Bezugnahme auf denselben Maßstab werden den Sphären Alleinstellungsmerkmale zugeordnet, die gleichzeitig zur Abgrenzug taugen (dazu sogleich mehr). Dies wäre bei unterschiedlichen Onlineangeboten nicht der Fall: Zwar verfügen auch sie über Alleinstellungsmerkmale, aber nur über rudimentäre Gemeinsamkeiten (Internetöffentlichkeit; Datenbasiertheit etc.). Insofern macht es keinen Sinn, beinahe völlig unterschiedliche „Sphären“ miteinander vergleichen zu wollen. Die Nutzer von *eCommerce*-Angeboten verfolgen beispielsweise hauptsächlich geschäftliche Zwecke (Sozialbezug: „beruflich“). Geschäftliche Zwecke spielen bei anderen Angeboten wiederum überhaupt keine Rolle (zum Beispiel bei vielen nicht kommerziellen Blogs, Bewertungsplattformen etc.). Bei anderen Angeboten ist es wiederum nicht ausgeschlossen, dass auch geschäftliche Zwecke verfolgt werden, obwohl für den Großteil der Nutzer andere Ziele im Vordergrund stehen (zum Beispiel bei *Facebook*). Den Nutzern von *Facebook* geht es um die Interaktion; allerdings lässt sich *Facebook* auch geschäftlich nutzen. Hiervon zeugen unter anderem viele Gewinnspiele und Werbeaktionen von Unternehmen, die als Nutzer der Plattform aktiv sind.

Neben der Unterschiedlichkeit von Onlineangeboten als virtuelle Spären ist es deshalb auch fraglich, ob diese überhaupt voneinander abgegrenzt werden *könnten*. Der Nutzer dieser Angebote ist mit seinen persönlichkeitsrechtsrelevanten Informationen zumeist „ganz oder gar nicht“ im Internet präsent (gewollt oder ungewollt); die Herstellung von Abgeschiedenheit und Vertraulichkeit wird ihm durch die strukturellen Besonderheiten des Mediums aber grundsätzlich vorenthalten.[1426] Dabei spielt es kaum eine Rolle, welche Angebote er nutzt. Zwar kann hinterfragt werden, inwieweit sich der Betroffene freiwillig mit seinen Persönlichkeitsmerkmalen in die virtuelle Öffentlichkeit *begibt*, zum Beispiel durch eine Betrachtung und Gewichtung seines Vorverhaltens (Anmeldungen bei sozialen Netzwerken etc.). Es erscheint jedoch rechtlich und tatsächlich

---

1425 *K. Amelung*, NJW 1990, S. 1753 (1755); *Luch*, Medienpersönlichkeitsrecht, S. 42 ff., jeweils m.w.N.

1426 Vgl. z.B. Pkt. 2.4.2.

ausgeschlossen, im Sinne einer Sphärenüberlegung zu gewichten, wie freiwillig und wie umfangreich der Betroffene in der virtuellen Öffentlichkeit *präsent* ist.

Die Sphärenüberlegung versagt dort, wo sie versucht, alle Stufen des *Informationsablaufes* zu kontrollieren. Allerdings lässt sich der gesamte Informationsverarbeitungsprozess im Internet auch nicht beherrschen,[1427] was allerdings für eine effektive Konturierung von Sphären im virtuellen Bereich unerlässlich wäre. Sphären stecken ganze Hoheitsgebiete ab. Damit ist die Hoheit über Inhalte gemeint, die aus rechtlichen und – gerade im Internet – tatsächlichen Gründen nicht beansprucht werden kann.[1428] Die semantischen Verarbeitungsprozesse im Internet lassen sich ab dem *Zeitpunkt der Informationsabgabe* nur noch in sehr geringem Ausmaß kontrollieren;[1429] die Sphärenabschichtung unternimmt jedoch den Versuch, die Kontrolle über die aus den Informationen erwachsenden Inhalte des Verhaltensbereiches des betroffenen Individuums (zumindest) bis zur Veränderung des Kenntnisstandes einer weiteren natürlichen Person aufrecht zu erhalten. Was abseits der Internetstrukturen grundsätzlich noch vorstellbar ist (beispielsweise in räumlich abgrenzbaren Bereichen wie dem eigenen Grundstück, siehe oben), ist im virtuellen Raum ein aussichtsloser Kampf. Die Sphärentheorie scheitert dort also an ihren eigenen Ansprüchen. Die Abgrenzung ist praktisch undurchführbar und brächte auch keinen Nutzen.

5.1.1.3 Fazit

Eine Abschichtung über Sphären hält im virtuellen Raum kaum Erkenntnisgewinn für die Abwägung bereit, sofern sie überhaupt gangbar ist. Denklogischerweise wird auf die anderen zur Verfügung stehenden Leitlinien mit deren Abwägungskriterien auszuweichen sein. Insbesondere hat sich gezeigt, dass der Sozialbezug und die wechselseitige Rollenerwartung des Individuums nur bis zu einem bestimmten Punkt zu kontrollieren ist, der bei einer Sphärenbetrachtung in der Onlinewelt schnell überschritten wird. Im Umkehrschluss müssten diejenigen Aspekte der Abwägung im virtuellen Raum ihre Wirksamkeit beibehalten, die vor diesem „point of no return“ angesiedelt sind, wie beispielsweise der Anknüpfungspunkt des Vorverhaltens des Betroffenen und damit die Abwägungslinie der Öffentlichkeitsbeeinflussung (dazu sogleich mehr).

1427 Siehe Pkt. 2.6.4.1.

1428 Hierzu Pkt. 2.6.4.

1429 Pkt. 2.6.4.1.

5.1.2 Abschichtung nach Wahrheit, relativer Richtigkeit und Schlüssigkeit

Die Abschichtung nach Wahrheit, (relativer) Richtigkeit und Schlüssigkeit verläuft bei Sachverhalten, die inhaltlich durch die internetverknüpfte Informationsgesellschaft geprägt sind, kongruent mit Abwägungen aus anderen Lebensbereichen. Der Grund für die deckungsgleiche Anwendbarkeit liegt darin, dass die ausschließliche Bezugnahme auf den Wahrheits-, Richtigkeits- oder Schlüssigkeitsgehalt nur auf den Äußerungsinhalt abstellt und weitere Faktoren, wie beispielsweise das Äußerungsmedium, unberücksichtigt lässt. Dies gilt selbst dann, wenn das Kommunikationsumfeld den Inhalt der Äußerung oder die Art und Weise der Wiedergabe wesentlich prägt, da er bei dieser Abschichtungsmethode isoliert betrachtet wird. Beispielsweise unterscheidet sich ein Blog-Eintrag über die Situation am Arbeitsplatz des Äußernden zwar in seiner äußeren Form (zum Beispiel seinem Adressatenkreis) von einem Gespräch in der Kantine des betroffenen Unternehmens, nicht jedoch in seinem Inhalt. Dies ist – unter Abwägungsgesichtspunkten – mit einer positiven und einer negativen Folge verbunden, die sich nicht trennen lassen: Positiv ist, dass eine Abschichtung nach Wahrheit, (relativer) Richtigkeit oder zumindest Schlüssigkeit auch bei im Internet abgegebenen Äußerungen grundsätzlich möglich ist, denn inhaltlich betrachtet ist „Äußerung gleich Äußerung". Auf der anderen Seite blendet die rein inhaltliche Betrachtung der Aussage alle Aspekte aus, die ihren Kontext ausmachen („Äußerung ist *nur* gleich Äußerung").

5.1.2.1 Äußerung ist gleich Äußerung

Der Inhalt einer Aussage verändert sich durch das Medium nicht. Es spielt grundsätzlich keine Rolle, ob die Äußerung mündlich, schriftlich oder via Internet getätigt wird. Insofern ist eine Abschichtung nach Wahrheit, (relativer) Richtigkeit oder Schlussigkeit innerhalb oder außerhalb des Internets grundsätzlich deckungsgleich. Es lassen sich nur geringe Abweichungen feststellen. Ein geringeres Maß an Sorgfalt beim Tätigen von Aussagen im Onlinebereich lässt sich beispielsweise dort ausmachen, wo ein Inhalt ohne individuelles Reflektieren gespiegelt und (beinahe) identisch wiedergegeben wird (*„copy & paste"*). Aber selbst dieses Vorgehen, das durch die technischen Möglichkeiten informationstechnischer Systeme gewiss besonders gefördert wird, und das man durchaus als fragwürdig einordnen kann, betrifft ausschließlich die *Art und Weise* der Äußerung. An der Beurteilung des *Inhaltes* nach Schlüssigkeit, Wahrheit oder Richtigkeit ändert sich nichts, auch wenn er kopiert wurde. Dies gilt grundsätzlich für alle Inhalte, egal ob sie den Namen, die Ehre oder übrige Bestandteile der Persönlichkeit betreffen. Darin unterscheidet sich die Abwägungslinie signifikant von der Sphärentheorie und, auch wenn dies zunächst paradox klingt, ist ihr zugleich ähnlich. Denn durch den umfassenden inhaltlichen Bezug wird wie bei der Abschichtung nach Sphären auch hier der Informationsverarbeitungsprozess in seiner Gesamtheit angesprochen; es wird sich nicht auf die Punkte beschränkt, die trotz der Besonderheiten der Informationsgesellschaft noch als kontrollierbar angesehen werden können (siehe oben).[1430] Allerdings, und dies birgt den entscheidenden Unterschied in sich, liegt dem gesamten Informationsverarbeitungsprozess *derselbe Inhalt* zugrunde – nur in sich wandelnder Form. Die Bezugnahme auf den kompletten semantischen Verarbeitungsprozess ist für diese Leitlinie deshalb unschädlich. Im Gegensatz zur Sphärentheorie, die auf eine Zerstückelung des Informationsverarbeitungsprozesses angewiesen wäre, um Verhaltensbereiche und Wertigkeiten abzugrenzen, ist die Abschichtung nach Wahrheitsgehalt, (relativer) Richtigkeit und Schlüssigkeit jedoch gerade auf seine Intaktheit angewiesen. Wie sich gezeigt hat, muss der Abwägung nämlich der ganze Prozess, notfalls inklusive evident wahrer oder evident unwahrer Tatsachenbehauptungen, zugrunde liegen (siehe oben).[1431] Da der Informationsverarbeitungsprozess also stets intakt bleibt, auch wenn er sich ausschließlich oder teilweise im Internet abwickelt, bleibt auch die Abwägungsschiene stets intakt. So kann zum Beispiel die Information über ein kriminelles Verhalten eines Dritten außerhalb des Internets entstehen, aber über dieses bis zur Rezeption weiter verarbeitet werden. Beispielsweise der Drogenkonsum beziehungsweise -vertrieb einer Person. Er findet naturgemäß außerhalb der virtuellen Welt statt. Dass eine natürliche Person in den Handel mit Betäubungsmitteln involviert ist, lässt sich allerdings auch via *Facebook* mitteilen, bis es viele weitere Personen wissen. Ob die Information wahr oder unwahr ist, spielt für den Weg des semantischen Verarbeitungsprozesses keine Rolle. Genauso gut könnte die Information in der großen Pause auf dem Schulhof mündlich weitergegeben worden sein. Die Sachverhalte scheinen sich nach dieser Betrachtung nicht zu unterscheiden.

5.1.2.2 Äußerung ist nur gleich Äußerung

In der Bezugnahme auf den gesamten Informationsverarbeitungsprozess liegt zugleich die wesentliche Schwäche dieser Abwägungsmethode bei Internetsachverhalten. Denn das, was die Aussage als Persönlichkeitsrechtsverletzung besonders macht, nämlich die speziellen Gefahren des Internets für die Persönlich-

---

1430 Vgl. Pkt. 2.6.4.1.

1431 Siehe Pkt. 3.2-3, 4.3.3.

keit (siehe oben),[1432] werden nicht abgebildet. Dies lässt sich zum Beispiel am Schutz der persönlichen Ehre und des sozialen Achtungsanspruchs verdeutlichen, der auf der Abwägungslinie Niederschlag findet.[1433] So kann die Einordnung einer ehrverletzenden Äußerung, je nach Nähe zum Wesens- und Würdekern, beziehungsweise den sozialen Strukturen, in denen sich der Betroffene bewegt, anhand der Schutzbereichsbetroffenheit und der Gewichtung auf der Leitlinie vorgenommen werden. Jedoch können andere Umstände, die eine Internetsituation in ihrem Schweregrad beeinflussen, nicht auf diesem Wege berücksichtigt werden. Hierunter fällt beispielsweise der ungleich größere Adressatenkreis sowie der Zeitfaktor einer im Internet abgegebenen, ehrverletzenden Äußerung.[1434] Darüber hinaus das aus der Balance geratene Verhältnis zwischen der höheren Bereitschaft zum Handeln und dem Maß an Verantwortlichkeit, das dem gegenübersteht. Beispielsweise könnte einer Lehrkraft direkt ins Gesicht gesagt werden, sie sei eine „dicke Kuh" oder „als Lehrerin eine Schande". Genauso gut könnte dies jedoch auch auf einem Din-A4-Blatt, das an das „schwarze Brett" der Schule geklebt wird, oder über das Internet der Öffentlichkeit kundgetan werden. Bei *Spickmich* oder *Facebook* vielleicht nur einem beschränkten Kreis, über *I share Gossip* oder einer anderen offenen Website vielleicht der gesamten Internetöffentlichkeit. Während das Gesagte gleich bleibt, sind andere Faktoren, zum Beispiel der Kreis der Empfänger und die Dauerhaftigkeit der Äußerung, größer. Auch die *„Schwarmintelligenz"* des Internets, das heißt der Glaube, dass das, was viele schreiben, schon seine Richtigkeit haben wird, ist ein Faktor, der nicht berücksichtigt werden könnte. Während man Beleidigungen, die auf das Übergewicht einer Person abzielen (siehe oben), in der realen Welt leichter als falsch abtun kann, wenn einem die Person gegenübersteht beziehungsweise bekannt ist, werden sie im Internet von vielen unhinterfragt übernommen. Je öfter sie wiederholt werden, desto eher halten weitere Personen die Information für wahr. Die Persönlichkeitsrechtsverletzung wird vertieft, ohne dass die Abwägungsschiene diese Vertiefung und Perpetuierung der Unwahrheit berücksichtigen könnte.

5.1.2.3 Fazit

Nach Wahrheits-, Richtigkeits- und Schlüssigkeitsgesichtspunkten kann auch bei informationsgesellschaftlich geprägten Sachverhalten abgewogen werden, sofern objektiv-faktische Elemente der Aussage dies möglich machen und die

1432 Siehe Pkt. 2.6.4.2.

1433 Vgl. Pkt. 4.4.3.1-2.

1434 Vgl. Pkt. 1.1.2 sowie Pkt. 5.2.3.

Inhaltsneutralität bezüglich der Äußerung an sich gewahrt bleibt.[1435] Die Äußerung bezieht sich auf den gesamten Informationsverarbeitungsprozess, ungeachtet davon, ob er ganz oder teilweise im Internet abläuft. Der Nutzwert einer Abwägung über die Merkmale dieser Abwägungsschiene beschränkt sich aber auf rein inhaltliche Aspekte und umfasst nicht die spezifischen Eigenarten des Internetsachverhaltes. Dessen Eigenarten bildet das Abwägungsprinzip nicht ab. Damit liegen aber auch die verschärfenden Faktoren von persönlichkeitsrechtsverletzenden Äußerungen im Internet außerhalb der Abwägungsschiene. Gerade sie liefern jedoch die entscheidende Substanz an Gewichtungspunkten für den Abwägungsprozess. Da die Leitlinien im Schlusspunktmodell kumulativ anwendbar sind, kann und muss bei der Herstellung praktischer Konkordanz auf der Mikroebene zwischen diesen Gewichtungspunkten also vorwiegend auf die Abwägungsschiene der Öffentlichkeitsbeeinflussung ausgewichten werden.

5.1.3 Die Auswirkungen auf und durch die virtuelle Öffentlichkeit

Fraglich ist, welche internetspezifischen Besonderheiten die Leitlinie der Öffentlichkeitsbeeinflussung mit ihren konkretisierenden Orientierungs- und Schlusspunkten bereithält. Der Abwägungsmechanismus kombiniert eine Innenkomponente, die das individuelle Verhalten des persönlichkeitsrechtlich Betroffenen in der Abwägung widerspiegeln soll, mit einer Außenkomponente, die die Auswirkungen auf und durch die Öffentlichkeit abbilden soll (siehe oben).[1436] Auch bei einer Grundrechtskollision im Bereich des Internets ist die Herstellung praktischer Konkordanz auf diese beiden Funktionen zu erstrecken: Das individuelle Verhalten bezieht sich auf das Verhalten, das einen (Sozial-) Bezug zur *virtuellen Öffentlichkeit* herstellt; die Öffentlichkeitsbeeinflussung nimmt wiederum Bezug auf ihre spezifischen Auswirkungen, die sie als *virtuelle* Öffentlichkeit ausübt. Als individuelles Verhalten kommt zum Beispiel in Betracht, sich selbst ein Profil bei *Facebook* anzulegen. Oder von Dritten, zum Beispiel der Schule, bei der man als Lehrkraft angestellt ist, ein „Profil" anlegen zu lassen, indem man der Verwendung seiner personenbezogenen Informationen zustimmt (*Spickmich*). Die Öffentlichkeitswirkung umfasst beispielsweise die Weiterverwendung dieser Informationen, indem man dem Profil eine Kontaktanfrage sendet, sich mit der Lehrerin über die auf der Homepage der Schule angegebenen Kontaktdaten in Verbindung setzt oder indem die Angaben unter anderen Nutzern in anderen Angeboten weiter diskutiert und zu sonstigen Inhalten

1435 Vgl. Pkt. 4.3.3.
1436 Siehe Pkt. 4.3.4.1.

verdichtet werden (*Spickmich*). Die Abwägungsschiene der Öffentlichkeitsbeeinflussung erweist sich in ihren Aspekten als durchaus praktikabel: *Erstens* lässt sich der *Bereich der virtuellen Öffentlichkeit* abgrenzen (Punkt 5.1.3.1). *Zweitens* lässt sich der individuelle *Beitrag des Internetnutzers* zur virtuellen Öffentlichkeit bestimmen (Punkt 5.1.3.2). *Drittens* lässt sich messen, wie die isoliert betrachteten Auswirkungen der *virtuellen* Öffentlichkeit die *Persönlichkeit des Einzelnen beeinflussen* (Punkt 5.1.3.3).

5.1.3.1 Virtuelle Öffentlichkeit als Teil der Informationsgesellschaft

Um die Öffentlichkeitswirkung für den Bereich des Internets separat betrachten zu können, muss sie als Teil einer *fragmentierten Öffentlichkeit* begriffen werden (siehe oben).[1437] Die „fragmentierte Teilöffentlichkeit Internet" ist sowohl tatsächlicher Bestandteil der (Informations-) Gesellschaft, als auch, als Tatbestandsmerkmal im Bereich der Abwägung, rechtlicher Bestandteil einer Leitlinie des Abwägungsprozesses. Öffentlichkeiten einer Gesellschaft, die sich in vielen Facetten ausprägt, können anhand ihrer Charakteristika bestimmt werden.[1438] Die Informationsgesellschaft ist wesentlich vom Internet geprägt (siehe oben). Die Charakteristika der virtuellen Welt können herangezogen werden, um diesen Bereich der Öffentlichkeit von anderen Fragmenten abzugrenzen. Die virtuelle Öffentlichkeit zeichnet sich zum Beispiel durch ihren globalen Umfang aus; Grenzen und Territorien sind gleichgültig.[1439] Für einen Internetnutzer bestehen kaum Hindernisse, in einem Moment malayische Internetpräsenzen und im nächsten kanadische aufzusuchen, während es ihm nicht möglich ist, als natürliche Person zunächst in Malaysia und im nächsten Moment in Kanada zu sein. Durch die sich wandelnde Öffentlichkeit ändert sich die Funktionsweise des „Abwägungsprinzips Öffentlichkeit"; die Orientierungs- und Schlusspunkte ändern sich mit den Veränderungen der Leitlinie (mehr dazu unter Punkt 5.2). Im Gegensatz zur Sphärentheorie wird die Abwägungsschiene durch die Änderungen aber nicht unbrauchbar, da sie sich anpassen lässt. Während diese Anpassungen nachvollzogen werden, müssen die Charakteristika des „Öffentlichkeitsfragmentes Internet" zugrunde gelegt werden. Im Übrigen ist zwischen den beiden Komponenten der Leitlinie zu differenzieren.

1437 Siehe bereits Pkt. 2.6.4.3.

1438 Vgl. Pkt. 1.1.1.

1439 Vgl. Pkt. 1.1.2.

5.1.3.2 Das Verhalten des Individuums in der Öffentlichkeit

Zunächst ist zu untersuchen, wie sich das Kollisionsumfeld auf die Innenkomponente auswirkt. Dabei geht es um die Frage, wie sich das Verhalten des Individuums und die Beeinflussung der beziehungsweise die Beeinflussung durch die virtuelle Öffentlichkeit zueinander verhalten. Die Ansatzpunkte für eine Abwägung des Verhaltens in der virtuellen Teilöffentlichkeit müssen ermittelt werden, um die konfligierenden Rechtspositionen zu optimaler Wirksamkeit zu führen.

Ausschlaggebend sind die *Informationsverarbeitungsprozesse* der internetvernetzten Welt, die das Verhalten der Beteiligten in der Onlinewelt begleiten.[1440] Nachdem die „erste Differenz" in einem für die Öffentlichkeit zugänglichen Kommunikationsweg erzeugt worden ist, entgleitet dem Beteiligten weitestgehend die Kontrolle über die Information; es kann sogar zu einer Verselbstständigung des kompletten Persönlichkeitsbildes in der virtuellen Öffentlichkeit kommen (siehe oben).[1441] Wenn der Handelnde also einen Informationsverarbeitungsprozess ausgelöst hat, zum Beispiel ein Profil erstellt oder einen Beitrag verfasst hat, ist sein Verhalten im Prinzip abgeschlossen. Zumindest soweit, wie es noch maßgeblich von ihm beeinflusst werden kann. Danach entzieht sich der Informationsverarbeitungsprozess seiner Kontrollhoheit. Insofern kann sein Verhalten als Anknüpfungspunkt der Innenkomponente nur konsultiert werden, soweit die Informationen *vor* diesem kritischen Punkt des Kontrollverlustes überhaupt der Kontrolle des Individuums unterlegen haben. Für die weiteren Schritte des semantischen Verarbeitungsprozesses ist weder der Sozialbezug noch das sonstige Verhalten des Individuums eindeutig bestimm- oder zurechenbar. Mit dem schwächer werdenden Anknüpfungspunkt in den sich beschleunigenden Informationsverarbeitungsprozessen wird sich von der Brücke der Interaktionsoffenheit, die zwischen den konfligierenden Rechtspositionen, Art. 2 I, 1 I GG auf der einen und Art. 5 I 1 GG auf der anderen Seite besteht, zunehmend gelöst, so dass auch die Möglichkeit schwindet, beiden Rechtspositionen mit ihren Funktionsweisen zu optimaler Wirksamkeit zu verhelfen.

Was die Abwägungsschiene als Leit*prinzip* im *Alexy*'schen Sinne anbelangt, ist das Verhalten immer weniger dazu geeignet, dem Individuum zugerechnet zu werden, wie der Informationsverarbeitungsprozess nach dem Entäußerungsmoment fortschreitet. Noch weniger taugen Informationen als Anknüpfungspunkte für das Verhalten des Betroffenen, die durch mehrere, neue oder sich überlagernde Informationsverarbeitungsprozesse gelaufen sind. So kann beispielswei-

---

1440 Siehe Pkt. 2.6.4.1.

1441 Zur Schutzbereichsbetroffenheit siehe Pkt. 2.6.4.6.

se das Anlegen eines Profils bei *Facebook*, inklusive Angaben zu politischer oder sexueller Ausrichtung, Hobby, Musikgeschmack oder der eigenen Ausbildung als Verhalten zur Beurteilung herangezogen werden. Werden die Informationen entnommen, um beispielsweise außerhalb des Netzwerkes zu Verleumndungen genutzt zu werden (zum Beispiel bei *I share Gossip*), ergibt sich nicht zwangsläufig, dass der Betroffene durch kein Verhalten dazu Anlass gegeben hat, selbst wenn es sich um fortschreitende oder gar neue Informationsverarbeitungsprozesse handelt. Vielmehr muss sein *Verhalten im Zeitpunkt der Äußerung* herangezogen und beurteilt werden (*erster Verhaltensmoment*). Ist sein Profil beispielsweise für alle öffentlich einsehbar? Hat er seine Kontakte geordnet und ihnen unterschiedliche Befugnisse zugeordnet (zum Beispiel zwischen Freunden und Bekannten getrennt; Freunde können alles einsehen, Bekannte nur die besuchte Hochschule o.ä.)? Dies setzt natürlich auch voraus, dass die *Möglichkeit der Steuerung* existiert (mehr dazu unter Punkt 5.3).

5.1.3.3 Die Auswirkungen des Verhaltens

Aus dem Verhalten des Indiviuums in der Öffentlichkeit ergeben sich Folgen, die die Herstellung praktischer Konkordanz beeinflussen. Auch sie stehen dabei in engem Kontakt mit den semantischen Verarbeitungsprozessen der Informationsgesellschaft. In ihrer Gesamtheit verstärken die Informationsverarbeitungsprozesse in der Teilöffentlichkeit Internet die exogenen Wertigkeitsfaktoren. Das hängt damit zusammen, dass die Kommunikation über das Internet effektiver und effizienter abläuft (siehe oben).[1442] So gesehen fallen Gewichtungspunkte wie der Zeitfaktor oder der Adressatenkreis im allzeit zugänglichen, präsenten und stabilen Internet, zu dem beinahe jedermann Zugang hat, ab dem Zeitpunkt des Kontrollverlustes besonders stark ins Gewicht. Eine Äußerung kann im Internet nicht nur nicht zurückgenommen werden (dies ist grundsätzlich auch der Fall, wenn man einem anderen eine Äußerung direkt „ins Gesicht sagt"), sie erreicht auch Millionen Nutzer – sofort und dauerhaft (dies ist außerhalb der virtuellen Welt nicht der Fall). Die Auswirkungen stehen mithin nicht mehr, wie zum Beispiel bei „klassischen" Kommunikationswegen wie Gesprächen oder Printmedien, in engem Zusammenhang mit dem Vorverhalten des Kommunizierenden. So weiß der Äußernde in der „Offlinewelt" grundsätzlich genau, wie groß das Publikum ist, zu dem er spricht (Vier-Augen-Gespräch? Äußerung in einem voll besetzten Saal oder vor laufenden Fernsehkameras?). Das Internet kennt hingegen grundsätzlich nur den Zustand der ultimativen Aufmerksamkeit – ungeachtet davon, welcher Grad an Aufmerksamkeit gesucht worden ist. Die Inter-

1442 Siehe Pkt. 1.1.2.

aktionsoffenheit zwischen Individuum und Gesellschaft wird, wenn es sich um die Teilöffentlichkeit des Internets und die Informationsgesellschaft handelt, einseitig maximiert. Die Gesellschaft, respektive die anderen Individuen, können immer mit und über ein anderes Individuum kommunizieren, denn jedes Individuum ist in der virtuellen Öffentlichkeit präsent, ob es das will oder nicht.[1443] Insoweit bietet die virtuelle Öffentlichkeit für die Interaktion der Gesellschaft als solcher Bedingungen, wie sie kaum besser sein könnten.[1444] Jedenfalls kann ihre Wirksamkeit im Abwägungsprozess als optimal bezeichnet werden.

Anders ist dies beim allgemeinen Persönlichkeitsrecht aus den Art. 2 I, 1 I GG. Dessen Funktionen und Gehalte kommen beim Öffentlichkeitsbezug grundsätzlich nicht von sich aus zu optimaler Wirksamkeit. Die Interaktionsoffenheit funktioniert wie eine Einbahnstraße: Zwar ist auch die Möglichkeit des einzelnen Indiviuums, sich aktiv zu entfalten – gleich den kommunikativen Möglichkeiten für die „Gesellschaft der Individuen" – beinahe schrankenlos, nicht jedoch die Möglichkeit, die ihn betreffende Kommunikation entsprechend zu beeinflussen. Also die *passive Auseinandersetzung* mit dem Individuum in einer Art und Weise zu steuern, die der Präsenz (siehe oben) entspricht. So kann das Individuum, genauso wie alle anderen Internetnutzer, beispielsweise Mitglied in Foren oder anderen kommunikativen Begegnungsstätten der virtuellen Welt werden. Für den einzelnen Nutzer bietet das Internet dadurch eine schier unendliche Anzahl an Möglichkeiten, seine Persönlichkeit zu entwickeln (siehe oben).[1445] Dem Individuum stehen aber nur bestimmte Wege offen, eine Auseinandersetzung mit der eigenen Person zu steuern, um Verletzungen seiner Persönlichkeitsrechte zu vermeiden.[1446] Die Möglichkeit, die Brücke der Interaktionsoffenheit *in* die Gesellschaft zu beschreiten,[1447] ist also defizitär ausgeprägt, sofern es um den (passiven) Schutz der Präsenz in der virtuellen Öffentlichkeit geht.[1448] Zwischen der nicht defizitären Richtung Gesellschaft-Individuum und der teilweise – in ihrem passiven Gehalt – defizitären Richtung Individuum-Gesellschaft besteht also ein abwägungsrelevanter Unterschied.

1443 Vgl. zur Präsenz des Individuums in der virtuellen Öffentlichkeit Pkt. 2.6.4.
1444 Vgl. Pkt. 3.5.
1445 Vgl. Pkt. 2.2.2.
1446 Vgl. Pkt. 2.6.4.8.
1447 Siehe Pkt. 2.2.2.4.
1448 Hierzu bereits Pkt. 2.6.4.

5.1.3.4 Fazit

Über die Faktoren der Abwägungslinie der Öffentlichkeitsbeeinflussung gelingt es, die Gewichtungspunkte der Abwägungsschiene auf der Mikroebene eines Internetsachverhaltes so anzuordnen, dass die Herstellung praktischer Konkordanz beurteilt werden kann. Im Übrigen ist der Ausgang abhängig vom jeweiligen Einzelfall.

Hierbei lässt sich festhalten, dass die Abwägungsschiene der Öffentlichkeitsbeeinflussung im Bereich der virtuellen Öffentlichkeit eine sehr markante Ausprägung zeigt. Dies ist grundsätzlich positiv zu bewerten, da die spezifischen Aspekte der Abwägungssituation durch die Gegenüberstellung der Gewichtungspunkte, in denen sie sich manifestieren (Zeitfaktor, Adressatenkreis etc.), in der Abwägungsentscheidung umfassend eingefangen werden können. Die Abwägungsschiene funktioniert damit *integrativ* beim Verhältnis des Individuums zur Gesellschaft, was der dogmatischen Struktur beider Rechtspositionen entspricht,[1449] das Verhältnis Öffentlichkeit-Individuum realistisch abbildet und damit einen möglichst schonenden Ausgleich ermöglicht. Sie funktioniert zugleich auch *selektiv*, wenn es um das messbare, individuell zurechenbare Verhalten eines Beteiligten geht. Dadurch wird ein Interessenausgleich möglich, der die Herrschaft über Informationen bewertet. Dies entspricht der Struktur der Informationsverarbeitungsprozesse, die stets selektiv arbeiten (siehe oben).[1450] Die Selektivität, die das Individuum in den semantischen Verarbeitungsprozessen als Freiheit genießt („Gebe ich die Information preis?“), wird im Rahmen der Abwägung, wenn es um die Zurechenbarkeit von Handlungen in diesen Verarbeitungsprozessen geht, in Verantwortlichkeit umgekehrt („Das Individuum hat die Information preis gegeben!“). An diesem Punkt kommt es zu einem Bruch: Während der Handlungsspielraum, den das einzelne Individuum beeinflussen kann, auf den Entäußerungsmoment verengt wird, wird der restliche Teil der Informationsverarbeitung von der Öffentlichkeit vereinnahmt.

Dadurch wird die Brücke der Interaktion, als elementarer Bestandteil des allgemeinen Persönlichkeitsrechts der Art. 2 I, 1 I GG, erheblich verengt. In einem einzigen Moment des gesamten Informationsverarbeitungsprozesses kann sich entscheiden, inwieweit ein Inhalt fortan ohne (nennenswerte) Beteiligung des Individuums ent- und besteht. Aufgrund der technischen Strukturen lässt sich an diesem Element der virtuellen Öffentlichkeit nichts ändern (siehe oben). Für den Abwägungsprozess und seine Positionen bedeutet dies jedoch zweierlei: Das Internet begünstigt die Kommunikation der Gesellschaft in natürlicher Wei-

1449 Vgl. Pkt. 2.7, 3.5.

1450 Siehe Pkt. 2.6.4.1, vgl. Pkt. 1.1.2.

se, das heißt aufgrund des technischen und strukturellen Aufbaus; der Persönlichkeitsschutz profitiert nicht in gleicher Weise, sondern ist defizitär. Da dem allgemeinen Persönlichkeitsrecht die Möglichkeiten des Internets als „umgebende Öffentlichkeit" nicht voll zugute kommen, kann geschlussfolgert werden, dass die Inhalte und Funktionen der Rechtsposition auf der Abwägungsschiene der Öffentlichkeit durch einen Ausgleich zu optimaler Wirksamkeit geführt werden müssen. Wie dies umgesetzt werden kann, bleibt zu klären (hierzu Punkt 5.3).

5.1.4 Fazit bezüglich der Leitlinien einer Abwägung

Die Auflösung einer Kollision von Meinungsfreiheit und allgemeinem Persönlichkeitsrecht im Kollisionsumfeld Internet hat sich maßgeblich an der Leitlinie der Öffentlichkeitsbeeinflussung und ihren Orientierungs- und Schlusspunkten auszurichten. Die Sphärentheorie kann nicht angewendet werden, da die Teilöffentlichkeit des Internets als eigener Verhaltensraum begriffen werden und intakt bleiben muss. Diesem Verhaltensraum kann weder eine pauschale Wertigkeit noch die Fähigkeit zugeordnet werden, sich von anderen Sphären abzugrenzen. Während die Sphärenabschichtung an ihrer Pauschalität und Abgrenzungsnotwendigkeit scheitert, vermag ein über Wahrheits-, Richtigkeits- und Schlüssigkeitsaspekte abschichtendes Prinzip die über das Inhaltliche hinausgehenden Aspekte der Abwägungssituation nicht einzufangen. Soweit sich der Inhalt – was kritisch zu sehen ist – überhaupt beurteilen lässt, bleibt die Abwägungsschiene – mit seinen eigenen Problemen – tauglich (siehe oben). Eine aus Innen- und Außenkomponente zusammengesetzte Abwägung nach Aspekten der Öffentlichkeitsbeeinflussung vermag eine Abwägung bei Internetsachverhalten hingegen grundsätzlich zu bewerkstelligen, indem die Teilöffentlichkeit der virtuellen Welt als beschränkbarer und bestimmbarer Referenzrahmen verwendet wird. Der Abwägungsschiene kommt dabei zugute, dass sie als Referenzrahmen intakt bleiben kann. Ihm wird dabei weder eine pauschale Wertigkeit zugeschrieben, noch ist eine dynamische Abgrenzung gegenüber anderen Referenzrahmen notwendig, worin im Vergleich zur Sphärentheorie der entscheidende Vorteil liegt. Bei der Außenkomponente lässt sich feststellen, dass die Intensität der Öffentlichkeitsbeeinflussung einseitig zugunsten der Meinungsfreiheit ins Gewicht fällt, so dass ein normativer Ausgleich für das allgemeine Persönlichkeitsrecht im Abwägungsprozess gefunden werden muss. Dieser kann hergestellt werden, indem man bei der Innenkomponente das Verhalten der Beteiligten als ausgleichendes Elemente gewichtet. Die Möglichkeit zum Ausgleich dieses Defizites zulasten des allgemeinen Persönlichkeitsrechts verengt sich auf den Entäußerungsmoment eines Informationsverarbeitungsprozesses. Entscheidend ist, welche Möglichkeiten dem persönlichkeitsrechtlich betroffenen Individuum verbleiben, um ihn in diesem entscheidenden Moment so zu beherrschen und zu steuern, dass die Persönlichkeitsinteressen gewahrt werden können (mehr dazu unter Punkt 5.3).

5.2 Abwägbare Gewichtungspunkte in der virtuellen Öffentlichkeit

Da die Abwägungsschiene der Öffentlichkeitsbeeinflussung als einzige die Besonderheiten des Internets abbilden kann, kommt ihren Kriterien besonderes Gewicht zu.

5.2.1 Prangerwirkung und Bloßstellung

Die Intensität der Prangerwirkung bestimmt sich in Abhängigkeit von der Größe des Adressatenkreises (siehe oben).[1451] Deshalb nimmt die Intensität der Prangerwirkung als exogener Wertigkeitsfaktor auf der Schiene der Öffentlichkeitsbeeinflussung in der Teilöffentlichkeit des Internets Ausmaße an, wie sie anderswo nicht größer sein könnten. Denn wie sich gezeigt hat, umspannt das „Netz der Netze“ die Lebensbereiche (fast) aller Menschen.[1452] Legt es das Individuum auf das Erreichen eines möglichst großen Adressatenkreises für seine (persönlichkeitsrechtsverletzende) Äußerung an, so ist kein Medium besser dazu geeignet als das Internet. Legt es das Individuum darüber hinaus darauf an, das durchschnittlich ausgeprägte Interesse der Gesellschaft an einer Äußerung so zu steigern, dass ein psychischer Druck auf die Persönlichkeit des Anderen erzeugt wird, der zu einer (virtuellen) Prangerwirkung führt, so ist ebenfalls kein Medium besser als das Internet dazu geeignet, dieses Ziel zu erreichen. Mit dem Internet geht eine maximale Aufmerksamkeit für die Äußerung einher – und in diesem Aspekt, dem Aspekt der Auswirkungen *auf* die Öffentlichkeit, eine optimale Wirksamkeit von Art. 5 I 1 GG.

Dem steht mit dem allgemeinen Persönlichkeitsrecht eine Rechtsposition gegenüber, die diese Aufmerksamkeitsmaximierung nicht zu ihren Gunsten nutzen kann. Denn selbst wenn es das Individuum darauf anlegt, möglichst wenig wahrgenommen zu werden, maximiert das Medium die das Individuum dennoch treffende Aufmerksamkeit ebenfalls. Deshalb sind auch die Auswirkungen *durch* die Öffentlichkeit dazu geeignet, eine optimale Wirksamkeit des Art. 5 I 1 GG zu fördern. Dadurch wird Druck auf das Individuum und seine Interessen

1451 Hierzu bereits Pkt. 4.4.4.1.
1452 Siehe Pkt. 1.1.

am Schutz der Persönlichkeit erzeugt, der denjenigen von außerargumentativen Druckmitteln[1453] gleichkommt. Jedenfalls ist der Druck dazu geeignet, den nach Art. 19 II GG relativ zu bestimmenden Wesensgehalt der Art. 2 I, 1 I GG zu betreffen. Der Schlusspunktbereich des allgemeinen Persönlichkeitsrechtes ist im Internet weit und offen, das heißt er kann schnell betroffen und verletzt werden. Eine Beleidigung außerhalb der virtuellen Öffentlichkeit erzeugt beispielsweise nicht per se eine öffentliche Bloßstellung. Dies ist denkbar, wenn sie mit größerem Nachdruck forciert wird. Zum Beispiel, indem sie vielen Personen gegenüber wiederholt und darauf hingewirkt wird, dass diese sie ebenfalls verbreiten. Oder indem auf Medien im weiteren Sinne zurückgegriffen wird (Aushang am „Schwarzen Brett" der Schule, Kritzeleien auf der Schultoilette oder auf Pausenbänken). Wenn es dem Täter durch seine Beharrlichkeit gelingt, für sein Opfer eine Atmosphäre des ständigen psychischen Drucks zu erzeugen, der es sich nicht entziehen kann, dann ist auch eine Prangerwirkung zu bejahen. Eine Hetzkampagne, die nach soeben beschriebenem Muster an einer Schule abläuft, zeichnet sich durch vielfältige, intensive, zielgerichtete und mehrfache Angriffe auf die Persönlichkeit eines anderen aus, die dessen Persönlichkeitsinnenbereich so stark unter Druck setzen, dass seiner Persönlichkeit kaum Auswege verbleiben. Aufgrund der sich überlagernden Informationsverarbeitungsprozesse könnte es beispielsweise unmöglich sein, den Initiator ausfindig zu machen und zu konfrontieren. Diese Betrachtung des Einzelfalles erübrigt sich im Internet als Teilöffentlichkeit jedoch beinahe von selbst. Wählt der Täter beispielsweise einen der Plattform *I share Gossip*[1454] ähnlichen Verbreitungsweg für seine Hetzkampagne, so ist naheliegend, dass Dritte „auf den Zug aufspringen". Es werden sogar viel mehr Nutzer unter dem Deckmantel der Anonymität zu einer aktiven Rolle bereit sein als im realen Schulbetrieb. Dort zeigen sich die Auswirkungen allerdings in weitaus stärkerem Maße, denn auch die passiven Beobachter sind im Internet schneller bereit, die Informationen weiter zu geben, zum Beispiel mit Hilfe von Links zu dem Hetzportal über soziale Netzwerke.

Die Abwägung schießt dadurch zwangsläufig in Richtung allgemeines Persönlichkeitsrecht über (*defizitbedingtes Überschießen*). Dem Persönlichkeitsrecht müsste nach oben Gesagtem in einer Vielzahl von Abwägungsfällen der Vorrang eingeräumt werden, weil der Wesensgehalt so schnell, nachhaltig und eindeutig betroffen wird. Die Abwägungsentscheidung verengt sich auf ihrer Mikroebene bezüglich ihres Schlusspunktbereiches zugunsten des allgemeinen Persönlichkeitsrechts. Damit wäre die eigentlich ergebnisoffene Abwägung vorweggenommen, was aus zwei Gründen vermieden werden muss: Zum einen

---

1453 Vgl. Pkt. 3.1, 3.3.

1454 Vgl. hierzu Pkt. 3.4.2.3.

würde mit einem ausufernden Schlusspunktbereich der Art. 2 I, 1 I GG die optimale Wirksamkeit des Art. 5 I 1 GG aufgehoben. Die Meinungsfreiheit würde „zu optimal" zur Geltung kommen. Das gewünschte Ergebnis, die optimale Wirkung der Kollisionsposition, würde zu ihrem Nachteil; das unerwünschte Ergebnis, das große Defizit des allgemeinen Persönlichkeitsrechts, würde in der Abwägungsentscheidung zum großen Vorteil dieser Rechtsposition. Letztlich ist dies nicht nur widersinnig, sondern auch rechtlich fragwürdig. Denn praktisch ist das „Unheil" für das allgemeine Persönlichkeitsrecht zu diesem Zeitpunkt schon angerichtet. Die „Korrektur" auf der Ebene der verfassungsrechtlichen Rechtfertigung vermag zwar einen rechtlichen Ausgleich herzustellen, praktisch ist der Schaden für die Persönlichkeit jedoch kaum reparabel. Das Ergebnis wäre für den Gehalt beider Grundrechte nicht wünschenswert. Unter dem Gesichtspunkt der Herstellung praktischer Konkordanz müssen vielmehr beide Positionen zu optimaler Wirksamkeit gelangen; zum Ausgleich des Gewichtungspunktes der Prangerwirkung wird deshalb ein Korrektiv erforderlich sein, das das allgemeine Persönlichkeitsrecht ebenfalls zu optimaler Wirksamkeit führen kann.[1455]

5.2.2 Affirmatives Meinungsklima

Damit ein Kommunikationsumfeld entstehen kann, das eine einschüchternde Wirkung auf die Äußerungswilligen ausübt, muss der Prozesscharakter der Situation dies zulassen.[1456] Nur dann, wenn eine „Monopolisierungsgefahr"[1457] in der konkreten (relativ einschüchternde Wirkung) oder der allgemeinen Situation (absolut einschüchternde Wirkung) droht, lässt die Kommunikationssituation eine freie Meinungsäußerung nicht mehr zu (siehe oben). Bei den Prozessabläufen des Internets handelt es sich um datenbasierte Vorgänge, die sich aufgrund der schichtenbasierten, dezentral und pluralistisch organisierten Funktionsweise, gerade was die Server und Provider anbelangt, nicht aus einer Hand steuern lassen.[1458] Es ist allenfalls möglich, die Verbindung zu bestimmten Angeboten oder auch den Zugang zum Internet insgesamt zu unterbrechen, wenn auf neuralgische Punkte destruktiv eingewirkt wird (insbesondere auf die Provider). Dies wird zwar in autokratischen Regimen praktiziert, die die immensen Ressourcen, die für einen solchen Eingriff notwendig sind, aufwenden können. Nichtsdestotrotz hat beispielsweise die „Arabellion" 2010/2011 gezeigt, dass selbst ein sol-

1455 Vgl. hierzu Pkt. 5.3.

1456 Grds. hierzu Pkt. 4.4.4.6.

1457 *Grzeszick*, AöR 123 (1998), S. 173 (182 f.).

1458 Siehe Pkt. 1.1.2, vgl. Pkt. 2.6.4.1.

ches Vorgehen nicht dauerhaft und vollumfänglich Erfolg versprechen muss. Der Informationsfluss kann in seiner Gesamtheit kaum gänzlich zum Erliegen gebracht werden, denn dazu ist das Internet in seiner Autonomie zu stabil und auf einzelne Angebote nicht zwingend angewiesen. Die Gefahr einer konkreten Steuerung oder gar Monopolisierung der Inhalte ist daher jedenfalls in einem liberalen Verfassungsstaat abwegig.[1459] Insofern erscheint es zwar möglich, bezüglich der Hoheit über Inhalte in eine gewisse Objektrolle gedrängt zu werden, dies ist jedoch insoweit unschädlich, als dass ein Subjekt nur schwer bezüglich der Herrschaft über Informationen und somit des Prozesses, der zur Entstehung des Inhaltes führt, in diese Objektrolle geraten kann.

Insbesondere eine Monopolisierung kompletter Prozessbereiche der Anwendungsebene des Internets (beispielsweise ganzer Top-Level-Domains (*.de*, *.eu*, *.fr* etc.) oder Domains marktbeherrschender Angebote (*Facebook*, *Google*)) erscheint abwegig. Durch die zunehmende Verlagerung von Lebensbereichen in das Internet ist es in Zukunft allenfalls denkbar, dass es zur Überlastung wichtiger Serverfarmen kommt. Dies könnte beispielsweise das Cloud-Computing (siehe oben) verursachen. „In die Cloud" können Software, Musik, Filme und andere voluminöse Datenpakete verlagert werden; der Nutzer greift dann über seine Internetverbindung darauf zu. Dies bedeutet nichts anderes, als dass die Daten auf großen Serverfarmen gespeichert werden. Sorgen Defekte oder zum Beispiel Hackerangriffe dafür, dass Server ausfallen, könnten komplette Angebote als virtuelle Begegnungsstätten ausfallen. Allerdings ist dies wohl nur in der Theorie, nur bei kleineren Angeboten und nur für kurze Dauer zu erwarten.

Das einfachste Mittel, um als Hacker eine Website zu blockieren, ist beispielsweise die sogenannte *„Denial-of-Service"*-Attacke. Dazu wird einer Vielzahl an kontrollierten Rechnern die Aufgabe zugewiesen, ständig und in kurzen Abständen eine bestimmte Domain aufzurufen, die dann unter der Last der Aufrufe zusammenbricht. Hierzu wird ein Netzwerk an „gekaperten", das heißt mittels Schadsoftware infiltrierten und unter die Kontrolle des Hackers gebrachten Rechnern dazu benutzt, diese Überlastung herbeizuführen (*Botnetz*). Aber selbst wenn mehrere tausend solcher „Zombie-Rechner" dazu programmiert werden, eine Website wie *Facebook* aufrufen, sorgt diese allenfalls für eine Verzögerung der Ladezeiten. Denn gerade Seiten wie *Facebook* sind auf eine gleichzeitige Nutzung durch hunderttausende Nutzer angelegt. Die hohe Serverbelastung ist nicht überraschend; Stabilität kann trotz hoher Zugriffsraten gewährleistet werden. Dies wird auch bei Cloud-Angeboten sichergestellt sein, da die Stabilität über die Funktionalität und Wettbewerbstauglichkeit der Angebote entscheidet. Die Bedeutung des Schlusspunktbereiches zugunsten der Meinungsfreiheit kann

---

1459 So auch *Grzeszick*, AöR 123 (1998), S. 173 (182 f.).

also als grundsätzlich gering eingestuft werden. Das bedeutet: Eine Verletzung der Meinungsfreiheit in ihrem Wesensgehalt gemäß Art. 19 II GG liegt fern. Dadurch verstärkt sich das defizitbedingte Überschießen des Persönlichkeitsrechts, da eine Beeinflussung des Meinungsklimas nicht zu einer Balance der Gewichtungspunkte auf der Mikroebene führen kann.

5.2.3 Zeitmoment und Adressatenkreis

Zeitfaktor und Größe des Adressatenkreises fallen im Internet, wie nicht zuletzt die Ausführungen zur Prangerwirkung gezeigt haben, so stark ins Gewicht, dass sie selbst ohne das absichtliche Erzeugen oder zwangsläufige Mitverursachen eines psychischen Drucks im Sinne einer Bloßstellung dazu geeignet sind, als Orientierungspunkt eine klare Tendenz hin zum allgemeinen Persönlichkeitsrecht erkennen zu lassen. Damit fördern sie das Überschießen der Rechtsposition im Schlusspunktmodell und verstärken die Forderung nach einer Kompensationsmöglichkeit, die es möglich macht, die Art. 2 I, 1 I GG zu optimaler Wirksamkeit zu führen, ohne die natürlich gewachsene Leistungskraft des Art. 5 I 1 GG zu gefährden. Voraussetzung dafür ist jedoch, dass von massenkommunikativen Internetangeboten Gebrauch gemacht wird, die die Inhalte in das „unauslöschliche Gedächtnis" und den unbegrenzten Adressatenkreis des Internets einfließen lassen. Hiervon sind insbesondere für jedermann offene Websites und dort integrierte Funktionen, zum Beispiel Blogs, betroffen. Eine solche Website ist offen zugänglich und gerade über Suchmaschinen wie *Google* leicht auffindbar. Beispielsweise dann, wenn eine Suche nach dem sachlichen Thema, thematisierten Personen oder involvierten Geschehnissen, Unternehmen usw. ausgeführt wird. Grundsätzlich ist eine Website dabei so lange zugänglich, wie ihre Domain erreichbar bleibt. Das Beispiel *I share Gossip* zeigt, dass auch staatliche Organe die Erreichbarkeit einer ausländischen Website kaum verhindern können, selbst wenn die rechtlichen Grundlagen für ein solches Vorgehen ausreichen würden.[1460] Hinzu kommt, dass die Websites oft mehrfach auf anderen Servern oder durch andere Provider gespiegelt werden. Häufig von Archiv-Websites, die es sich zur Aufgabe machen, einen ehemaligen Zustand im Internet auch noch für die Zukunft abrufbar zu machen. Insofern trifft es zu, dass das Internet „nichts vergisst". Eine ein Mal in einem massenkommunikativen Internetangebot auftauchende Information ist kaum aufzuhalten. Selbst dann, wenn der Prozess beendet werden könnte. Selbst wenn eine Website wie *I share Gossip* aus dem Netz genommen wird, kann sich die Information in nicht offenen Angeboten fortsetzen. Beispielsweise können Screen Shots von besonderes hef-

1460 Vgl. Pkt. 3.4.2.3.

tigen Beleidigungen über persönliche Nachrichten bei *Facebook* herum geschickt werden. Vielleicht brüstet sich der Äußernde mit seinen Handlungen. Oder ein Trittbrettfahrer ergötzt sich daran, dass eine andere Person verletzt wird. Möglicherweise setzt sich ein besonders gehässiger Spitzname der betroffenen Person in einem sozialen Medium fort. Der unbeschränkt geöffnete Zeit- und Adressatenmoment wird in den Fällen zwar nicht weiter gesteigert, aber er kann auch kaum verringert werden. Auch abseits einer Pragerwirkung wird die Präsenz der Persönlichkeit in der Öffentlichkeit perpetuiert. Wird die Persönlichkeit verletzt, wir auch die Präsenz der Persönlichkeitsverletzung perpetuiert.

5.2.4 Die Art und Weise der Informationsbeschaffung

Die Verbreitung von Inhalten wird in der Informationsgesellschaft bereits heute vorwiegend über das Internet geregelt – und in Zukunft werden noch mehr Prozesse in das Medium verlagert oder daran angeschlossen. Klassische Medien und Darstellungsformen, wie beispielsweise Printprodukte, verlieren im Vergleich dazu zunehmend an Boden.[1461] Dementsprechend groß wäre die Bedeutung des Orientierungspunktes im Schlusspunktmodell, wenn auch die Informations*beschaffung* in gleichem Ausmaß über das Medium geregelt würde.[1462] Beschaffung und Verbreitung können aber nicht gleichgesetzt werden. Das Internet funktioniert über das Versenden von Datenpaketen; eine Informationsbeschaffung und -verbreitung ist deshalb nur datenbasiert, sobald sie in die virtuelle Öffentlichkeit verlagert wird. Das heißt dann, wenn der Informationsfluss über Onlinekommunikationswege, wie beispielsweise E-Mails oder das Hochladen von Dateien durch den Absender zum Runterladen durch den Empfänger, abgewickelt wird. Die im Internet stets datenbasierten Verarbeitungsprozesse können mit den nicht stets datenbasierten Informationsverarbeitungsprozessen nicht gleichgesetzt werden. Informationen können nämlich auch außerhalb des Internets gewonnen werden. Vielleicht ist dies sogar (noch) der Regelfall. Bei der Art und Weise der Informationsbeschaffung kommt es darauf an, unter welchen Umständen die Informationserlangung stattgefunden hat.

Eine internetspezifische Informationserlangung liegt nur dann vor, wenn der Inhalt über einen virtuellen Zugang aus einer Zone der (virtuellen) Vertraulichkeit des Betroffenen heraus entwendet worden ist. Von einer internetspezifischen Art und Weise der Informationsbeschaffung kann nicht gesprochen werden, wenn die Informationen auf anderem Wege erlangt und im Anschluss daran über das Internet verbreitet worden sind. Dies ist zum Beispiel bei Fotos, Videos

1461 Vgl. Pkt. 1.1.1.

1462 Allgemein hierzu Pkt. 4.4.4.2.

oder Aussagen der Fall, die dem Betroffenen rechtswidrig entwendet und ins Internet eingestellt worden sind. Eine internettypische rechtswidrige Informationsbeschaffung läge hingegen im Falle des Infiltrierens eines informationstechnischen Systems mithilfe von Trojanern, Keyloggern oder anderen Programmen vor, die dazu geeignet sind, Informationen direkt über den Onlineweg zu entwenden. Eine internetspezifische Informationserlangung wäre auch gegeben, wenn sich ein Dritter in das Profil eines anderen einloggt. Häufig werden die Sicherheitsanforderungen an Passwörter missachtet. Stattdessen wird auf griffige Passwörter, beispielsweise Kosenamen oder Standardpasswörter (zum Beispiel der Name kombiniert mit dem Geburtsdatum), zurückgegriffen. Ohne über Computer-Kenntnisse zu verfügen, lassen sich diese „Passwörter" leicht ermitteln. So lassen sich Informationen, zum Beispiel aus privaten Konversationen, leicht aus dem innersten Bereich der Persönlichkeit abziehen.

Fraglich ist jedoch, ob eine Differenzierung nach der zugrunde gelegten Teilöffentlichkeit überhaupt Einfluss auf die Handhabung des Orientierungspunktes hat. Dies ist zu verneinen: Letztendlich kommt es auf die Frage an, ob die Information rechtswidrig oder unter Vertrauensbruch erlangt worden ist oder nicht. Es kann lediglich konstatiert werden, dass manche Internetangebote die Vertraulichkeit von Informationen suggerieren, obwohl sie diesem Anspruch faktisch nicht gerecht werden können. Dies gilt nicht nur für Angebote, die fahrlässig ausgewählte, schwache Passwörter dulden (siehe oben). Auch aus anderen Angeboten, die Vertraulichkeit vermitteln, aber tendenziell eher offen zugänglich sind (zum Beispiel *Facebook*), können Bilder, Videos oder andere Äußerungsinhalte relativ einfach entnommen und weiterverbreitet werden (zum Beispiel mittels Links, dem Speichern auf der eigenen Festplatte oder „Copy & Paste"). Durch diese Einfachheit kann bei den Angeboten nicht davon gesprochen werden, dass ein Bereich der Vertraulichkeit bestehen würde. Beispielsweise täuschen Angebote wie *Facebook* mit ihren Möglichkeiten, den Kontakten verschiedene Rechte zuzuweisen, darüber hinweg, dass der Nutzer auf die zugewiesenen Rechte nicht unbedingt angewiesen ist, um an die begehrten Informationen zu gelangen. Ist es beispielsweise über das Angebot nicht möglich, die Fotos bestimmter Kontakte direkt herunter zu laden und auf dem Desktop zu speichern, kann eine Software benutzt werden, die einen sogenannten Screen Shot anfertigt und als Bilddatei speichert. Die Qualität dieses Bildes ist gegenüber der gespeicherten Datei wahrscheinlich schlechter, aber der informatorische Gehalt wird dadurch nicht geschmälert (beispielsweise die Hinweise auf einen Alkoholexzess, sofern dieser nur hinreichend genug erkennbar ist).

Durch die geringeren Möglichkeiten, im Internet Enklaven der Vertraulichkeit effektiv abgrenzen und schützen zu können, sinken auch die Chancen, dass die Art und Weise der Informationsbeschaffung bei der Abwägung eines Sachverhaltes aus der Informationsgesellschaft zugunsten der Art. 2 I, 1 I GG gewichtet werden müsste. Wird die Informationsbeschaffung also wirklich *durch* das Internet betrieben, ist ein Verstoß gegen Vertraulichkeitsgesichtspunkte in überdurchschnittlich vielen Fällen wohl zu verneinen – die Beurteilung ist letztlich jedoch abhängig vom Einzelfall, insbesondere der Ausgestaltung des Internetangebotes.

5.2.5 Das Vorverhalten der Beteiligten

Bei der Frage des Verhaltes der Beteiligten in der Informationsgesellschaft und der Teilöffentlichkeit des Internets geht es maßgeblich um die Frage, in welchem Verhältnis das eigene Zutun zur Intensität der Öffentlichkeitswirkung steht.[1463] Die Intensität der Öffentlichkeitswirkung wird unabhängig davon, ob die Bühne der Öffentlichkeit nur zögerlich beziehungsweise ungewollt (*Spickmich*), oder aber herausfordernd (*Facebook*) betreten wird, maximiert.

Derjenige, der von der Onlinewelt so gut es geht unbemerkt bleiben möchte, wird in dieser trotzdem leichter, schneller und umfänglicher zum Gegenstand der Diskussion als in anderen Lebensbereichen. Wer sich beispielsweise nicht in Cafés oder anderen kommunikativen Begegnungsstätten des städtischen Lebens aufhält, ist weniger stark in der realen Öffentlichkeit vertreten. Wer nicht das Internet nutzt, oder sich beispielsweise einzelnen Angeboten wie *Facebook* verweigert, ist dennoch in der virtuellen Öffentlichkeit vertreten. Beinahe jede Information, die den Weg in das Medium findet, kann auch irgendwie ausfindig gemacht werden. Dies zeigt sich immer dann eindrucksvoll, wenn das Interesse an einer Person oder einem bestimmten Aspekt einer Person schlagartig steigt, beispielsweise bei Prominenten.

Aber auch derjenige, der nach der größtmöglichen Aufmerksamkeit in der Onlinewelt strebt, zum Beispiel ein Politiker, der bewusst Anerkennung für seine Leistungen erhalten will, kann sich diese dort leichter beschaffen als in anderen Lebensbereichen. Wirbt ein Politiker beispielsweise aktiv für seine Person im Internet (eigene Homepage, Profile in sozialen Netzwerken etc.), kann er davon ausgehen, dass dies auch entsprechend aufgenommen wird. So oder so entsteht eine Situation, in der die Persönlichkeit des Betroffenen maximalen kommunikativen Einflüssen ausgesetzt wird. Sie sind dort unschädlich, wo der Betroffene sich autonom für diese maximale Aufmerksamkeit entschieden hat (und auch autonom entscheiden konnte; dies ist gerade bei minderjährigen Internetnutzern fraglich). Sie sind dort besonders schädlich, wo es sich um ungewollte Persönlichkeitsrechtsverletzungen handelt. In allen Fällen wird durch die maxi-

---

1463 Siehe bereits Pkt. 4.3.4 und Pkt. 4.4.4.3.

male Kommunikation dem Art. 5 I 1 GG bereits in natürlicher Weise zu optimaler Wirksamkeit verholfen (siehe oben).[1464]

In vielen weniger eindeutigen Fällen ist die Beziehung von Verhalten des Betroffenen zu Reaktion der Öffentlichkeit problematisch. Denn eine Persönlichkeitsrechtsverletzung wird auch dann maximiert, wenn der Anknüpfungspunkt, den der Betroffene durch sein Verhalten oder seinen Sozialbezug gesetzt hat, weniger deutlich ausfällt. Es wäre beispielsweise denkbar, dass eine Person, die für die Besetzung eines öffentlichen Amtes beziehungsweise einer bekannten vakanten Position im Gespräch ist, zum Beispiel als Richter des Bundesverfassungsgerichts, Datenschutzbeauftragter oder „Wirtschaftsweiser", mit Äußerungen aus der Vergangenheit konfrontiert wird. So könnte über eine aus dem Kontext gerissene Äußerung, die am Rande einer Diskussion als wissenschaftlicher Anreiz eingeworfen wurde, diskutiert werden. Wenn beispielsweise über das Thema Immigration diskutiert worden ist, könnte eine Äußerung dazu geeignet sein, den falschen Eindruck der Ausländerfeindlichkeit zu wecken; derjenige, der mit ihr in Verbindung gebracht wird, hat sie nichtsdestotrotz geäußert und zu verantworten. Ihm kann also die Anknüpfungstatsache zugemutet werden. Selbst dann, wenn mit einem provokanten Ausspruch gerade eine ausländerfeindliche These ad absurdum geführt werden sollte. Nichtsdestotrotz kann sie sich verselbstständigen und fehlinterpretiert werden. Die Rezeption ist eine Leistung desjenigen, der am Ende des Informationsverarbeitungsprozesses steht (siehe oben).[1465] Hierauf hat der Äußernde jedoch keinen Einfluss. Je geringer sein Beitrag ist, desto geringer ist der Anknüpfungsmoment. Die Folgen bleiben jedoch immer gleich: Maximale Präsenz in und durch die virtuelle Öffentlichkeit. Den Äußernden trifft stets die geballte Aufmerksamkeit der virtuellen Öffentlichkeit, der auch der kleinste Anknüpfungsmoment genügt. Daran ist zweierlei problematisch: Zum einen ist das Zusammenspiel der Individuen, das heißt das Verhältnis von Aktion und Reaktion, grundsätzlich nicht selbst abwägungsfähig. Diese Interaktionsoffenheit ist nämlich beiden Kollisionspositionen immanent.[1466] Aus demselben Grund kann die Brücke der Interaktionsoffenheit auch nicht abgebrochen werden. Sonst würde verhindert, dass beide Grundrechte zu optimaler Wirksamkeit gelangen. Fraglich ist deshalb, wie das Vorverhalten in kritischen Fällen wie dem oben geschilderten gewichtet werden soll. Da Sozialbezug und Vorverhalten die Anknüpfungspunkte sind, bleibt nichts anderes übrig, als den Orientierungspunkt des Verhaltens zulasten des Äußernden zu gewichten. Zwar ist eine Korrektur über die Abwägungsschiene der Wahrheit,

---

1464 Vgl. u.a. Pkt. 3.5.

1465 Vgl. Pkt. 2.6.4.1.

1466 Vgl. Pkt. 2.2.2.4 und Pkt. 3.2.3.

(relativen) Richtigkeit und Schlüssigkeit möglich, wenn dem Betroffenen Aussagen in den Mund gelegt werden (siehe oben). Dies betrifft aber nicht Aussagen, die falsch verstanden werden und ändert im Übrigen nichts an den beiden für die Beurteilung der Öffentlichkeitswirkung wesentlichen Punkten: *Erstens* bilden Sozialbezug und Vorverhalten stets die Anknüpfungspunkte und *zweitens* wird die Aufmerksamkeit stets maximiert. Dadurch bleibt auch das defizitbedingte Überschießen stets bestehen, dass der Gewichtungspunkt des Vorverhaltens auf der Abwägungsschiene der Öffentlichkeitsbeeinflussung zeigt. Da der Persönlichkeitsrechtsbetroffene für mehr verantwortlich gemacht wird, als seiner Interaktion entspricht, müsste er auch in einem Umfang interagieren können, der dieser Verantwortung gerecht wird. Der Ausgleich ist darüber herzustellen, wie stark die Interaktions*möglichkeit* der Grundrechtsträger ins Gewicht fällt, um „ihre" Position bestmöglich zu fördern (*Kompensation durch Selbstschutz*; dazu sogleich mehr).[1467]

5.2.6 Fazit

Das Internet als Umgebungsstruktur maximiert viele der exogenen Wertigkeitsfaktoren, die eine Abwägung auf der Schiene der Öffentlichkeitsbeeinflussung substanziieren. Hiervon sind insbesondere Adressatenkreis und Zeitfaktor betroffen. Auch der Aspekt des eigenen Verhaltens wird grundsätzlich maximiert. Dabei zeigt sich, dass ein zurückhaltendes oder die Persönlichkeit schützendes Auftreten (noch) nicht in gleichem Maße maximiert werden kann. Stattdessen wird die bewusst gering gehaltene Angriffsfläche trotzdem erweitert. Eine Vielzahl der Abwägungen zwischen Persönlichkeitsrecht und Meinungsfreiheit müsste aufgrund dieser intensiven Beeinträchtigung der Inhalte und Funktionen der Art. 2 I, 1 I GG zu deren Gunsten entschieden werden. Dadurch droht ein *„defizitbedingtes Überschießen"* in Richtung des allgemeinen Persönlichkeitsrechts. Dieses profitiert in der Abwägung davon, dass es von der virtuellen Öffentlichkeit scheinbar überhaupt nicht profitiert. Stattdessen scheint die virtuelle Öffentlichkeit ausschließlich die Meinungsfreiheit zu optimieren, während sie für den Schutz der Persönlichkeit keine Vorteile bereithält. So steigert sie beispielsweise psychische Drucksituationen leicht auf ein Niveau, das den Bereich der Prangerwirkung erreicht. Dann müsste wiederum automatisch dem allgemeinen Persönlichkeitsrecht der Vorrang in der Abwägung eingeräumt werden, dessen Defizit also „überschießt". Der Vorteil der Meinungsfreiheit, die im Internet optimale Kommunikationsvoraussetzungen vorfindet, wird letztlich in einen Nachteil der Meinungsfreiheit verkehrt. Würde das Defizit des allgemei-

1467 Pkt. 5.3.

nen Persönlichkeitsrechts im Abwägungsergebnis ausgeglichen, wäre der Vorteil der Meinungsfreiheit gerade deren Nachteil. Dieses paradoxe Ergebnis ist kaum tragbar, da andernfalls eine Berücksichtigung der Funktionen und Inhalte der Meinungsfreiheit in derartigen Konstellationen nur bedingt relevant wäre.

Gleichzeitig hat sich gezeigt, dass nur die Leitlinie der Öffentlichkeitsbeeinflussung dazu in der Lage ist, die Besonderheiten der Abwägungssituation adäquat einzufangen. Die Herstellung praktischer Konkordanz über das Abwägungsprinzip und seine -kriterien würde aber scheitern, wenn die bereits naturgemäß für die Meinungsfreiheit bestehende optimale Wirksamkeit durch das Überschießen in Richtung allgemeines Persönlichkeitsrecht im Abwägungsprozess gegenstandslos würde. Gleichzeitig scheint das allgemeine Persönlichkeitsrecht auf der Leitlinie der Öffentlichkeitsbeeinflussung so unter Druck gesetzt zu werden, dass ein für die Art. 2 I, 1 I GG möglichst schonender Ausgleich und optimale Wirksamkeit in weiter Ferne sind. Die Herstellung praktischer Konkordanz gelingt also nur, wenn statt einer Entweder-oder-Betrachtung eine *Kompensation* für die Art. 2 I, 1 I GG geschaffen wird, die das Erreichen optimaler Wirksamkeit nicht unter Aufgabe der optimalen Wirksamkeit des Art. 5 I 1 GG realisiert. Ein solches Korrektiv müsste berücksichtigen, wenn Elemente der Innenkomponente der Leitlinie, also des Verhaltens der Beteiligten, in ihrer persönlichkeitsschützenden Wirkung ebenfalls einen maximierenden Beitrag für die Kollisionsposition der Art. 2 I, 1 I GG liefern. Das heißt dann, wenn *Maßnahmen des Selbstschutzes und der Selbstregulierung* ergriffen werden konnten, die vielleicht zu keinem absoluten, aber doch zu einem *optimalen* Schutz für die Rechtsposition beitragen konnten. Bestehen keine Möglichkeiten, mit seinem eigenen Verhalten dazu beitragen zu können, dass der Selbstschutz wirksam greift, so kann im Abwägungsprozess dem Überschießen stattgegeben und auf Fremdschutz umgeschwenkt werden (*Selbstschutz vor Fremdschutz*[1468]). In diesem Fall scheint keine andere Wahl zu bleiben, als die optimale Wirksamkeit der Meinungsäußerungsfreiheit zu relativieren.

5.3 „Optimale Wirksamkeit“ in der virtuellen Öffentlichkeit

Abschließend bleibt zu klären, wie das Element der Interaktion in der Abwägung eines Internetsachverhaltes gestärkt werden kann, um, unter Bewahrung der (natürlichen) optimalen Wirksamkeit der Meinungsfreiheit, das Defizit des allgemeinen Persönlichkeitsrechtes auszugleichen. Das Defizit muss dabei kompensiert werden, ohne die tatsächliche Leistungskraft der Meinungsfreiheit zu

1468 *Hoffmann-Riem*, AöR 123 (1998), S. 513 (532 ff.).

beseitigen. Ansatzpunkt für ein Korrektiv ist die Interaktion des persönlichkeitsrechtlich betroffenen Individuums: Einerseits taugt nur die Interaktion als beide Grundrechte verbindender Bezugspunkt dazu, Herrschaftsansprüche über Informationen als berechtigt oder unberechtigt zu beurteilen. Andererseits ist nur das Verhalten des Betroffenen ein tauglicher Gradmesser, um die zu erwartende Öffentlichkeitseinwirkung zu bemessen. Die Möglichkeit, einen Herrschaftsanspruch über eine Information geltend zu machen, entspricht der Möglichkeit, einen persönlichkeitsrechtlichen Inhalt zu beeinflussen.[1469]

5.3.1 Kompensation durch Selbstschutz

Eine Kompensation für das defizitbedingte Überborden des allgemeinen Persönlichkeitsrechts lässt sich finden, indem man den Gedanken der *Autonomie* und *Selbststeuerung*, der bereits bei der informationsbasierten Auslegung des Schutzbereiches eine wesentliche Rolle gespielt hat,[1470] zu Ende denkt.

Herrschaft über eine Information bedeutet nicht Hoheit über einen Inhalt, sondern die Möglichkeit, die Entstehung von Inhalten in dem Moment zu beeinflussen, in dem man Kontrolle über den Informationsverarbeitungsprozess inne hat. Um diese Kontrolle im Abwägungsprozess abzubilden, müsste ein Orientierungspunkt geschaffen werden, der die Kehrseite dessen abbildet, was eine informationsbasierte Auslegung des allgemeinen Persönlichkeitsrechts auf Schutzbereichsebene umfasst: Den Schutz vor *Kontrollverlust* und der Gefahr der *Verselbstständigung*.[1471] Ein Schutz persönlichkeitsrelevanter Informationen ist auf die spezifischen Gefahren der Informationsgesellschaft und des Internets ausgerichtet und schützt vor dem Verlust der Kontrolle über die eigenen Persönlichkeitsinformationen und Verselbstständigung des Persönlichkeitsbildes (siehe oben). Gerade dieses Fragment des allgemeinen Persönlichkeitsrechts trägt erheblich zum Defizit der Art. 2 I, 1 I GG in der Abwägung bei. Insbesondere Zeitmoment und Adressatenkreis, als wesentliche Bestandteile des Informationsverarbeitungsprozesses, borden über, wenn im Entäußerungsmoment die Kontrolle über die preisgegebenen Informationen vollständig und dauerhaft verloren geht (siehe oben). Dadurch würde die Verletzung des Schutzbereiches zugleich ein Überwiegen in der Abwägung darstellen. Es hat sich gezeigt, dass ein solches, überschießendes Defizit aus mehreren Gründen schwer vertretbar ist (siehe oben). Ein Orientierungspunkt auf der „Mikroebene der Gewichtungspunkte" könnte die ausbrechenden Gewichtungspunkte wieder „einfangen"; das

1469 Grundlegend hierzu Pkt. 2.6.4.

1470 Hierzu Pkt. 2.6.4.

1471 Zur Schutzbereichsbetroffenheit Pkt. 2.6.4.6.

heißt ihnen einen Gewichtungspunkt gegenüberstellen, der Waffengleichheit herstellt. Indem der Abwägungsprozess um einen Gewichtungspunkt gestärkt wird, wird die Herstellung praktischer Konkordanz unter den Konfliktgrundrechte wieder möglich.

Die Kehrseite eines Schutzes vor Kontrollverlust und Verselbstständigung von Informationen in semantischen Verarbeitungsprozessen bildet die Möglichkeit, die Abläufe zu steuern und zu beeinflussen („Kontrolle"), sowie zu begreifen und nachzuvollziehen („Transparenz").[1472] Diese Elemente füllen den Orientierungspunkt aus und entscheiden über das Maß an Informationsherrschaft, das den Grundrechtsträgern aufgrund ihres grundrechtlich geschützten Interesses am Inhalt zusteht. So zum Beispiel das Interesse zweier Grundrechtsträger, die sich bei *Facebook* über einen Sachverhalt streiten, in den beide involviert sind.

Es geht letztlich um die Frage, ob eine Verselbstständigung und Unkontrollierbarkeit hätte verhindert oder zumindest abgemildert werden können, wenn *Maßnahmen des Selbstschutzes* und der *Selbstregulierung* ergriffen worden wären. Der Grundsatz „Selbstschutz vor Fremdschutz" hat in der Teilöffentlichkeit des Internets einen besonders herausragenden Stellenwert.[1473] Erst wenn der Aspekt des Selbstschutzes im Rahmen eines dafür vorgesehenen Orientierungspunktes adäquat berücksichtigt worden ist, und sich am Ergebnis eines Übergewichtes nichts ändert, kann als Fremdschutz das Durchschlagen dieses Übergewichtes im Abwägungsprozess als den Umständen entsprechender, bestmöglicher Ausgleich in Betracht gezogen werden. So zum Beispiel, wenn eine Beschreibung von Prozessabläufen, beispielsweise bei einem Onlineangebot wie *Facebook*, transparent und detailliert abläuft, der Nutzer diese Informationen aber nicht zu Kenntnis nimmt oder ignoriert und später feststellt, dass er die Herrschaft über bestimmte Informationen unwiederbringlich verloren hat.

Die Außenkomponente dieses Orientierungspunktes bezieht sich auf die Wirkung von Einflussnahmemöglichkeiten in der Öffentlichkeit: Je intensiver die persönlichkeitsrelevanten Informationen in der (virtuellen) Öffentlichkeit aus eigenen Stücken geschützt, kontrolliert oder nachvollzogen werden können, desto umfänglicher kann das persönlichkeitsrechtsgefährdende Defizit eigenverantwortlich gesenkt werden. Als exogener Wertigkeitsfaktor findet Berücksichtigung, dass der Schutz vor der unter persönlichkeitsrechtlichen Gesichtspunkten erdrückenden Umgebungsstruktur eigenverantwortlich gemildert werden kann. Dadurch steigt die optimale Wirksamkeit der Art. 2 I, 1 I GG, ohne diejenige der Meinungsfreiheit antasten zu müssen – und ein möglichst schonender Ausgleich für beide Rechtspositionen wird wahrscheinlicher. Enthält ein Onlineangebot

1472 Vgl. Pkt. 2.6.4.6.

1473 In ähnlicher Weise äußert sich *Hoffmann-Riem*, AöR 123 (1998), S. 513 (532 ff.).

beispielsweise nicht die Möglichkeit, ein Pseudonym zu verwenden, verwendet hauptsächlich Opt-out-Regelungen oder zeigt die Möglichkeiten, wie persönlichkeitsrelevante Informationen verarbeitet und entäußert werden, nicht deutlich genug auf, kann auch das Defizit nicht gesenkt werden. Dann wäre es akzeptabel, das Überschießen der Art. 2 I, 1 I GG im Abwägungsergebnis hinzunehmen.

Dies korrespondiert mit der Interaktions- und Integrationsperspektive der Konfliktgrundrechte: Aktion und Reaktion stehen in einem engem Verhältnis zueinander.[1474] Ist es möglich, den Selbstschutz so wahrzunehmen, dass er gleich der Aktion maximiert wird, ist eine bestmögliche Wirksamkeit des allgemeinen Persönlichkeitsrechts denkbar. Dabei gilt es zu bedenken, dass die Auflösung einer Grundrechtekollision nicht zum Ziel hat, den „ungleichen Kampf“ zwischen einem Betroffenen und einer unüberschaubaren Vielzahl an Internetnutzern zu nivellieren. Es geht nur darum, dem eigenen Zutun und dem eigenen Grundrecht zu optimaler Wirksamkeit zu verhelfen.[1475] Dies steht auch in Zusammenhang mit den Erkenntnissen zur Beeinflussbarkeit von semantischen Verarbeitungsprozessen.[1476] Im Entäußerungs- beziehungsweise Ursprungsmoment von Aktion und Reaktion ist der Grad an Beeinflussbarkeit hoch. Im Rahmen des sich fortschreibenden Verarbeitungsprozesses schwindet er; vor allem dadurch, dass weitere Akteure auf den Plan treten und sich Informationsverarbeitungsprozesse abspalten und überlagern. Nichtsdestotrotz kann die Außenkomponente auf einen Moment fixiert werden, in dem gefragt werden kann, wie intensiv sich Selbstschutzmaßnahmen als mit dem Inhalt der Äußerung nicht in Zusammenhang stehende exogene Wertigkeitsfaktoren auf die Öffentlichkeit auswirken. Diese Außenkomponente ist als erster Teil eines Orientierungspunktes auf der Leitlinie der Öffentlichkeitsbeeinflussung bei der Auflösung von internetbasierten Kollisionslagen berücksichtigungsfähig.

Die Innenkomponente hat diese Frage der Beeinflussbarkeit der Öffentlichkeit über die Tauglichkeit der zur Verfügung stehenden Steuerungsmöglichkeiten zu präzisieren.[1477] Einziger nennenswert steuerbarer Moment ist der Ursprungsmoment einer Äußerung (siehe oben). Hier geht es um die Frage, was die Beteiligten getan oder unterlassen haben, das zur Maximierung der Öffentlichkeitsintensität beigetragen hat. Bereits geklärt worden ist, dass das Verhalten des Kommunizierenden automatisch maximiert wird. Beim Verhalten des Persönlichkeitsrechtsbetroffenen tritt ebenfalls eine Maximierung, nicht notwendi-

---

1474 Vgl. unter anderem Pkt. 2.2.2.4, 2.7 sowie Pkt. 3.2.3, 3.5.

1475 Eingehender Pkt. 4.1.

1476 Vgl. Pkt. 2.6.4.1.

1477 Siehe Pkt. 2.6.4.8.

gerweise aber auch Optimierung seines Persönlichkeitsrechtes ein (siehe oben).[1478] Diese kann jedoch entstehen, wenn wirksame Maßnahmen zum Selbstschutz bestehen und ergriffen werden. Diese zu schaffen beziehungsweise deren Existenz zu gewährleisten, ist auch Aufgabe des Gesetzgebers (siehe oben).[1479] Ausschlaggebend ist nicht nur das umsichtige, zurückhaltende Verhalten des Betroffenen, das sich beispielsweise darin äußern kann, dass er versucht, möglichst anonym oder sonst wie unerkannt zu agieren,[1480] sondern bisweilen auch das aktive Tätigwerden. Da Selbstschutz dem Fremdschutz vorgelagert ist, kann dem Individuum dieses Zutun in Grenzen abverlangt werden. Dabei darf es aber auch nicht vor unlösbare Aufgaben gestellt werden; gerade im Internet ist die Beeinflussbarkeit nämlich überschaubar. Das Individuum ist von der Vielzahl und Komplexität der Angebote sogar häufig überfordert.[1481] Die Pflicht, aktiv Selbstregulierungsmaßnahmen wahrzunehmen, betrifft nur die Schlüsselstellen und -momente. Beispielsweise dort, wo sich der Betroffene wissentlich und willentlich eigene Accounts angelegt hat. Deren Zugänglichkeit und Erscheinungsbild müsste der Betroffene kontrollieren und pflegen. Der Sozialbezug des Individuums äußert sich nicht nur in der Verantwortlichkeit für die bewusst vorgenommenen Handlungen, sondern auch in der Pflicht, die mittelbar geknüpften Verbindungen aufzugreifen und gegebenenfalls seinem Einfluss zu unterwerfen, wenn unerwünschte Tendenzen offenkundig werden und der Betroffene gegensteuern möchte. Die Innenkomponente fixiert sich also auf den gleichen Moment der Einflussnahmemöglichkeit wie die Außenkomponente und zuvor auch die Anknüpfung im Rahmen des Schutzbereiches und hinterfragt das Zutun des Persönlichkeitsbetroffenen bei der Entstehung des überschießenden Defizits. Als exogener Wertigkeitsfaktor lässt sich prüfungsleitend gewichten, wie sich sein Tun oder Unterlassen bei der Öffentlichkeitsbeeinflussung ausgewirkt hat. Wenn das Individuum zum Beispiel nicht verhindert hat, dass es auf Bildern anderer Leute verlinkt wird, obwohl es beispielsweise benachrichtigt worden ist, und wiederum Dritte, zum Beispiel Kontakte des Verlinkenden, persönlichkeitsrechtsverletzende Kommentare zu dem Bild verfassen, ist der – verhältnismäßig geringe – Beitrag des Betroffenen entsprechend zu gewichten.

Der kompensatorisch wirkende Orientierungspunkt ist so zu handhaben, dass im Falle eines möglichen Selbstschutzes, der sich über die Innen- und Außenkomponente des Orientierungspunktes definiert (siehe oben),[1482] das allge-

---

1478 Siehe Pkt. 5.1, 5.2.

1479 Vgl. Pkt. 2.6.4.8.

1480 Vgl. Pkt. 2.3.2; bspw. über die Verwendung der „Tor-Software“, s.o.

1481 Vgl. *Hoffmann-Riem*, AöR 123 (1998), S. 513 (532 ff.).

1482 Vgl. Pkt. 4.3.4.1.

meine Persönlichkeitsrecht eigenständig zu besserer Wirksamkeit gelangen kann. Besteht die Möglichkeit des Selbstschutzes nicht oder nur in geringem Maße, kann dem überschießenden Defizit stärker nachgegeben werden. Wird eine Selbststeuerungsmöglichkeit eigenverantwortlich nicht wahrgenommen, obwohl dies zumutbar gewesen wäre, so ist dies dem Persönlichkeitsrechtsbetroffenen anzulasten, da der Selbstschutz bei den Freiheitsrechten grundsätzlich vor den Fremdschutz zu stellen ist.

5.3.2 Anwendung des Abwägungsmodells auf die induktiv verwendeten Beispiele

Zunächst sollen die Kompensationsmöglichkeiten anhand von *Spickmich*, *MeinProf* und anderen „reinen" Bewertungsportalen untersucht werden.[1483] Diese Angebote sind grundsätzlich dazu in der Lage, die Öffentlichkeitswirkung zu maximieren. Fraglich ist, ob die überschießenden Gewichtungspunkte auf der Mikroebene durch den Informationsbezug und die Frage nach Herrschaftsansprüchen über einzelne Informationen in praktische Konkordanz zu den anderen Gewichtungspunkten gebracht werden können.

Die Angebote können nämlich auch so ausgestaltet sein, dass ein Defizit allenfalls gering ausfällt. Bei *Spickmich* handelte es sich beispielsweise um Informationen – die rechtliche Beurteilung der *Daten* soll an dieser Stelle dahinstehen –, die freiwillig auf der Schulhomepage preisgegeben wurden. Die Anstellung als Lehrkraft, der Name usw. konnten als Informationen betrachtet werden, über die die Kontrolle freiwillig und gänzlich aufgegeben wurde. Der Schutzbereich war jedoch betroffen, da die Informationen in einen völlig neuen Kontext (im Sinne eines „Inhaltes") gestellt wurden und begannen, sich zu verselbstständigen (siehe oben). Dies kam wahrscheinlich auch daher, dass die Lehrerin bei ihrem Einverständnis, die entsprechenden Informationen auf die Schulhomepage einzustellen, nicht mit solchen Folgen rechnete (Schutz vor intransparenten Prozessabläufen).

Die Umstände der virtuellen Öffentlichkeit verstärkten diesen Kontrollverlust aber nicht nennenswert. So fiel der Zeitfaktor nicht verschärfend ins Gewicht. *Spickmich* löschte nach einer Zeitspanne, in der keine Bewertungen erfolgt waren (12 Monate), alle bestehenden Bewertungen. Obwohl dieser Zeitraum relativ lang bemessen war, war er immer noch kürzer als der Zeitraum, der für dieselben Informationen auf der Schulhomepage vorgesehen war – diese kannte nämlich überhaupt kein Verfallsdatum. Problematisch war, dass die von der Lehrerin freiwillig entäußerten Informationen mit weiteren Informationen

1483 Hierzu bereits Pkt. 1.1.4.

vermischt wurden (den *Bewertungen*) und dementsprechend eine neuer Inhalt entstand. Die Zeitspanne war also zumindest ausreichend lang, um sich fortsetzende Informationsverarbeitungsprozesse in Gang zu setzen. Auch nach Löschung der Information auf der Schulhomepage war der Kontrollverlust dauerhaft und endgültig (zum Beispiel durch Archiv-Websites und eine Weiterverbreitung in sozialen Netzwerken). Nichtsdestotrotz leisteten Zeitfaktor und Adressatenkreis einer Prangerwirkung weniger stark Vorschub. Hinzu kam, dass die Bewertungsergebnisse auch nicht unmittelbar aus dem Internet heraus, das heißt mittels einer Suchmaschine, die nicht in das Angebot integriert war, ausfindig gemacht werden konnten. Dadurch wurde neben dem Zeitfaktor auch der Adressatenkreis beschränkt. Bewerten und Einsehen von Bewertungen war von einer vorherigen Anmeldung abhängig. Diese war wiederum vom Nachweis eines berechtigten Interesses abhängig (als Schüler, Lehrer, Elternteil). Darüber hinaus standen der Lehrerin auch viele Möglichkeiten zur Verfügung, sich selbst zu schützen. Ihr war es zum Beispiel möglich und durchaus zuzumuten, bei bloßstellenden Kommentaren oder Bewertungen den sogenannten Abuse-Button zu betätigen, statt den Informationsverarbeitungsprozess, den sie ganz offensichtlich beobachtete, ablaufen zu lassen und auf eine nachträgliche (richterliche) Korrektur zu hoffen. Es widerspricht nämlich grundsätzlich den Aspekten der Autonomie, der Selbstregulierung und des Selbstschutzes, wenn die Fremdeinwirkungen sehenden Auges geduldet werden, um sie in einem nachgelagerten Moment durch Fremdschutz – beispielsweise durch die einfachen Gerichte – korrigieren zu lassen. So hätte auch von der Kommentarfunktion Gebrauch gemacht und in den Diskurs aktiv eingegriffen werden können. Dadurch hätte die betroffene Lehrkraft ihren Standpunkt zu den Informationen, die der Bewertung als Grundlage dienten, klar machen können.

Drastischer verhält es sich bei Internetangeboten, die den Verlust der Kontrolle über die eigenen Persönlichkeitsinformationen bewusst dazu ausnutzen, um ihre Attraktivität zu steigern. Hiervon sind Angebote betroffen, die von einer umfangreichen Informationsgrundlage mit persönlichen Informationen profitieren (zum Beispiel *Facebook*). Die betriebswirtschaftliche Wertigkeit und Attraktivität steigt in dem Maße, in dem die Informationsgrundlage das zielgerichtete Schalten von Werbung oder das genau auf den Nutzer zugeschnittene Anbieten kostenpflichtiger Zusatzprogramme begünstigt. Ist der Nutzer zum Beispiel Fan einer bestimmten Fußballmannschaft, kann man ihm eher eine kostenpflichtige „Application" verkaufen. Gibt der Nutzer an, Fan eines bestimmten Films zu sein, ist er vielleicht eher empfänglich für die Werbung für eine Fortsetzung oder ein Gewinnspiel. Dementsprechend vorteilhaft ist es, wenn die Informationsverarbeitungsprozesse des Angebotes dazu führen, dass möglichst viele Informationen über die Nutzer und Dritte anfallen.

Persönlichkeitsrechtlich weniger problematisch ist es, wenn die Nutzer an diesen Verarbeitungsprozessen freiwillig teilnehmen und teilnehmen können (fraglich bei Minderjährigen; insbesondere problematisch bei Gewinnspielen). Allerdings fallen auch Persönlichkeitsinformationen Dritter an, bei denen kein Einverständnis zugrunde liegt. Hier ist es leichter vorstellbar, dass es zu einem Kontrollverlust über Persönlichkeitsinformationen kommt. Dadurch könnte der informationsbasierte Teil des Schutzbereiches der Art. 2 I, 1 I GG betroffen sein (siehe oben). Beispielsweise könnte ein Nutzer seine Kontaktdaten mit *Facebook* synchronisieren und auch Daten übertragen, die beispielsweise Informationen eines Geschäftspartners enthalten, der eine Weitergabe nicht wünscht.[1484] So können Inhalte in der virtuellen Öffentlichkeit entstehen, deren Informationen ohne Einflussnahmemöglichkeit des Betroffenen zugrunde gelegt wurden. Damit würde sich das so entstehende Persönlichkeitsbild weiter von der zutreffenden (virtuellen) Persönlichkeit[1485] entfernen.

5.4 Fazit

Bei der Auflösung von Kollisionslagen nach dem Schlusspunktmodell, die im Internet als Teilöffentlichkeit der Informationsgesellschaft veranlagt sind, zeigt sich eine schwerpunktmäßige Betroffenheit der Leitlinie der Öffentlichkeitsbeeinflussung und ihrer Schluss- und Orientierungspunkte. Während eine Sphärenabschichtung keine Praktikabilität und zumindest kaum Erkenntniswert verspricht, vermag eine Abschichtung nach Wahrheits-, Richtigkeits- und Schlüssigkeitsaspekten die entscheidenden Charakteristika nicht einzufangen. Der „möglichst schonende Ausgleich" zur „Herstellung praktischer Konkordanz" sieht sich in der Teilöffentlichkeit des Internets vor eine Zerreißprobe gestellt: Die Meinungsfreiheit gelangt durch die begünstigenden Umgebungsstrukturen verhältnismäßig schnell, natürlich und leicht zu ihrer optimalen Wirkkraft, während das allgemeine Persönlichkeitsrecht ein derart starkes *Defizit* aufzuzeigen droht, dass ein Überborden der Rechtsposition die Abwägbarkeit im Ausgleichsprozess infrage stellt. Es droht ein Abwertungskreislauf, der beide Konfliktgrundrechte zur Hinnahme von Abstrichen zu zwingen droht, die nicht dem Sinn und Zweck eines Ausgleiches zweier gleichrangiger und höchstrangiger Rechtspositionen entsprechen.

Die *Kompensation* des persönlichkeitsrechtlichen Defizits ist der Schlüssel zu einem möglichst schonenden Ausgleich für beide Rechtspositionen – und damit zur Herstellung praktischer Konkordanz. Eine Kompensation des Defizits

1484 Vgl. bereits Pkt. 2.6.4.2.

1485 Siehe Pkt. 2.2.2.5.

ist dort vorstellbar, wo sich die Gedanken der Autonomie, Selbstregulierung und des Selbstschutzes in einem abwägungsfesten Orientierungspunkt manifestieren. Dieser hat die Beeinflussbarkeit der virtuellen Öffentlichkeit (Außenkomponente) durch angebotsbedingte Einflussnahmemöglichkeiten (Innenkomponente) ins Verhältnis zu setzen. Er kann das im Internet außer Balance geratene Abwägungsverhältnis zwischen den Art. 5 I 1 GG und 2 I, 1 I GG wieder ins Lot bringen. Das Tun oder Unterlassen der Beteiligten und die Auswirkungen auf beziehungsweise die Beeinflussung durch die Öffentlichkeit entscheiden letztlich mit darüber, wie sich die Gewichtung des gesamten Schlusspunktmodells im konkreten Einzellfall präsentiert und in welche Richtung das Abwägungsergebnis zu tendieren hat. Je größer die Einflussnahmemöglichkeiten des Individuums im „partizipativen“ Internet, dem „Mitmachnetz“, letztlich sind, desto eher können seine Persönlichkeitsinteressen gewahrt werden.

Resümee

> „Heute können wir erkennen, dass Informationen unsere Welt antreiben: Sie sind das Blut und der Treibstoff, das Vitalprinzip des Lebens. Sie durchdringen die Wissenschaften von der untersten bis zur höchsten Ebene und transformieren jeden Wissenszweig."[1486]

Der Wandel zur Informationsgesellschaft hat erhebliche praktische und rechtliche Auswirkungen für „ihre" Rechtssubjekte. Jedes Individuum wird unweigerlich in die virtuelle Öffentlichkeit, als ein Öffentlichkeitsfragment der Informationsgesellschaft, hineingezogen. Öffentlichkeit und Privatheit sind dort keine Gegensätze. Das Internet erzwingt die Partizipation („Mitmachnetz"). Dabei ist das Vertrauen in das anarchistische Netzwerk gering. Rollen und ihnen zugewiesene, klare Erwartungshaltungen sind allenfalls im Entstehen begriffen. Rückzugsräume, die den Individuen Atempausen verschaffen könnten, bestehen nicht. Das informationelle Netz spannt sich immer enger um die Menschen der Informationsgesellschaft. Oft heißt es: „Das Internet vergisst nicht!". Der steigende Informationsumsatz zeigt sogar: Das Internet wird „klüger". Jedenfalls wird die Informationsmenge immer größer. Persönlichkeitsrechtsrelevante Informationen verdichten sich zu Inhalten über Personen: Persönlichkeitsattribute, Charaktereigenschaften, Taten, Gesagtes und vieles mehr über die Menschen ist bekannt. Dem Einzelnen wird das „geistige Atmenkönnen" immer schwerer, da er dieser Informationsflut nichts entgegenzusetzen hat.

Diese Veränderungen zwingen das allgemeine Persönlichkeitsrecht bereits auf der Schutzbereichsebene zu einer Anpassung. Der Schutz der Persönlichkeit ist in der virtuellen Welt von drei Säulen abhängig: *Erstens* einem Schutz des informationstechnischen Systems („Körper") als Rückzugsort aus dem Cyberspace (Computer, Smartphone etc.). *Zweitens* einem Schutz der Daten als „Treibstoff" oder „Stoffwechsel" der virtuellen Welt (informationelle Selbstbestimmung). *Drittens* einem Schutz persönlichkeitsrechtsrelevanter Informationen als Schutz der (virtuellen) „Präsenz". Der Schutz persönlichkeitsrelevanter Informationen muss dabei sicherstellen, dass keine Informationen aus dem Herrschaftsbereich des Individuums herausgelöst werden und es nicht in Informationsverarbeitungsprozesse hinein gezogen wird, in denen es die Herrschaft über Informationen unwillkürlich verliert und ein Bild („Inhalt") in der (virtuellen) Öffentlichkeit entsteht, dass nicht der Wirklichkeit entspricht.

Die Gefahren für das allgemeine Persönlichkeitsrecht sind in der Onlinewelt dabei per se höher als in der Offlinewelt. Gerade was die Kontrolle von Informa-

1486 *Gleick*, Information, S. 14.

tionen der eigenen Persönlichkeit betrifft. Es droht eine Verselbstständigung persönlichkeitsrelevanter Informationen, die dazu führen kann, dass die virtuelle Persönlichkeit „fremdkonstruiert" wird. Nicht nur die technischen Strukturen, sondern auch die Nutzer neigen im Cyberspace zu einem die Persönlichkeit entwertenden Verhalten. Die ständige Präsenz macht das Individuum angreifbarer. Sein „Stellenwert" im Vergleich zur Masse anderer Internetnutzer sinkt. Ein einzelnes Individuum hat dem Handeln der anderen Internetnutzer oft wenig entgegen zu setzen und findet sich in einer Kommunikationssituation wieder, die größtenteils ohne ihn auskommt. Nur wenn das sowieso in der virtuellen Öffentlichkeit präsente Individuum auch in diese integriert wird, kann den Gefahren begegnet werden (*Integrationsperspektive*). Für den Schutz der Persönlichkeit ist vor allem die Funktion der *Interaktion* von besonderer Bedeutung. Die Schutzbereichsbestandteile der Selbstdarstellung entfalten in der virtuellen Öffentlichkeit ohne einen Informationsbezug keine ausreichende Schutzwirkung. Deshalb ist es erforderlich, mithilfe der Interaktion, das heißt dem eigenen Zutun des Individuums, den Einfluss auf Informationen und damit auf ganze Inhalte abzusichern. Wenn das Individuum zwingend eine Spur in der virtuellen Öffentlichkeit hinterlässt, dann muss es auch die Möglichkeit haben, das sich daraus ergebene Bild mitzugestalten.

Auch für die Meinungsfreiheit bedeutet das Internet eine Zäsur. Der Meinungsbildungsprozess findet in der virtuell vernetzten Welt Bedingungen vor, die nirgendwo besser sein könnten. Die Überlegenheit des hocheffizienten Kommunikationsumfeldes drückt sich in einer hohen Verbreitungsgeschwindigkeit, einem hohen Verbreitungsgrad und einer weit überdurchschnittlichen Stabilität und Präsenz der Inhalte aus. Dies führt zu einer faktischen Überlegenheit der Meinungsfreiheit. Kommunikationsangebote des Cyberspace, wie beispielsweise das Mikroblogging (*Twitter*), profitieren von diesen Strukturen. Davon profitiert wiederum der Kommunikationsprozess einer liberalen Gesellschaft und die Masse aller Individuen. Allerdings ist der Druck der Öffentlichkeit auf das Individuum besonders stark. Der Kampf der Meinungen neigt sich einseitig zugunsten der Meinungsfreiheit beziehungsweise der Masse an Individuen, weil das einzelne Individuum bei einer Auseinandersetzung über ihn betreffende Persönlichkeitsinhalte dem Druck der Masse keinen nennenswerten eigenen Einfluss entgegensetzen kann. Der sowieso weite Schutzbereich der Meinungsfreiheit wird durch das Internet gefestigt. Ihm ist auf Ebene der verfassungsrechtlichen Rechtfertigung ein Korrektiv entgegen zu stellen. Denn auch die Meinungsfreiheit öffnet eine Interaktions- und Integrationsperspektive, die im Abwägungsprozess zum Tragen kommen muss: Nicht nur die Masse an Individuen muss befreit „geistig aufatmen" können, sondern auch das einzelne Individuum.

Diese Veränderungen haben auch auf die Abwägung und ihre Auflösung Auswirkungen. Allgemeines Persönlichkeitsrecht und Meinungsfreiheit sind nicht nur auf ihrer abstrakten „Makroebene", sondern auch auf der „Mikroebene" ihrer Gewichtungspunkte, die durch die dargelegte Situation im Cyberspace beeinflusst werden, zu optimaler Wirksamkeit zu führen. Bei einer Allokation der Gewichtungspunkte in einem Schlusspunktmodell zeigt sich hierbei, dass ein Ungleichgewicht zulasten des allgemeinen Persönlichkeitsrechtes besteht. Dieses Defizit ist so stark, dass ein Überschießen in Richtung des Persönlichkeitsrechtes droht (es ist so defizitär, dass die Abwägung zwangsläufig zugunsten der Art. 2 I, 1 I GG ausfällt). Es kann ausgeglichen werden, wenn im autonomen, nicht-hierarchischen, selbstorganisierenden Internet Einflussnahmemöglichkeiten für den Persönlichkeitsbetroffenen geschaffen werden. Feste Rückzugsräume, wie zum Beispiel Sphären, lassen sich in der virtuellen Welt aber nicht abgrenzen. Die Flexibilität eines selbstorganisierenden, aktiven Persönlichkeitsschutzes ist erforderlich. Die Maßnahmen und Mechanismen des Internets und seiner Angebote müssen es dem Individuum ermöglichen, sich selbst zu schützen (Selbstschutz vor Fremdschutz). Hierzu ist es erforderlich, bereits die Abläufe von Internetangeboten transparent auszugestalten (beispielsweise die Nutzungsbedingungen oder die „Privatsphäreneinstellungen" verständlich und leicht bedienbar zu machen). Der Internetnutzer muss erkennen können, welche Folgen sein Handeln nach sich zieht. Natürlich wird er niemals die volle Tragweite antizipieren können, aber transparente und verständlich beschriebene Prozessabläufe ermöglichen ihm eine Einschätzung und Entscheidung. Die Folgen der Entscheidung können dem Internetnutzer legitimerweise zugerechnet werden. Des Weiteren müssen die Maßnahmen effektiv und effizient sein. Der Informationsverarbeitungsprozess lässt sich nur im Entäußerungsmoment nennenswert steuern. In diesem Moment stehen dem Individuum Einflussnahmerechte zu. Zum Beispiel die Möglichkeit, die eingangs erwähnte Informationsflut zu begrenzen. Ob dies durch ein Verfallsdatum oder eine Möglichkeit, Nachrichten, Posts, Bilder usw. ohne größeren Aufwand löschen zu können geschieht, ist in das Ermessen des Gesetzgebers und der Angebotsbetreiber sowie das Entschließungsermessen des Nutzers gestellt.

Bei dem Individuum handelt es sich jedenfalls um den Anknüpfungspunkt, um den Abwägungsprozess im Sinne der Herstellung „praktischer Konkordanz" zu optimieren. Die Menschen kennen sich „mit der kontinuierlichen Datenübertragung – dem sogenannten Streaming –, mit Syntaxanalyse, der Sortierung, Kombination und dem Filtern von Informationen aus. Zu [...] [ihrer] alltäglichen Ausstattung gehören iPods und Plasmabildschirme, zu [...] [ihren] Fähigkeiten gehören das Verfassen von elektronischen Textbotschaften – auf Neudeutsch ‚Simsen' genannt – und die elektronische Informationssuche, das ‚Googeln'."[1487] Die Menschen sind grundsätzlich gut für den Umgang mit Informationen gewappnete Experten.[1488] Informationen müssen und können von ihnen gefiltert und selektiert werden. Die Kollision zwischen Meinungsfreiheit und allgemeinem Persönlichkeitsrecht macht es im Internet zugleich erforderlich, den Einfluss auf Inhalte über Herrschaftsansprüche über Informationen, das heißt eine Art der Selektion, zu entscheiden. Die adäquate Reaktion der Rechtsordnung wäre also die Ausbildung von Steuerungsmöglichkeiten, die Selektion und (nachgelagert) gerichtliche Kontrolle der Steuerung stärken. Wenn die Rechtssubjekte die Experten im Umgang mit Informationen sind, sind auch die Instrumente zum Schutz in ihre Hände zu legen. Sie müssen folglich zu Schlüsselfiguren im Umgang mit den Informationen avancieren.

1487 *Gleick*, Information, S. 18.
1488 *Gleick*, Information, S. 18.

Literaturverzeichnis

Achterberg, Norbert, Allgemeines Verwaltungsrecht, 2. Aufl., Heidelberg 1986.

Ders., Die Bedeutung des Rechtsverhältnisses für die Grundrechtssubjektivität von Organisationen, in: Wilke, Dieter; Weber, Harald (Hrsg.), Gedächtnisschrift für Friedrich Klein, S. 1-37, München 1977.

Ahrens, Claus, Persönlichkeitsrecht und Freiheit der Medienberichterstattung, Berlin 2002.

Albers, Marion, Information als neue Dimension des Rechts, Rechtstheorie Bd. 33 (2002), S. 61-89.

Dies., Informationelle Selbstbestimmung, Baden-Baden 2005.

Alexy, Robert, Theorie der Grundrechte, 3. Aufl., Frankfurt am Main 1996.

Altenhain, Karsten, Die strafrechtliche Verantwortung für die Verbreitung mißbilligter Inhalte in Computernetzen, CR 1997, S. 485-496.

Amelung, Knut, Die zweite Tagebuchentscheidung des BVerfG, NJW 1990, S. 1753-1760.

Amelung, Ulrich, Der Schutz der Privatheit im Zivilrecht – Schadensersatz und Gewinnabschöpfung bei Verletzungen des Rechts auf Selbstbestimmung über personenbezogene Informationen im deutschen, englischen und US-amerikanischen Recht, Tübingen 2002.

Anschütz, Gerhard, Das Recht der freien Meinungsäußerung – Aussprache, VVDStRL, Heft Nr. 4 (1928), S. 74 ff.

Anschütz, Gerhard / *Thoma*, Richard (Hrsg.), Handbuch des Deutschen Staatsrechts, Bd. II, Tübingen 1932, zitiert als: „*Bearbeiter,* in: Anschütz/Thoma, HdDStR *Bd., Paragraf, S.*“

von Arnauld, Andreas, Strukturelle Fragen des allgemeinen Persönlichkeitsrechts – Überlegungen zu Schutzbereich und Schranken des grundrechtlichen Persönlichkeitsschutzes, ZUM 1996, S. 286-292.

Augsberg, Ino / *Augsberg*, Steffen, Kombinationsgrundrechte – Die Verkoppelung von Grundrechtstatbeständen als Herausforderung für die Grundrechtsdogmatik, AöR 132 (2007), S. 539-581.

Ballhausen, Miriam / *Roggenkamp*, Jan Dirk, Personenbezogene Bewertungsplattformen, K&R 2008, S. 403-410.

Bamberger, Heinz Georg / *Roth*, Herbert (Hrsg.), Beck'scher Onlinekommentar BGB, Internationales Privatrecht, 20. Ed., München, 01.03.2011, zitiert als: „*Bearbeiter*, in: Bamberger/Roth (Hrsg.), EGBGB, *Paragraf Rn.*".

Barton, Dirk Michael, Pressefreiheit und Persönlichkeitsschutz, AfP 1995, S. 452-458.

Ders., Multimedia-Strafrecht – Ein Handbuch für die Praxis, Neuwied 1999.

Bauer, Hartmut, Verwaltungswissenschaftliche Impulse für die Fortentwicklung der Lehre vom Verwaltungsvertrag, in: Kluth, Winfried (Hrsg.), Wirtschaft – Verwaltung – Recht – FS für Rolf Stober zum Geburtstag am 11. Juni 2008, S. 327-347.

Bäumler, Helmut, Gibt es ein Recht auf Anonymität? Macht Anonymität heute noch Sinn?, DuD 2003, S. 160.

Bäumler, Helmut / *von Mutius*, Albert (Hrsg.), Anonymität im Internet – Grundlagen, Methoden und Tools zur Realisierung eines Grundrechts, Braunschweig / Wiesbaden 2003, zitiert als: „*Bearbeiter*, in: Bäumler/von Mutius (Hrsg.), Anonymität, *S.*":
- Das Recht auf Anonymität, S. 1-11 (Helmut Bäumler);
- Anonymität als Element des allgemeinen Persönlichkeitsrechts – terminologische, rechtssystematische und normstrukturelle Grundfragen, S. 12-26 (Albert von Mutius);
- Anonymität und Privatheit, S. 27-40 (Beate Rössler);
- Anonymität – Erscheinungsformen und verfassungsrechtliche Fundierung, S. 41-51 (Erhard Denninger);
- Das Recht auf Anonymität als Eckpfeiler einer offenen Gesellschaft, S. 52-61 (Alexander Dix);
- Über die Funktionalität von Anonymität für die bürgerliche Gesellschaft, S. 62-73 (Martin Rost).

Beater, Axel, Informationsinteressen der Allgemeinheit und öffentlicher Meinungsbildungsprozess – Inhaltliche und prozedurale Kriterien aus zivilrechtlicher Sicht, ZUM 2005, S. 602-612.

Beaucamp, Guy / *Seifert*, Jens, Das allgemeine Persönlichkeitsrecht als grundrechtlicher Nothelfer, JA 2004, S. 539-544.

Bedner, Mark, „Deep Packet Inspection" – Technologie und rechtliche Initiativen – Steht die Freiheit im Internet auch in westlichen Demokratien auf dem Spiel?, CR 2010, S. 339-345.

Benda, Ernst, Privatsphäre und „Persönlichkeitsprofil", in: Leibholz, Gerhard; Faller, Hans Joachim; Mikat, Paul; Reis, Hans (Hrsg.), FS für Willi Geiger zum 65. Geburtstags, S. 23-44, Tübingen 1974.

Benda, Ernst / *Maihofer*, Werner / *Vogel*, Hans-Jochen, Handbuch des Verfassungsrechts der Bundesrepublik Deutschland, 2. Aufl., Berlin 1994, zitiert als: „*Bearbeiter*, in: Benda/Maihofer/Vogel (Hrsg.), HdVBRD, *S.*".

Bethge, Herbert, Rechtswegprobleme des öffentlich-rechtlich strukturierten Rundfunks, VerwArch 63 (1972), S. 152-182.

Ders., Grundrechtsträgerschaft juristischer Personen – Zur Rechtsprechung des Bundesverfassungsgerichts, AöR 104 (1979), S. 54-111.

Ders., Die Grundrechtsberechtigung juristischer Personen nach Art. 19 Abs. 3 Grundgesetz, Passau 1985.

Bettermann, Karl August, Vom Rechtsschutz und Rechtsweg des Bürgers gegen Rundfunk-Rufmord, NJW 1977, S. 513-519.

Bettermann, Karl August / *Nipperdey*, Hans Carl, Die Grundrechte – Handbuch der Theorie und Praxis der Grundrechte, 4. Bd.: Grundrechte und institutionelle Garantien, Berlin 1962.

Beyer, Anja / *Kirchner*, Marcel / *Kreuzberger*, Gunther / *Schmeling*, Jens, Privacy im Social Web – Zum kompetenten Umgang mit persönlichen Daten im Web 2.0, DuD 2008, S. 597-600.

Blumauer, Andreas / *Pellegrini*, Tassilo (Hrsg.), Social Semantic Web – Web 2.0 – Was nun?, Heidelberg 2009, zitiert als: „*Bearbeiter*, in: Blumauer/Pellegrini (Hrsg.), Social Semantic Web, *S.*“:
- Semantic Web Revisited – Eine kurze Einführung in das Social Semantic Web, S. 3-22 (Andreas Blumauer / Tassilo Pellegrini);
- Warum Web 2.0? Oder: Was vom Web 2.0 wirklich bleiben wird, S. 23-42 (Sonja Bettel);
- Entwicklungsperspektiven von Social Software und dem Web 2.0, S. 43-62 (Alexander Raabe);
- Anwendungen und Technologien des Web 2.0: Ein Überblick, S. 63-82 (Alexander Stocker / Klaus Tochtermann).

Böckenförde, Ernst-Wolfgang, Grundrechtstheorie und Grundrechtsinterpretation, NJW 1974, S. 1529-1538.

Böckenförde, Thomas, Auf dem Weg zur elektronischen Privatsphäre – Zugleich Besprechung von BVerfG, Urteil v. 27.2.2008 – „Onlinedurchsuchung“, JZ 2008, 925-939.

Boehme-Neßler, Volker, Vertrauen im Internet – die Rolle des Rechts, MMR 2009, S. 439-444.

Borowski, Martin, Grundrechte als Prinzipien, 2. Aufl., Baden-Baden 2007.

Brauneck, Anja, Kritische Anmerkungen zur konventionellen gerichtlichen Prüfungsmethodik bei satirischen Darstellungen, ZUM 2004, S. 887-895.

Bremer, Karsten, Radikal-politische Inhalte im Internet – ist ein Umdenken erforderlich?, MMR 2002, S. 147-152.

Breyer, Patrick, Verkehrssicherungspflichten von Internetdiensten im Lichte der Grundrechte, MMR 2009, S. 14-19.

Britz, Gabriele, Freie Entfaltung durch Selbstdarstellung – Eine Rekonstruktion des allgemeinen Persönlichkeitsrechts aus Art. 2 I GG, Tübingen 2007.

Dies., Vertraulichkeit und Integrität informationstechnischer Systeme – Einige Fragen zu einem „neuen Grundrecht“, DÖV 2008, S. 411-415.

Broß, Siegfried, Zur Grundrechtsfähigkeit juristischer Personen des öffentlichen Rechts, VerwArch 77 (1986), S. 65-76.

Ders., Rechtswegprobleme zwischen den Zivil- und Verwaltungsgerichten, VerwArch 79 (1988), S. 97-110.

Brugger, Winfried, Freiheit der Meinung und Organisation der Meinungsfreiheit / Eine liberale Konzeption der geistigen Freiheiten des Art. 5 I und Abs. 2 GG, EuGRZ 1987, S. 189-201, 225-236.

Ders., Rundfunkfreiheit und Verfassungsinterpretation, Heidelberg 1991.

Ders., Liberalismus, Pluralismus, Kommunitarismus, Baden-Baden 1999.

Brunst, Phillip W., Anonymität im Internet – rechtliche und tatsächliche Rahmenbedingungen – Zum Spannungsfeld zwischen einem Recht auf Anonymität bei der elektronischen Kommunikation und den Möglichkeiten zur Identifizierung und Strafverfolgung, Berlin 2009.

von Caemmerer, Ernst, Der privatrechtliche Persönlichkeitsschutz nach deutschem Recht, in: Esser, Josef (Hrsg.), FS für Fritz von Hippel zum 70. Geburtstag (1967), S. 27-40, Tübingen 1967.

Ders., Vorschläge und Gutachten zur Reform des deutschen internationalen Privatrechts der außervertraglichen Schuldverhältnisse (Hrsg.), zitiert als: „*Bearbeiter*, in: von Caemmerer (Hrsg.), Vorschläge, *S.*“:
- Persönlichkeitsverletzungen im Internationalen Privatrecht, S. 361-379 (Andreas Heldrich).

Calliess, Christian, Inhalt, Dogmatik und Grenzen der Selbstregulierung im Medienrecht, AfP 2002, S. 365-475.

Coing, Helmut, Das Grundrecht der Menschenwürde, der strafrechtliche Schutz der Menschlichkeit und das Persönlichkeitsrecht des bürgerlichen Rechts, SJZ 1947, S. 641-645.

Collardin, Marcus, Straftaten im Internet – Fragen zum internationalen Strafrecht, CR 1995, S. 618-622.

Conradi, Ulrich / *Schlömer*, Uwe, Die Strafbarkeit der Internet-Provider, NStZ 1996, S. 366-369 und 472-477.

Couzinet, Daniel, Die Prinzipientheorie der Grundrechte – Einführung, Strukturhinweise, Anwendung in der Fallbearbeitung, JuS 2009, S. 603-608.

Creutz, Marcus, Verfassungsrechtliche Probleme des Lockspitzeleinsatzes, ZRP 1988, S. 415-419.

Degenhart, Christoph, Meinungs- und Medienfreiheit in Wirtschaft und Wettbewerb, in: Leßmann/Großfeld/Vollmer (Hrsg.), FS für Rudolf Lukes zum 65. Geburtstag, Köln 1989, S. 287-304.

Ders., Das allgemeine Persönlichkeitsrecht, Art. 2 I i.V.m. Art. 1 I GG, JuS 1992, S. 361-368.

Determann, Lothar, Kommunikationsfreiheit im Internet – Freiheitsrechte und gesetzliche Bestimmungen, Baden-Baden 1999.

Dolzer, Rudolf / *Vogel*, Klaus / *Graßhof*, Karin (Hrsg.), Bonner Kommentar zum Grundgesetz, Bd. 2: Art. 4 – 6 I, Heidelberg (Loseblattsammlung), zitiert als: „*Bearbeiter*, in: Dolzer/Vogel/Graßhof (Hrsg.), GG, *Art. Rn.*“.

Dörre, Tanja / *Kochmann*, Kai, Zivilrechtlicher Schutz gegen negative eBay-Bewertungen, ZUM 2007, S. 30-40.

Dreier, Horst (Hrsg.), Grundgesetz – Kommentar, Bd. I: Präambel, Art. 1-19, 2. Aufl., Tübingen 2004, zitiert als: „*Bearbeiter*, in: Dreier (Hrsg.), GG, *Art. Rn.*“.

Drews, Claudia, Die Wesensgehaltsgarantie des Art. 19 II GG, Baden-Baden 2005.

Duttge, Gunnar, Recht auf Datenschutz? – Ein Beitrag zur Interpretation der grundrechtlichen Schutzbereiche, Der Staat Nr. 36 (1997), S. 281-308.

Eberle, Carl-Eugen, Datenschutz durch Meinungsfreiheit, DÖV 1977, S. 306-312.

Ehmann, Horst, Zur Struktur des Allgemeinen Persönlichkeitsrechts, JuS 1997, S. 193-203.

Ehmann, Horst / *Thorn*, Karsten, Erfolgsort bei grenzüberschreitenden Persönlichkeitsverletzungen, AfP 1996, S. 20-25.

Enders, Christoph, Die Menschenwürde in der Verfassungsordnung – Zur Dogmatik des Art. 1 GG, Tübingen 1997.

Enneccerus, Ludwig / *Lehmann*, Heinrich, Recht der Schuldverhältnisse – Ein Lehrbuch, 14. Aufl., Tübingen 1954.

Enneccerus, Ludwig / *Nipperdey*, Hans Carl, Lehrbuch des bürgerlichen Rechts – Allgemeiner Teil, 14. Aufl., Tübingen 1952.

Erichsen, Hans-Uwe, Recht der Persönlichkeit (Hrsg.) – Münsterische Beiträge zur Rechtswissenschaft, Bd. 100, Berlin 1996, zitiert als: „*Bearbeiter*, in: Erichsen (Hrsg.), Beiträge*, S.*“:
- Zur Geschichte des allgemeinen Persönlichkeitsrechts, S. 51-71 (Heinz Holzhauer);
- Die Entwicklung des allgemeinen Persönlichkeitsrechts in der Rechtsprechung des Bundesverfassungsgerichts, S. 89-103 (Hans D. Jarass).

Erichsen, Hans-Uwe / *Scherzberg*, Arno, Verfassungsrechtliche Determinanten staatlicher Hochschulpolitik, NVwZ 1990, S. 8-17.

Ernst, Stefan, Google StreetView: Urheber- und persönlichkeitsrechtliche Fragen zum Straßenpanorama, CR 2010, S. 187-184.

Fette, Gunter, Rechtsweg bei Rechtsverletzungen durch Sendungen der öffentlich-rechtlichen Rundfunkanstalten, NJW 1971, S. 2210-2212.

Fischer, Thomas, StGB und Nebengesetze, 58. Aufl., München 2011.

Frenz, Walter, Recht am eigenen Bild für Prinzessin Caroline, NJW 2008, S. 3102-3105

Ders., Informationelle Selbstbestimmung im Spiegel des BVerfG, DVBl 2009, S. 333-339.

Fuchs, Angelika, Der praktische Fall – Internationales Privat- und Verfahrensrecht, JuS 2000, S. 879-882.

Geiger, Willi, Einige Probleme der Bundesverfassungsgerichtsbarkeit, DÖV 1952, S. 481-487.

Geis, Max-Emanuel, Der Kernbereich des Persönlichkeitsrechts – Ein Plädoyer für die „Sphärentheorie“, JZ 1991, S. 112-117.

Geppert, Klaus, Wahrnehmung berechtigter Interessen (§ 193 StGB), Jura 1985, S. 25-33.

Gercke, Marco, Rechtswidrige Inhalte im Internet – Eine Diskussion ausgewählter Problemfelder des Internet-Strafrechts unter Berücksichtigung strafprozessualer Aspekte, Köln 2000.

Ders., Die Entwicklung der Rechtsprechung zum Internetstrafrecht in den Jahren 2000 und 2001, ZUM 2002, S. 283-288.

von Gerlach, Jürgen, Der Schutz der Privatsphäre von Personen des öffentlichen Lebens in rechtsvergleichender Sicht, JZ 1998, S. 741-753.

Gierke, Otto, Deutsches Privatrecht, Erster Bd.: Allgemeiner Teil und Personenrecht, Leipzig 1895.

Giesker, Hans, Das Recht des Privaten an der eigenen Geheimsphäre – Ein Beitrag zu der Lehre von den Individualrechten, Zürich 1905.

Gleick, James, Die Information, München 2011.

Gomille, Christian, Prangerwirkung und Manipulationsgefahr bei Bewertungsforen im Internet, ZUM 2009, S. 815-824.

Gössel, Karl Heinz, Kritische Bemerkungen zum gegenwärtigen Stand der Lehre von den Beweisverboten im Strafverfahren, NJW 1981, S. 649-657.

Götting, Horst-Peter / *Lauber-Rönsberg*, Anne, Aktuelle Entwicklungen im Persönlichkeitsrecht, Baden-Baden 2010, zitiert als: „*Bearbeiter,* in: Götting/Lauber-Rönsberg (Hrsg.), *S.*“:
- Persönlichkeitsrechte in Zeiten des Web 2.0, S. 51-69 (Hanno Fierdag).

Götting, Horst-Peter / *Schertz*, Christian / *Seitz*, Walter, Handbuch des Persönlichkeitsrechts, München 2008, zitiert als: „*Bearbeiter*, in: Götting/Schertz/Seitz (Hrsg.), HdPR, *Paragraf Rn.*".

Gounalakis, Georgios / *Rhode*, Lars, Persönlichkeitsschutz im Internet – Grundlagen und Online-Spezifika, München 2002.

Dies., Haftung des Host-Providers: ein neues Fehlurteil aus München?, NJW 2000, S. 2168-2171.

Graf, Jürgen P., Internet: Straftaten und Strafverfolgung, DRiZ 1999, S. 281-286.

Grzeszick, Bernd, Neue Medienfreiheit zwischen staatlicher und gesellschaftlicher Ordnung – Das Beispiel des Internets, AöR 123 (1998), S. 173-200.

Greve, Holger / *Schärdel*, Florian, Der digitale Pranger – Bewertungsportale im Internet, MMR 2008, S. 644-650.

Grimm, Dieter, Die Meinungsfreiheit in der Rechtsprechung des Bundesverfassungsgerichtes, NJW 1995, S. 1697-1705.

Häberle, Peter, Die Wesensgehaltsgarantie des Artikel 19 Abs. 2 Grundgesetz – zugleich ein Beitrag zum institutionellen Verständnis der Grundrechte und zur Lehre vom Gesetzesvorbehalt, 3. Aufl., Heidelberg 1983.

Halfmeier, Axel, Privatleben und Pressefreiheit: Rechtsvereinheitlichung par ordre de Strasbourg, AfP 2004, S. 417-421.

Häntzschel, Kurt, Das Grundrecht der freien Meinungsäußerung und die Schranken der allgemeinen Gesetze des Artikels 118 der Reichsverfassung, AöR 10 (1926), S. 228-246.

Haratsch, Andreas / *Kugelmann*, Dieter / *Repkewitz*, Ulrich (Hrsg.), Herausforderungen an das Recht der Informationsgesellschaft – 36. Tagung der Wissenschaftlichen Mitarbeiterinnen und Mitarbeiter der Fachrichtung Öffentliches Recht, Mainz 1996, zitiert als: „*Bearbeiter*, in: Haratsch/Kugelmann/Repkewitz (Hrsg.), Informationsgesellschaft, *S.*":

- Informationsgesellschaft – eine Mogelpackung? Zur Notwendigkeit eines Grundrechts auf Information, S. 33-57 (Oesten Baller);
- Zur Neukonzeption des grundrechtlichen „Daten“-Schutzes, S. 113-139 (Marion Albers).

Härting, Niko, Datenschutz im Internet, CR 2008, S. 743-748.

Ders., „Prangerwirkung“ und „Zeitfaktor“, CR 2009, S. 21-28.

Härting, Niko / *Schätzle*, Daniel, Nutzungsbedingungen in Social Networks – Transparenzgebot und Inhaltskontrolle für soziale Netzwerke, ITRB 2011, S. 40-42.

Heckmann, Dirk, Identitäts- oder Konsumschutz im Internet? Das Grundrecht auf freie Entfaltung der digitalen Persönlichkeit, Vorgänge Nr. 4 2008, S. 20-29.

Ders., Vertrauen in virtuellen Räumen? Rechtssichere Internetnutzung zwischen Fake und Faszinosum, K&R 2010, S. 1-7.

von Hein, Jan, Die Kodifikation des europäischen IPR der außervertraglichen Schuldverhältnisse vor dem Abschluss? – Zum gegenwärtigen Stand der Arbeiten an der Rom-II-Verordnung, VersR 2007, S. 440-452.

Heinrich, Bernd, Handlung und Erfolg bei Distanzdelikten, in: Ders. (Hrsg.), FS für Ulrich Weber zum 70. Geburtstag, 18. September 2004.

Heiss, Helmut / *Loacker*, Leander D., Die Vergemeinschaftung des Kollisionsrechts der außervertraglichen Schuldverhältnisse durch Rom II, JBl 2007, S. 613-646.

Herbert, Georg, Der Wesensgehalt der Grundrechte, EuGRZ 1985, S. 321-335.

Hermann, Tobias, Perspektiven eines grenzüberschreitenden Persönlichkeitsschutzes im Internet, AfP 2003, S. 232-242.

Hesse, Konrad, Grundzüge des Verfassungsrechts der Bundesrepublik Deutschland, 20. Aufl., Heidelberg 1999.

Heußner, Hermann, Zur Zweckbindung und zur informationellen Gewaltenteilung in der Rechtsprechung des Bundesverfassungsgerichts, in: Brandt/Gollwitzer/Henschel (Hrsg.), Ein Richter, ein Bürger, ein Christ – FS für Helmut Simon, Baden-Baden 1987, S. 231-242.

Ders., Das informationelle Selbstbestimmungsrecht des Grundgesetzes als Schutz des Menschen vor totaler Erfassung, BB 1990, S. 1281-1285.

Hilgendorf, Eric, Überlegungen zur strafrechtlichen Interpretation des Ubiquitätsprinzips im Zeitalter des Internet, NJW 1997, S. 1873-1878.

Ders., Tatsachenaussagen und Werturteile im Strafrecht – entwickelt am Beispiel des Betruges und der Beleidigung, Berlin 1998.

Hillgruber, Christian / *Schemmer*, Franz, Darf Satire wirklich alles? Zum Beschluß des Ersten Senats des BVerfG v. 25.3. 1992 – 1 BvR 514/90, JZ 1992, S. 946-951.

von Hinden, Michael, Persönlichkeitsverletzungen im Internet – Das anwendbare Recht, Tübingen 1999.

Ders., Ein europäisches Kollisionsrecht für die Medien – Gedanken zur Fortentwicklung der Rom II-Verordnung, in: Baetge, Dietmar (Hrsg.), Die Richtige Ordnung – FS für Jan Kropholler zum 70. Geburtstag, S. 573-594, Tübingen 2008.

Hoeren, Thomas, Bewertungen bei eBay, CR 2005, S. 498-502.

Hoeren, Thomas / *Sieber*, Ulrich, Handbuch Multimedia-Recht – Rechtsfragen des elektronischen Geschäftsverkehrs, München (Loseblattsammlung), zitiert als: „*Bearbeiter*, in: Hoeren/Sieber (Hrsg.), HdMMR, *Teil Rn.*“.

Hoffmann-Riem, Wolfgang, Informationelle Selbstbestimmung in der Informationsgesellschaft – Auf dem Weg zu einem neuen Konzept des Datenschutzes, AöR 123 (1998), S. 513-540

Ders., Nachvollziehende Grundrechtskontrolle – Zum Verhältnis von Fach- und Verfassungsgerichtsbarkeit am Beispiel von Konflikten zwischen Medienfreiheit und Persönlichkeitsrecht, AöR 128 (2003), S. 173-225.

Hoffmann-Riem, Wolfgang / *Schmidt-Aßmann*, Eberhard, Verwaltungsrecht in der Informationsgesellschaft, Baden-Baden 2000, zitiert als: „*Bearbeiter*, in: Hoffmann-Riem/Schmidt-Aßmann (Hrsg.), Informationsgesellschaft, *S.*“:
- Die öffentliche Verwaltung als informationelle Organisation, S. 195-223 (Arno Scherzberg).

Hoffmann-Riem, Wolfgang / *Schmidt-Aßmann*, Eberhard / *Voßkuhle*, Andreas, Grundlagen des Verwaltungsrechts, Bd. II: Informationsordnung – Verwaltungsverfahren – Handlungsformen, München 2008, zitiert als: „*Bearbeiter*, in: Hoffmann-Riem/Schmidt-Aßmann/Voßkuhle (Hrsg.), Verwaltungsrecht, *Paragraf S.*“.

Hoffmann-Riem, Wolfgang / *Vesting*, Thomas, Perspektiven der Informationsgesellschaft, Baden-Baden / Hamburg 1995, zitiert als: „*Bearbeiter*, in: Hoffmann-Riem/Vesting (Hrsg.), Perspektiven der Informationsgesellschaft, *S.*“:
- Neue Medien – Neue Öffentlichkeit?, S. 31-46 (Gérard Raulet).

Höfling, Wolfram, Die Unantastbarkeit der Menschenwürde – Annäherungen an einen schwierigen Verfassungsrechtssatz, JuS 1995, S. 857-862.

Hohmann-Dennhardt, Christine, Freiräume – Zum Schutz der Privatheit, NJW 2006, S. 545-549.

Hömig, Dieter, „Neues“ Grundrecht, neue Fragen? – Zum Urteil des BVerfG zur Online-Durchsuchung, Jura 2009, S. 207-213.

Huber, Ernst Rudolf, Deutsche Verfassungsgeschichte seit 1789, Bd. II: Der Kampf um Einheit und Freiheit – 1830 bis 1850, 3. Aufl., Stuttgart 1988.

Hubmann, Heinrich, Das Persönlichkeitsrecht, 2. Aufl., Köln 1967.

Hufen, Friedhelm, Schutz der Persönlichkeit und Recht auf informationelle Selbstbestimmung, in: Badura, Peter (Hrsg.), FS 50 Jahre Bundesverfassungsgericht, 2. Bd. (Klärung und Fortbildung des Verfassungsrechtes), Tübingen 2001, S. 105-125.

Ders., Staatsrecht II – Grundrechte, 2. Aufl., München 2009.

Huster, Stefan, Das Verbot der „Auschwitzlüge“, die Meinungsfreiheit und das Bundesverfassungsgericht, NJW 1996, S. 487-491.

Ignor, Alexander / *Jahn*, Matthias, Der Staat kann auch anders – Die Schweizer Daten-CDs und das deutsche Strafrecht, JuS 2010, S. 390-395.

Ipsen, Jörn, Staatsrecht I – Staatsorganisationsrecht, 22. Aufl., Köln 2010.

Ders., Staatsrecht II – Grundrechte, 13. Aufl., Köln 2010.

Isensee, Josef, Grundrecht auf Ehre, in: Ziemske, Burkhardt (Hrsg.), Staatsphilosophie und Rechtspolitik – FS für Martin Kriele zum 65. Geburtstag, München 1997, S. 5-48.

Isensee, Josef / *Kirchhof*, Paul, HdStR der BRD, Bd. V: Allgemeine Grundrechtslehren, 2. Aufl., Heidelberg 2000, Bd. VII: Freiheitsrechte, 3. Aufl., Heidelberg 2009, zitiert als: „*Bearbeiter*, in: Isensee/Kirchhof (Hrsg.), HdStR, *Band, Paragraf, S. / Rn.*“.

Jäger, Ulrike / *Collardin*, Marcus, Die Inhaltsverantwortlichkeit von Online-Diensten, CR 1996, S. 236-240.

Jarass, Hans D., Das allgemeine Persönlichkeitsrecht im Grundgesetz, NJW 1989, S. 857-862.

Ders., Bausteine einer umfassenden Grundrechtsdogmatik, AöR 120 (1995), S. 345-381.

Ders., Rundfunkbegriffe im Zeitalter des Internet – Zum Anwendungsbereich der Rundfunkfreiheit, des Rundfunkstaatsvertrags und des Mediendienste-Staatsvertrags, AfP 1998, S. 133-141.

Jestaedt, Matthias, Verfassungspositivismus – Die Ohnmacht des Verfassungsgesetzgebers im verfassungsgerichtlichen Jurisdiktionsstaat, in: von Depenheuer, Otto (Hrsg.), Nomos und Ethos – Hommage an Josef Isensee zum 65. Geburtstag von seinen Schülern, S.183-228, Berlin 2002.

Ders., Die Abwägungslehre – Ihre Stärken und ihre Schwächen, in: von Depenheuer, Otto (Hrsg.), Staat im Wort – Festschrift für Josef Isensee, S. 253-275, Heidelberg 2007.

Jofer, Robert, Strafverfolgung im Internet – Phänomenologie und Bekämpfung kriminellen Verhaltens in internationalen Computernetzen, Frankfurt a.M. 1999.

Kahl, Wolfgang, Die Schutzergänzungsfunktion von Art. 2 I Grundgesetz, Tübingen 2000.

Ders., Vom weiten Schutzbereich zum engen Gewährleistungsgehalt – Kritik einer neuen Richtung der deutschen Grundrechtsdogmatik, Der Staat 43 (2004), S. 167-202.

Kaiser, Anna-Bettina, Bewertungsportale im Internet – Die spickmich-Entscheidung des BGH, NVwZ 2009, S. 1474-1477.

Kau, Wolfgang, Vom Persönlichkeitsschutz zum Funktionsschutz – Persönlichkeitsschutz juristischer Personen des Privatrechts in verfassungsrechtlicher Sicht, Heidelberg 1989.

Kläner, Tobias, Wikileaks: Das Web 2.0 als Vehikel der Pressefreiheit, NJW 2011, NJW-aktuell Nr. 34, S. 14-16.

Kläver, Marlene, Rechtliche Entwicklung zum allgemeinen Persönlichkeitsrecht, JR 2006, S. 229-232.

Klement, Jan Henrik, Vom Nutzen einer Theorie, die alles erklärt – Robert Alexys Prinzipientheorie aus der Sicht der Grundrechtsdogmatik, JZ 2008, S. 756-763.

Klink, Judith / *Straub*, Tobias, Anonymisierungsdienste nach der Vorratsdatenspeicherung, DuD 2008, S. 123.

Kloepfer, Michael, Netzneutralität und Presse-Grosso in der Informationsgesellschaft, AfP 2010, S. 120-127.

Kloepfer, Michael / *Breitkreuz*, Katharina, Videoaufnahmen und Videoaufzeichnungen als Rechtsproblem, DVBl 1998, S. 1149-1155.

Koch, Arnd, Zur Strafbarkeit der „Auschwitzlüge“ im Internet – BGHSt 46, 212, JuS 2002, S. 123-127.

Kohler, Josef, Lehrbuch des Bürgerlichen Rechts, Zweiter Bd. (Vermögensrecht), erster Teil (Schuldrecht), Berlin 1906.

Köhler, Michael, Zur Frage der Strafbarkeit des Leugnens von Völkermordtaten, NJW 1985, S. 2389-2391.

Kopp, Ferdinand O., Der Rechtsweg bei Streitigkeiten gegen öffentlichrechtliche Rundfunkanstalten, in: Becker, Jürgen (Hrsg.), Beiträge zum Medienprozeßrecht – FG für Carl Hermann Ule zum 80. Geburtstag, Baden-Baden 1988, S. 31-58.

Kopp, Ferdinand O. / *Schenke*, Wolf-Rüdiger, VwGO, 17. Aufl., München 2011.

Koreng, Ansgar, Zensur im Internet – Der verfassungsrechtliche Schutz der digitalen Massenkommunikation, Baden-Baden 2010.

Kraft, Alfons, Gedanken zum allgemeinen Persönlichkeitsrecht juristischer Personen, in: Forkel, Hans (Hrsg.), Beiträge zum Schutz der Persönlichkeit und ihrer schöpferischen Leistungen – FS für Heinrich Hubmann zum 70. Geburtstag, Frankfurt a.M. 1985, S. 201-219.

Krasemann, Henry, Selbstgesteuertes Identitätsmanagement – Rechtliche Möglichkeiten der Nutzung verschiedener Identitäten, DuD 2006, S. 211-214.

Kriele, Martin, Ehrenschutz und Meinungsfreiheit, NJW 1994, S. 1897-1905.

Kröger, Klaus, Juristische Personen des öffentlichen Rechts als Grundrechtsträger, JuS 1981, S. 26-29.

Kropholler, Jan, IPR, 6. Aufl., Tübingen 2006.

Krüger, Herbert, Der Wesensgehalt der Grundrechte i. S. des Art. 19 GG, DÖV 1955, S. 597-602.

Kunig, Philip, Der Grundsatz informationeller Selbstbestimmung, Jura 1993, S. 595-604.

Ladeur, Karl-Heinz, Meinungsfreiheit, Ehrenschutz und die Veränderung der Öffentlichkeit in der Massendemokratie – Anmerkungen zu neueren Entscheidungen des Bundesverfassungsgerichts, AfP 1993, S. 531-536.

Ders., Datenschutz – vom Abwehrrecht zur planerischen Optimierung von Wissensnetzwerken – Zur „objektiv-rechtlichen Dimension" des Datenschutzes, DuD 2000, S. 12-19.

Ders., Verfassungsrechtliche Fragen regierungsamtlicher Öffentlichkeitsarbeit und öffentlicher Wirtschaftstätigkeit im Internet, DÖV 2002, S. 1-11.

Ders., Innovationsoffene Regulierung des Internet – Neues Recht für Kommunikationsnetzwerke (Hrsg.), Baden-Baden 2003, zitiert als: „*Bearbeiter*, in: Ladeur (Hrsg.), Regulierung, *S.*":
- „Offenheitspflege" im Internet – eine neue Funktion für die objektiv-rechtliche Dimension der „Medienfreiheit"?, S. 101-130 (Karl-Heinz Ladeur);
- Das Internet und die Notwendigkeit der Transformation des Datenschutzes, S. 155-190 (Thomas Vesting).

Lagodny, Otto, Anmerkung zu BGHSt 46, S. 212 ff., JZ 2001, S. 1198-1200.

Lenski, Sophie-Charlotte, Personenbezogene Massenkommunikation als verfassungsrechtliches Problem – Das allgemeine Persönlichkeitsrecht im Konflikt mit Medien, Kunst und Wissenschaft, Berlin 2006.

Lerche, Peter, Einschränkung der Pressefreiheit durch Richterrecht?, in: Heldrich, Andreas (Hrsg.), Medien zwischen Spruch und Informationsinteresse – FS für Robert Schweizer zum 60. Geburtstag, Baden-Baden 1999, S. 45- 61.

Lindner, Christian, Persönlichkeitsrecht und Geo-Dienste im Internet – z.B. Google Street View / Google Earth, ZUM 2010, S. 292-301.

Löffler, Martin / *Ricker*, Reinhart, Handbuch des Presserechts, 5. Aufl., München 2005.

Löhnig, Martin, „Verbotene Schriften" im Internet, JR 1997, S. 496-498.

Looschelders, Dirk, Persönlichkeitsschutz in Fällen mit Auslandsberührung – Unter besonderer Berücksichtigung des österreichischen und schweizerischen Rechts, ZVglRWiss 95 (1996), S. 48-91.

Lorenz, Stephan, Zivilprozessuale Konsequenzen der Neuregelung des Internationalen Deliktsrechts: Erste Hinweise für die anwaltliche Praxis, NJW 1999, S. 2215-2218.

Luch, Anika Dorthe, Das Medienpersönlichkeitsrecht – Schranke der „vierten Gewalt" – Das Allgemeine Persönlichkeitsrecht im Spannungsverhältnis zur Medienfreiheit unter dem Grundgesetz und der Europäischen Menschenrechtskonvention, Frankfurt a.M. 2008.

Lücke, Jörg, Die „allgemeinen" Gesetze (Art. 5 Abs. 2 GG), Heidelberg 1998.

Ders., Die spezifischen Schranken des allgemeinen Persönlichkeitsrechts und ihre Geltung für die vorbehaltlosen Grundrechte, DÖV 2002, S. 93-103.

Luhmann, Niklas, Die Gesellschaft der Gesellschaft, Frankfurt a.M. 1997.

von Mangoldt, Hermann / *Klein*, Friedrich / *Starck*, Christian, GG, Bd. 1: Präambel, Artikel 1 bis 19, 6. Aufl., München 2010, zitiert als: „*Bearbeiter*, in: von Mangoldt/Klein/Starck (Hrsg.), GG, *Art. Rn.*".

Mankowski, Peter, Das Internet im Internationalen Vertrags- und Deliktsrecht, RabelsZ 63 (1999), S. 203-294.

Martini, Mario, Das allgemeine Persönlichkeitsrecht im Spiegel der neueren Judikatur des Bundesverfassungsgerichts, JA 2009, S. 839-845.

Maunz, Theodor / *Dürig*, Günter, GG, Bd. I: Art. 1-5, München (Loseblattsammlung, Stand: 62. Erg.-Lief. Mai 2011), zitiert als: „*Bearbeiter*, in: Maunz/Dürig (Hrsg.), GG, *Art. Rn.*".

Maurer, Hartmut, Allgemeines Verwaltungsrecht, 18. Aufl., München 2011.

Ders., Fortentwicklung des Verwaltungsverfahrensrecht – aber wohin?, in: Spannowski, Willy (Hrsg.), Erscheinungsbilder eines sich wandelnden Verwaltungsrechts – FS Günter Püttner zum 70. Geburtstag 2006, S.43-56.

Mertens, Hans-Joachim, Die Grundrechtsfähigkeit der juristischen Person und das Gesellschaftsrecht, JuS 1989, S. 857-862.

Merz, Susanne, Strafrechtlicher Ehrenschutz und Meinungsfreiheit, Frankfurt a.M. 1998.

Morgenthaler, Gerd, Freiheit durch Gesetz – Der parlamentarische Gesetzgeber als Erstadressat der Freiheitsgrundrechte, Tübingen 1999.

Müller, Friedrich / *Christensen*, Ralph, Juristische Methodik, Bd. I: Grundlegung für die Arbeitmethoden der Rechtspraxis, 10. Aufl., Berlin 2009.

von Münch, Ingo / *Kunig*, Philip, GG, Bd. 1 (Präambel bis Art. 19), 5. Aufl., München 2000, zitiert als: „*Bearbeiter*, in: von Münch/Kunig (Hrsg.), GG, *Art. Rn.*".

Münch, Stefan, Der Schutz vor Verletzungen der Persönlichkeitsrechte in den Neuen Medien, Frankfurt a.M. 2004.

Nitsch, Peter, Datenschutz und Informationsgesellschaft, ZRP 1995, S. 361-365.

Orantek, Kerstin, Datenschutz im Informationszeitalter – Herausforderungen durch technische, politische und gesellschaftliche Entwicklungen – ausgewählte Problemfelder, Chemnitz 2008.

Ossenbühl, Fritz, Medienfreiheit und Persönlichkeitsschutz – Die Entscheidungsstruktur des Bundesverfassungsgerichtes in kritischer Perspektive, ZUM 1999, S. 505-513.

Ott, Stephan, Das Internet vergisst nicht – Rechtsschutz für Suchobjekte?, MMR 2009, S. 158-163.

Peifer, Karl-Nikolaus / *Kamp*, Johannes, Datenschutz und Persönlichkeitsrecht – Anwendung der Grundsätze über Produktkritik auf das Bewertungsportal „spickmich.de"?, ZUM 2009, S. 185-190.

Pelz, Christian, Die strafrechtliche Verantwortlichkeit von Internet-Providern, ZUM 1998, S. 530-534.

Pfeiffer, Thomas, Die Entwicklung des Internationalen Vertrags-, Schuld- und Sachenrechts in den Jahren 1995/96, NJW 1997, S. 1207-1216.

Petershagen, Jörg, Rechtsschutz gegen Negativkommentare im Bewertungsportal von Internetauktionshäusern, NJW 2008, S. 953-958.

Pieroth, Bodo / *Schlink*, Bernhard, Staatsrecht, Bd. II (Grundrechte), 26. Aufl., Heidelberg 2010.

Placzek, Thomas, Allgemeines Persönlichkeitsrecht und privatrechtlicher Informations- und Datenschutz – Eine schutzgutbezogene Untersuchung des Rechts auf informationelle Selbstbestimmung, Hamburg 2006.

Prinz, Matthias / *Peters*, Butz, Medienrecht – Die zivilrechtlichen Ansprüche, München 1999.

Prütting, Hanns / *Wegen*, Gerhard / *Weinreich*, Gerd, BGB, 4. Aufl., Köln 2009, zitiert als: „*Bearbeiter*, in: Prütting/Wegen/Weinreich (Hrsg.), BGB, *Paragraf Rn.*".

Raabe, Johannes / *Stöber*, Rudolf / *Theis-Berglmair*, Anna Maria / *Wied*, Kristina (Hrsg.), Medien und Kommunikation in der Wissensgesellschaft, Konstanz 2008, zitiert als: „*Bearbeiter*, in: Raabe/Stöber/Theis-Berglmair/Wied (Hrsg.), Wissensgesellschaft, *S.*":
- Einleitung, S. 9-21 (Johannes Raabe / Rudolf Stöber / Anna Maria Theis-Berglmair / Kristina Wied);
- Wissen ist Macht!? Medien – Kommunikation – Wissen, S. 25-45 (Walter Hömberg);
- „Wissensgesellschaft", „Mediengesellschaft" und andere Angebote für den Deutungsmarkt. Der Beitrag der Kommunikationswissenschaft zum Selbstverständnis der Gesellschaft, S. 46-61 (Gerhard Vowe);
- Die Entwicklung der Wissensgesellschaft im Zeit- und Ländervergleich, S. 87-101 (Daniela Rohrbach).

Rath, Jürgen, Internationales Strafrecht (§§ 3 ff. StGB) – Prüfungsschema, Auslandsbezug, Tatortbestimmung, JA 2006, S. 435-439 (1. Teil) und 2007, S. 26-35 (2. Teil).

Rath, Michael, Suchmaschinen sind auch nicht mehr das, was sie einmal waren, WRP 2005, S. 826-833.

Rauscher, Thomas, IPR – Mit internationalem und europäischen Verfahrensrecht, 3. Aufl., Heidelberg 2009.

Rebmann, Kurt / *Säcker*, Franz Jürgen / *Rixecker*, Roland (Hrsg.), Münchener Kommentar zum BGB, Bd. 5 (Schuldrecht – Besonderer Teil III (§§ 705-853)), 5. Aufl., München 2009, Bd. 6 (Sachenrecht (§§ 854-1296)), 5. Aufl., München 2009, Bd. 10 (EGBGB (Art. 1-46) – IPR), 4. Aufl., München 2006, zitiert als: „*Bearbeiter*, in: MüKo (Hrsg.: Rebmann u.a.), *BGB / EGBGB, § / Art. Rn.*".

Rehbinder, Manfred, Rechtssoziologie, 7. Aufl., München 2009.

Ringel, Kurt, Rechtsextremistische Propaganda aus dem Ausland im Internet, CR 1997, S. 302-307.

Roggan, Fredrik (Hrsg.), Online-Durchsuchungen – Rechtliche und tatsächliche Konsequenzen des BVerfG-Urteils vom 27. Februar 2008, Berlin 2008, zitiert als: „*Bearbeiter*, in: Roggan (Hrsg.), Online-Durchsuchungen, *S.*":
- Neue Perspektiven für den Schutz personenbezogener Daten?, S. 71-81 (Alexander Dix);
- Neue Chancen für die digitale Privatsphäre?, S. 157-171 (Martin Kutscha).

Rohlf, Dietwalt, Der grundrechtliche Schutz der Privatsphäre – zugleich ein Beitrag zur Dogmatik des Art. 2 I GG, Berlin 1980.

Rost, Martin, Gegen große Feuer helfen große Gegenfeuer – Datenschutz als Wächter funktionaler Differenzierung, Vorgänge Nr. 4 2008, S. 48-58.

Roßnagel, Alexander / *Schnabel*, Christoph, Das Grundrecht auf Gewährleistung der Vertraulichkeit und Integrität informationstechnischer Systeme und sein Einfluss auf das Privatrecht, NJW 2008, S. 3534-3538.

Roth, Jürgen, Datenschutz in das Grundgesetz – Eine angemessene Festgabe zu dessen sechzigstem Geburtstag, Vorgänge Nr. 4 2008, S. 30-38.

Rothenbücher, Karl, Das Recht der freien Meinungsäußerung – Bericht, VVDStRL, Nr. 4 1928, S. 4 ff.

Ruck, Silke, Zur Unterscheidung von Ausgestaltungs- und Schrankengesetzen im Bereich der Rundfunkfreiheit, AöR 117 (1992), S. 543-566.

Rupp, Hans Heinrich, Ungeschriebene Grundrechte unter dem Grundgesetz, JZ 2005, S. 157-160.

Sachs, Michael, GG, 5. Aufl., München 2009, zitiert als: „*Bearbeiter*, in: Sachs (Hrsg.), GG*, Art. Rn.*".

Schenke, Wolf-Rüdiger, Rechtsprechungsübersicht zum Verwaltungsprozeß – Teil 1, JZ 1996, S. 998-1000.

Scheyhing, Robert, Zur Geschichte des Persönlichkeitsrechts im 19. Jahrhundert, AcP 158 (1959), S. 503-525.

Schlink, Bernhard, Freiheit durch Eingriffsabwehr – Rekonstruktion der klassischen Grundrechtsfunktion, EuGRZ 1984, S. 457-468.

Ders., Die Entthronung der Staatsrechtswissenschaft durch die Verfassungsgerichtsbarkeit, Der Staat 28 (1989), S. 161-172.

Schmidt, Walter, Die bedrohte Entscheidungsfreiheit, JZ 1974, S. 241-250.

Schmidt-Bleibtreu, Bruno / *Klein*, Franz, GG, 12. Aufl., Köln / München 2011, zitiert als: „*Bearbeiter*, in: Schmidt-Bleibtreu/Klein (Hrsg.), GG, *Art. Rn.*".

Schmitt Glaeser, Walter, Die Meinungsfreiheit in der Rechtsprechung des Bundesverfassungsgerichts, AöR 97 (1972), 1. Teil: S. 60-123, 2. Teil: S. 276-298.

Schmitz-Scholemann, Christoph, Ehrverletzungen als Kündigungsgrund, BB 2000, S. 926-932.

Schnapp, Friedrich E., Öffentliche Verwaltung und privatrechtliche Handlungsformen, DÖV 1990, S. 826-829.

Schoch, Friedrich, Grundrechtsfähigkeit juristischer Personen, Jura 2001, S. 201-207.

Scholz, Rupert / *Konrad*, Karlheinz, Meinungsfreiheit und allgemeines Persönlichkeitsrecht – Zur Rechtsprechung des Bundesverfassungsgerichts, AöR 123 (1998), S. 60-121.

Schönke, Adolf / *Schröder*, Horst, StGB, 28. Aufl., München 2010, zitiert als: „*Bearbeiter*, in: Schönke/Schröder (Hrsg.), StGB, *Paragraf, Rn.*“.

Schröder, Meinhard, Persönlichkeitsrechtsschutz bei Bewertungsportalen im Internet, VerwArch 2010, S. 205-230.

Schwerdtner, Peter, Der zivilrechtliche Persönlichkeitsschutz, JuS 1978, S. 289-299.

Seiler, Frank, Persönlichkeitsschutz und Meinungsfreiheit in der neueren Rechtsprechung des EGMR, des BVerfG und des BGH, WRP 2005, S. 545-552.

Seitz, Walter / *Schmidt*, German / *Schoener*, Alexander, Der Gegendarstellungsanspruch – Presse, Film, Funk und Fernsehen, 3. Aufl., München 1998.

Sieber, Ulrich, Internationales Strafrecht im Internet – Das Territorialitätsprinzip der §§ 3, 9 StGB im globalen Cyberspace, NJW 1999, S. 2065-2073.

Sieckmann, Jan-Reinard (Hrsg.), Die Prinzipientheorie der Grundrechte, Baden-Baden 2007, zitiert als: „*Bearbeiter*, in: Sieckmann (Hrsg.), Prinzipientheorie, *S.*“:
- Grundrechte als Prinzipien, S. 17-38 (Jan-Reinard Sieckmann);
- Einsichten, Irrtümer und Selbstmissverständnis der Prinzipientheorie, S. 59-80 (Ralf Poscher).

Smend, Rudolf, Das Recht der freien Meinungsäußerung – Bericht VVDStRL, Heft Nr. 4, 1928, S. 44 ff.

Ders., Staatsrechtliche Abhandlungen und andere Aufsätze, 3. Aufl., Berlin 1994.

Smoschewer, Fritz, Das Persönlichkeitsrecht im allgemeinen und im Urheberrecht, UFITA, 3. Bd. (1930), Teil I: S. 119-192, Teil II: S. 229-280, Teil III: S. 349-370.

Soergel, Hans Theodor, BGB, Bd. 10: Einführungsgesetz, Stuttgart, Berlin, Köln 1996, zitiert als: „*Bearbeiter*, in: Soergel (Hrsg.), EGBGB, *Art. Rn.*".

Solove, Daniel J., The future of reputation – gossip, rumor, and privacy on the internet, New Haven and London 2007.

Sonnenberger, Hans Jürgen, Der Persönlichkeitsrechtsschutz nach den Art. 40-42 EGBGB, in: Gottwald, Peter (Hrsg.), FS für Dieter Henrich zum 70. Geburtstag, Bielefeld 2000, S. 575-591.

Spickhoff, Andreas, Die Tatortregel im neuen Deliktskollisionsrecht, IPRax 2000, S. 1-8.

Spindler, Gerald, Deliktsrechtliche Haftung im Internet – nationale und internationale Rechtsprobleme, ZUM 1996, S. 533-563.

Starck, Christian, Die Auskiesungsurteile des Bundesgerichtshofs vor dem Bundesverfassungsgericht – BVerfG, NJW 1977, 1960, JuS 1977, S. 732-738.

Stark, Ralf, Ehrenschutz in Deutschland, Berlin 1996.

Stegbauer, Christian / *Jäckel*, Michael (Hrsg.), Social Software – Formen der Kooperation in computerbasierten Netzwerken, Wiesbaden 2008, zitiert als: „*Bearbeiter*, in: Stegbauer/Jäckel (Hrsg.), Social Software, *S.*":
- Social Software – Herausforderungen für die mediensoziologische Forschung, S. 7-10 (Christian Stegbauer / Michael Jäckel);
- Doing being present. Instant Messaging aus interaktionssoziologischer Perspektive, S. 175-193 (Anika Tipp).

Stern, Klaus, Das Staatsrecht der BRD, Bd. III/1 (Allgemeine Lehren der Grundrechte, München 1988), Bd. III/2 (Allgemeine Lehren der Grundrechte, München 1994).

Stockter, Ulrich, Das Verbot genetischer Diskriminierung und das Recht auf Achtung der Individualität – Gendiagnostik als Anlass für gleichheits- und persönlichkeitsrechtliche Erwägungen zum Umgang mit prognostischen und anderen statistischen Daten, Berlin 2008.

Stoll, Hans, Punitive Damages im englischen Recht – Zum Reformprojekt der Law Commission von 1997, in: Gottwald, Peter (Hrsg.), FS für Dieter Henrich zum 70. Geburtstag, Bielefeld 2000, S. 593-609.

Stolleis, Michael, Geschichte des öffentlichen Rechts in Deutschland, Bd. 1 (Reichspublizistik und Policeywissenschaft 1600-1800), München 1988.

Sujecki, Bartosz, Die Rom-II-Verordnung, EWS 2009, S. 310-319.

Tauss, Jörg / *Kollbeck*, Johannes / *Mönikes*, Jan (Hrsg.), Deutschlands Weg in die Informationsgesellschaft, Herausforderungen und Perspektiven für Wirtschaft, Wissenschaft, Recht und Politik, Baden-Baden 1996, zitiert als: „*Bearbeiter*, in: Tauss/Kollbeck/Mönikes (Hrsg.), Informationsgesellschaft, *S.*“:
- Chancen und Risiken der Informationsgesellschaft, S. 82-96 (Klaus Merten).

Tenckhoff, Jörg, Grundfälle zum Beleidigungsrecht, JuS 1989, S. 198-203.

Tettinger, Peter J., Die Ehre – ein ungeschütztes Verfassungsgut?, Köln 1995.

Trute, Hans-Heinrich, Der Schutz personenbezogener Informationen in der Informationsgesellschaft, JZ 1998, S. 822-830.

Valerius, Brian, Das globale Unrechtsbewusstsein – Oder: Zum Gewissen im Internet, NStZ 2003, S. 341- 346.

Vesting, Thomas, Soziale Geltungsansprüche in fragmentierten Öffentlichkeiten – Zur neueren Diskussion über das Verhältnis von Ehrschutz und Meinungsfreiheit, AöR 122 (1997), S. 337-371.

Vogelgesang, Klaus, Grundrecht auf informationelle Selbstbestimmung? Baden-Baden 1987.

Wagner, Edgar, Verfalldatum für Internet-Speicherungen? – Die Bedeutung des Vergessens und das ewige Online-Gedächtnis des Internet, DuD 2008, S. 6.

Ders., Schutz der Privatheit – Informationsgesellschaft ohne Tabu?, DuD 2008, S. 736-740.

Wagner, Gerhard, Die neue Rom II-Verordnung, IPRax 2008, S. 1-17.

Ders., Internationales Deliktsrecht, die Arbeiten an der Rom II-Verordnung und der Europäische Deliktsgerichtsstand, IPRax 2006, S. 372-390.

Walter, Tonio, Einführung in das internationale Strafrecht, JuS 2006, S. 870-873 (1. Teil) und S. 967-969 (2. Teil).

Wehrhahn, Herbert, Systematische Vorfragen einer Auslegung des Art. 2 Abs. 1 des Grundgesetzes, AöR 82 (1957), S. 250-274.

Wessels, Johannes / *Hettinger*, Michael, Strafrecht Besonderer Teil 1 – Straftaten gegen Persönlichkeits- und Gemeinschaftswerte, 34. Aufl., Heidelberg 2010.

Wilms, Jan / *Roth*, Jan, Die Anwendbarkeit des Rechts auf informationelle Selbstbestimmung auf juristische Personen i. S. von Art. 19 III GG, JuS 2004, S. 577-580.

Wintrich, Josef M., Zur Problematik der Grundrechte, Köln und Opladen 1957.

Zaczyk, Rainer, § 193 StGB als Rechtfertigungsgrund, in: Weigend, Thomas (Hrsg.), Festschrift für Hans Joachim Hirsch zum 70. Geburtstag, Berlin 1999, S. 819-830.

Zöbeley, Günter, Die Garantie der Kunstfreiheit in der gerichtlichen Praxis, NJW 1985, S. 254-258.

www.ingramcontent.com/pod-product-compliance
Ingram Content Group UK Ltd.
Pitfield, Milton Keynes, MK11 3LW, UK
UKHW021916290926
8980IPUK00015B/1298

9 783631 641477